PIERLUIGI ROMEO DI COLLOREDO MELS

CAMICIA NERA!
STORIA MILITARE DELLA MILIZIA VOLONTARIA PER LA SICUREZZA NAZIONALE DALLE ORIGINI AL 25 LUGLIO

SPS 041

AUTORE:

Pierluigi Romeo di Colloredo Mels, archeologo e storico militare, è nato a Roma nel 1966. Capitano dei Granatieri (Riserva Selezionata). Colloredo Mels è considerato uno dei maggiori esperti mondiali della MVSN, alle cui battaglie e campagne ha dedicato alcuni fondamentali lavori: *Passo Uarieu. Le Termopili delle Camicie Nere in Etiopia*, ITALIA storica, Genova 2008, *Emme rossa! Le Camicie Nere in Russia 1941-1943*, ITALIA storica, Genova 2008., P. Romeo di Colloredo, *I Pretoriani di Mussolini. Storia militare della Milizia Volontaria per la Sicurezza Nazionale*, Edizioni Chillemi, Roma 2009. *I Pilastri del Romano Impero. Le Camicie Nere in Africa Orientale 1935-1936*, Genova 2009. *Croce di ghiaccio. CSIR e ARMIR in Russia*, Genova 2010. *Talianskij karashoi. La Campagna di Russia tra mito e rimozione*, Genova 2010 *Frecce Nere! Le camicie nere in Spagna 1936-1939*, Genova 2012, *Guadalajara 1937. La disfatta che non ci fu*, 2a ed. Genova Genova.
Sempre per ITALIA Storica ha curato le nuove edizioni di Biagio Pace, *Tembien. Note di un Legionario della "28 Ottobre" in Africa Orientale* e di Filippo Tommaso Marinetti, *Poema Africano della Divisione 28 Ottobre*.

NOTE AI LETTORI - PUBLISHING NOTE

Tutto il contenuto dei nostri libri, in qualsiasi forma prodotti (cartacei, elettronici o altro) è copyright Soldiershop.com. I diritti di traduzione, riproduzione, memorizzazione con qualsiasi mezzo, digitale, fotografico, fotocopie ecc. sono riservati per tutti i Paesi. Nessuna delle immagini presenti nei nostri libri può essere riprodotta senza il permesso scritto di Soldiershop.com. L'Editore rimane a disposizione degli eventuali aventi diritto per tutte le fonti iconografiche dubbie o non identificate. I marchi Soldiershop Publishing ©, e i nomi delle nostre collane - Soldiers&Weapons, Battlefield e War in Colour sono di proprietà di Soldiershop.com; di conseguenza qualsiasi uso esterno non è consentito.

None of images or text of our book may be reproduced in any format without the expressed written permission of Soldiershop.com. The publisher remains to disposition of the possible having right for all the doubtful sources images or not identifies. Our trademark: Soldiershop Publishing ©, The names of our series: Soldiers&Weapons, Battlefield, War in colour, PaperSoldiers, Soldiershop e-book etc. are herein © by Soldiershop.com.

LICENSES COMMONS

This book may utilize part of material marked with license creative commons 3.0 or 4.0 (CC BY 4.0), (CC BY-ND 4.0), (CC BY-SA 4.0) or (CC0 1.0). We give appropriate attribution credit and indicate if change were made in the acknowledgements field. All our Soldiershop books utilize only fonts licensed under the SIL Open Font License or other free use license.

RINGRAZIAMENTI

L'autore ringrazia l'Associazione Italia Storica per l'uso di alcune immagini tratte da loro pubblicazioni o libri scritti dallo stesso. Si ringrazia altresì la famiglia di Giovanni Cadè per diverse immagini relative alla campagna d'Etiopia.

ISBN: 9788893272834   1st edition Ottobre 2017

CAMICIA NERA! Storia militare della Milizia Volontaria per la Sicurezza Nazionale dalle origini al 24 luglio (SPS-041)
by Pierluigi Romeo di Colloredo Mels. Presentazione di Pietro Cappellari.
Editor: Soldiershop publishing - Cover & Art Design: Luca S. Cristini.

Cover: Immagine tratta da una cartolina dell'epoca relativa alla MVSN Parma 80° Battaglione CCNN d'Assalto Parma.

PRESENTAZIONE

PRO PATRIA ET IMPERO

La storia della nostra Nazione è stata oggetto per decenni di una manipolazione ideologia. Operazione necessaria per costruire a tavolino un mito, quello dell'antifascismo e del fascismo come "male assoluto". E una delle fasi della storia della nostra Patria che risulta più falsificata è quella della Seconda Guerra Mondiale, dove pure gli eroismi compiuti con purità di intenti dai nostri soldati sono stati cancellati, tant'è vero che, oggi, è come se l'Italia non avesse mai partecipato realmente a quel conflitto, limitandosi a "mandar a morire" la "meglio gioventù" ed aspettando di essere "liberata" dai paladini della democrazia. Ovviamente, le cose non stanno così ed il lavoro di Pierluigi Romeo di Colloredo di Mels sulla storia militare della Milizia fascista ce lo ricorda.

In questo volume, lo storico fa una compiuta analisi dell'impiego militare di una Forza Armata del Regno d'Italia da sempre dimenticata, la MVSN, nata come Guardia della Rivoluzione fascista e, infine, impiegata come unità d'assalto in tutte le guerre che la nostra Nazione sostenne tra il 1923 e il 1945. La riconquista della Libia, l'impresa etiopica, la *Cruzada* spagnola ed ovviamente la Seconda Guerra Mondiale sono rievocate da Colloredo Mels evidenziando il contribuito determinante delle Camicie Nere.

In queste pagine, dense di rigore storico, amor patrio e poesia, riecheggiano non solo gli echi delle mitragliatrici, ma anche il silenzio delle notti stellate nel deserto passate a vegliare in armi in difesa della Patria, come dell'Impero. Finalmente, la storia militare della Milizia ci appare in tutta la sua realtà, spogliata di quella caricatura che ne hanno fatto, nel dopoguerra, troppi "professori" ideologizzati. Nomi di eroi ed episodi straordinari, così, escono dall'enorme "fossa comune" della memoria cui erano stati confinati da quella *nomenklatura* bulgara che affolla, con tutta la sua supponenza e "superiorità morale", le cattedre delle scuole e delle università italiane.

Con questo studio, finalmente, si supera una storia fatta di odio e di falsità attraverso un'indagine rigorosa, sostenuta da un'imponente ricerca sui documenti. Ed ecco presentarci la Camicia Nera in tutta la sua purezza ideale, spogliata da quella caricatura fattagli da una certa *vulgata* che la voleva vestita di stracci, magari in ritirata davanti alle "gloriose" schiere dell'Armata Rossa; oppure sanguinaria assassina intenta ad uccidere donne e bambini in Balcania. Nulla di tutto ciò ovviamente.

L'aver unito in una Forza Armata una visione del mondo politica e il dovere di servire la Patria, creò uno dei soldati – vero e proprio milite di popolo – più caratteristici dell'Italia combattente. In grado anche di sacrificare se stesso in nome di un alto ideale. Le Camicie Nere dimostrarono questa unicità non solo sui campi di battaglia, ma anche durante il colpo di Stato del 25 Luglio 1943 quando, pur potendo, restarono a vegliare in armi nelle proprie caserme, perché la "guerra continuava", perché intervenire in armi avrebbe costituito solo l'inizio della guerra civile tra Italiani nel mentre il nemico attaccava la Patria indifesa. Ma la Camicia Nera non dimenticò il suo giuramento e la sua fedeltà all'Idea. E lo dimostrò ancora, quando l'8 Settembre 1943, mentre le Forze Armate italiane si squagliavano come neve al sole, nelle vie tornarono a sventolare le bandiere nere della Rivoluzione fascista.

Pietro Cappellari

A Paky. Tu sai perché!

La Milizia è la guardia armata della Rivoluzione e l'occhio vigile e attento del Regime.

Combatterà con le sue legioni inquadrata nelle grandi unità dell'Esercito.

Le legioni dovranno perpetuare le tradizioni guerriere dell'arditismo e dello squadrismo: pugnale fra i denti, bombe alle mani e un sovrano disprezzo del pericolo nei cuori.

(Benito Mussolini, 1 Febbraio 1928)

… Questo libro lo pubblico non per quelli che sono stati camicie nere, ma per gli altri, magari per quelli che furono loro avversari e nemici, perché vorrei che riconoscessero ai miei soldati una sostanza umana comune a tutti i soldati e a tutti gli eserciti. Per far sì che la guerra sia veramente perdonata.

Giuseppe Berto, Guerra in camicia nera, 1955.

INDICE DELL'OPERA

PRESENTAZIONE di Pietro Cappellari Pag. 3

PREFAZIONE Pag. 9

1. LA MILIZIA VOLONTARIA PER LA SICUREZZA NAZIONALE Pag. 11
Legioni ordinarie, d'Assalto, da Montagna e deposito della M.V.S.N.

2. IL BATTESIMO DEL FUOCO. LA RICONQUISTA DELLA LIBIA, 1923- 1931. Pag. 23
Operazioni nella regione dell'Orfella
Legioni Libiche Permanenti della M.V.S.N.
Battesimo del fuoco.
Riconquista del Fezzan.
Operazioni contro Omar el Mukhtar (dal 10 marzo al 23 aprile 1931).

3. LA GUERRA D'ETIOPIA, 1935- 1936. Pag. 35
Passo Uarieu, le Termopili delle Camicie Nere.
La conquista della Uork Amba.
La 5a Divisione CC.NN 1 Febbraio
La battaglia di mai Ceu e la caduta di Addis Abeba
Noi siamo gli emigrati di un giorno: La 321a legione Camicie nere *Italiani all'estero* in Somalia.

4. LA GUERRA CIVILE SPAGNOLA, 1936- 1939. Pag. 57
Malaga.
Guadalajara,
La campagna di Vizkaya e la conquista di Santander.

5. LA REPRESSIONE DELLA GUERRIGLIA NELL'AFRICA ORIENTALE ITALIANA, 1936- 1939. Pag. 73

6. ESPANSIONE E DISFATTA: DALL'ANTEGUERRA ALLA SECONDA GUERRA MONDIALE Pag. 87
Organizzazione territoriale della M.V.S.N. alla vigilia della Seconda Guerra Mondiale, 1940.

7. LA TOMBA DELLE DIVISIONI CAMICIE NERE: LA CAMPAGNA IN AFRICA SETTENTRIONALE, 1940- 1943. Pag. 107

8. AFRICA ORIENTALE ITALIANA, 1940- 1941. LA FINE DELL'IMPERO. Pag. 115
La difesa dei capisaldi dello Uolchefit.
Elenco dei reparti di CC.NN. che parteciparono nel 1940-1941, alla difesa dell'A.O.I. e combattimenti da essi sostenuti.

9. IL FRONTE GRECO E LA COSTITUZIONE DEI BATTAGLIONI M, 1940- 1941. Pag. 123
Reparti della MVSN impiegati nella campagna di Grecia.

10. LA M.V.S.N. IN BALCANIA, 1941- 1943. Pag. 137

11. LE UNITÀ DELLA MILIZIA VOLONTARIA SICUREZZA NAZIONALE SUL FRONTE ORIENTALE, 1941- 1943. Pag. 153

La 63a Legione *Tagliamento* nella battaglia *di Natale* (dicembre 1941).
Il Raggruppamento *3 Gennaio* e la Prima battaglia difensiva del Don (agosto 1943).
La ritirata (dicembre 1942- febbraio 1943).

12. I REPARTI STRANIERI DELLA MILIZIA. Pag. 171

La Milizia Fascista Albanese.
La Legione Croata della M.V.S.N.

13. LA DIVISIONE CORAZZATA CAMICIE NERE "M" E LA FINE DELLA M.V.S.N. Pag. 175

Il colpo di Stato del 25 luglio e la mancata reazione della Milizia.

14. LE SPECIALITÀ DELLA MILIZIA Pag. 185

La Milizia Coloniale.
La Milizia Ferroviaria.
La Milizia Forestale.
La Milizia Universitaria.
Legioni della Milizia Universitaria.

15. UNITA' COMBATTENTI DELLE MILIZIE SPECIALI. Pag. 191

La Coorte della Milizia Forestale sul Fronte Somalo 1935- 1936.
Le Milizie Speciali in Africa Orientale.
La M.V.S.N. Stradale sul Fronte Orientale (1941- 1943)

MAPPE Pag. 209

APPENDICI Pag. 213

1. Comandanti e Capi di Stato Maggiore della M.V.S.N.
2. Corrispondenza tra i gradi della MVSN e del Regio Esercito.
3. Regio Decreto 14/01/1923 n. 31 (Istituzione della Milizia Volontaria Sicurezza Nazionale)
4. Regio Decreto Legge 06/12/1943 n. 16 (Scioglimento della Milizia Volontaria per la Sicurezza Nazionale e delle milizie speciali)
5. Inni e canti della M.V.S.N.

BIBLIOGRAFIA Pag. 251

PREFAZIONE

In questo lavoro cercheremo di tracciare una rapida ed esauriente panoramica delle unità combattenti appartenenti alla Milizia Volontaria per la Sicurezza Nazionale (M.V.S.N.) tra il 1923 ed il 1943. Il presente lavoro trae origine da un agile volumetto da noi pubblicato nel 2009[1], che ha avuto un' accoglienza decisamente superiore alle attese: ma pur discendendo da quello, questo è un libro completamente differente, con nuovi capitoli e gli approfondimenti necessari dopo anni di nuovi studi sull'argomento, e le dimensioni sono più che raddoppiate.

Non è facile riassumere in poche pagine vent'anni di storia di quella che fu la quarta Forza Armata dello Stato, pertanto abbiamo voluto privilegiare quelle battaglie e quelle campagne che maggiormente videro impegnate le Camicie Nere, mettendo in luce quei reparti che diedero prova di maggiore efficienza militare, o dove il cui ruolo è stato per motivi di opportunità politica completamente nascosto e dimenticato, come nei combattimenti per la difesa di Culquaber nel novembre 1941.

Per tale motivo abbiamo preferito soffermarci sul fronti d'Etiopia, di Spagna, della Seconda Guerra Mondiale e soprattutto su quello russo, dove la M.V.S.N. ebbe un ruolo decisivo almeno in due occasioni (battaglia di Natale del dicembre 1941 e Prima battaglia difensiva del Don, agosto 1942), rispetto alle operazioni in Africa Settentrionale durante l'offensiva di Wawell, quando le tre divisioni della Milizia non si distinsero dalle altre formazioni italiane, anche a causa del loro impiego in una maniera tale da snaturarne totalmente i caratteri di truppe d'assalto armate alla leggera. Egualmente abbiamo sintetizzato il fronte greco (ad eccezione del *Raggruppamento Galbiati*) e l'occupazione della Jugoslavia, senza però trascurarla: infatti l'impiego di ciascuno dei numerosi battaglioni CC.NN. fu effettuato in maniera isolata e non raccolto in grandi unità. Abbiamo invece ritenuto utile soffermarci sul battesimo del fuoco della MVSN in Cirenaica (1923-1930), sulla contro guerriglia nell'Impero (definita come *operazioni di grande polizia coloniale*) perché argomento poco noto ma di grande importanza nella storia dell'occupazione italiana dell'Etiopia.

Tutto dimenticato, o peggio falsificato in nome della partigianeria politica, sino a nascondere la verità oggettiva, a cancellare l'apporto di decine di migliaia di soldati italiani, oltretutto volontari e non di leva, che scelsero di andare a combattere non perché costretti mentre troppi altri cercavano di evitare il fronte, magari per cambiare a tempo debito l'orbace fascista col fazzoletto da partigiano e pronti a riciclarsi. Si è arrivati a presentare la Milizia come la peggiore tra le Forze Armate, come se la realtà non fosse l'esatto contrario: basti pensare alle rese di migliaia di soldati a Sidi el Barrani e Bardia, mentre le Camicie Nere continuavano a combattere fino all'annientamento, a molteplici episodi sul fronte albanese (dal Monte Kosica a Maritzait, da Bereshit a Valle Drino), al cedimento della divisione *Sforzesca* sul Don nell'estate 1942, che lasciò scoperte le CC.NN. del *Tagliamento* che si batterono fino allo stremo, vittoriosamente.

In un film italo-sovietico degli anni sessanta, girato in URSS, *Italiani brava gente* (Giuseppe De Santis, 1965), le Camicie Nere erano presentate nell'atto di stuprare donne ucraine, di scappare preceduti dai loro ufficiali, vigliacchi nel momento del combattimento, degli arroganti il resto del tempo. Un comandante addirittura è rappresentato mentre simula una mutilazione[2].

Ciò a dispetto delle cifre. Il novanta per cento dei comandanti di Legione vennero uccisi o feriti, il settanta per cento degli ufficiali, il cinquantacinque per cento della truppa.

In un altro film, *Il compagno Don Camillo*, quando durante il viaggio in URSS dei comunisti di Brescello il Brusco chiede a don Camillo di aiutarlo a ritrovare la tomba del fratello morto sul Don. E gli mostra la foto, con un legionario che saluta romanamente.

Camicia Nera? Ma se mi avevi sempre detto che era negli Alpini... Il cimitero non esiste più, e su di esso è stato seminato il grano.

---

1 P. Romeo di Colloredo, *I Pretoriani di Mussolini. Storia militare della Milizia Volontaria per la Sicurezza Nazionale*, Roma 2009.
2 Su *Italiani brava gente* ed il suo retroterra ideologico cfr il mio *Talianskij karashoi. La Campagna di Russia tra mito e rimozione*, Genova 2010.

Ecco, mi sembrano emblematici del bilancio di quella storia durata esattamente vent'anni: la diffamazione e la rimozione, come se ci si dovesse vergognare di migliaia di morti colpevoli di avere una camicia di un colore diverso dal grigioverde.

Ciò che si è voluto sottolineare nel presente lavoro è come la Milizia sia stata spesso la punta di lancia delle FFAA italiane dell'epoca, con prestazioni assolutamente positive rispetto ad altre truppe nazionali, anche se oscurate dalla storiografia istituzionale post bellica.

La Milizia fu la quarta Forza Armata dello Stato, e non solo del Regime come una propaganda cretina continua ancor oggi a ripetere; e ciò si vide dopo il 25 luglio, quando i reparti rimasero compatti e disciplinati al proprio posto, sostituendo fascetti e camicie nere con le stellette e la camicia grigioverde, credendo al badogliano *la guerra continua*.

Il momento delle scelte sarebbe arrivato sessanta giorni dopo. Milizia di Stato, non di Regime, quindi. L'Italia innanzitutto, dunque, a differenza di molti, troppi, altri di opposta tendenza politica.

Come scrisse Giuseppe Berto in *Guerra in camicia nera*,

Spero che il mio lavoro conservi sufficiente sapore di realtà da testimoniare in me, e in tanti altri che come me servirono il fascismo con la convinzione di servire l'Italia, una essenza morale valida anche oggi.

Abbiamo omesso volutamente gli aspetti politici, preminenti in un corpo di volontari appartenenti al Partito Fascista, troppo complessi per venir qui affrontati; d'altro canto la bibliografia in proposito è immensa, ed ad essa si può utilmente ricorrere per inquadrare in una prospettiva più vasta quella che Mussolini definì la Guardia Armata della Rivoluzione Fascista. Del resto, il nostro lavoro si occupa solo delle unità combattenti e farà cenno solo rapidamente alle varie specialità (Milizia Confinaria, Universitaria, della Strada e così via).

Non si sono affrontati i nervi scoperti dei crimini di guerra, ricevuti o inflitti: non mancarono certo; ma basti ricordare che in Francia, Albania, Grecia o URSS *nessuno* dei crimini italiani, veri o presunti, denunciati nel dopoguerra è stato attribuito ad unità della Milizia, ma al Regio Esercito, ed *in primis* all'Arma dei Carabinieri[3].

Abbiamo preferito affrontare l'argomento da un punto di vista emico e non etico, evitando giudizi politici, ma se condanniamo senza appello, come impongono le democraticissime leggi della repubblica, l'ideologia che condusse alle guerre di cui ci siamo occupati, il nostro rispetto va ai 14.142 caduti della M.V.S.N. che per la propria idea- per quanto sbagliata secondo l'ottica oggi prevalente, e imposta per legge- e per il proprio Paese, a torto od a ragione identificato con essa, diedero la vita.

Pierluigi Romeo di Colloredo Mels.

---

[3] A Guadalajara la presunta uccisione di alcuni brigatisti della *Garibaldi* di cui parla Olao Conforti da parte delle CCNN è risultata priva di fondamento, perché i nomi dei caduti rossi non corrispondono agli elenchi dell'Associazione Volontari Antifascisti della Guerra di Spagna, come data di morte al presunto eccidio, oltre a risultare in alcuni casi morti per ferite dopo la battaglia. Sui crimini di guerra attribuiti e subiti dagli italiani, http://www.esercito.difesa.it/storia/Ufficio-Storico-SME/Documents/150312/H-8-Crimini-di-guerra.pdf. Non risulta nessun ufficiale della Milizia tra i criminali di guerra richiesti dall'Albania (archivio USSME, fondo H8, busta 90, fasc. 832 [G/7a]. cc. 340 1948 febbraio 10 – 1951 febbraio 5 *Inserti nominativi, sistemati in ordine alfabetico, contenenti corrispondenza relativa alla trasmissione di relazioni difensive di ufficiali ritenuti criminali di guerra dagli albanesi* così come nella busta 91 relativa all'occupazione della Grecia non si fa alcun cenno a crimini commessi da reparti della M.V.S.N.. Sui presunti criminali di guerra italiani in URSS, si veda Romeo di Colloredo 2010 passim.

1. LA MILIZIA VOLONTARIA PER LA SICUREZZA NAZIONALE

La Milizia Volontaria per la Sicurezza Nazionale venne creata il primo febbraio del 1923, sulla base delle vecchie squadre d'azione fasciste; il primo comandante generale fu Italo Balbo, quadrumviro della Marcia su Roma e futuro Maresciallo dell'Aria, affiancato da altri due quadrumviri, Emilio De Bono, comandante del IX Corpo d'Armata sul Grappa, futuro Maresciallo d'Italia, e Cesare Maria De Vecchi.
Con una deliberazione, del Gran Consiglio, nella notte del 12 gennaio 1923, era stata approvata la relazione del Generale Emilio De Bono il quale era stato incaricato di studiare la costituzione della Milizia. Venne quindi deciso che fossero immediatamente completati gli studi per la sua formazione, organizzazione ed inquadramento.
La M.V.S.N. era nata dallo squadrismo; il quale, nei primi tempi del movimento rivoluzionario capeggiato da Benito Mussolini, fu tutta una cosa con i fasci di combattimento sorti, sull'esempio di Milano, in tutte le principali città d'Italia.
Nel congresso fascista dell'Augusteo, tenutosi il 7 novembre 1921 in Roma, gli ulteriori sviluppi della rivoluzione delle camicie nere furono orientati secondo tre assi paralleli, attorno ai quali si raccolse, rispettivamente, l'attività più precisamente politica, le opere nel campo sindacale e i compiti di salvaguardia del movimento, commessi appunto a reparti armati. Per l'organizzazione di tali reparti il territorio del regno fu dapprima suddiviso in quattro zone affidate ciascuna a un ispettore generale; ma presto le zone crebbero di numero ed erano dodici al momento della Marcia su Roma. Ciascuna zona comprendeva un numero variabile di legioni, ciascuna di tre coorti, e le coorti su tre centurie di tre manipoli. Tutti gl'ispettori di zona facevano capo a un Comando generale della milizia. Fu, fin d'allora, adottata un'uniforme - anche attualmente in uso - costituita dalla camicia nera e pantaloni grigioverdi sul tipo di quelli usati dagli arditi di guerra. L'armamento regolamentare fu costituito dal bastone, al quale ciascuno ebbe facoltà di aggiungere le armi che poté procurarsi.
Salito il fascismo al potere (ottobre 1922) mentre venivano soppresse le formazioni armate di tutti gli altri partiti (come le camicie azzurre dell'associazione nazionalista), si manteneva in vita - legalizzandolo - lo squadrismo delle camicie nere. Infatti nella prima riunione del Gran Consiglio del fascismo, tenuta la notte sul 13 gennaio 1923, veniva stabilita la costituzione della M. V. S. N., sanzionata dal re il giorno successivo con un decreto nel quale era precisato che la milizia doveva
Provvedere in concorso coi corpi armati della sicurezza pubblica, e con l'Esercito, a mantenere all'interno l'ordine pubblico; preparare e conservare inquadrati i cittadini per la difesa degli interessi dell'Italia nel mondo.
Era altresì detto che *la Milizia è al servizio di Dio e della Patria e agli ordini del Capo del governo.*
E che la Milizia, se dal punto di vista storico deriva dallo squadrismo, assume - fin dalla sua costituzione - sotto l'aspetto giuridico e di fatto, carattere di istituzione statale, al servizio dello Stato, riportiamo alcuni brani dal libro *La Milizia volontaria e le sue specialità* di Salvatore Foderaro. L'autore, allora Sostituto Procuratore del Re e più tardi deputato della Democrazia Cristiana, esamina la questione sotto i suoi aspetti giuridici con competenza ed esattezza. Si legge:
Un'attenta disamina della legge istitutiva porta senz'altro alla conclusione che [la Milizia] *sin dal suo sorgere venga ad inserirsi nel nostro ordinamento costituzionale come una istituzione squisitamente statale, una Milizia di Stato, al servizio dello Stato*[1].
E ancora:
Già la stessa denominazione (Sicurezza Nazionale) della Milizia Volontaria, portata dal Decreto di fondazione, è indice abbastanza sintomatico della nostra tesi. Ma il decreto istitutivo denuncia nel modo più chiaro, il carattere statale (e, diremmo, anche ultrastatale) della Milizia, quando la mette al servizio di Dio e della Patria Italiana (art. 2), e le assegna l'altissima funzione di preparare e conservare inquadrati i cittadini per la difesa degli interessi dell'Italia nel mondo; mentre più avanti dispone che le nomine degli ufficiali e le loro promozioni sono compiute con decreto Reale.
(...)

---

1   S. Foderaro, *La Milizia volontaria e le sue specialità*, Padova 1939 XVII, p. 6.

Possiamo dunque concludere che, non solo allo stato attuale della legislazione, ma fin dalla sua fondazione la M.V.S.N. si inserisce nel nostro ordinamento costituzionale come Milizia di, Stato. Soprattutto per tale carattere la M.V.S.N. si differenzia dalla Milizia Nazista; le SA. e le S.S. sono parte integrante del Partito Nazionalsocialista. E poiché la dottrina tedesca considera il partito al di fuori dello Stato, la Milizia Nazista è milizia di partito e non è contemplata nell'ordinativo relativo alle forze armate[2].

Per comprendere come la stessa Milizia vedesse, e presentasse, questo inserimento delle Squadre d'Azione in un ambito statale, è interessante esaminare il quaderno *Commento alla Milizia*[3], diffuso nell'anno XX (1942) dall'Istituto Nazionale di Cultura Fascista.

E' fondamentale per vedere come la Milizia vedeva sé stessa e come si presentava all'esterno.

Abbiam detto che la Milizia nasce dallo squadrismo. Termine che nell'immaginario collettivo odierno richiama ad un atteggiamento violento, quello che in effetti caratterizzò l'operato di alcune squadre d'azione sparse lungo lo Stivale, che adottavano metodi non proprio ortodossi contro il cosiddetto sovversivismo rispondendo spesso alla violenza dei *rossi* con altrettanta violenza[4], dapprima per reazione, poi attaccando per primi, e anche contro le autorità. Benito Mussolini, divenuto Capo del Governo, non poteva più tollerare episodi di violenza che mettevano in discussione l'autorità dello Stato; e da questa necessità di normalizzare le squadre e di irregimentarne la violenza nacque la decisione della creazione della Milizia, che nacque appunto dalla precisa volontà del Duce di mettere ordine in un ambiente alquanto *irrequieto*. Come scrive il *Commento alla Milizia* - lo squadrismo fu essenzialmente uno stato d'animo, e che

Da questo stato d'animo esso nacque nelle sue forme, nella sua azione, nel suo valore (...) Stato d'animo di ribellione, sia contro le forze così dette sovversive, che non erano capaci di sovvertire, sia contro le forze dell'ordine, cioè dello Stato, che questo ordine non sapevano né tutelare, né mantenere, né ristabilire (...)
Nel suo aspetto positivo lo squadrismo era esso stesso anche e soprattutto bisogno di ordine, morale e politico, che trovava la sua ragione determinante nel disordine morale e politico contro il quale lottava; bisogno che spiega l'accettazione spontanea, convinta, entusiastica, di una disciplina formale, spesso molto più rigida della stessa disciplina militare.

Infatti il ritrovarsi *inquadrati* nella Milizia significò, per gli squadristi, trovare in qualche modo legittimazione e in fondo soddisfazione: Mussolini, con la Milizia, risolse due ordini di problemi, prima di tutto tolse agli squadristi l'autonomia di decisione circa le azioni, trasformando dei *cani sciolti* in truppe, dall'altro li mise al servizio dello Stato, fornendo loro la possibilità di trovare uno sbocco anche lavorativo, al servizio dello Stato e non più contro di esso. Uno Stato che finalmente era in grado di riprendere in mano le redini del Paese[5].

Chi erano dunque questi squadristi? Tutta gente 'viva'; accomunata da un medesimo senso di malcontento e di ribellione attiva contro una situazione bastarda. Riuniti perciò insieme da una quantità di motivi disparatissimi e dipendenti spesso anche da circostanze locali o individuali, dal particolare prestigio di certi capi (donde il fenomeno che fu poi chiamato 'rassismo'), da avversioni o simpatie, da sentimenti o risentimenti, da una istintiva voglia di menar le mani o di andar contro corrente (talvolta, proprio e soltanto contro la legge). Elementi puri, elementi negativi, insieme mescolati e confusi. Ma organizzati e vincolati da una disciplina e guidati da un capo, che era, non dirò, considerato, ma sentito al di sopra di tutti i capi minori, di tutte le situazioni locali, di tutti gli istinti individuali. Erano questi i fondamenti positivi dello squadrismo: disciplina e guida. La disciplina, spesso legata a fattori personali e locali. La guida, era unica per tutti. Era la luce. Era la forza che trasformava gli squadrismi in squadrismo, e lo innalzava, da semplice elemento di cronaca, ad artefice di storia. E la Marcia su Roma, come fatto insurrezionale, fu, insieme, il collaudo finale e l'episodio conclusivo dello squadrismo. E, anche, il premio.

---

2 Ibid., p.9.
3 Istituto Nazionale di Cultura Fascista, *Commento alla Milizia*, Roma 1942 XX.
4 Per il periodo tra il 1919 ed il 1923 si è parlato di tremila vittime della violenza sovversiva. Cifra forse eccessiva, ma non lontana dal vero
5. E. Moriconi "Dallo Squadrismo alla Milizia", *Il Giornale d'Italia*, 14/04/2016

La creazione della Milizia doveva istituzionalizzare, disciplinare, inserire nellao stato la parte migliore dello squadrismo, allontanandolo dal controllo dei vari ras locali, accentrandolo sotto un unico comando.

Né si poteva abbandonare a se stessa una forza, ancora fremente di entusiasmo e di impulsi, che, nella esaltazione della vittoria, avrebbe potuto pericolosamente straripare in illegalismi o esuberanze non più necessarie, né sul terreno storico né su quello politico: di fronte alle quali l'atteggiamento del governo fascista avrebbe dovuto essere necessariamente severo .

Della Marcia su Roma all'epoca si parlava in termini non precisamente corrispondenti al vero: questo avveniva allo scopo di sottolineare il significato altamente simbolico della Marcia. Quanto alla qualifica di *rivoluzione*, varrebbe la pena ricordare che quando le camicie nere sfilarono a Roma, Benito Mussolini aveva già ricevuto, ed accettato, l'incarico dal Re di formare il nuovo governo. Certo, come *rivoluzione* in termini simbolici lo fu di certo: e infatti la massiccia mobilitazione delle camicie nere da tutta Italia fu di sicuro un elemento di un certo peso che scosse il Paese e fornì determinati presupposti alla decisione del sovrano.

Cosa significava la Marcia su Roma? Significava che il Fascismo (e, perciò, lo squadrismo) andava al governo. 'Andare al governo', con quel po' di contumelie contro il governo cui erano stati abituati gli squadristi, era un concetto un po' difficile da capire, specie se in relazione ai nuovi doveri che la conquista del potere imponeva. Nuovi doveri che consistevano, anzitutto, nel ristabilire l'ordine interno, per poter governare in maniera 'fascista', secondo i propositi della vigilia. Ma parecchi squadristi non intendevano questo discorso. Tornati a casa dopo la Marcia su Roma, non si resero subito conto di quello che era successo nelle giornate di ottobre. D'altra parte bisogna pure riconoscere che le situazioni locali non potevano cambiare da un giorno all'altro: (e che molte non erano cambiate lo si vide durante la crisi del '24). Sicché questi squadristi continuarono a menar le mani, a somministrare l'olio di ricino, a rispondere insomma con lo stesso metodo alle provocazioni che venivano dai medesimi avversari di ieri. Questo, a lungo andare, avrebbe potuto creare al governo fascista qualche serio imbarazzo. Ma c'erano altri squadristi che avevano pienamente compreso il significato della Marcia su Roma. Per essi la violenza esercitata e i disordini provocati furono una chirurgia, dolorosa, ma necessaria a rintuzzare le violenze dei partiti sovversivi e ad accelerare la crisi del vecchio regime. Il loro sguardo era fisso all'ordine nuovo che il Fascismo, una volta al potere, avrebbe instaurato. Ordine nell'economia, ordine nella società, ordine nello stato, ordine nelle coscienze. Essi compresero la necessità di un nuovo orientamento; e sentirono, anche, sia pure in maniera spesso incerta e confusa, che il loro compito non era finito.

Ed ancora:

La costituzione della Milizia doveva anzitutto risolvere un problema politico contingente: conservare, disciplinare, selezionare, trasformare lo squadrismo rivoluzionario. Prepararlo cioè ad una nuova funzione diversamente positiva: quella di presidiare il Regime sul terreno politico, nelle sue realizzazioni concrete, nelle sue possibilità future. Compito di più vasto respiro, per il quale era necessario un nuovo orientamento, una nuova organizzazione, una nuova educazione. La nascita della Milizia, e cioè il trasferimento delle formazioni e dello spirito delle 'Squadre d'azione' sul terreno costituzionale dello Stato, non fu sceva di difficoltà e pericoli di ogni genere che si dovettero, volta per volta, affrontare e superare.

Che tutto ciò non fosse esente da problemi lo si evince dal brano che riportiamo ora:

Di fronte alla costituzione della Milizia e alla proclamata necessità di inquadrarsi nei suoi ranghi, si ripeterono, per molti di essi [cioè per gli squadristi], le stesse perplessità e gli stessi tentennamenti. Così la Milizia si riempì da prima di un contenuto umano estremamente vario. I violenti per costituzione, gli eversivi, generalmente, rimasero fuori dei nuovi ranghi e diedero poi non lievi fastidi al Regime. Dove entrarono, crearono, anche in seno alla Milizia, qualche difficoltà, con danno anche del prestigio dell'Istituzione. Non mancarono nemmeno gli uomini da palcoscenico, che ambivano vestire la nuova divisa, fregiandosi di molti galloni. Per gli uni e per gli altri l'atmosfera della Milizia si fece presto pesante, e queste scorie furono, durante il cammino, abbandonate - se pure faticosamente - ai margini della strada. Ma altri problemi di carattere tecnico-organizzativo, giuridico-costituzionale, e politico-militare furono dovuti affrontare e, bene o male, risolvere. Si trattò, innanzi tutto, di dare un volto unico, non soltanto formale, alla nuova organizzazione, tenendo presente la sua origine, che non si poteva né si doveva negare o rinnegare, perché era la sua ricchezza. E gli squadristi intuirono e compresero il profondo significato dell'unione del grigioverde con la camicia nera. La camicia nera simboleggiava la fede, l'entusiasmo, l'iniziativa, il mordente, che erano caratteristiche dello squadrismo; il grigioverde significava diversa disciplina [...], mutamento di compiti e di sistemi; non più distruzione, ma ricostruzione; non più improvvisazione, ma metodo; non più rappresaglia, ma rieducazione; non più assalto al potere, ma operante presidio. Compito nuovo, difficile, che imponeva uno sforzo pronto e radicale di comprensione e di adattamento in tutti i componenti della nuova Milizia, capi e gregari .

Nelle pagine del già citato *Il commento alla Milizia*, vengono affrontate le tematiche che riguardavano all'opera della Milizia in tempo di pace e in tempo di guerra. Quanto al primo aspetto, compaiono due elementi:

uno, dato dalla volontarietà, che è elemento positivo: l'altro, negativo, dato dal fatto che l'azione diretta di comando dei capi sui gregari non si esercita che nei brevi periodi in cui - in tempo di pace - il legionario è chiamato alle armi. Essa perciò, non essendo continuativa, è estremamente difficile, anche perché non si acquista e non si riacquista 'l'abito militare' mezz'ora dopo aver lasciato la propria occupazione civile per presentarsi alla chiamata della Milizia.

Lapalissianamente l'elemento essenziale della Milizia stessa, che infatti era chiamata Milizia Volontaria per la Sicurezza Nazionale era proprio il volontariato, come dice il nome. È chiaro che, rispetto alle altre Forze Armate, la Milizia aveva caratteristiche di natura diversa: gli appartenenti alle Forze Armate sono professionisti della materia, i militi erano appunto volontari, per loro natura decisamente diversi dai militari. Non potrebbe essere diversamente: la preparazione tattica del militare si fonda su anni di apprendimento e di addestramento, cosa che per la Milizia non poteva accadere, sebbene in un primo momento i militi fossero tutti veterani della Grande Guerra, in gran parte provenienti da corpi ben addestrati come gli Arditi, e sicuramente in questi primi anni- a soli cinque anni dalla fine del conflitto mondiale- individualmente migliori dei soldati di leva arruolati dopo la guerra, il che aiuta a spiegare perché il 27 ottobre 1922 il Re, che di cose militari ne capiva, avesse scelto di non firmare lo stato d'assedio.

Il comandante della Milizia deve allora - dice ancora il Quaderno -, durante questi pochi momenti di vicinanza fisica e di diretto comando, gettare nell'animo dei suoi gregari un fermento vivo e profondo, destinato a svilupparsi in maniera autonoma: a prescindere cioè da ogni possibilità di accompagnamento, di assistenza, di controllo. Questa circostanza richiama un altro problema di vastità ancora maggiore e di portata decisiva. Il problema dell'educazione generale del popolo. Del popolo tutto, non soltanto di quello destinato a portare le armi. Poiché l'ambiente familiare o sociale avverso comprometterebbe ogni possibilità di risultati positivi, anche se l'azione dei comandanti potesse essere, negli umani limiti, perfetta.

Ritroviamo quella tendenza all'armonia completa di ogni ambito sociale, nella visione inclusiva del Fascismo in termini non solo politici ma anche culturali e appunto sociali. E ancora:

E' in virtù della Milizia, che si è venuta progressivamente riducendo quella distanza, quella differenza, quella diffidenza, tradizionali - frutto anche delle lunghe dominazioni straniere - che si erano venute costituendo tra cittadino e soldato. Fu, primo, il Re a riprendere, dopo Caporetto, un motivo profondo dell'interventismo mussoliniano: 'cittadini e soldati, siate un esercito solo'. Tuttavia, dopo la vittoria, l'ammonimento fu dimenticato. Il reduce lo constatò, a suo danno e sconforto. Ma il Fascismo, prima attraverso lo squadrismo e le affermazioni programmatiche della vigilia, poi nella realtà viva della Milizia, fece, di un appello lanciato in un'ora grave della patria, la verità di ogni giorno: poiché tutte le ore son gravi, per un popolo che mira lontano (...) il grigioverde entrò così ad accompagnare il corredo civile dei legionari, non chiuso nelle cassette d'ordinanza, sotto la guardia della naftalina, ma a portata di mano, da indossare in qualunque momento: ad ogni appello, con o senza tamburi... Il grigioverde della Milizia significò rinuncia e sacrificio dell'individuo singolo, ma anche partecipazione totale e integrale del cittadino alla vita dello Stato.

In breve la Milizia contò 200mila uomini, con 1diecimila ufficiali. Nel tempo arriverà a contarne 500mila, dei quali quasi 15mila caddero su tutti i fronti di guerra. I fondi a disposizione di questa Forza Armata per alcuni anni furono scarsi: soltanto 25 milioni di lire, praticamente quanto costavano allo Stato i 2.500 Carabinieri Reali. E infatti nella Milizia - che era considerata per lo più forza politica - dei duecentomila uomini inquadrati inizialmente nei ranghi, solo poche centinaia erano in servizio retribuito:

Retribuito si legge ancora nel Commento alla Milizia, in guisa che gli assegni massimi di un Luogotenente Generale (corrispondente a Generale di Divisione) equivalevano all'incirca lo stipendio minimo di un maggiore del R.E. e quelli massimi di un Seniore erano sensibilmente inferiori allo stipendio minimo di un tenente.

Gli ufficiali retribuiti erano, in tutta Italia, meno di 750. Tutti gli altri prestavano servizio senza retribuzione e anzi, tutti gli ufficiali e moltissimi militi provvedevano a proprie spese al vestiario e all'equipaggiamento, "

Oltre alla camicia nera, alla cravatta e alle scarpe, alle quali ciascuno, senza eccezione, doveva provvedere per proprio conto. E molti ufficiali vestirono a proprie spese tutti gli uomini dei loro reparti.

Molti ufficiali del Regio Esercito, compresi alcuni generali, entrando nei ranghi della Milizia, rinunciarono al loro grado, per indossare l'umile uniforme del legionario (e ci volle - più tardi - un provvedimento perentorio per costringerli a riassumere, anche nella Milizia, il grado che loro spettava). Questi aspetti sono pressoché sconosciuti, come scrive E. Moriconi, eppure sono importantissimi perché la dicono lunga sullo spirito che animava moltissimi di questi uomini che scelsero di indossare la camicia nera. Altri, come abbiamo visto, il cui scopo prevalente era mettere in atto delle prepotenze, erano stati debitamente allontanati dai ranghi della Milizia: in questo modo lo squadrismo era stato ricondotto nell'alveo della regolarità, le azioni erano ben controllate, tutti coloro che erano rimasti si erano sentiti legittimati e ben inquadrati[6].

Furono frequenti i casi di intere Legioni mobilitate e portate fuori sede per esercitazioni od altri servizi, esclusivamente con mezzi forniti da privati o Enti estranei alla Milizia. I militi, coi loro comandanti in testa, raggiungevano spesso il luogo di radunata a piedi, marciando di notte per decine di chilometri, per iniziare il giorno successivo gravose fatiche, senza un attimo di riposo. E gli estranei, leggendo sul loro viso i segni evidenti della stanchezza fisica, che incide sul comportamento militare, muovevano critiche, facevano confronti. E non sapevano. I legionari capivano, e stringevano i denti, paghi del dovere compiuto, ma non senza qualche amarezza. E, al ritorno a casa, spesso, lavoro arretrato che nessuno aveva fatto: difficoltà in famiglia, rimproveri dei datori di lavoro, minacce, licenziamenti. Di questa situazione risentivano anche quelle necessità addestrative, che si dimostravano sempre più urgenti, in vista dei nuovi compiti militari progressivamente attribuiti alla Milizia.

La M. V. S. N. si distingueva in milizia ordinaria, milizia coloniale e milizie speciali.
Con Regio Decreto del 4 aprile 1924 la M.V.S.N. entrò a far parte delle Forze armate dello Stato.
Le Camicie Nere prestavano giuramento al re e non al Partito fascista, e la Milizia divenne la quarta forza armata italiana, *al servizio di Dio e della Patria*, come recita il decreto istitutivo.
Contrariamente a quanto spesso si è sostenuto, più o meno in buona fede, non fu Milizia di partito, ma dello Stato, come si vide all'indomani del 25 luglio 1943, quando i militi sostituirono i fasci sulle fiamme con le stellette[7].
La M.V.S.N. era strutturata su base volontaria e territoriale, formata da iscritti al Partito Nazionale Fascista tra i 17 ed i 50 anni; oltre i 36 anni il milite entrava nelle unità territoriali sino ai 55 anni, con

---

6 E. Moriconi, "La Milizia, camicia nera e grigioverde", *Il Giornale d'Italia*, 20/04/2016.
7 Molto è stato detto e scritto a proposito del comportamento della Milizia, *la guardia armata della Rivoluzione fascista*, nel luglio del 1943; si deve ricordare però che nella concezione fascista l'interesse dello Stato era prevalente su quello del Partito. Come scrisse Mussolini, *per il fascista, tutto è nello Stato (...) Né individui fuori dello Stato (partiti politici, associazioni, sindacati, classi)*: Mussolini 1940, capp. VII- VIII. La M.V.S.N. venne sciolta dal governo Badoglio il sei dicembre 1943.

il nome di *triario*.

Il reclutamento della M.V.S.N. era esclusivamente volontario. Per i primi quattro anni, sino al 1927, furono arruolati nella milizia cittadini - naturalmente di provata fede fascista - d'età compresa fra i 17 e i 50 anni. Ma nel gennaio del 1927, il Gran Consiglio del fascismo, ispirandosi al criterio che la Milizia, come il partito, dovesse trarre alimento dai giovani, stabilì che le reclute delle legioni venissero tratte dagli avanguardisti dopo compiuto il 18° anno di età; la solenne funzione della leva fascista fu stabilita per il 21 aprile d'ogni anno, e compiuta col simbolico rito della consegna del moschetto alle reclute.

Infine, essendosi creati nel dicembre del 1930 i Fasci giovanili, costituiti dai giovani dai 18 ai 20 anni compiuti, provenienti dagli avanguardisti, il passaggio nella Milizia, come il passaggio nei Fasci di combattimento (organismi, questi, del Partito), fu protratto al compimento del ventesimo anno. Durante la loro permanenza nei fasci giovanili. i giovani vengono iscritti d'ufficio ai corsi premilitari della Milizia. Le domande di iscrizione dei giovani venivano raccolte dai comandi delle legioni, le quali funzionano da centri di mobilitazione.

Comandante in capo della milizia era il Capo del governo e Duce del fascismo. L'organo massimo era il Comando generale, retto dal capo di Stato maggiore della Milizia. Il territorio del regno era ripartito in 4 raggruppamenti (Milano, Bologna, Roma, Napoli) al comando di Luogotenenti Generali. Ogni comando di raggruppamento aveva alle proprie dipendenze un certo numero di gruppi (33 in totale) retti da Consoli Generali, e ogni comando di gruppo avevano alle proprie dipendenze un certo numero di legioni ordinarie, 120 in tutto, comandate da consoli. Si hanno inoltre 13 legioni di complemento e 6 coorti autonome. Presso alcune legioni erano costituiti i battaglioni di Camicie Nere e i corrispondenti battaglioni complementari di Camicie Nere. Ad alcune legioni fu anche assegnato un reparto di difesa contraerea territoriale (DiCAT).

Formazioni speciali della milizia ordinaria erano i reparti dei mutilati istituiti nel settembre del 1929 e composti di mutilati di guerra iscritti al Partito Nazionale Fascista; i reparti motociclisti, costituiti con soci del Moto Club d'Italia, che prestano servizio con motocicli di loro proprietà e riuniti in nuclei comandati da un ufficiale motociclista, e posti a disposizione dei comandi di legione.

Agli appartenenti alla Milizia era attribuita la qualità di ufficiali e agenti di polizia giudiziaria. Il codice di procedura penale riconosceva (art. 321) la qualità di ufficiali e agenti di polizia giudiziaria agli ufficiali, sottufficiali e militi, in relazione con le norme che regolavano il loro servizio.

In tempo di pace le chiamate alle armi della Milizia potevano avvenire per ragioni d'ordine pubblico, in caso di pubblica calamità, per istruzione, per riviste e parate; e potevano essere generali o parziali. Le chiamate generali per necessità d'ordine pubblico erano esclusivamente ordinate dal Capo del governo. Le chiamate parziali (per ordine pubblico e per pubbliche calamità) potevano venire ordinate dal Ministero dell'interno, dal Comando generale della Milizia, o dai prefetti del Regno. Nei piccoli comuni dove non risiedevano autorità politiche, i podestà potevano chiamare alle armi il reparto della Milizia costituito nel comune.

La Milizia aveva una struttura basata sulla *Zona* (equivalente alla divisione, grossomodo corrispondente ad una regione: ad esempio la 1a Zona CC.NN. era il Piemonte, la 2a Zona, la Lombardia, etc.), *gruppo* (brigata), *legione* (reggimento), *coorte* (battaglione), Centuria (compagnia), *manipolo* (plotone) e *squadra*. La struttura della M.V.S.N. era ad ordinamento ternario: tre manipoli formavano una centuria, tre centurie una coorte, tre coorti una legione, con una terminologia di ovvia origine romana.

Anche i gradi si richiamavano all'antica Roma: così i colonnelli della M.V.S.N. erano chiamati *consoli*, i capitani *centurioni*, e così via[8].

La M.V.S.N. era costituita dalla Milizia ordinaria e da quelle speciali.
Le specialità della M.V.S.N. erano: Forestale, Stradale, Ferroviaria, Postelegrafonica e Portuale.
Alla Milizia ordinaria appartenevano la Milizia Confinaria, quella Coloniale e l'Universitaria (con compiti d'istruzione premilitare). Nel 1930 vennero aggiunte la Milizia per la difesa contraerea (prima D. A.T., poi DiCat) e Marittima (MilMart).
Ufficiali della Milizia inquadravano anche i reparti delle organizzazioni giovanili del Partito fascista

---

8   Per le corrispondenze tra i gradi della Milizia Volontaria Sicurezza Nazionale e quelli del Regio Esercito si veda la tabella in appendice.

(O.N.B., poi G.I.L.). E' da rilevare come la gran parte delle Milizie speciali continuarono ad esistere come specialità della Polizia (Stradale, Ferroviaria, Portuale, Postelegrafonica, oggi Postale) o come corpo autonomo, nel caso della Guardia Forestale, ora parte dell'Arma dei Carabinieri.
La Milizia, insieme con il Regio Esercito, aveva anche lo scopo di occuparsi del settore territoriale. Così la Milizia difesa contraerea era organizzata dalla M.V.S.N., il cui Comando si occupava del reclutamento e della disciplina, con personale premilitare ed al di sopra dell'età di leva, in modo da non incidere sul personale disponibile per la mobilitazione, mentre all'esercito erano demandati addestramento e materiali

Già nel luglio dello stesso anno della sua costituzione, il 1923, tra lo Stato Maggiore dell'Esercito ed il Comando Generale della M.V.S.N., vennero presi i primi accordi per l'addestramento militare delle Legioni e la definizione dei compiti spettanti alla Milizia. Immediatamente dopo la loro conclusione, gli accordi intercorsi vedevano la loro prima applicazione. Nel settembre dello stesso anno lo S.M. dell'Esercito richiedeva alla Milizia di mobilitare tre legioni per concorrere, con i reparti dell'Esercito, alle operazioni di riconquista della Libia, praticamente tutta perduta, salvo qualche importante città costiera, durante la guerra 1915-18.
Il 28 ottobre del 1924, secondo anniversario della Marcia su Roma, la Milizia, prestò solennemente il giuramento di fedeltà al Re.
Nel 1925, venne assegnato alla Milizia il compito della istruzione premilitare dei giovani, già in precedenza assolto da varie istituzioni, prima fra tutte quelle del Tiro a Segno Nazionale. Per gli Ufficiali istruttori della Premilitare fu istituita una speciale scuola formativa a Mirandola.
Nel 1926 la Valtellina venne gravemente e ripetutamente colpita da gravi alluvioni: furono immediatamente mobilitate ed inviate sul posto in aiuto alle popolazioni, le Legioni 93a (Sondrio), 143a (Bergamo) e 153a (Brescia). La prima di queste legioni, la 93, intervenne anche per le alluvioni del novembre; tale fu la sua abnegazione nei soccorsi che il suo Labaro venne decorato della medaglia d'argento al Valor Civile; quello della 143a della medaglia di bronzo.
Il 1927 vide i primi reparti della Milizia partecipare ai campi divisionali dell'Esercito; questa attività si andrà sempre più intensificando col passare degli anni.
Il 1928 fu l'anno della grande trasformazione nel concetto di impiego dei volontari della Milizia in tempo di guerra. In base a studi effettuati dallo S.M. viene deciso che le Legioni sarebbero state inquadrate nelle Grandi Unità dell'Esercito e affiancate ai vecchi reggimenti. E' significativo che l'espansione dei battaglioni CC.NN. fosse accompagnata da profonde riforme interne della MVSN, Il Comando Generale emanò alcune fondamentali circolari come quella 12 gennaio 1929, n.961, che raccomandava la diffusione dell'attività sportiva di massa e condannava *agonismo* e *campionismo*, e quella del 30 settembre 1930 n.2265 C.T., che aboliva il «2° bando della Milizia», composto di semplici iscritti al PNF (corrispondenti ai *triari* del 1922). Il reclutamento dei volontari per i battaglioni CC.NN., i quali contraevano un impegno decennale dal 26° al 36° anno di età ad essere mobilitati indipendentemente dalla propria classe di leva, fu incentivato prevedendo la concessione, al termine, di una croce dianzianità, di avanzamenti di carriera e di una indennità pensionabile, oltre al trattamento economico dell'esercito in caso di mobilitazione. Benché i militi non fossero normalmente accasermati, dovettero essere istituite caserme in cui conservare le armi e accogliere i militi in caso di mobilitazione. Le armi (moschetto e fucile mod. 1891, mitragliatrici pesanti Fiat Revelli Mod. 1914 poi sostituite e integrate con SIAT e Breda, mortai da 45 mm.) furono fornite dall'esercito, mentre per l'accasermamento si provvide con caserme dismesse e altri edifici demaniali, oltre ad alcune nuove costruzioni ad *hoc*. Di enorme portata anche il nuovo ordinamento assunto il 1° settembre 1929, che sconvolgeva gli assetti precedenti. Le 16 zone (e i relativi comandanti, tutti generali dell'esercito legati a De Bono) furono sostituiti da 33 comandi di Gruppo di Legioni, da cui dipendevano le legioni, ridotte a 120 (più 13 *di complemento*, il che significava nelle intenzioni l'anticamera dello scioglimento), concepite come depositi dei reparti da mobilitare in guerra più che come struttura periferica dell'aliquota armata del partito, come erano state fino a quel momento. Esse dovevano limitarsi, ove ci fossero riuscite, a mobilitare i battaglioni CC.NN., ma questi facevano capo direttamente a 4 Raggruppamenti CC.NN. (più due comandi delle Isole), nuovo livello gerarchico intermedio fra Comando Generale e Gruppi di Legioni.

Ogni Legione costituì un Battaglione CC.NN. di guerra (detto *d'assalto*) ed un battaglione complementi per rinsanguarne, all'occorrenza, gli effettivi. Il volontario dei Battaglioni Camicie Nere si arruolava per un periodo di 10 anni.

Nell'anno 1930 l'istruzione premilitare divenne obbligatoria e per quanto riguardava gli studenti universitari, allo scopo di agevolare per loro il periodo di servizio militare, presso le Legioni Universitarie vennero istituiti speciali corsi Allievi Ufficiali: gli studenti venivano addestrati dalle Legioni Universitarie durante l'anno accademico, nelle istruzioni formali, sulle armi, e con lezioni teoriche sulle varie materie previste dai corsi AA.UU.; in due estati successive e per la durata di due mesi, partecipavano con l'Esercito ai campi addestrativi ed alle manovre, conseguendo al termine il grado di sottotenente nelle varie armi e compiendo così il periodo di leva.

Nel 1934 ben 36 battaglioni di Camicie Nere parteciparono alle manovre divisionali; altri 6 battaglioni presero parte alle grandi manovre sull'Appennino.

Alla vigilia della guerra d'Etiopia, la Milizia Coloniale aveva in Eritrea una Coorte ed in manipolo ed una squadra nella Somalia italiana. Tali unità aumentarono dopo la conquista dell'Impero, arrivando, alla vigilia del secondo conflitto mondiale a 26.643 uomini (858 ufficiali, 1439 sottufficiali, 24.345 CC.NN.) su trenta battaglioni CC.NN. d'Africa.

Per citare ancora il *Commento alla Milizia*,

Quando dalla Milizia Madre nacquero, a una a una, le Milizie speciali, che pareva dovessero - per le severe esigenze del reclutamento - succhiarne la linfa migliore; quando ad essa si chiesero le migliaia di ufficiali destinati all'istruzione premilitare dell'intero contingente di leva, e all'inquadramento delle formazioni giovanili fasciste; quando, per i nuovi compiti ad essa affidati: legioni libiche, reparti di frontiera, difesa costiera e antiaerea, reparti universitari, la Milizia dovette provvedere e fornire quadri e gregari, pareva che il suo materno grembo dovesse esaurirsi. Ma si vide poi, durante la campagna per la conquista dell'Impero, durante la Guerra di Spagna, e oggi, nelle vicende sanguinose della lotta per la civiltà italiana, quanto si potesse ancora chiedere alla Milizia. (...)

Alla vigilia della guerra mondiale in Italia e nelle Colonie vi erano 132 legioni.

Ogni legione territoriale era strutturata su due battaglioni, uno attivo, formato dai militi dai ventuno ai trentasei anni, destinato in caso di mobilitazione all'impiego in linea, ed un secondo formato dai militi più anziani (dai quaranta ai cinquantacinque anni) destinato a compiti di difesa territoriale; ad essi si affiancavano il battaglione complementi e i reparti ausiliari.

Quando mobilitato, il I° battaglione assumeva il numerale romano della legione d'appartenenza: ad esempio, la 63a Legione *Tagliamento* venne mobilitata con il I° battaglione dell'omonima legione di Udine, che prese la denominazione di LXIII° e dal I° battaglione della 79a Legione *Cispadana* di Reggio Emilia, che assunse il numero romano LXXIX°.

ORGANIZZAZIONE TERRITORIALE DELLA M.V.S.N (1928).

COMANDO GENERALE MILIZIA VOLONTARIA SICUREZZA NAZIONALE (Roma)

I ZONA *PIEMONTE* (Torino)

1^ Legione *Sabauda* (Torino)
2^ Legione alpina *Torino* (Torino)
3^ Legione *Subalpina* (Cuneo)
4^ Legione *Marengo* (Alessandria)
5^ Legione *Valle Scrivia* (Tortona)
11^ Legione *Monferrato* (Casale)
12^ Legione *Monte Bianco* (Aosta)
28^ Legione *Giovanni Randaccio* (Vercelli)
29^ Legione alpina *Pallanza* (Pallanza)
30^ Legione *Oddone* (Novara)

37ª Legione *Marcello Prestinari* (Torino)
38ª Legione *Vittorio Alfieri* (Asti)

II ZONA *LOMBARDIA* (Milano)

6ª Legione *Lomellina* (Mortara)
7ª Legione *Fratelli Cairoli* (Pavia)
8ª Legione *Cacciatori delle Alpi* (Varese)
9ª Legione *Cacciatori della Valtellina* (Sondrio)
10ª Legione *Monte Penice* (Varzi)
14ª Legione *Garibaldina* (Bergamo)
15ª Legione *Leonessa* (Brescia)
16ª Legione alpina *Como* (Como)
17ª Legione *Cremona* (Cremona)
18ª Legione *Costantissima* (Crema)
19ª Legione *Fedelissima* (Casalmaggiore)
20ª Legione *Po* (Suzzara)
21ª Legione *Publio Virgilio Marone* (Mantova)
23ª Legione *Mincio* (Mantova)
24ª Legione *Carroccio* (Milano)
25ª Legione *Milano Esterna* (Monza)
26ª Legione *Alberto da Giussano* (Gallarate)
27ª Legione *Fanfulla da Lodi* (Lodi)

III ZONA *LIGURIA* (Genova)

31ª Legione *San Giorgio* (Genova)
32ª Legione *Gen. Antonio Cantore* (Sampierdarena)
33ª Legione *Asclepio Gandolfo* (Oneglia)
34ª Legione *Premuda* (Savona)
35ª Legione *Lunense* (La Spezia)

IV ZONA *VENEZIA TRIDENTINA* (Verona)

40ª Legione *Scaligera* (Verona)
41ª Legione *Cesare Battisti* (Trento)
42ª Legione *Berica* (Vicenza)
43ª Legione alpina *Piave* (Belluno)
44ª Legione *Pasubio* (Schio)
45ª Legione Alto Adige (Bolzano)

V ZONA *VENETO* (Venezia)

49ª Legione *San Marco* (Venezia)
50ª Legione *Trevigiana* (Treviso)
51ª Legione *Polesana* (Adria)
52ª Legione *Polesana seconda* (Lendinara)
53ª Legione *Patavina* (Padova)
54ª Legione *Euganea* (Este)
55ª Legione alpina *Friulana* (Gemona)
63ª Legione *Tagliamento* (Udine)
VI ZONA *VENEZIA GIULIA* (Trieste)

58^ Legione *San Giusto* (Trieste)
59^ Legione *Carso* (Trieste)
60^ Legione *Istria* (Pola)
61^ Legione *Carnaro* (Fiume)
62^ Legione *Isonzo* (Gorizia)

VII ZONA *EMILIA* (Bologna)

67^ Legione *Volontari del Reno* (Bologna)
68^ Legione *Riario Sforza* (Imola)
69^ Legione *Fossalta* (Bologna)
70^ Legione *Appennino* (Bologna)
71^ Legione *Manfredi* (Faenza)
72^ Legione *Luigi Farini* (Modena)
73^ Legione *Matteo Boiardo* (Mirandola)
74^ Legione *Taro* (Fidenza)
75^ Legione *XX Dicembre* (Ferrara)
76^ Legione *Estense* (Ferrara)
77^ Legione *Enrico Toti* (Portomaggiore)
79^ Legione *Cispadana* (Reggio Emilia)
80^ Legione *Alessandro Farnese* (Parma)
81^ Legione *Alberigo da Barbiano* (Ravenna)
82^ Legione *Benito Mussolini* (Forlì)
83^ Legione *Sant' Antonio* (Piacenza)

VIII ZONA *TOSCANA* (Firenze)

85^ Legione *Apuana* (Massa)
86^ Legione *Intrepida* (Lucca)
88^ Legione *Alfredo Cappellini* (Livorno)
89^ Legione *Etrusca* (Volterra)
90^ Legione *Pisa* (Pisa)
92^ Legione *Francesco Ferrucci* (Firenze)
93^ Legione *Giglio Rosso* (Empoli)
94^ Legione *Fedele* (Pistoia)
95^ Legione *Marzocco* (Firenze)
96^ Legione *Francesco Petrarca* (Arezzo)
97^ Legione *Senese* (Siena)
98^ Legione *Maremmana* (Grosseto)

IX ZONA *UMBRIA E MARCHE* (Perugia)

102^ Legione *Cacciatori del Tevere* (Perugia)
103^ Legione *Clitumno* (Foligno)
104^ Legione *Trotti* (Terni)
105^ Legione *Benito Mogioni* (Orvieto)
108^ Legione *Stamira* (Ancona)
109^ Legione *Filippo Corridoni* (Macerata)
110^ Legione *Picena* (Ascoli)
111^ Legione *Franco Michelini Tocci* (Pesaro)
X ZONA *LAZIO* (Roma)

112ª Legione *Dell' Urbe* (Roma)
114ª Legione *Veroli* (Tivoli)
115ª Legione *Del Cimino* (Viterbo)
116ª Legione *Sabina* (Rieti)
117ª Legione *Del Mare* (Civitavecchia)
118ª Legione *Volsca* (Velletri)
119ª Legione *Ernica* (Frosinone)
120ª Legione *Giulio Cesare* (Roma)
121ª Legione *Caio Marzio Coriolano* (Littoria)

XI ZONA ABRUZZI (Pescara)

129ª Legione *Adriatica* (Pescara)
130ª Legione *Monte Sirente* (L' Aquila)
131ª Legione *Monte Morrone* (Sulmona)
132ª Legione *Monte Velino* (Avezzano)
133ª Legione *Monte Matese* (Campobasso)
134ª Legione *Monte Mauro* (Larino)
135ª Legione *Gran Sasso* (Teramo)
136ª Legione *Tre Monti* (Chieti)
137ª Legione *Monte Majella* (Lanciano)

XII ZONA *CAMPANIA* (Napoli)

138ª Legione *Partenopea* (Napoli)
139ª Legione *Carlo Pisacane* (Napoli)
140ª Legione *Aquilia* (Salerno)
141ª Legione *Capuana* (Caserta)
142ª Legione *Caio Mario* (Cassino)
143ª Legione *Ricci* (Benevento)
144ª Legione *Irpinia* (Avellino)
145ª Legione *Sorrentina* (Castellamare)
146ª Legione *Alburnina* (Sala Consilina)

XIII ZONA *PUGLIE* (Bari)

148ª Legione *Tavoliere* (Foggia)
150ª Legione *Giuseppe Carli* (Barletta)
151ª Legione *Giuseppe Picca* (Bari)
152ª Legione *Acciaiata* (Lecce)
153ª Legione *Salentina* (Brindisi)
154ª Legione *Mastronuzzi* (Taranto)
155ª Legione *Matera* (Matera)
156ª Legione *Lucana* (Potenza)

GRUPPO LEGIONI AUTONOMO *CALABRIA* (Reggio Calabria)

162ª Legione *Bruzia* (Cosenza)
163ª Legione *Tommaso Gulli* (Reggio Calabria)
164ª Legione *Jonio* (Catanzaro)
XIV ZONA *SICILIA* (Palermo)

166ª Legione *Peloro* (Messina)
167ª Legione *Etna* (Catania)
168ª Legione *Hyblae* (Ragusa)
169ª Legione *Syracusae* (Siracusa)
170ª Legione *Agrigentum* (Agrigento)
171ª Legione *Vespri* (Palermo)
172ª Legione *Enna* (Enna)
173ª Legione *Salso* (Caltanissetta)
174ª Legione *Segesta* (Trapani)

XV ZONA *SARDEGNA* (Cagliari)

175ª Legione *Salvaterra* (Iglesias)
176ª Legione *Cacciatori Guide di Sardegna* (Cagliari)
177ª Legione *Logudoro* (Sassari)
178ª Legione *Gennargentu* (Nuoro)
180ª Legione *Barbagia* (Isili)
181ª Legione *Arborea* (Oristano)

DALMAZIA

107ª Legione autonoma *Francesco Rismondo* (Zara)

ISOLE ITALIANE DELL' EGEO

201ª Legione egea *Conte Verde* (Rodi)

COMANDO MILIZIA COLONIALE *LIBIA* (Tripoli)

1ª Legione coloniale *Oea* (Tripoli)
2ª Legione coloniale *Berenice* (Tobruk)

2. IL BATTESIMO DEL FUOCO. LA RICONQUISTA DELLA LIBIA, 1923-31

Quando il sultano ottomano Mehmet V decise di partecipare alla guerra al fianco degli imperi centrali, proclamò la guerra santa, e malgrado l'Italia fosse ancora neutrale, agenti turchi penetrarono in Libia per incitare alla ribellione con una efficace azione di propaganda che culminò nell'insurrezione del Fezzan. La rivolta si estende rapidamente a tutta la Tripolitania prima, e subito dopo alla Cirenaica, facilitata anche dal ritiro di buona parte delle truppe nazionali destinate alla guerra italo- austriaca, e gli italiani si videro costretti ad abbandonare i presidi dell'interno dopo i rovesci di Tarhuna e Beni Ulid. Malgrado gli italiani riuscissero a sbloccare l'assedio di Misurata e a rioccupare Zuara e ottenessero vittoria di Fundugh Gamel, si trattò di successi che non poterono venire sfruttato, perché tutto o sforzo bellico italiano era impegnato contro l'Austria., tanto che le guarnigioni vennero ritirate dall'interno e l'occupazione ristretta alla fascia costiera.

La situazione si alleggerì con gli accordi di Acroma con la Senussia nell'aprile del 1917 e anche i turchi e i tedeschi dovettero reimbarcarsi. Tuttavia la guerriglia continuerà sino al governatorato di Pietro Badoglio nel 1932, quando, con metodi sovente brutali, Graziani e Badoglio "pacificheranno" definitivamente la Cirenaica Terminata vittoriosamente la guerra si impone la riconquista della colonia e la sua pacificazione; l'impresa ebbe inizio nel 1923.

Il primo settembre del 1923 il Ministero della Guerra, tramite quello delle Colonie, chiese alla Milizia di effettuare un arruolamento volontario straordinario di tremila uomini da inviare in Libia per concorrervi con le truppe coloniali alle operazioni contro i ribelli. A pochi mesi dalla sua costituzione ufficiale la Milizia fu quindi chiamata a dare il suo contributo. La ferma minima stabilita per gli arruolandi fu di otto mesi. Trattamento economico della truppa identico a quello dei Cacciatori d'Africa; per gli ufficiali, inferiore a quello dei pari grado dell'Esercito coloniale. Il Comando Generale della M.V.S.N. aderì immediatamente e dispose per la mobilitazione di tre Legioni; furono scelte le seguenti Legioni[9]:

132ª *Monte Velino* di Avezzano, al comando del Console Enrico Pamphili, forte di 52 ufficiali e 977 CC.NN. La mobilitazione fu eseguita in pochissimi giorni e l'affluenza dei volontari fu di tanto superiore al numero stabilito che moltissimi furono dovuti rimandare a casa.

171ª *Vespri* di Palermo, al comando del Console Giannini, forte di 35 ufficiali e 689 CC.NN.; fra questi molti veterani del Carso.

176ª *Cacciatori - Guide di Sardegna* di Cagliari, al comando del Console Riccomanni, forte di 51 ufficiali e 1.067 CC.NN., di cui l'80% ex combattenti.

Il 18 settembre già prendono imbarco:
da Napoli, col piroscafo *Italia*, la 132ª Legione;
da Cagliari, col piroscafo *Solunto*, la 176ª Legione;
da Siracusa, il 19, sempre sul *Solunto*, la 171ª Legione.

La 132ª Legione sbarcò a Homs il 20 settembre. La 176ª sbarca a Tripoli, mentre la 171ª proseguì, via mare, e sbarcò a Misurata Marina.

Le tre Legioni della Milizia erano poste agli ordini del Console Generale Vittorio Vernè. L'addestramento dei legionari, iniziato in Italia e continuato in colonia, fu svolto con particolare cura, giacché era necessario far comprendere alla truppa le caratteristiche del nemico arabo, dalla sua mentalità e del suo specifico modo di combattere. Per combatterli efficacemente occorreva quindi: avanzare arditamente anche senza rispondere al fuoco; assumere un largo fronte e formazioni celeri e sottili; guardarsi fianchi e tergo; tenere sempre una riserva prossima; manovrare, esplorare a largo raggio, mai ritirarsi se il nemico è alle calcagna.

I mesi passarono fra addestramento, scorte a carovane, istruzioni e tiro. In particolare la 132ª Legione

---

9 La narrazione degli avvenimenti segue quella del volume di E. Lucas, G. De Vecchi, *Storia delle unità combattenti della M.V.S.N. 1923-1943*, Roma, 1976.

effettuò scorte a carovane tra Horns e Kussabat; pattuglie uscivano dai fortini ogni notte; la 171ª Legione costituisce la difesa di Misurata Marina ed effettuò lavori di riattamento e svolse servizio di pattuglie ogni notte; la 176ª Legione, a Tripoli, presidiava la linea di comunicazione Tripoli- Azizia- Garian.

Le operazioni nella regione dell'Orfella

Le operazioni vennero condotte da due colonne di truppe, una alle dipendenze del Colonnello Mezzetti, muovente da Sliten e Misurata, l'altra agli ordini del Generale Rodolfo Graziani, da Tarhuna e Garian. Faceva parte della prima colonna una centuria, la 3ª della 171ª Legione, con una sezione mitragliatrici. Con la colonna Graziani avanzarono due centurie: una sarda (176ª Legione) ed una abruzzese (132ª). Il 15 dicembre le truppe iniziroano la marcia verso i loro obiettivi. Il 17 le Camicie Nere fiancheggiarono la colonna Bozzani che dal giorno precedente aveva preso il posto della Mezzetti; il 18 sono verso Suani el Mescerrek, a 85 km. da Misurata.

Il 24 la colonna Graziani raggiunse Tarhuna, il 25 a Giaret dove venne attaccata da gruppi di cavalieri ribelli che furono duramente battuti. Il 27 la colonna puntò su Beni Ulid; a 8 km. dalla meta fu attaccata da circa 3.000 ribelli che però vennero sanguinosamente respinti dopo diverse ore di lotta. Nel primo pomeriggio le Camicie Nere attaccarono alla baionetta l'abitato di Beni Ulid; ne seguì una lotta feroce casa per casa e nelle strette viuzze e quindi una disperata fuga degli arabi nettamente sconfitti.

A seguito di questo combattimento vittorioso ed a sanzionare il valore delle Camicie Nere il Generale Graziani inviava al Generale De Bono, comandante generale della Milizia, il seguente telegramma:

Fiero altissimo onore dalla sorte riservatomi di condurre al fuoco per la prima volta i reparti della Milizia Volontaria, impresa che ricalca e rivendica alla Patria le vie di Roma Imperiale, mi è sommamente grato segnalare contegno valorosi militi che in marcia e duro combattimento hanno gareggiato in resistenza ed eroismo con le truppe indigene, assieme ad essere tra i primi rioccupando roccaforte Beni Ulid, strappata per sempre alla tracotanza ribelle per virtù governo e vittoria armi.

Intanto, per esigenze operative in Cirenaica tutta la Legione sarda (176ª) - meno la centuria operante a Beni Ulid - veniva trasferita, via mare, a Bengasi, partendo da Tripoli, sul piroscafo *Yosto* (25 ufficiali e 340 legionari) e sul piroscafo *Città di Tripoli* (23 ufficiali e 374 camicie nere). Le Camicie Nere si imbarcarono a Tripoli il 13 dicembre e sbarcarono a Bengasi il 19-20 dicembre 1923. Il comando Legione venne stabilito a Bengasi, la maggior parte della Legione fu dislocata tra Zuetina ed Agedabia.

27 dicembre. Al posto di Regima venne avvistato un forte gruppo di ribelli. 70 legionari, 30 cacciatori d'Africa, 10 zaptiè ed una sezione mitragliatrici uscirono dalla ridotta ed inseguirono i ribelli fino all'Uadi Gattara dove individuarono e distrussero il campo ribelle.

26 marzo 1924. Una pattuglia di Camicie Nere, a un chilometro dalla ridotta di Zuetina, scopriva circa 200 ribelli, che, divisi in due gruppi di fanti e cavalieri, attaccavano la pattuglia l'uno e la ridotta l'altro. La pattuglia sostenne l'urto e ripiegò combattendo verso la ridotta. I ribelli intanto erano giunti a breve distanza dai reticolati, ma i legionari andarono al contrattacco: 150 camicie nere uscite dalla ridotta si slanciarono alla baionetta e misero in fuga il nemico, inseguendolo per otto chilometri e catturando armi e munizioni. Al termine delle operazioni contro gli Orfella, la centuria sarda che vi aveva partecipato, fu trasportata in Cirenaica e, ricongiunta alla sua 176ª Legione, venne destinata al presidio di Apollonia.

Il 20 maggio 1934, essendo in scadenza il termine per la ferma contratta dalle Camicie Nere, che, ricordiamo, erano tutte volontarie, le Legioni 132ª e 171ª vennero concentrate a Misurata, Homs e Tripoli per il rimpatrio. I militi sbarcarono a Napoli il 23 maggio festosamente accolte dal Capo di S.M. della Milizia e dal Ministro delle Colonie. La 176ª Legione fu invece trattenuta oltremare per altri due mesi.

Il 25 maggio a Roma le due legioni rimpatriate furono passate in rivista da Mussolini in Piazza Indipendenza. Il giorno stesso ripartirono per le loro sedi, dove avvenne la smobilitazione.

La 176ª Legione partì il 26 luglio per Napoli, il 27 giunse a Roma dove viene passata in rivista dal Generale Emilio De Bono; il 28 ripartì per Napoli e Cagliari dove ebbe luogo la smobilitazione.

Emilio Lussu, fuoriuscito antifascista livoroso e inacidito anche per il passaggio al P.N.F. dei migliori elementi del Partito sardo d'azione, nel suo *pamphlet* *Marcia su Roma e dintorni*, pubblicato in esilio a Parigi nel 1930, giunse a scrivere una serie di fanfaluche sulla 176a, una più inventata dell'altra, che riportiamo a puro titolo di curiosità: secondo il fuoriuscito sardo, la legione sarebbe stata reclutata all'esterno del partito fascista, vista la presunta scarsità di fascisti nell'isola (ci si ricordi come non ci si potesse iscrivere alla M.V.S.N. senza la tessera del Partito,ndA), ed anzi era servita come mezzo propagandistico per aggregare intorno al nascente regime delle simpatie. Per ottenere un buon numero di reclute tra i numerosi reduci della prima guerra mondiale senza impiego era stata promessa una paga di 17 lire al giorno (contro le 7 dei militari), ottenendo quindi un buon numero di adesioni; poi l'unità era stata portata in Africa settentrionale dopo un troppo breve periodo di addestramento e, al momento del primo incontro con il nemico, constatato che la paga percepita era di sole 7 lire e non 17 come promesso, si era nientemeno che ammutinata. Stando al *pamphlet* del Lussu, gli ufficiali avevano completamente perso il polso della situazione e solo l'intervento delle unità del Regio Esercito volse a ripristinare una parvenza di ordine. La legione venne quindi ripartita in centurie presso altri reparti, e reimbarcata verso la Sardegna poco dopo, dove venne sciolta in maniera ingloriosa. Come si è visto esaminando le operazioni svolte dai legionari sardi, si tratta solo di invenzioni prive di alcun riscontro nella realtà, fatte in malafede da un fuoriuscito rancoroso verso il Regime Fascista per un pubblico della stessa estrazione politica, avida di quello che oggi si definirebbero *fake news* antifasciste, ma che ancor oggi vengono prese per buone da certi ambienti pur nella totale assurdità.

Le Legioni Libiche Permanenti della M.V.S.N.

Delle due Legioni istituite col R.D. n. 1166 del 1º maggio 1924 e che fu convertito in legge il 24 dicembre 1925, una fu destinata alla Tripolitania e l'altra alla Cirenaica. Ogni Legione ebbe la formazione su due Coorti e la forza di 44 ufficiali e 1.500 Camicie Nere
1ª Legione *Oea* con sede a Tripoli - Comandante Console Lorenzo Bardi e successivamente Console Giacinto Melchiori .
I Coorte dislocata a Homs - C.te Seniore Fernando Guidoni.
II Coorte dislocata a Tripoli. Le centurie delle due coorti erano dislocate in varie località: Sliten, Misurata Marina, Zuara Marina, Buerat.
La 2ª Legione *Berenice* venne costituita il 1º maggio 1924, con sede a Bengasi. Comandante: Console Riccomanni, poi il Console Ademollo per 5 anni e successivamente il Console Matarelli (reduce di Adua). La Legione ha partecipato a tutte le azioni ed a tutti i combattimenti contro i ribelli con una intensa attività operativa dal 1924 al 1931.
La 1ª Legione ebbe vita assai più tranquilla della 2ª perché la Tripolitania era molto più pacificata della Cirenaica e la Legione non dovette quindi essere impegnata in grandi operazioni coloniali. Pagò comunque il suo tributo di sangue ed ebbe la sua parte di gloria. Nei dieci anni della sua esistenza: ebbe 20 caduti nell'adempimento del dovere - provenienti dalle varie regioni d'Italia - e molti suoi uomini vennero decorati.

Il battesimo del fuoco.

8 aprile 1925 - Apollonia - Una centuria e si portò sul luogo ove i ribelli avevano attaccato la ridotta *Filtro*. La centuria si lanciò all'assalto delle colline dove si addensava la massa dei ribelli, attaccando malgrado il vivo fuoco avversario: recuperò il bestiame razziato e mise in fuga i ribelli.
13 giugno 1925 - La 33ª centuria a El Regima, al comando del Capomanipolo Bronzi, si gettò nel combattimento liberando uno squadrone di *savari* dall' accerchiamento.
8 febbraio 1926 - Una colonna agli ordini del colonnello Ronchetti conquistò l'oasi di Giarabub. Sui 635 nazionali che ne facevano parte, moltissimi erano i legionari, comandati dal capomanipolo Nello Broggi.
Dal 22 gennaio al 12 marzo, oltre 50 Camicie Nere alle dipendenze sempre del capomanipolo Nello Broggi, parteciparono alle operazioni intorno a Giarabub inquadrate nella colonna del colonnello Ronchetti.
24 maggio 1926 - Baltet el Zalagh - Le Camicie Nere di scorta alla squadriglia autoblindo si scontrarono con i ribelli, mettendone 30 fuori combattimento; una camicia nera restò ferita.
 Per questa azione vennero decorate varie Camicie Nere.

16 luglio 1926 - La squadriglia autoblindo catturò una carovana di contrabbandieri e proseguì la marcia verso El Charruba.

17 luglio 1926 - A Umm el Ghislan, inseguendo nuclei di ribelli, la squadriglia ingaggiò in combattimento 200 beduini (di cui circa 60 a cavallo) che, sotto le raffiche delle mitragliatrici, si diedero alla fuga lasciando sul terreno una decina di armati.

4 agosto 1926 - A Udeiat en Nefafit, la squadriglia inseguì e raggiunse un altro gruppo di ribelli; dopo lo scontro essi lasciarono sul terreno una decina di morti. A seguito di una segnalazione aerea la squadriglia proseguì per Uadi Sammalus impegnando combattimento contro circa 60 cavalieri che si sottrassero allo scontro con la fuga.

11 agosto 1926 - Ricognizioni verso Gars el Remteiat; altro scontro con vari gruppi di cavalieri arabi che lasciarono sul terreno due uomini.

15 agosto 1926 - Concorso della squadriglia all'azione del Gruppo Piatti ad Abiar ez Zoitat; la squadriglia venne impegnata contro 300 armati che difendevano grosse carovane e molto bestiame. Gli uomini della centuria speciale attaccarono i ribelli volgendoli in fuga. Restarono uccisi 45 nemici.

18 agosto 1926 - La squadriglia autoblindo della Legione sorprese nell'Uadi el Heleighìua un accampamento di 10 tende, attaccò e mette in fuga quattro greggi e una trentina di cammelli scortati da più di trenta armati. Dopo breve scontro il nemico abbandonò il campo lasciando al suolo 2 morti e 2 fucili.

8 settembre 1926 - Nel territorio di el Mechili, tra Uadi el Gherna e Uadi el Taaban, la squadriglia autoblindo sorprese dei mietitori che raccoglievano orzo protetti da armati ribelli. Le Camicie Nere diedero inizio al combattimento, e poco dopo i ribelli si diedero alla fuga lasciando sul terreno morti e feriti, ma una parte di essi, irriducibile, si appostò nei pressi dello wadi e continuò ancora a resistere. Le Camicie Nere scesero dai mezzi e si lanciarono all'assalto; i ribelli vennero tutti annientati a colpi di baionetta e di pugnale. Durante il combattimento caddero due militi, i primi dei 14.142 caduti della M.V.S.N. dal 1923 al 1943.

25 settembre 1926 - La squadriglia sorprese a Msus un altro gruppo di ribelli che immediatamente assalì uccidendone cinque.

28 settembre 1926 - Di ritorno a Es Sceidina, vennero avvistati degli arabi non sottomessi a Msus e ne seguì un altro leggero scontro coi ribelli.

14 ottobre 1926 - A circa 10 Km da Ghedir Garrubit Hammàma la squadriglia avvistò una trentina di cavalieri che stavano scortando una carovana. Subito venne iniziato l'inseguimento; i ribelli riuscirono a sfuggire, ma la carovana venne distrutta.

15 dicembre 1926 Una pattuglia uscita da Mechili sorprese una quindicina di armati appostati nei pressi della ridotta; ne seguì un vivace scambio di fucileria. Il nucleo ribelle scappa lasciando a terra un morto.

Gennaio 1927 - Il nucleo Camicie Nere facente parte della Colonna Lorenzini venne portato a cento legionari e ne venne affidato il comando al Centurione Marcello Mereu con alle dirette dipendenze il capomanipolo Silvio Cirina. Nel gennaio stesso, il reparto della colonna, nel corso delle operazioni di questa, prese parte ad un vivacissimo scontro contro i ribelli.

Metà febbraio 1927 - Un manipolo di 30 Camicie Nere al comando del capomanipolo. Bajali venne assegnato tatticamente alla 23 Squadriglia autoblindo "Lancia" per partecipare alla conquista dei presidi avanzati del Sud Bengasino. Quale scorta della sezione Autoblindo, le Camicie Nere si trasferiscono ad Agedabia e Zuetina e successivamente si congiunsero alla colonna Ruggia passando per Ramptìa. Con la colonna occuparono Saunno e conquistarono Giof el Matar, futura base per raggiungere Gialo e Cufra.

18 luglio 1927 - Ad Abiar bu Sfeia, a causa del terreno le autoblindo non poterono continuare l'inseguimento di una carovana ribelle. Tutti gli uomini di scorta furono lanciati all'inseguimento con una mitragliatrice a spalla, inseguimento che proseguì per oltre un chilometro. La Camicia Nera Barzaghi, da solo, impegnò in uno scontro a fuoco un gruppo di ribelli e ne uccise uno.

21 luglio 1927 - Zavia el Neia - Due Sezioni autoblindo e trenta Camicie Nere accerchiarono e annientarono una carovana di circa 170 cammelli; nello scontro furono uccisi una cinquantina di armati della tribù Abid.

28 luglio 1927 - Presso Uadi el Cuf, le 50 Camicie Nere facenti parte del primo scaglione della squadriglia autoblindo, sorpresi da un agguato dei ribelli senussiti, al primo pronunciarsi di un attacco a fuoco proveniente dall'alto di scoscesi roccioni, coraggiosamente ne scalarono le pareti occupandone la sommità e disperdendo i ribelli, permettendo così il regolare deflusso di tutta l'autocolonna.

11 agosto 1927 - Uadi el Agheila, Uadi ci Gabr. - Scontro decisivo contro il gruppo ribelle di Dor Abid. Le autoblindo vennero fortemente impegnate ed il comandante la retroguardia, centurione Mereu inviò il vicecaposquadra Dal Canto con otto Camicie Nere per mantenere il collegamento fra le autoblindo e la retroguardia. Dal Canto si portò coi suoi militi sul fianco di un gruppo di armati che tentava di sfuggire al fuoco delle autoblindo e li impegnò, inchiodandoli fino al sopraggiungere della sezione autoblindo del tkenente Bonelli che lo liberò dalla difficile situazione, giacché il numero molto maggiore dei nemici stava per avere il sopravvento sulla piccola squadra di animosi; restarono gravemente ferite le Camicie Nere Dolci e Prigione, e più leggermente un'altra camicia nera. Nell'azione generale il nemico lasciò sul terreno 211 morti.

27 agosto 1927 - I ribelli incendiarono i fondi degli widian per evitare l'inseguimento delle autoblindo e il tiro dell'artiglieria. Tutte le Camicie Nere con il Centurione Mereu alla testa si gettarono all'inseguimento, prendendo contatto con l'avversario dopo circa tre chilometri. All'urto i ribelli fuggirono, lasciando a terra 5 morti e 3 feriti. Nessuna perdita fra le Camicie Nere-

Sempre in agosto una colonna di autoblindo composta di CC. NN. e Cacciatori di Africa al comando del Generale Mezzetti marciò a tenaglia nella zona del Gebel centrale cirenaico. L'operazione risultò vittoriosa.

4 settembre 1927 – I ribelli impegnarono in un duro combattimento il XIV battaglione eritreo *Torino*; le Camicie Nere accorsero in rinforzo degli ascari eritrei.

13 settembre 1927 - Altro grosso scontro con i ribelli senussiti: la squadriglia autoblindo sorprese due accampamenti ribelli e li attaccò. Otto Camicie Nere, dopo una lunga e faticosa marcia riuscirono a portarsi senza essere scorti sul fianco sinistro di una delle carovane inseguite dalle autoblindo, portando a spalla una mitragliatrice. Aperto un fuoco infernale, sorpresi anche gli armati di scorta, li costrinsero a buttarsi nello wadi in cui era appostata una sezione autoblindo e questa bloccò e distrusse gli arabi, che persero 70 uomini, 60 fucili. Le Camicie Nere incendiarono le tende dei due accampamenti.

7 dicembre 1927 – Una cinquantina di arabi ribelli attaccarono la ridotta *Ilcaia*, assalendo anche l'accampamento degli operai indigeni. Con pronto intervento accorsero le Camicie Nere, mettendo in fuga il nemico.

Il 13 dicembre 1927 avvenne l'episodio di Got el Sas - Un reparto di quaranta Camicie Nere su quattro autocarri, agli ordini del Seniore Spinosa, partì all'alba da Barce per trasportare a Glades Abid materiale da reticolati e riprendere un tenente del Genio che vi si trovava per servizio. Terminata la pianura, gli autocarri si inerpicarono sulla carovaniera montando attraverso gole strette ed aride; ad un gomito si trovava la gola di Got el Sas. Le Camicie Nere avevano con loro solo una mitragliatrice Schwarzlose di preda bellica. Il primo autocarro era appena entrato nella gola quando un fischio acutissimo precedette la prima scarica di fucileria dei ribelli in agguato: una Camicia Nera cadde fulminata, due caddero sul fondo dell'automezzo, altre furono ferite. Una seconda scarica investì il secondo autocarro; i mezzi ebbero presto le gomme a terra e furono bloccati. Le Camicie Nere si gettarono dagli autocarri, il comandante Spinosa si caricò a spalla la mitragliatrice e la piazzò dietro ad un cespuglio mentre urlava ai legionari di attaccare. L'assalto fu immediato e affrontò il nemico corpo a corpo. Tutti lottarono con furore e valore; ad un tratto due pallottole colpirono il treppiede della mitragliatrice, che s'inceppò. I ribelli lo capirono, stringendo le Camicie Nere sempre più dappresso incitati dalle acutissime grida delle donne beduine. I legionari erano tutti in piedi pronti a sostenere l'ultimo urto a pochi metri, quando si riuscì a sbloccare ed a far funzionare nuovamente la mitragliatrice, le cui raffiche fermarono con gravi perdite l'orda degli arabi. Il seriore Spinosa approfittò del momento favorevole per spostare l'arma in posizione più elevata; nel frattempo inviò a Barce un autocarro meno danneggiato a chiedere rinforzi, con il carico di tre militi morti e quattro morenti. L'autocarro riuscì ad arrivare a Barce: Camicie Nere, Ascari eritrei, *Cacciatori d'Africa* si diressero velocemente a Got el Sas. La II Coorte Camicie Nere si affrettò a portare soccorso. Intanto, a Got el Sas, Spinosa ed i suoi attendono mentre nel cielo appare un aereo il cui mitragliere coi gesti fece capire che gli autocarri erano prossimi, ma i

150 ribelli si erano ormai dati alla fuga. Su quaranta uomini, le perdite dei militi furono cinque morti e 12 feriti.

Nel gennaio 1928 proseguirono le perazioni di rastrellamento contro le tribù dei Mogarba, nella Sirtica, tra Buerat e Nufilia; condotte dalle truppe della Tripolitania e della Cirenaica. Vi parteciparono anche le Camicie Nere.

11-12 gennaio 1928 - Le autoblindo dei Legionari della Cirenaica si lanciarono all'inseguimento dei Mogarba che fuggirono verso Zeila; dopo un breve combattimento vi fu la resa di gruppi di ribelli armati e vennero catturati greggi di bestiame.

13-14 gennaio - L'azione proseguì ulteriormente verso Zeila. Il 20 venne costituito il *gruppo squadriglie autoblindo* che comprendeva la centuria speciale di Camicie Nere al comando del Centurione Mereu.

Il 27 gennaio: scontro di Maaten Salma nel quale restarono sul terreno 20 ribelli arabi.

31 gennaio - Una squadriglia autoblindo intercettò nei pressi di Maaten Salma un gruppo di ribelli coi quali ebbe uno scontro. Un proiettile forò la corazza di una blindo, colpendo una Camicia Nera. I ribelli fuggirono grazie al favore delle tenebre.

20 febbraio 1928 - Due Camicie Nere uscite dalla ridotta di Sleaia si imbatterono in un nucleo di ribelli già messi in fuga da una nostra pattuglia, bersagliandoli con il fuoco dei moschetti.

31 marzo 1928 - A sud di Baltez ez Zalagh venne sorpresa una grossa carovana scortata da oltre 300 armati. Alle 9 si iniziò il combattimento che proseguì aspro per oltre due ore; poi l'inseguimento venne spinto per circa 50 Km verso ovest. I ribelli lasciarono al suolo circa 200 morti, e furono raccolti 50 fucili.

13 aprile 1928 - A Uadi es Scebica il gruppo squadriglie individuò gruppi di armati con carovane e greggi; appena scoperti, gli arabi si gettarono tra le profonde fosse dello wadi, dove le autoblindo non potevano inseguirli a causa del terreno. Due sezioni autoblindo ed una cinquantina di Camicie Nere si lanciarono ugualmente all'inseguimento riuscendo ad infliggere ai ribelli la perdita di 15 uomini.

30 aprile - Un forte numero di armati attaccò di sorpresa la ridotta di El Abiar presidiata dalla 12ª centuria che rispose con un immediato contrattacco. Una mitragliatrice venne messa fuori uso dagli arabi e restò ferita una Camicia Nera.

Maggio 1928 - Agli ordini del Generale Graziani, la squadriglia autoblindo della 2ª Legione partecipa all'occupazione dell'Oasi di Zeila.

28 maggio 1928 - Un nucleo della squadriglia alla frontiera orientale, in zona Bir Giaìn, avvistò cavalieri armati con bestiame e li inseguì fino a giungere a tiro di mitragliatrice; gli arabi spararono violente scariche di fucileria contro i militi. Il comandante del nucleo condusse i suoi uomini all'attacco alla baionetta. Nell'assalto caddero due Camicie Nere e restarono feriti tre 3 militi; il nemico venne annientato, lasciando sul campo 40 morti.

16 luglio 1928 - Un nucleo autoblindo al comando del C. M. Clementi, in ricognizione verso Bir el Hauarin, puntò su Bir Gasra; a 500 metri dal pozzo il nucleo fu investito dalla fucileria nemica. Il nucleo si scinde per accerchiare i ribelli che vengono sopraffatti lasciando a terra 2 morti e abbandonando 5 fucili.

8 agosto 1928 - Un aereo da ricognizione avvistò una carovana di 300 cammelli e la segnalò al gruppo squadriglie che si diresse, per inseguirla, verso Aghiret el Bamba. e la intercettò verso le ore 10; venneimpegnato un breve combattimento nel corso del quale 9 dei difensori restarono uccisi e quasi tutti i cammelli furono abbattuti; più tardi venne avvistata una seconda carovana che fu anch'essa distrutta; restarono ferite 3 Camicie Nere

29 agosto 1928 - Rastrellando nella zona di Uadi el Gabr, il gruppo squadriglie incendia 34 tende di ribelli ed abbatte circa 150 cammelli. Un gruppo di ribelli che aveva fatto fuoco da una grotta è costretto ad arrendersi dopo aver perduto 12 uomini.

2 settembre 1928 - Presso Uadi Aduan si effettua l'inseguimento, da parte del gruppo squadriglie, di una grossa mandria di cammelli; durante lo scontro e nella fuga i ribelli perdano 3 uomini e 250 cammelli fra abbattuti e catturati.

22 settembre 1928 - Il nucleo autoblindo della frontiera orientale, uscito da Parto Bardia, verso Uadi Tut u Fahail e Maaten er Rarnla, sostiene un asperrimo scontro di oltre tre ore con gruppi di ribelli: lo sconfigge infliggendogli la perdita di 12 morti.

1° ottobre 1928 - Su precise segnalazioni, la squadriglia autoblindo punta con la colonna di operazioni su El Agheila - Es Scerghia. Dopo mezz'ora sono avvistati gli armati ribelli. La squadriglia compie manovra di avvolgimento e dopo aspro combattimento li sbaraglia. Restano feriti 2 Camicie Nere I ribelli hanno perduto 28 morti, 28 fucili ed una bandiera.

16 dicembre 1928 - Altro scontro della 2ª squadriglia: 6 ribelli uccisi, catturati un migliaio di asini e due cavalli.

7 gennaio 1929 - La squadriglia accorse in appoggio del 2° Gruppo Meharisti impegnato ad Aghiret el Mater; i ribelli persero altri 16 uomini.

20 gennaio 1929 - Il gruppo squadriglie, in marcia verso Gara el Mesciarreia, venne informato da un aereo che la colonna Mezzetti era fortemente impegnata contro una *mehalla* ribelle; accorse e intervenne malgrado il terreno quasi impercorribile. Il XV battaglione eritreo *Billia* venne lanciato all'assalto delle dune mentre la squadriglia attaccò alle spalle la *mehalla* distruggendola dopo un'ora di dura lotta. Il nemico lasciò sul terreno 226 morti tra cui il capo, e furono catturati 151 fucili.

Febbraio 1929 - Occupazione dell'Oasi di Gialo. Vi partecipò la squadriglia autoblindo Camicie Nere sotto il comando del Centurione Mereu, marciando alla destra della colonna Mezzetti. L'occupazione avvenne il 15 febbraio alle ore 12.

25 marzo 1929 - Scontro con una carovana difesa da 10 armati; i ribelli restarono tutti uccisi, la carovana distrutta.

6 aprile 1929 - il gruppo squadriglie partito da Agedabia il 4 per rintracciare una *mehalla* ribelle, fu avvertito dagli aerei da ricognizione che essa si trovava nella zona di Bir bu Ghedaria. Seguito dalla colonna del Tenente Colonnello Maletti, il gruppo puntò verso la *mehalla* che individuò ed attaccò verso le 11 del mattino. I ribelli opposero un'accanita resistenza, ma vennero messi in fuga ed inseguiti per oltre 15 km. Gravi perdite del nemico: 160 morti.

17 novembre 1929 - Breve scontro a Uadi el Gherna.

8 dicembre 1929 - Le Squadriglie 1ª e 2ª Camicie Nere impegnarono un combattimento contro una carovana difesa da ribelli; venne trovato fra i morti nemici il nipote di Omar el Mukhtar. Il famigerato caporibelle della Senussia.

8 gennaio 1930 - La 23 Squadriglia Camicie Nere del centurione Alfonso Cuomo sorprese, a Got el Gill una carovana e la catturò.

1° febbraio 1930 - Le Squadriglie Camicie Nere 1ª e 2ª, su segnalazione dell'aviazione sorpresero ed attaccarono una carovana fortemente scortata da ribelli. Dopo un breve scontro l'avversario perse 2 uomini e 30 cammelli. Rimase ferito un milite.

10 marzo 1930 - La 2ª Squadriglia Camicie Nere, unitamente al comando del gruppo, parì da Abiar el Charaz puntando su Bir el Gauìa. Alle otto della mattina, in prossimità di Belat Abd el Hafid, in terreno cespuglioso, si scontrò con ribelli appostati che aprirono il fuoco immediatamente. Dopo un'ora il gruppo ribelle venne distrutto e lascia sul terreno 43 morti, 32 fucili e 2 pistole. Gli italiani ebbero una Camicia Nera ferita.

20 giugno 1930 - Nuovo scontro a Ghedir es Sciamar; il nemico sfuggì, lasciando a terra un caduto mentre il bestiame venne tutto catturato.

5 luglio 1930 - Giunta notizia che i ribelli provenienti da Cufra avevano catturato una carovana di sottomessi partita per Gialo, la 3ª Squadriglia autoblindo con il centurione Zennaro mosse subito da Agedabia; comandava l'operazione il Ten. Col. Maletti. Dopo sei ore di corsa nel deserto venne avvistata la carovana. I ribelli, calcolato il loro vantaggio di forze, si mossero per assalire gli italiani, circondando le Camicie Nere coi cavalieri e aprendo contemporaneamente il fuoco. I militi risposero al fuoco solo quando il nemico arrivò a cento metri. Alla prima raffica cinque senussiti rimasero uccisi; sull'autocarro delle Camicie Nere una mitragliatrice era già stata resa inutilizzabile dal fuoco avversario; il mezzo venne subito circondato ed il suo comandante rimase ferito. I legionari intanto si erano lanciati contro i nemici. Maletti, subito avvertito, gettò a corsa pazza la macchina verso il punto dove si trovava l'autocarro con le sue Camicie Nere Queste, attaccando a destra e sinistra, riuscirono a mettere in fuga i ribelli che non erano ancora caduti. Riuscirono a salvarsi solo otto nemici in tutto. Si iniziò l'inseguimento che terminò solo quando tutti gli avversari furono uccisi: complessivamente venti senussi.

La riconquista del Fezzan.

Come sempre per tutte le altre azioni, vi parteciparono reparti della Milizia. Gruppi di Meharisti, agli ordini del Duca delle Puglie, Amedeo d'Aosta, futuro Viceré d'Etiopia ed eroe dell'Amba Alagi, occuparono Uau el Kebir. La marcia su Murzuk e Ubari venne compiuta in appena tre giorni. Truppe miste dell'Esercito e della Milizia piombarono di sorpresa su Gatroso: i senussiti fecero atto di sottomissione e consegnarono le armi.

Il 24 febbraio la colonna del generale Graziani, comprendente reparti di Camicie Nere occupò Ghat e le popolazioni consegnarono 2.350 fucili. Un anno dopo, sotto il governo del nuovo Governatore, il generale Badoglio venne occupata anche Cufra.

I reparti libici, che non davano ancora pieno affidamento, venivano gradualmente ridotti di numero. Nel giugno 1930, dopo una visita a gran parte della Cirenaica, il Ministro delle Colonie, generale De Bono, confermava la sua approvazione ai concetti e alle disposizioni prese dal maresciallo Badoglio e dal generale Graziani.

Primo provvedimento fu quello di raggruppare tutti gli accampamenti delle popolazioni nelle vicinanze dei presidi, in modo da poterne esercitare un sicuro controllo e da sottrarle alle azioni intimidatrici dei ribelli.

In secondo tempo, gran parte di tali accampamenti furono spostati verso la Sirtica per allontanarli dall'influenza di Omar el Mukhtar. I campi vennero circondati da reticolato, i pascoli controllati, la circolazione sottoposta a misure di vigilanza speciali. In terzo tempo, fu disposta la chiusura di tutte le *zauie* senussite, i cui capi erano tutti, più o meno notoriamente, a noi ostili. Fu lasciata la sola *zauia* di Giarabub, considerata luogo santo anche dai musulmani non senussiti e delle altre fu poi ordinato anche il sequestro dei beni, che servivano unicamente ad alimentare la ribellione.

Mentre si attuavano questi provvedimenti, venivano continuate nel Gebel cirenaico le operazioni repressive contro gli ostinati gruppi di ribelli senussiti che non mancavano di recare disturbo alle popolazioni e ad alcuni nostri presidi.

Nel giugno, fu eseguito un rastrellamento in grande stile nella zona dell'Uadi el Mahaggia, nei cui pressi era stato segnalato il *dor* di Omar. Le nostre truppe della Sirtica furono concentrate, agli ordini del colonnello Maletti, a el-Mechili e le truppe del Gebel, agli ordini del colonnello Spatocco, sulla fronte Gerdes-Slonta-Caulan. L'azione, condotta di sorpresa, ebbe esito felice. I ribelli, tuttavia, avvertiti in tempo, riuscirono a sfuggire all'accerchiamento, ma dovettero abbandonare gran parte delle loro cose e quasi tutti i viveri, il che rappresentò per essi ben grave danno. L'azione continuava nel luglio da parte di nostre colonne agli ordini dei loro instancabili comandanti. Si ebbero vari scontri coi ribelli, che l'8 agosto toccavano una grave rotta sull'Uadi es Sania, a nord di Tecniz. La guerriglia, però non cessava e si protraeva sul Gebel sino alla fine del 1930.

Anche ad oriente, verso il confine egiziano, le genti della Marmarica, specie gli Abeidat, dimostravano di volersi nuovamente sottrarre al nostro controllo e allora il generale Graziani ordinava il loro radicale trasferimento nell'occidente della Sirte, con una marcia di ben 1100 chilometri. Anche questo energico provvedimento diminuiva l'efficienza delle forze di Omar, che largamente attingeva uomini fra quelle popolazioni.

L'azione del generale Graziani per sedare la diffusa e ostinata ribellione in Cirenaica così veniva riassunta sul *Corriere della Sera*:

Rodolfo Graziani ha visto la soluzione del problema nei termini più semplici: disarmo delle popolazioni sottomesse, ritorno alla più severa disciplina nei battaglioni indigeni, controllo diretto sull'attività dei capi sottomessi. Se la ribellione ha le sue arterie vitali tra le popolazioni sottomesse o cosiddette sottomesse, e se sono costoro che, volenti o nolenti, riforniscono i ribelli di fucili, cartucce, viveri, bestiame e denaro, bisognava ottenere il loro disarmo e il loro isolamento dai ribelli, ponendole tutte sotto la vigilanza delle nostre organizzazioni civili e militari. Alcune migliaia di fucili sono state consegnate con le relative munizioni. Il disarmo si è iniziato, ma non è ancora completo. Ogni arma sottratta al sottomesso è un fucile di meno per il nemico. Per i disertori e per tutti coloro che d'ora in avanti saranno sorpresi in flagrante o accertata connivenza con i ribelli la giustizia sarà inflessibile. Lo si è già dimostrato, sia nei giudizi verso i civili sia verso gli ascari dei battaglioni.

Il controllo sui Capi.

Il terzo provvedimento attuato da Graziani riflette il controllo sui Capi. La Cirenaica, a somiglianza di tutte le Colonie, ha molti Capi — a noi fedeli o per interessi o per sentimento — che hanno prebende e assegni. La politica coloniale ha le sue esigenze. Ma Graziani ha senz'altro « tagliato i viveri » ai grandi e ai piccoli Capi. La molla dell'interesse è efficace in qualunque latitudine. Graziani ha convocato tutti i Capi arabi e ha tenuto loro un discorso chiaro e semplice, presso a poco di questo tono:

«Tu, tal dei tali, ricevi un pingue mensile. Tu ne hai un altro che è un po' meno notevole, ma abbastanza lauto.

Voialtri tutti avete uno stipendio per la vostra fedeltà. Ma se questa fosse completa e intera, voi vi mettereste all'opera con me per finirla con la ribellione. Ebbene, se non lo farete non riceverete più nemmeno una lira, e quando la ribellione sarà finita, quando mi avrete dato segni tangibili della vostra opera per stroncarla, riavrete i vostri assegni e magari anche gli arretrati. Andate pure».

In un secondo e recente convegno di Capi arabi, Graziani ha rincarato la dose facendo loro sapere che egli non è uomo di mezze misure, che vuole assolutamente instaurare la piena sovranità dell'Italia in Cirenaica e che ricorrerà, occorrendo, alle misure più estreme pur di stroncare la ribellione. Quando fosse necessario, si giungerebbe fino a imbarcare su alcuni piroscafi noleggiati tutta la popolazione della Cirenaica — che in un territorio grande tre volte l'Italia non raggiunge il numero della popolazione di Palermo — concentrandola in qualche contrada italiana, pur di finirla con questo stillicidio di milioni e di vite umane.

La giustizia in volo.

Infine, per non porre tempo in mezzo nell'applicazione della legge, Graziani ha provveduto a rendere più rapida la giustizia, con una istituzione che è destinata ad avere impiego anche presso altre Potenze coloniali: il Tribunale aereo. Graziani ha pensato di servirsi dell'aviazione perché la giustizia funzioni rapida e solenne nelle località ove il suo intervento deve essere pronto e saggio. L'avvocato militare Olivieri, i giudici Bedendo e Romano — due ex-combattenti valorosi e sereni — quasi tutte le mattine si recano in volo nelle varie zone ove si debbono celebrare processi contro i ribelli e i disertori. I magistrati indossano la toga e il processo si svolge all'aperto, all'ombra dei boschi, nelle brughiere, con le più rigorose norme di rito, con i difensori e gli interpreti. Non si condanna a morte senza che le prove siano schiaccianti o la confessione completa. Se vi sono dubbi, si assolve. Il Tribunale Speciale per la difesa dello Stato dà agli Arabi la sensazione che quegli uomini chiamati a un duro compito, sotto la volta del cielo, sanno che al di sopra di essi vi è Iddio che tutto vede e giudica. La severità, non disgiunta dalla profonda giustizia, di tali processi ha trovato consenzienti le stesse popolazioni, fra le quali è salda la convinzione che l'Italia non colpirà mai gli inermi, e che la sua giustizia ha scopi esclusivamente di pace, con vantaggio sia per gli indigeni sia per i colonizzatori. Gli stessi arabi hanno chiesto di essere gli esecutori delle sentenze del Tribunale aereo. Dopo la condanna a morte di quattro ribelli, — torve figure di delinquenti, — le «daurie» di El Abiar hanno domandato di formare coi loro uomini il plotone di esecuzione che doveva fucilare i condannati. Il Tribunale ha acconsentito alla richiesta di questi fedeli sottomessi. Così i soldati libici del 7° battaglione hanno voluto fucilare i disertori che erano passati al nemico e che, catturati, erano stati condannati a morte, e i «savari» dell'8o squadrone hanno chiesto di eseguire la sentenza di morte contro un loro antico compagno, che aveva disertato rubando il moschetto al tenente Capone, caduto in un recente combattimento.

Il corpo di spedizione per Cufra venne così costituito:

Comando spedizione: comandante generale Ronchetti — comandante in 2a Amedeo di Savoia, duca delle Puglie;
forze aeree — comandante: ten. colonnello Lordi;
forze cammellate — comandante: ten. colonnello Maletti;
mezzi autocarreggiati — comandante: maggiore Lorenzini;
base di Agedabia — comandante: colonnello Marinoni.
Le forze aeree disponevano di di 20 apparecchi, con rifornimento completo per otto giornate di volo, a cento ore giornaliere, e con dotazione di 1.400 bombe di lancio, oltre alle mitragliatrici di bordo.
Le forze cammellate comprendevano:
a) il raggruppamento sahariano della Cirenaica, su 2 gruppi, e una sezione artiglieria cammellata (in totale 20 ufficiali, 20 pezzi);

b) un gruppo sahariano della Tripolitania, su 3 plotoni di 100 uomini l'uno;
c) il gruppo di irregolari Mogarba (100 uomini), tutti con 40 giornate di viveri e 8 giornate di acqua.
I mezzi autocarreggiati erano:
a) una squadriglia autoblindomitragliatrici Camicie Nere;
b) un reparto speciale «Fiat» di 220 autocarri con materiali vari.

Il concorso delle truppe della Tripolitania venne cosi stabilito dal Maresciallo Badoglio: 1 gruppo sahariano, 1 squadriglia autoblinde, 1 squadriglia di aviazione.
Il 20 dicembre 1930, la colonna partiva da Agedabia verso il suo lontano obiettivo.
A Cufra prevaleva intanto l'idea della resistenza, e veniva troncato ogni traffico con Gialo. Gli armati erano segnalati in circa 600, elementi locali provvisti largamente di munizioni e di rifornimenti vari, alimentati da continue carovane affluenti dal confine egiziano. Pervenivano poi ai Capi arabi calorosi incitamenti da parte del Senusso Hamed el Scerif. Cufra era l'ultimo rifugio e l'ultima speranza della Senussia. Il percorso dell'intera colonna da Agedabia a Gialo fu compiuto col criterio di articolare la massa in gruppi, disimpegnando il movimento degli automezzi da quello delle altre truppe. La spedizione venne perciò suddivisa in tre colonne minori: ten. colonnello Maletti (raggruppamento sahariano e centuria irregolare Mogarba); maggiore Lorenzini (I squadriglia autoblinde CCNN, autodrappello comando truppe mobili, plotone genio autocarreggiato); maggiore Rolle (carovana generale cammellata con centuria eritrea e plotone zaptiè). Le colonne, superando una furiosa tempesta di pioggia e di sabbia di due giornate consecutive, raggiunsero Gialo entro la sera del 1° gennaio 1931. La marcia fu proseguita nei giorni seguenti nella speciale caratteristica formazione a losanga usata nel deserto, con sbalzi successivi delle autocolonne, inoltrandosi sempre più verso il sud e raggiungendo con tutti gli elementi Bir Zighen, previa ricognizione aerea, entro la giornata del 9 gennaio. Non furono perduti che un centinaio di cammelli, sui 3.500 partiti da Gialo.Bir Zighen era sgombro, e tali apparvero anche le oasi di Taizerbo; era ormai certo che lo scontro coi difensori si sarebbe verifi-cato sulle alture di El Hauari, a pochi chilometri da El Tag, giacché i ribelli molto confidavano sul nostro rallentamento e sulla difesa delle dune mobili, che circondano Cufra per un raggio di oltre 150 chilometri.
Il 12 gennaio 1931, il gen. Graziani si trasferiva da Bengasi a Bir Zighen con la massa degli apparecchi di aviazione e prendeva l'effettiva direzione dell'operazione.
Il mattino del 14 gennaio, le colonne Maletti e Campini, con le truppe della Tripolitania provenienti da Uau el-Chebir, riprendevano il movimento verso sud, intervallate di circa 80 chilometri, e con itinerari man mano convergenti. Il collegamento fra le due colonne era mantenuto a mezzo di aerei. In previsione dell'azione tattica, il giorno 18 la colonna Campini passava alle dirette dipendenze del ten. colonnello Maletti.La zona dell'oasi veniva avvistata dagli aerei il mattino dello stesso giorno 18, e risultava la presenza di gruppi nomadi, accampamenti e cammelli nei pressi di El Giof; nel restante delle oasi tutto sembrava pacifico e normale. Uno degli aerei però rientrava da El Giof con le ali ripetutamente colpite.
A Cufra si ignorava ancora l'avvicinarsi della spedizione italiana; si pensava solo al gruppo sahariano della Tripolitania e si nutriva la speranza di respingerlo senza difficoltà coi 500 armati disponibili. La ricognizione aerea del mattino del 19, guidata personalmente dal duca delle Puglie, non aveva in un primo tempo segnalato nelle oasi nulla di sospetto; le colonne Maletti e Campini, procedendo di conserva, stavano gradualmente annullando il loro distacco, quando, verso le ore 10, un aereo segnalava circa 400 armati che, superato il margine nord dell'oasi di El-Hauuari, si dirigevano rapidamente contro la colonna Canapini, che — avvertita — assumeva formazione di combattimento. Si iniziò l'azione tattica, mentre il ten. colonnello Maletti prendeva la *mehalla* araba tra due fuochi. I ribelli, allargando l'ordinanza, tentarono la consueta manovra avvolgente per le ali; ma, ributtati dovunque con energici contrattacchi, subirono gravi perdite e dovettero cedere terreno, tramutando poi la ritirata in fuga disordinata verso El Tag ed El Giof. Quest'ultima località veniva alle 12,30 raggiunta dalla squadriglia d'aviazione con otto apparecchi, che effettuarono sulle oasi un efficace bombardamento e un intenso mitragliamento. L'azione tattica era durata dalle 10 alla 13. La mehalla ribelle, quantunque di fronte a forze impreviste e superiori si fosse battuta con audacia e

valore, lasciò sul terreno un centinaio di morti, compresi alcuni Capi, 13 prigionieri, un centinaio di fucili e casse di munizioni. Gli italiani ebbero due ufficiali uccisi (ten. Helzel e ten. Pipitene), 2 ascari uccisi e 16 feriti.

Il giorno 24, dopo aver sorvolato 2.000 chilometri di deserto, giungeva in volo da Tripoli il Maresciallo Badoglio, che alla presenza del duca delle Puglie, innalzava sulla *zauia* di El Tag il vessillo tricolore.

I ribelli si disperdevano verso il confine egiziano e verso il Tibesti. Venne subito ordinato che la nostra aviazione li inseguisse ad ondate; e mentre il 3° gruppo sahariano della Tripolitania ripuliva l'oasi di El Giof, tre plotoni venivano lanciati all'inseguimento dei ribelli. Dovunque erano tracce di fuga disordinata e precipitosa e terreno seminato qua e là di cadaveri; complessivamente i ribelli ebbero 200 uccisi e perdettero 150 fucili; vennero inoltre in nostro potere i depositi di armi e di munizioni di El Tag e di El Giof, 3 mitragliatrici e 3 cannoni.

L'occupazione di Cufra fu indubbiamente la più vasta e complessa fra le operazioni sahariane che, con quelle della Ghibla, dell'Hammada e del Fezzan, diede all'Italia un indiscusso primato nelle imprese desertiche, conseguito per virtù di una organizzazione esemplare e del perfetto inquadramento delle unità sahariane.

Nel luglio 1931, il Ministro delle Colonie generale De Bono visitava Cufra, partendo in volo da Roma per Bengasi; e di qui alla capitale senussita, rientrando poi a Roma, dopo aver brillantemente percorso un « raid » di 5000 chilometri di volo in soli sette giorni. L'occupazione di Cufra costituì un formidabile colpo al prestigio della Senussia e portò una profonda demoralizzazione fra i ribelli che ancora combattevano sul Gebel: Omar el Mukhtar cercò con tutti i mezzi di tenere nascosta l'occupazione di Cufra ai suoi seguaci.

Ma la questione che più interessava la Senussia era quella confinaria con l'Egitto, dal quale essa traeva continuamente armamenti e forza. Il governo della Colonia abolì il punto franco di Bardia e proibì l'esportazione in Egitto per via di terra, consentendola solo per mare; ma ciononostante la speculazione affaristica non era frenata e la ribellione continuava ad essere alimentata. Il generale Graziani pensò allora di chiudere materialmente il confine con l'Egitto mediante un forte reticolato, che correva per 300 chilometri da Bardia a Giarabub, in zona perfettamente desertica: senza sottrarre forze notevoli per la effettiva sorveglianza del confine si contribuiva così assai validamente allo stroncamento della ribellione. Il nostro energico atteggiamento induceva allora il Governo egiziano ad intimare a Sidi Idris el Senussi di abbandonare qualsiasi opera di favoreggiamento ai fuorusciti libici.

Le operazioni contro Omar el Mukhtar (10 marzo- 23 aprile 1931).

10 marzo 1931 - La 2ª Squadriglia autoblindo intercettò un centinaio di ribelli nella zona di Zuaiet el Mrassas. Questi cercarono di sfuggire all'attacco gettandosi nel fondo dell'Uadi el Sahal, non percorribile da automezzi. La squadriglia aprì ugualmente il fuoco infliggendo una decina di perdite agli avversari.

26 marzo 1931 - La 3ª Squadriglia uscì da Agedabia e a circa 30 km da Bir el Rteima raggiunse - in un wadi - un accampamento ribelle e si aprì a ventaglio per attaccarlo. Nascosti nei cespugli gli arabi accolsero le macchine con furiose scariche di fucileria. *La squadriglia passa distrugge e prosegue*, per usare le parole dei Consoli De Vecchi e Lucas. Il XX battaglione eritreo, in rastrellamento, trovò i corpi di undici ribelli morti e raccolse armi varie, catturando inoltre 300 tra cammelli ed ovini.

22 aprile 1931 - Sempre la 3ª squadriglia, uscita in ricognizione, dopo un breve scontro a Bir el Gherrari (2 ribelli morti) proseguì per Bir el Beter e scoprì una mandria di cammelli scortata da ribelli. Subito attaccati e sconfitti gli arabi persero 7 caduti, lasciando in mano ai militi 95 cammelli e 4 bovini.

23 aprile 1931 - Proseguendo le operazioni, si scatenò un altro scontro a Bir el Tengheder. I ribelli aprirono il fuoco per primi colpendo per ben nove volte il radiatore di una autoblindo. I legionari si lanciarono sui ribelli e li annientarono, causando loro 8 morti e catturando 85 cammelli. Le Camicie Nere erano guidate dal Centurione Zennaro e dal Capomanipolo Visentini che ricevettero per questo un encomio solenne. Con la cattura di Omar el Mukhtar e la resa totale dei ribelli e la successiva pacificazione della Cirenaica, terminò l'impiego della 2ª Legione libica di Camicie Nere *Berenice*. Quale riconoscimento del contributo apportato e del valore dimostrato dai reparti, al Labaro della Legione

viene assegnata la Croce di Guerra al V.M.:

Legione esemplare per costante attaccamento al dovere, dava prova di salda disciplina, di alto spirito guerriero in diversi combattimenti. Cogli elementi distaccati nei lontani presidi dell'interno, o sul confine della colonia o inquadrati nelle squadriglie autoblindo - in pieno cameratismo con i reparti dell'Esercito - lasciava ovunque i segni del suo spiccato valore.

La Legione ebbe 12 caduti in combattimento, e 42 morti per cause riconosciute dipendenti dal Servizio. In data 20 settembre 1934 le due Legioni permanenti vennero ridotte a Coorti permanenti e trasformate il 4 maggio 1935 in Battaglioni Camicie Nere poi inquadrati ciascuno in un reggimento di Fanteria Cacciatori d'Africa.

Così Alessandro Lessona, Sottosegretario di Stato per le Colonie, riassumeva, nella seduta della Camera del 7 maggio 1935, l'importanza delle operazioni militari del Fezzan e di Cufra:

Le operazioni militari del Fezzan e di Cufra furono la premessa necessaria alla soluzione diplomatica. La conquista di Cufra, infatti, rese possibile la definizione del nostro confine col Sudan anglo-egiziano nella zona di Auenat. Questa remota regione in pieno deserto libico, a oltre 1.500 chilometri dalla costa, aveva assunto una particolare importanza per il fatto stesso della nostra occupazione. Auenat avrebbe, infatti, dovuto sostituire l'oasi che per vent'anni era stata punto di sosta e di appoggio delle carovane dirette dall'Africa all'Egitto, poiché le sue tre, pur modestissime, sorgenti d'acqua erano ormai il solo luogo dotato di risorse fra i centri egiziani, il Sudan e l'Africa equatoriale.

Ma essendo Auenat collegata geograficamente con l'oasi di Cufra, è evidente l'importanza che per noi essa rappresenta, e infatti fu subito disposto, dopo l'occupazione di Cufra, che venissero irradiati presidi presso la sorgente principale di Daua, presso Mathen Sarra, sulle carovaniere congiungenti l'oasi di Cufra rispettivamente col Sudan e con lo Ennedi, l'Ua-dai ed il Borcu. L'Inghilterra, d'altronde, vantava anch'essa interessi e diritti sui pozzi di Auenat.

I negoziati per la definizione del confine in questo tratto desertico si svolsero con vero spirito di conciliazione e l'accordo, concluso a Roma il 20 luglio 1934, ne è la prova più evidente

.La conquista del Fezzan determinò, invece, le condizioni necessarie per accordarsi con la Francia circa il proseguimento della linea del confine meridionale della Libia, che nell'accordo del 1919 era stato definito fino a Tummo. Le trattative, com'è noto, si sono concluse il 7 gennaio scorso in un sistema di accordi che ci riconoscono il possesso delle regioni settentrionali del Tibesti con i centri di Auzu e Guezenti, sino a raggiungere il confine italo-sudanese. Con questa soluzione la Libia viene a costituire un territorio omogeneo. Il territorio ceduto dalla Francia (circa 114 mila chilometri quadrati) garantisce le vie di comunicazione della Libia con l'Africa equatoriale francese.

Nel 1931 la guerriglia senussita era ormai domata, ricorrendo a drastiche misure di polizia coloniale- restrizione delle tribù in aree circoscritte e controllate: contrariamente a quanto a volte sostenuto, non si trattava di campi di concentramento nell'accezione diffusasi dopo la Seconda Guerra Mondiale, ma di spazi più ampi destinati a contenere migliaia e anche decine di migliaia di persone. Italo Balbo, che abolì questi campi, scrisse degli *arabi della Cirenaica che nel 1934 li ho trovati quasi tutti nei campi di concentramento*[10].

Va però ricordato che il decreto stabilente la misura dell'internamento per *ragioni contingenti o di ordine pubblico* venne emanato dal governatore Volpi il 22 dicembre 1922, sulla base del decreto del 17 luglio 1922 (cioè quando ministro delle Colonie era l'antifascista Giovanni Amendola[11]. Importantissimo mezzo di coercizione fu poi la distruzione del bestiame, che costituiva la principale fonte di sostentamento dei ribelli libici, e la cattura del capo della rivolta e della guerriglia, Omar el Mukhtar, che fu giustiziato nel settembre del 1931 da Graziani per ordine del governatore della Libia, Pietro Badoglio.

---

10   Italo Balbo, lettera al ministro delle Colonie Attilio Teruzzi del 3 dicembre 1937.
11   Cfr. il testo del decreto istitutivo in Goglia, Grassi, *Il colonialismo italiano da Adua all'Impero*, Roma- Bari 1993, p.339. Secondo Guerri, durante il governatorato di Badoglio *fra il '30 il '31 metà dagli 80.000 pastori nomadi della Cirenaica venne trucidata e altri 20.000 furono costretti a rifugiarsi in Egitto* (G. B. Guerri, *Italo Balbo*, Milano 1983, p.299). Tali cifre sono però da ritenersi assai esagerate per eccesso.

3. LA GUERRA D'ETIOPIA 1935-1936

Il Duce, ritenendo la guerra per la conquista dell'Impero come la controprova dell'efficienza del fascismo volle che alle operazioni partecipassero anche grandi Unità della Milizia Volontaria Sicurezza Nazionale, e poiché le Camicie Nere non disponevano né d'artiglierie né di servizi, chiese al sottosegretario alla Guerra Baistrocchi che le divisioni CC. NN. fossero completate ed equipaggiate dal Regio Esercito[12].

Baistrocchi non si oppose, ma ancorò il proprio assenso al soddisfacimento di alcune condizioni fondamentali. Innanzi tutto che l'addestramento dei militi e dei reparti venisse rivisto e fosse effettuato sotto la sovrintendenza dello Stato Maggiore del Regio Esercito, e che comandante, vicecomandante e capo di Stato Maggiore delle divisioni della M.V.S.N. fossero ufficiali dell'esercito e non della Milizia.

Ciò era legata alla scarsa considerazione che i militari di professione avevano della Milizia fascista[13], e portò anche a gravi conseguenze, per esempio a Mai Beles quando il generale Somma dando più o meno velatamente dell'incompetente al Console Diamanti e ordinandogli di avanzare oltre il fiume Beles, provocò la crisi più grave di tutta la campagna.

Su come fosse vista la Milizia in taluni ambienti e dei luoghi comuni che la circondavano, ne dà testimonianza il già citato *Commento alla Milizia* dell'Istituto di Propaganda Fascista:

...Oltre ai numerosi problemi, che chiameremo 'interni', essa si trovò di fronte ad altri ostacoli da superare, in rapporto all'ambiente. Tra questi ultimi occorre ancora una volta ricordare: l'ostilità degli avversari del Fascismo che vedevano giustamente in essa il più forte presidio del Regime; la diffidenza di varie categorie di cittadini; l'incomprensione nei settori 'borghesi' dello stesso Fascismo; l'ignoranza o la non perfetta conoscenza delle sue reali condizioni e possibilità anche da parte di chi avrebbe dovuto conoscerle: sintomatico, a questo proposito, il caso di qualche camerata che, fino a pochi anni fa [il Quaderno uscì nel 1942, NdA], riteneva, in buona fede, che gli ufficiali nei quadri della Milizia fossero regolarmente retribuiti [cosa che non accadeva se non per soli 750 uomini su 200mila in origine, e peraltro con cifre decisamente inferiori a quelle delle altre FFAA, NdA], o di altri che, assistendo, nel settembre 1938, alla sfilata di 18 battaglioni (tratti, nella quasi totalità, dalle legioni ordinarie) in via Nazionale, alla presenza del Duce, credevano si trattasse di reparti permanenti, e non nascondevano tuttavia la loro sincera ammirazione per il perfetto grado di addestramento raggiunto.

Ad ogni modo anche se si trattava di condizioni molto dure, esse non modificavano sostanzialmente la situazione di fatto che s'era venuta a creare: la Milizia poteva schierare finalmente le proprie grandi unità a fianco di quelle dell'esercito; ciò che per anni lo Stato Maggiore aveva cercato di evitare s'era verificato[14]

Per l'*esigenza A.O.I.* furono mobilitate sette divisioni Camicie Nere.

Le prime cinque (*23 Marzo*, *28 Ottobre*, *21 Aprile*, *3 gennaio* e *1 Febbraio*) erano su tre legioni, mentre la 6a *Tevere*, che operò in Somalia, ebbe quattro legioni e la 7a *Cirene*, di presidio in Libia, ne ebbe otto. In totale, su 167.000 Camicie Nere mobilitabili ne vennero inviate in Africa 117.000.

Le divisioni della Milizia rispecchiavano la struttura della quarta forza armata, basandosi su legioni arruolate volontariamente su base locale e così i militi provenivano dalle stesse zone, aumentando la coesione dei reparti, così come avveniva nei reparti Alpini.

Il morale delle Camicie Nere era assai elevato, trattandosi di volontari; ciò talvolta andava a scapito della disciplina e dell'addestramento, a volte sommario, soprattutto nei reparti arrivati successivamente. A ciò suppliva l'elevata motivazione dei reparti.

Essendo su base volontaria, la Milizia non poteva disporre di personale delle classi di leva; l'età media era perciò più elevata di quella dei reparti dell'esercito.

---

12   O. Bovio, *In alto la bamdiera. Storia del Regio Esercito*, Foggia 1999, p.144.
13   G. Bucciante *I generali della dittatura*, Milano 1987, pp.72 segg. Negli ambienti del Regio Esercito la sigla M.V.S.N. era interpretata ironicamente come l'abbreviazione di *Mai Visto Sudare Nessuno*.
14   Bovio 1999, p.145. Va detto però che il comando della 5a divisione CC. NN. *1 Febbraio* andò ad un ufficiale della M.V.S.N., il luogotenente generale Attilio Teruzzi.

Se ciò poneva problemi dal punto di vista dell'efficienza fisica, aveva il vantaggio di avere personale veterano della Guerra Mondiale, e dunque già provato al fuoco ed in grado di affrontare maggiori fatiche rispetto alle classi di leva.

La divisione Camicie Nere era strutturata su tre legioni, la cui consistenza era però inferiore a quella dei reggimenti del Regio Esercito, avendo due battaglioni anziché tre[15].

A ciascuna legione era aggregata una compagnia mitraglieri ed una di artiglieria someggiata con pezzi da 75/17.

Ogni battaglione Camicie Nere comprendeva tre compagnie, ciascuna con sei mitragliatrici leggere.

Il battaglione aveva un organico nominale di 20 ufficiali, 650 tra sottufficiali e militi, 52 quadrupedi, 2 autocarri e 18 mitragliatrici leggere.

La compagnia comprendeva tre plotoni moschettieri.

Ogni divisione Camicie Nere era rinforzata da reparti dell'esercito: un gruppo d'artiglieria su tre batterie più la comando, recante il numero della divisione.

Le Camicie Nere in Africa Orientale diedero una prova di sé migliore di quanto atteso dai Comandi dell'Esercito Regio: in particolare si distinse la Divisione *28 Ottobre*, con il Gruppo CC. NN. d'Eritrea *Diamanti*[16], nel corso della battaglia difensiva di Passo Uarieu (Ia battaglia del Tembien) quando le Camicie Nere resistendo per tre giorni fermarono i ventiquattromila uomini di ras Cassa e di ras Seyum, e nell'occupazione della posizione, ritenuta impossibile, dell'Amba Work, catturata nottetempo con un colpo di mano audacissimo[17].

Al termine delle operazioni, molte unità di Camicie Nere rimasero in Africa Orientale con compiti i polizia coloniale, in altre parole di controguerriglia. Ecco l'elenco delle unità impegnate nel conflitto:

1a divisione Camicie Nere 23 Marzo

Comandanti: Gen. Div. Ettore Bastico; succ. S.A.R. Gen. Di Div. Filiberto di Savoia- Genova, duca di Pistoia; Generale di Div. Siciliani.

135a Legione *Indomita* (La Spezia). Console gen. E. Francisci
CXXXV° btg. (La Spezia)
CLXXXVIII° btg. (Livorno)
135a compagnia mitragliatrici pesanti- Volterra
135a batteria someggiata- 8a Legione DiCaT, Roma

192a Legione *Francesco Ferrucci* (Firenze). Console gen. G. Conticelli:
CXCII° btg. (Firenze)
CXC° btg. (Firenze)
192a compagnia mitragliatrici pesanti- Empoli
192a batteria someggiata- Firenze
192a sezione lanciafiamme- Firenze

202a Legione *Cacciatori del Tevere* (Perugia). Console gen. Alberto Piroli
CCII° btg. (Perugia)
CCIV° btg. (Tivoli)
202a compagnia mitragliatrici pesanti
202 batteria someggiata
202a sezione lanciafiamme- Perugia

---

15   Si noti come nelle divisioni CC. NN. create per l'*esigenza A.O.* venne utilizzata la normale terminologia militare per le unità minori (compagnia anziché centuria, plotone anziché manipolo), mentre per quelle maggiori si continuarono ad usare gruppo e legione al posto di battaglione e reggimento. Le legioni mobilitate per l'Africa Orientale ebbero il proprio numerale aumentato di cento: così la 1a legione *Sabauda* di Torino divenne 101a legione, la 80a legione *Alessandro Farnese* di Parma, 180a e così via.

16   Il Luogotenente Generale Filippo Diamanti partecipò poi alla Campagna di Russia comandando il Raggruppamento CC.NN. M d'Assalto *3 Gennaio* formato dai Gruppi CC.NN. M *Tagliamento* e *Montebello*.

17   Sulle CC.NN. in Africa Orientale, si veda P. Romeo di Colloredo, *I Pilastri del Romano Impero. Le Camicie Nere in Africa Orientale 1935- 1936*, Genova 2012, e id. *Passo Uarieu. Le Termopili delle Camicie Nere in Etiopia*, Genova 2008.

1° btg. Mitraglieri CC.NN. (Pisa)
1° Gruppo Cannoni sa 65/17, dal 10° Regg. Artiglieria (Regio Esercito)
Due battaglioni complementi Camicie Nere
Ia compagnia speciale mista del Genio
Sezioni Reali Carabinieri- Firenze
Ufficio di Commissariato
Ia sez. sussistenza
Ia sez. sanità
1° autoreparto misto
1° reparto salmerie divisionali.

2a divisione Camicie Nere 28 Ottobre

Gen. di Brig. (poi di Divisione) Umberto Somma.

114a Legione *Garibaldina* (Bergamo). Console gen. Giovanni Ricciotti:
CXIV° btg. (Bergamo)
CXV° btg. (Brescia)
114a compagnia mitragliatrici pesanti- Milano- Lodi- Pavia- Legnano
114a batteria someggiata- Piacenza
116a Legione *Alpina* (Como). Console gen. Nicola Serrai:
CXVI° btg. (Como)
CXXV° btg. (Monza)
116a compagnia mitragliatrici pesanti- Como- Varese
116a batteria someggiata- Milano
180a Legione *Alessandro Farnese* (Parma). Console gen. Alessandro Biscaccianti:
CLXXX° btg. (Parma)
CLXXIV° btg. (Fidenza)
180a compagnia mitragliatrici pesanti- Cremona- Casalmaggiore
180a batteria someggiata- Alessandria- Tortona
II° btg. Mitraglieri- Genova- Savona
II° Gruppo Cannoni del 30° Regg. Artiglieria (Regio Esercito)
Due battaglioni complementi Camicie Nere
2a compagnia speciale mista del Genio
Sezioni Reali Carabinieri- Milano
Ufficio di Commissariato
IIa sez. sussistenza
IIa sez. sanità
2° autoreparto misto
2° reparto salmerie divisionali.

3a divisione Camicie Nere 21 Aprile

Gen. di Div. Giacomo Appiotti.
230a Legione *L'Aquila*[18] (L'Aquila). Console gen. Tommaso Bottari:
CCXXX° btg. (L'Aquila)
CCXXXVI° btg. (Chieti):
230a compagnia mitragliatrici pesanti
230a batteria someggiata
252a Legione *Acciaiata* (Lecce). Console gen. Giovanni Passerone:

---

18   Poi *Monte Sirente*.

CCLII° btg. (Lecce)
CCLXIV° btg. (Potenza)
252a compagnia mitragliatrici pesanti
252a batteria someggiata

263a Legione *Teodoro Gulli* (Reggio Calabria). Console gen. Ivan Doro:
CCLXIII° btg. (Reggio Calabria)
CCLXIV° btg. (Catanzaro)
263a compagnia mitragliatrici pesanti
263a batteria someggiata

III° btg. Mitraglieri- Ascoli Piceno
III° Gruppo Cannoni (Regio Esercito)
Due battaglioni complementi Camicie Nere
3a compagnia speciale mista del Genio
Sezioni Reali Carabinieri
Ufficio di Commissariato
IIIa sez. sussistenza
IIIa sez. sanità
3° autoreparto misto
3° reparto salmerie divisionali.

4a divisione Camicie Nere 3 Gennaio

Luogotenente gen. Alessandro Traditi.

230a Legione *Sabauda* (Torino). Console gen. Ludovico Ferrandi:
CI° btg. (Torino)
CII° btg. (Torino):
101a compagnia mitragliatrici pesanti
101a batteria someggiata
(La Legione inquadrava una compagnia interamente formata da studenti universitari della 1a Legione *Principe di Piemonte* di Torino)

104a Legione *Santorre di Santarosa* (Alessandria). Console gen. Felice Pertoldi:
CIV° btg. (Alessandria)
CXI° btg. (Casale Monferrato)
104a compagnia mitragliatrici pesanti
104a batteria someggiata

215a Legione *Cimino* (Viterbo). Console gen. Vittorio Savini:
CCXXV° btg. (Viterbo)
CCXX° btg. (Roma)
215a compagnia mitragliatrici pesanti
215a batteria someggiata

IV° btg. Mitraglieri- Ascoli Piceno
IV° Gruppo Cannoni (Regio Esercito)
Due battaglioni complementi Camicie Nere
4a compagnia speciale mista del Genio
Sezioni Reali Carabinieri
Ufficio di Commissariato
IVa sez. sussistenza
IVa sez. sanità
4° autoreparto misto
4° reparto salmerie divisionali.

5a divisione Camicie Nere 1 Febbraio

Luogotenente gen. Attilio Teruzzi.

107a Legione *Fratelli Cairoli* (Pavia). Console gen. Alessandro Lusana[19]:
CVII°btg. (Pavia)
CLXXXVI° btg. (Lucca)
107a compagnia mitragliatrici pesanti
107a batteria someggiata

128a Legione *Giovanni Randaccio* (Vercelli). Console gen. Italo Romegialli:
CXXVIII° btg. (Vercelli)
CXXIX° btg. (Arona)
128a compagnia mitragliatrici pesanti
128a batteria someggiata

142a Legione *Berica* (Vicenza)
CXLII° btg. (Vicenza)
CCXLII° btg. (Vicenza)
142a compagnia mitragliatrici pesanti
142 batteria someggiata

V° btg. mitraglieri
V° Gruppo Cannoni (Regio Esercito)
Due battaglioni complementi Camicie Nere
5a compagnia speciale mista del Genio
Sezioni Reali Carabinieri
Ufficio di Commissariato
Va sez. sussistenza
Va sez. sanità
5° autoreparto misto
5° reparto salmerie divisionali.

6a divisione Camicie Nere Tevere.

Gen. di Div. Enrico Boscardi.

219a Legione *Vittorio Veneto*. Console gen. Enzo Galbiati[20]:
CXIX btg.
CCXIX btg.
La Legione era formata da ex combattenti veterani della Guerra 1915- 1918, delle classi dal 1880 al 1900;

220a Legione. Console gen. Mario Mazzetti:
CCI° btg. (mutilati di guerra)
CCXX° btg. (ex Arditi di guerra);

221a Legione *Fasci Italiani all'estero*, Console gen. Piero Parini:
CCXXI° btg.
CDXXI btg.
Formata da fascisti residenti all'estero;
321a Legione, sempre formata da Italiani all'estero, Console gen. Giovanni Cangemi.
CCCXXI° btg.
? btg. (numerazione sconosciuta);

---

19   Lusana si distinguerà sul fronte russo, e fu uno degli ufficiali più combattivi, nell'estate del 1943, della divisione corazzata *M*, di cui era comandane, premendo sul Comandante della MVSN Galbiati perché gli fosse consentito marciare su Roma all'indomani del 25 luglio: cfr Romeo di Colloredo 2008c, *passim*, e id., 2009, p.87 segg.

20   Galbiati comandò l'omonimo Rag. CC.NN. d'Assalto sul fronte greco-albanese, e nel 1942 divenne Com. Gen. della MVSN , grado che rivestì sino al 26 luglio 1943: cfr Romeo di Colloredo 2008c e id. *I Pretoriani del Duce*, Roma 2009, p.80

VI° btg. Mitraglieri CC.NN. *Curtatone e Montanara*, formata da volontari della Milizia Universitaria, su sei compagnie (850 uomini), comandante il ten. colonnello dei Granatieri Aroldo Vinciguerra;
VI° Gruppo Cannoni (Regio Esercito)
Due battaglioni complementi Camicie Nere
6a compagnia speciale mista del Genio
Sezioni Reali Carabinieri
Ufficio di Commissariato
VIa sez. sussistenza
VIa sez. sanità
6° autoreparto misto
6° reparto salmerie divisionali.

7a divisione Camicie Nere Cirene

Luogotenente gen. Guido Scandolara.

198a Legione *Maremmana* (Grosseto). Console gen. Guglielmo Biondi:
CXCVIII° btg. (Grosseto)
CCXL° btg. (Salerno):

271 Legione *Vespri* (Palermo). Console gen. Ettore Usai:
CCLXXI° btg. (Palermo)
CLXXVI° btg. (Cagliari)

190a Legione *Pisa* (Pisa). Console gen. Giulio Dionisi:
CXC° btg. (Pisa)
CCCXLI° btg. (Caserta)

241a Legione *Volturno* (Caserta). Console gen. Dino Zauli:
CCXLI° btg. (Caserta)
CCVII° btg. (Zara)

196a Legione *Francesco Petrarca* (Arezzo). Console gen. Francesco Vitalini:
CXCVI° btg. (Arezzo)
CCXLV° btg. (Castellammare di Stabia)

219a Legione *Nicola Ricciotti* (Frosinone). Console gen. Giuseppe Mannu Ricci:
CCXIX° btg. (Frosinone)
CCXLIV° btg. (Avellino)

267a Legione *Etna* (Catania). Console gen. Alfredo Passalacqua:
CCLXVII° btg. (Catania)
CCXLVIII° btg. (Foggia)

352a Legione *Acciaiata* (Lecce). Console gen. Settimio Anatrici:
CCCLII° btg. (Lecce)
CCCLXIII° btg. (Reggio Calabria)

7° Reggimento Artiglieria (Regio Esercito)
Quattro batterie di accompagnamento da 65/17
battaglioni complementi Camicie Nere
Sezioni Reali Carabinieri
Ufficio di Commissariato
VIIa sez. sussistenza
VIIa sez. sanità
7° autosezione mista
Ospedale da Campo n.01.

La divisione *Cirene* venne costituita Allo scopo di proteggere la frontiera libico- egiziana da un eventuale attacco britannico mentre il grosso delle Forze Armate erano impegnate in Etiopia.
Fu pertanto particolarmente forte di uomini, ben 14.000, con seicento ufficiali e duemila quadrupedi.

La Divisione, al comando del Luogotenente generale Guido Scandolara, venne schierata a presidio di cinquecento chilometri lungo la costa mediterranea della Cirenaica.

Oltre a fornire alle truppe operanti in Africa Orientale due gruppi di Combattimento (Gruppi Legionari I e II *Cirene*, tratti rispettivamente delle legioni 196a e 219a) i suoi legionari costruirono poderose opere di fortificazione, compresa la cinta fortificata di Tobruk, che tanta importanza ebbe nel Secondo Conflitto Mondiale, di Derna, Ras bel Danar, Apollonia e Bir el Mactesa. La 241a Legione fu adibita anche a lavori stradali, e cinquecento militi furono adibite a lavori agricoli nella piana di Barce, una volta che la situazione lungo la frontiera si era tranquillizzata.

La divisione venne sciolta nell'ottobre del 1936, e con i resti venne costituito il V° Gruppo Battaglioni CC.NN., formato con militi delle legioni 267a e 352a e della 5a batteria d'accompagnamento da 65/17.

I° Gruppo Battaglioni Camicie Nere d'Eritrea

Console gen. Filippo Diamanti:
I° battaglione CC.NN. d'Eritrea
II° battaglione CC.NN. d'Eritrea
III° battaglione CC.NN. d'Eritrea
IV° battaglione CC.NN. d'Eritrea
Compagnia mitragliatrici pesanti
Compagnia Comando Gruppo Battaglioni.

A differenza del VI° Gruppo Battaglioni, il I° non apparteneva alla M.V.S.N. d'Italia, ma alla Milizia Coloniale, come indicato dalla denominazione *d'Eritrea*.

IV° Gruppo Battaglioni Camicie Nere d'Assalto

Console gen. Renzo Montagna:
III° btg. *Monviso* (Cuneo)
LXXXI° btg. *Alberico da Barbiano* (Ravenna)
LXXXII° btg. *Benito Mussolini* (Forlì)
CLXXI° btg. *Vespri* (Palermo)
143a cp mitragliatrici pesanti *Sannio* (Benevento)
? cp. *Fulmini* (mista).

Coorte della Milizia Volontaria Sicurezza Nazionale Forestale.
Luogotenente gen. Augusto Agostini.

Passo Uarieu, le Termopili delle Camicie Nere

La mattina del giorno seguente, martedì 21 gennaio, la colonna comandata dal console Diamanti ebbe l'ordine di spingersi sino al Mai Beles, a sei chilometri di distanza, nella stessa formazione del giorno prima, e rinforzata dai pezzi da 65/17 della batteria someggiata del II° gruppo, che ne rallentarono notevolmente la velocità di spostamento. Alle 10,45 sotto un sole a picco le Camicie Nere raggiunsero l'obiettivo prefissato, notando la presenza di grandi nuclei di armati: migliaia di etiopi molto più aggressivi del giorno prima. Nonostante gli ordini di Badoglio, il gruppo battaglioni Diamanti oltrepassò il Mai Beles di alcuni chilometri. La causa di tutto fu l'ordine dato dal comandante della *28 Ottobre* di avanzare e di occupare la Debra Amba.

Diamanti obbiettò a Somma che si sarebbe trattato di fare altri sei chilometri in avanti e di attaccare con poco più di mille uomini una posizione fortemente presidiata, distante oltre dodici chilometri da passo Uarieu. Somma gli rispose freddamente, al telefono:

Mi trovo al mio osservatorio e con il cannocchiale ho potuto valutare le forze nemiche.

Fu come uno schiaffo per Diamanti, che tacque per non esser considerato un vigliacco; perciò alle 11 e mezza diede ordine di riprendere l'avanzata. Alle 13 e trenta i suoi uomini raggiunsero la vetta della

Debra Amba.

A questo punto gli abissini, le cui forze comprendevano anche le truppe che avevano evacuato il monte Lata nella notte precedente, iniziarono l'assalto secondo la tattica tradizionale dell'annientamento ad ondate concentriche.

Erano presenti le truppe dei ras Cassa e Sejum, dei degiacc Averrà Cassa e Admassu Burrù, del fitaurari Andargè; la quantità di etiopi era tale che la batteria da 65/17, rimasta sul Beles, non poté aprire il fuoco, per evitare di colpire gli italiani. I reparti, piccoli e grandi, dovettero resistere sul posto. Anche la batteria divisionale venne investita; a stento si riuscì a salvare un pezzo, che ripiegò a braccia, di corsa. La seconda compagnia mitraglieri fu sterminata; nonostante la strenua resistenza opposta sino alla fine.

La tattica degli abissini era quella dell'attacco ripetuto e concentrico, con il ripiegamento dei gruppi indeboliti dalle perdite, che venivano sostituiti da truppe fresche. Era la tattica che aveva funzionato ad Adua, e che faceva affidamento sulla quantità per travolgere nemici meglio equipaggiati ma più deboli numericamente, senza preoccuparsi del numero dei caduti. I guerrieri si lanciavano avanti urlando l'antico grido di guerra zarraf! ed incitandosi con il ricordo delle vittorie del 1896: *Makallè! Alagè!* (*A Macallè! All'Alagi!*).

I *gascegnà* erano seguiti da guerrieri più poveri, armati solo di armi bianche od anche di soli bastoni, e da servitori, che non appena vedevano cadere un fuciliere, italiano od etiopico, ne raccoglievano il moschetto e continuavano il combattimento. Alle 15 arrivò l'ordine di Somma di tentare di rientrare a passo Uariéu. Bisognava aprirsi un varco e ripiegare: i comandanti gridarono A noi! e le Camicie Nere attaccarono all'arma bianca nel tentativo di spezzare la pressione abissina e rompere l'accerchiamento. Nella mischia cadde il seniore Valcarenghi, cremonese, podestà di Azzanello, comandante del II° battaglione CC. NN. d'Eritrea.

Vicino a lui fu ucciso il centurione padre Reginaldo Giuliani, domenicano, cappellano della I^a divisione d'Assalto nella Grande Guerra, legionario fiumano, decorato di medaglia d'argento e due di bronzo al valore. Un legionario reduce dallo scontro ne descrisse la morte in una lettera inviata nell'aprile del 1936 al Padre Provinciale dell'Ordine dei Predicatori di Torino: padre Giuliani fu visto ad un tratto afferrare la salma del capomanipolo medico Chiavellati per sottrarlo al furore di alcuni abissini che tentavano di spogliare e mutilare il corpo dell'ufficiale. Giuliani, già ferito, si trascinava a fatica. Con la mano sinistra si appoggiava a terra, mentre con la destra teneva alto il crocefisso.

Un gruppo di amhara gli si avventò addosso, e un colpo di guradè gli asportò quasi di netto la clavicola, uccidendolo. Cadde ucciso il capomanipolo Fausto Beretta, ferrarese: già ferito sparò tutti i nastri di una mitragliatrice, poi si portò ad un'altra, e vuotò anche quella.

Impugnò un moschetto '91, poi la pistola, e sparava ancora quando venne ucciso da una sciabolata. Venne ucciso anche il centurione veterinario Armando Maglioni, che poter venire in Africa aveva nascosto una grave menomazione. In breve tempo tutti i comandanti di compagnia erano caduti, e le Camicie Nere si dovettero aprire il passo attaccando alla baionetta per evitare l'accerchiamento. In sostegno alle fanterie intervennero le artiglierie della *28 Ottobre*, con le batterie (la 18^a someggiata, due operative e la comando del II° gruppo cannoni) rimaste al passo, ma pur infliggendo forti perdite agli abissini non mutarono la situazione, a causa del gran numero di attaccanti.

Ormai in vista di passo Uariéu cadde il capomanipolo medico ternano Chiavellati; cadde il seniore Amerigo Fazio, siciliano, mentre guidava un assalto alla baionetta. Vicino a Fazio venne ucciso da due pallottole il centurione Armando Laghi.

Ma le Camicie Nere riuscirono, bene o male, a sfondare il cerchio degli attaccanti ed a ripiegare, mentre gli etiopi si attardavano a finire i feriti. Dalle motivazioni delle decorazioni si evince che gli abissini, cercando di evitare lo scontro corpo a corpo, dopo aver colpito e ferito da lontano con le armi da fuoco si gettavano poi sui feriti e su chi li assisteva per finirli all'arma bianca: così padre Giuliani, il capomanipolo medico Chiavellati, il capomanipolo Fausto Beretta che scortava una colonna di feriti, e almeno quattro portaferiti. Contrariamente alla vanteria di ras Cassa Darghiè che dinanzi a tali demoni, gli italiani non conservando che i loro pantaloni appesi alle cinture, sparivano come la polvere, gli abissini preferivano attaccare i feriti, anche per poi spogliarne i corpi, e molto difficilmente ardivano scontrarsi da presso con gli italiani se non in casi di stragrande superiorità numerica.

Verso le 17 e trenta ciò che rimaneva dei due battaglioni del gruppo Diamanti era in ripiegamento verso passo Uarieu. Scrive Franco Bandini:

La piana formicola di armati che con terribili urla danno la caccia ai gruppi isolati, ai pochi superstiti. ' la stessa scena del campo di battaglia di Adua dopo le 13 di quel pomeriggio fatale: nulla è cambiato, c'è solo il suono nuovo delle mitragliatrici.

Prima di giungere al fortino di passo Uarieu i mille legionari del gruppo Diamanti subirono ancora la perdita di dieci ufficiali e di centoquaranta militi; i feriti, quasi tutti gravissimi, erano trecentocinquanta. Dalle testimonianze risulta come numerosi legionari isolati o feriti si siano suicidati per non cadere vivi in mano degli abissini, conservando per sé le ultime pallottole.

Il II° battaglione mitraglieri della *28 Ottobre* occupò con le due compagnie rimaste gli estremi del passo, lasciando un varco perché potessero defluirvi i legionari in ritirata. Alle 18 gli etiopici serrarono sotto il passo, falciati dal tiro delle Fiat. I mitraglieri trattennero gli etiopici il più a lungo possibile, venendo in molti casi abbattuti sulle proprie armi. Intervennero anche gli ascari del XII° battaglione eritreo con una tempestiva sortita alleggerendo la situazione delle Camicie Nere.

Venne inviata poi in appoggio alle altre due compagnie del battaglione eritreo in ripiegamento; nel frattempo il gruppo Diamanti, soverchiato dalle masse nemiche, si abbatté sull'ala sinistra del XII°, mentre l'ala destra era impegnata.

Iniziò l'assedio: l'approvvigionamento d'acqua venne interrotto, il fortino avanzato iniziò ad esser battuto dal tiro dei cecchini; la situazione sarebbe ulteriormente peggiorata il giorno successivo, a causa del fuoco di una batteria di cannoni *Oerlikon* che gli abissini del fitaurari Andarghè poterono piazzare sullo Scimarbò verso l'alba del 22, allorché il monte venne evacuato dagli italiani.

Da lì gli etiopi potevano tirare su tutto il forte. Le colonne Dalmazzo e Tracchia, che nella mattinata si erano congiunte con la colonna Buttà, proveniente dall'Endabba Salama ed avevano occupato senza combattere il monte Lata, anziché dirigersi velocemente verso Debra Amba per alleggerire la pressione sui due battaglioni di Diamanti, secondo quanto ordinato da Pirzio Biroli, s'attardarono invece sulle posizioni del monte Lata sino al calar del sole, quando fu troppo tardi per agire.

Nel frattempo, nella sera tra il 21 ed il 22 era iniziato l'assedio che sarebbe durato sino alla mattina del 24 gennaio.

Le forze di cui poteva disporre Somma per la difesa del passo erano, alla sera del 21 gennaio:

180° Btg. CC. NN.;

II° Btg. Mitraglieri, senza una compagnia annientata sul Beles, ed indebolito per le perdite di uomini ed armi;

i resti dei battaglioni II° e IV° del 1° Gruppo CC. NN. d'Eritrea, ridotti a circa ottocentocinquanta uomini, feriti compresi;

XII° battaglione eritreo;

180° batteria someggiata; II° gruppo cannoni (due batterie operative, 1ª e 2ª, sullo Scimarbò, e la batteria comando);

quanto restava della 2ª compagnia Genio; la 2ª sezione CC. RR.;

il Quartier Generale Divisionale; il 2° Reparto salmerie;

la 2ª Sezione Sanità.

Una questione poco chiara per la lacunosità delle fonti al proposito è quella di quanta artiglieria fosse disponibile per la difesa del passo. Sicuramente, rispetto alla mattina, era stata perduta la batteria someggiata del II° gruppo; un'altra batteria dello stesso gruppo sarebbe stata abbandonata durante la notte, dopo aver reso inservibili i pezzi. La prima compagnia continuò a sparare finché rimase senza munizioni, ed i suoi artiglieri dopo avere asportati gli otturatori, nascosero i pezzi in alcuni anfratti da dove vennero poi tirati fuori al termine della battaglia.

Il giorno successivo sarebbe rimasta in grado di sparare solamente la 180ª batteria, per l'esaurimento delle munizioni anche della prima batteria del II° gruppo.

A passo Uarieu in mattinata erano rimaste quattro batterie, delle quali tre operative: la 180ª someggiata, le due batterie operative superstiti e la batteria comando del II° gruppo cannoni, che appoggiarono da lontano lo sganciamento delle truppe di Diamanti.

Nella notte tra martedì 21 e mercoledì 22 gli abissini, con un movimento rapido nonostante l'asprezza del terreno e l'oscurità, fecero massa su Abbi Addi, tentando di forzare a qualsiasi costo passo Uarieu per annullare il successo ottenuto dagli italiani sulle alture di Zaban Kerkatà e di monte Lata, al fine di recidere le linee di comunicazione tra l'Endertà e monte Lata.

Se gli etiopi fossero riusciti nel loro intento avrebbero potuto tagliare fuori con il Quartier Generale di Macallè l'immensa massa di materiali, artiglierie, depositi dello schieramento avanzato, isolandolo dalla colonia eritrea.

Verso le 23 vennero fatti saltare i pezzi della batteria sui roccioni, e gli artiglieri rientrarono rafforzando la linea difensiva tenuta dagli ascari. Restarono invece sullo Scimarbò gli artiglieri della 1ª batteria del II° gruppo, rientrando solo il ventiquattro. A causa della presenza delle masse abissine il maggiore Angelini, comandante del XII°, chiese a Somma l'autorizzazione di abbandonare le posizioni prima dell'alba, per evitare di essere bersagliati dagli abissini che avevano occupato le rocce che dominavano il battaglione; dapprima la risposta fu negativa, poi, verso le quattro della mattina giunse l'ordine di ripiegare verso i fortini tenuti dalla 28 Ottobre.

All'alba le forze abissine dello Yeggiù e del Lasta, sotto il comando del degiacc Admassu Burrù e del fitaurari Andarghè, si trovarono padrone dei fianchi delle due montagne che fiancheggiano il passo, la Uork Amba e lo Scimarbò, che occupano definitivamente dopo che gli ascari e gli artiglieri avevano ripiegato, rinforzando i nuclei di tiratori infiltratisi nella serata e nella notte, ed issando sullo Scimarbò anche una batteria di cannoncini antiaerei *Oerlikon*.

La notte tra martedì 21 ed mercoledì 22 gennaio le notizie che giungevano da passo Uarieu scesero sul Comando Superiore del maresciallo Pietro Badoglio all'Enda Jesus di Macallè come una cappa di piombo.

 Se la 28 Ottobre avesse ceduto ras Cassa avrebbe avuto libera davanti a sé la via di Hausien da dove avrebbe potuto agevolmente tagliar fuori Macallè dalle retrovie e dalla colonia eritrea. Peggio ancora, dal punto di vista politico una sconfitta delle Camicie Nere ad opera degli abissini avrebbe avuto ripercussioni gravissime sul piano interno ed estero, forse mettendo in crisi la sopravvivenza dello stesso regime fascista.

La sete, la necessità di conservare l'acqua per il raffreddamento delle mitragliatrici era ciò che più ancora del fuoco nemico fiaccava i difensori, e Marinetti, ufficiale mitragliere, lo ricorda più volte nel suo *Poema africano della Divisione 28 Ottobre*:

Brucia la sete sempre più la gola stretta nell'aggiramento di abissini valloni scarsi reticolati tutta la distesa a mille pieghe miliardi di spinose gramigna d'oro boscaglia a scimitarra cespugli a palle dum dum minaccia una insurrezione vegetale contro le nostre gole eroiche tenere duro e non bere mai più

Nella giornata di giovedì 23 il console Biscaccianti, per economizzare il prezioso liquido, ne bagnò un batuffolo di cotone, passando ad inumidire le labbra dei militi[21].

- Indietro per Iddio non c'è più acqua questa ultima botte è riservata ai feriti sono duecentosettanta
- Per carità signor maggiore muoio di sete mi lasci soltanto leccare il tubo una goccia mi basta soltanto una goccia
Sviene nel bollore rosso di una sbuffante spiralica tromba d'arenaria

Il Seniore Biagio Pace, nella vita civile insigne archeologo, volontario ultracinquantenne nelle Camicie Nere, e superiore diretto del Marinetti, ricordò che

1. Si videro giovani in deliquio, altri buttarsi a succhiare fango sotto una bottiglia infranta,
1. altri ricorrere per reminiscenza letteraria di dannose letture ai più ripugnanti ripieghi[22].

A quali "ripieghi" si riferisse Pace è chiaro da questi versi di Filippo Tommaso Marinetti:

- Signor maggiore guardi questo liquido è l'orina dei compagni cotta bevuta da noi ma l'acqua delle mitragliatrici intatta
Brilla magnetizza la bocca

---

21 Ibid.
22 Pace, *Tembien*, Roma 1936, nuova ed. a cura di P. Romeo di Colloredo, ITALIA, Genova 2010, pp. 93-94.

Peggio ancora, la sete corrodeva cervelli e cuori: nonostante un piccolo corso d'acqua vicino al forte fosse completamente a secco, molti militi, incuranti dei comandi, delle preghiere, delle minacce, uscivano dalle fortificazioni a secco nella speranza di riuscire a bere almeno un sorso e conquistare un impossibile ristoro. Eppure i cattivi fascisti della propaganda internazionale di allora e dei del Boca e dei Rochat di oggi erano capaci di gesti come questo di cui Marinetti fu testimone: una camicia nera che si priva della propria scarsa razione d'acqua per darla ad un prigioniero ferito:
- *Cretino perché vuoti la tua borraccia in quella bocca nera finiscilo piuttosto a pugnalate tanto più che è quasi crepato*
- *La sua sete capisci tu che sei più cretino di me la sua sete di prigioniero morente lacerava la mia gola e non ne potevo più*

Aneddoto ancor più degno di fede, se si ricordi come Marinetti descriva con aperto compiacimento l'incendio dei tukul abissini e faccia persino una probabile menzione dell'uso dei gas:

Una bombardante squadriglia di aeroplani per cieli obliati e tante tante tante calorie compresse contro sassi forre fucili caricatori caschi di energia accese mani di incendiari che danno fuoco a villaggi di paglia conici guggì e subito Scorre perfido per i lisci canali dell'azzurro in alto un fluido sangue vermiglio liquide fiamme sul puzzo tradizionale blu viola bianco dei fumi europei

Fiero ricco barbaro umano

Ogni guggì ha un asfissiante crepitante alito che scotta ampiezza 100 metri quadrati.

Tuttavia la battaglia per gli etiopici, senza che questi ancora se ne potessero accorgere, era cambiata. I militi, arroccati dietro i muretti a secco, non erano più nelle condizioni sfavorevoli dei due battaglioni di Diamanti: i legionari avevano ritrovato la guerra che sapevano fare meglio, quella di posizione. Si è già detto come in gran parte fossero veterani della Grande Guerra, dapprima sprezzanti di una campagna coloniale, e per questo vennero sorpresi e sopraffatti dal numero di un nemico pericolosamente sottostimato.

Adesso si trovavano arroccati a fare la guerra che avevano imparato a combattere sull'Isonzo: ma gli abissini non avevano la capacità tecniche per riuscire a spuntarla se non facendo affidamento ai grandi numeri, venendo falciati dalle mitragliatrici appostate sapientemente e dal fuoco mirato dei fucilieri. Verso la sera del 23 gennaio i primi nuclei abissini iniziarono il ripiegamento. Ras Cassa non si era fidato di impegnare in battaglia il nucleo dei suoi uomini più fidati, per il timore di rimanere senza la sua guardia del corpo fra i pericoli delle rivalità con gli altri ras e della prevedibile ostilità dei tigrini contro gli amhara in caso di sconfitta.

Aveva allora richiesto rinforzi a ras Mulughietà allo scopo di sfruttare il successo del Mai Beles e di conseguire lo sfondamento della linea di passo Uarieu, ma il ministro della guerra non aveva acconsentito alla richiesta di Cassa - o meglio, non aveva ubbidito al suo ordine, poiché ras Cassa in quanto comandante del fronte nord era suo superiore - e col pretesto di esser anch'egli impegnato contro gli italiani non aveva inviato nessuno. In seguito alle insistenze di ras Cassa il Primo Fitaurari si decise a malincuore ad inviare un piccolo gruppo di cavalieri Galla e delle munizioni, un gesto poco più che simbolico, ma che non poteva avere alcun peso nella battaglia, e soltanto dopo aver lasciato passare deliberatamente ore preziose.

L'alba di venerdì 24 gennaio si alzò tersissima senza che si avvistassero le truppe di Vaccarisi. La situazione era grave. Non rimanevano che i ventiquattro colpi della batteria del capitano Borgatti, e anche le Camicie Nere avevano quasi del tutto esaurite le cartucce. Ma alle otto della mattina[27] le vedette notarono i lampi di sole di un eliografo dalla parte dell'Enda Michael.

Le truppe di soccorso erano "a portata tattica", ed alle 12 e mezza gli ascari del XXIV° battaglione eritreo comandato dal colonnello Galliani raggiunsero e superarono il forte di passo Uarieu, caricando gli etiopici al grido tradizionale *Ambessà ambettà!*, "feroci come leoni, distruttori come le cavallette!". Non appena l'eliografo aveva segnalato l'avvicinarsi delle truppe di Galliani, a passo Uarieu fu organizzata una sortita; all'attacco degli ascari si unì quello dei residui del gruppo Diamanti e i legionari della 28 Ottobre[28]. Secondo il generale Scala gli etiopi volsero in ritirata prima che si delineasse l'azione della colonna eritrea sul loro fianco destro, inseguiti, nonostante il terreno accidentatissimo, dai militi di Somma, i quali, quantunque stremati da tre giorni di vivacissima lotta, riuscivano, con ardite puntate, ad infliggere all'avversario altre numerose perdite.

Gli artiglieri della prima batteria del II° gruppo risalirono sullo Scimarbò, recuperando i pezzi che avevano nascosto nelle forre del monte, e, piazzatili in batteria, dopo che erano arrivati i muli con le munizioni, cominciarono a sparare sulle truppe di ras Cassa in fuga. Le Camicie Nere avevano lasciato a passo Uarieu centoottantotto morti e cinquecento feriti. Il 25 giunse l'elogio del Comando Superiore. Badoglio indirizzò ai superstiti il seguente messaggio:

Camicie Nere del presidio di Uarieu,

A Passo Uarieu attaccati da soverchianti forze nemiche, avete resistito ed avete vinto. Le lunghe ore di combattimento, le privazioni imposte dalla deficienza di viveri e di acqua, l'impetuosità del nemico reso più tracotante dalla stragrande superiorità numerica, non hanno fatto vacillare, neppure per un istante, i vostri cuori.

Brave CC. NN.: sono contento di voi!

Badoglio.

La conquista della Uork Amba.

Dopo la conclusione della prima battaglia del Tembien la divisione *28 Ottobre* rimase di stanza presso passo Uarieu, per ricostituirsi e per rafforzare le difese dell'area in vista di un possibile ritorno offensivo abissino.

Il 27 febbraio, la divisione, sempre parte del Corpo d'Armata Eritreo, comandato dal gen. Alessandro Pirzio Biroli, mosse contro le posizioni dell'Amba Uork.

L'Amba ha un'altezza di 2430 metri, ed è situata due chilometri ad ovest di passo Uarieu. Era tenuta dagli uomini dell'esercito del Gambatta comandati dal degiasmacc Bejenè, guerrieri che il filo-etiope Del Boca definisce i migliori dell'impero, dotati di mitragliatrici di tipo moderno. L'Amba costituiva una costante minaccia per le posizioni sottostanti. L'azione prevedeva una duplice manovra: dapprima, la conquista della Uork Amba, e poi l'occupazione della Debra Amba, proseguendo poi verso sud in maniera da ricongiungersi con il III Corpo d'Armata (Bastico), risalente dal Ghevà, chiudendo in una manovra a tenaglia le truppe di ras Cassa ed annientandole. Le forze della 28 Ottobre nella prima fase erano le seguenti:

Colonna di sinistra (console Ricciotti):
114ª legione *Garibaldina* (114° e 115° battaglione CC.NN., 114ª compagnia mitragliatrici pesanti);
una compagnia del II° battaglione mitraglieri;
rocciatori esperti, scelti tra le Camicie Nere delle legioni 114ª a 116ª (trenta per legione);
VII° gruppo autocarrellato da 77/28; 114ª batteria someggiata.

Colonna di destra (col. Buttà):
IV° gruppo battaglioni eritrei (IX° e XII°, una compagnia mitraglieri del XVII°);
174° battaglione CC. NN.;
180ª compagnia CC.NN. mitragliatrici pesanti;
II° gruppo cannoni da 65/17;
Banda del *degiacc* Lilaj.

La Uork Amba, date le sue caratteristiche era ritenuta una posizione imprendibile. Nella notte i rocciatori delle Camicie Nere, al comando del capomanipolo Tito Polo, friulano di San Vito al Tagliamento, scalarono le scoscese pareti della Uork Amba, insieme a venti ascari del XII° battaglione eritreo. Dall'altro versante mossero gli Alpini del VII° battaglione complementare. Lo stesso capomanipolo Tito Polo aveva scherzato, prima dell'impresa dicendo:

Gli abissini? Non saranno mica più intelligenti dei doganieri svizzeri. Poi è gente che di notte dorme e noi lavoriamo di notte.

Il capomanipolo Polo aveva lavorato per dieci giorni alla pianificazione del colpo di mano. Verso le 23 i legionari giunsero al fortino sotto l'Amba, ora ribattezzato Valcarenghi; dove si trovava di guardia il caposquadra Lanfranconi, di Como, che si era fatto assegnare l'incarico per poter implorare Polo di prenderlo con sé. All'una e mezza di notte le sessanta Camicie Nere ed i venti ascari iniziarono la scalata.

Portavano con loro tre mitragliatrici pesanti con quattromilacinquecento colpi, i moschetti con settemilacinquecento proiettili, trecento bombe a mano, un telo segnalatore, viveri a secco e una borraccia d'acqua a testa, niente pendule da roccia, niente chiodi da parete per non far rumore, utilizzando per scalare le pareti quasi a picco dell'amba solo le funi. I militi oltrepassarono non visti i primi posti di guardia abissini, immersi nel sonno. Arrivati sulla cima nord intorno alle sei, mentre albeggiava, Polo passò per primo, calando una fune per issare la prima mitragliatrice. Lo seguirono i legionari Musati, Cecchini, Varisco, Caccia e Merga.

Sul ciglio c'era però una postazione di mitragliatrici abbandonata, costruita con muretti a secco. Qualcuno vi poggiò improvvidamente una mano, facendo staccare una pietra che rotolò giù rumorosamente. Si sente un concerto di urla, suonano i corni, sparano i fucili. Scoperti. Vi è un posto a trenta metri e nessuno l'aveva visto. Gli ahmara strillano, ma di lassù Polo e gli altri hanno già aperto il fuoco.

I legionari tirarono le bombe a mano, il che causò costernazione tra i *gascegnà* del degiasmacc Bejenè, che, annidati sotto il costone ovest tentavano di scalare la cima nord. La 114ª legione, vincendo anch'essa le asperità del terreno conquistò dopo una dura lotta la spalla destra dell'amba, sostenendo e respingendo dieci contrattacchi delle forze del degiasmacc Mescescià Ilmà, nipote del negus.
L'impressione per la conquista della Uork Amba fu tale che i tigrini crearono diverse canzoni per ricordare l'evento:

Uork Amba, Uork Amba, Montagna dell'Oro,
eri il regno delle aquile e degli avvoltoi,
il trono del Leone di Giuda.

Uork Amba, Uork Amba, Montagna dell'Oro,
quando i soldati di Mussolini vennero su
gli abissini caddero come le foglie

E Filippo Tommaso Marinetti (come detto il poeta era ufficiale della *28 Ottobre*) trascrisse il seguente canto tigrino, che esprime il senso dell'incredulità per la presa della montagna:

Quelli che giuravano minacciando
Ora nam- mà
Nam- mà nam- mà maaa
Sono caduti a terra
Con la pietra sulla nuca
Implorano perdono.
Abbiam visto questo prodigio
I soldati di Mussolini
Volano per aria come nuvole
Nam- mà nam- mà

Coi suoi soldati come lo mosche
Coi suoi soldati come i capelli
Il generale Somma
Ha preso di notte l'Uorkamba
Ora sono tutti sulla nostra testa
Nam-mà nam- mà
Faccio suonare il mossebò
Ed è meglio di tutti i mestieri
Perché sono parole non preparate[23]

---

23 F.T. Marinetti, *L'Africa come generatrice e ispiratrice di poesia e arti*, "Atti del Convegno Volta sull'Africa", vol. I, Roma 1939, p.199. Il *mossebò* è un violino monocorde utilizzato dai cantastorie. La canzone venne trascritta ad Abbi Addi il 28 febbraio 1936.

La 180a legione *Alessandro Farnese*, lasciato il 180° battaglione ancora sotto organico per le perdite di gennaio di presidio a passo Uarieu partecipò con il proprio 174° battaglione, ancora aggregato al IV° gruppo del colonnello Buttà (IX° e XII° battaglione eritreo) alle operazioni contro i guerrieri del Gambatta al comando di Bejenè, schiacciandoli dopo aspri combattimenti nel solco asciutto del mai Quasquazzé, scelto dagli etiopici quale via d'infiltrazione e d'attacco contro la colonna Buttà.

Presi sotto il tiro del II° gruppo cannoni e delle mitragliatrici della 180a compagnia, ansiosi di vendicarsi di passo Uarieu, gli abissini ebbero forti perdite, tra cui lo stesso degiacc Bejenè, suo figlio e numerosi capi e sottocapi.

L'atmosfera dopo la battaglia venne ben descritta da Giovanni Artieri, il quale ricordò:

Il silenzio grave della pianura e dei monti era punzecchiato da qualche scroscio di fucileria, qua e là. Si udivano voci di donne, pianti, parole lamentose. Luci lontane si aggiravano sul campo dei morti. A tratti, canti funebri cadenzati, sul ritmo di una misura barbara e solenne. Chiamammo gli interpreti ascari per capire cosa cantassero. Da lontano un coro diceva. "Povero Beienè, povero Beienè". Era un dejac (cioè un colonnello, all'incirca[24]), fedelissimo al Negus, ch'era caduto in combattimento. Adesso ne cercavano il corpo per gli ultimi onori[25]

L'indomani ripresero le operazioni, con le Camicie Nere in avanguardia e la 2a divisione eritrea di rincalzo.

Il 28 febbraio la divisione mosse verso i roccioni del Debra Amba, che era stata la meta dell'azione del 21 gennaio.

La colonna, al comando del generale Umberto Somma era composta da queste unità:

– Comando di divisione, con il labaro della 1a divisione d'Assalto;
– 180a legione *Alessandro Farnese*;
– II° gruppo cannoni;
– una compagnia del II° btg. mitraglieri;
– Gruppo battaglioni nazionali (col. Gotti), I°/3° *Granatieri di Sardegna*, VII° e XI° Alpini;
– IV° gruppo battaglioni eritrei (battaglioni IX° e XII°, una compagnia mitraglieri del XVII°);
– VII° gruppo autocarrellato da 77/24.

Le rimanenti forze della *28 Ottobre* erano aggregate al Corpo d'Armata eritreo.

Superato il Mai Beles, l'avanguardia si scontrò con gli abissini intorno alle due del pomeriggio; i legionari della 180a attaccarono, ma vennero fermati da nuclei di mitraglieri.

Intervenne l'artiglieria, cui si aggiunse quella di passo Uarieu, con tiri che appoggiarono un secondo attacco delle Camicie Nere che intorno alle sedici occuparono i primi due roccioni della Debra Amba. Contemporaneamente Somma ordinò alla colonna di puntare sul quinto roccione, lasciato sguarnito dagli etiopici, senza preoccuparsi dei roccioni ancora in mano alle truppe di ras Sejum, e che tentavano una manovra di aggiramento sul fianco sinistro della colonna.

Il quinto roccione era l'ultimo baluardo tatticamente importante sulla via di Abbi Addi.

La manovra di Somma colse di sorpresa gli etiopi, ad alle 17 e quaranta l'obbiettivo venne occupato, precedendo di poco gli abissini che discendevano dalla Debra Amba, e che volsero in fuga dopo un breve scontro.

A quel punto gli italiani si volsero contro i roccioni intermedi, conquistandoli.

Somma inviò quindi la colonna Buttà verso Addi Abbi, che venne occupata.

In seguito la divisione *28 Ottobre*, ribattezzata "*La Ferrea*", rimase di guarnigione nel Tembien.

La divisione fu adibita alla costruzione di ambulatori e di strade, e ricevette la sottomissione di oltre duecento villaggi e di capi tra cui i degiacc Haile Mariam Marù, Berhè Agos, Amarè Ghersilassi e di

---

24 In realtà *degiacc* equivale all'incirca a generale. Bejenè era un *degiacc negaritt*, o *degiasmacc*, governatore di nomina imperiale. Bejenè comandava un *chitet* di circa settemila guerrieri.

25 Artieri 1995, p. 117. Per gli abissini la morte in combattimento di un capo era una terribile sventura, e una vera tragedia se il corpo di un comandante cadeva in mano nemica. Per tale motivo il cadavere doveva esser ritrovato e portato via dal campo per dargli una sepoltura cristiana. Artieri si confonde collocando l'episodio durante la battaglia dello Scirè, a marzo, infatti Bejenè morì il 28 febbraio. Artieri assisté ad entrambe le battaglie. Va detto che il giornalista scomparve prima di poter rivedere il testo del suo ultimo libro.

altri capi dello Tzetzerè, dello Uollega e dell'Avergallè.
La *28 Ottobre* fu la prima delle divisioni della Milizia a rientrare in Italia dopo la vittoria.
Sbarcò a Genova ad agosto, e venne smobilitata a Brescia il 31 dello stesso mese[26].
La 2a divisione Camicie Nere ebbe 237 caduti e 216 feriti.
Anche il Gruppo Battaglioni Camicie Nere del console generale Diamanti prese parte alle operazioni del 27 febbraio.
Il Gruppo si trasferì da Monte Pellegrino a passo Uarieu in avanguardia del I° battaglione del 3° *Granatieri di Sardegna* del tenente colonnello Tullio Gervasoni, appartenente al Gruppo battaglioni nazionali del col. Gotti, che comprendeva anche il VII° battaglione Alpini complementare.
Un nucleo di rocciatori volontari al comando del capomanipolo Reale si unì agli Alpini del plotone incaricato di scalare la parete sud della Uork Amba.
A differenza però dei rocciatori di Polo, alle Camicie Nere ed Alpini mancò la sorpresa, e vennero fermati dagli abissini prima di raggiungere la cima assegnata loro come obiettivo.
Alle 7,45 della mattina la prima compagnia del I° battaglione CC. NN. d'Eritrea raggiunse il VII° Alpini duramente impegnato dagli etiopici sulle pendici sud dell'amba.
Il centurione Ugo Di Fazio intervenne in linea con una parte della propria compagnia, seguito, alle otto e tre quarti, da tutto il battaglione che salvò gli Alpini in difficoltà.
Vennero feriti molti ufficiali della Milizia, e ne morirono due, tra cui lo stesso Di Fazio, che ebbe la medaglia d'oro alla memoria per il proprio eroico comportamento.
Alle 15 gli abissini erano in rotta.
Venne inviato un plotone di legionari in aiuto dei rocciatori Alpini e militi, che vennero sbloccati e poterono finalmente raggiungere la cima sud della Uork Amba all'alba del ventotto febbraio.
Le Camicie Nere di Diamanti avevano avuto due ufficiali e 27 legionari morti.
Il 29 febbraio, il console generale Diamanti prese il comando di una colonna costituita da queste unità:
- III° battaglione CC. NN. d'Eritrea,
- XI° btg complementare Alpini,
- un plotone del II° btg. mitraglieri della div. *28 Ottobre*,
- una batteria someggiata da 65/17 della *28 Ottobre*;
- una batteria da 77/28.

La colonna Diamanti raggiunse i roccioni della Debra Amba, dove erano ancora visibili le tracce degli scontri del 21 gennaio, e li rastrellò.
Il I° gruppo CC. NN. d'Eritrea venne in seguito trasferito dal Tembien al campo fortificato di Macallè.
Venne dislocato sulla direttrice costituita dalla *via imperiale*, tra Amba Alagi, Passo Mecan, Lago Ascianghi, non venne più impiegato in combattimento ma impiegato per lavori stradali e di guarnigione.
Nella campagna il Gruppo Diamanti ebbe 16 ufficiali e 169 legionari caduti, e rispettivamente 13 e 166 feriti, nella maggior parte dei casi nello scontro del 21 gennaio sul Mai Beles.

La 5a Divisione CC.NN. 1 Febbraio.

La 5a Divisione Camicie Nere 1 Febbraio era stata l'ultima divisione della Milizia a raggiungere l'Africa Orientale.
Imbarcatasi a Napoli a novembre, dopo lo sbarco a Massaua, il 6 dicembre la 5a Divisione CC.NN. arrivò ad Addi Caiè, per esser poi autotrasportata nel settore Adi Qualà- Fundinai- Arresa – Tucul. Di qui, con una marcia estenuante in terreni infestati dalla malaria, le Camicie Nere raggiunsero a piedi la zona della vallata di Obel, tra Mai Aini e Mai Mugù Emnì, dove lavorarono all'apertura di una strada camionabile, con temperature che arrivavano a 44 gradi.
Il 24 febbraio '36 la Divisione, che era stata spostata sul Maret, alla confluenza col Rubà Volcait (q.1068) perse i primi uomini- un ufficiale e sei CC.NN.- quando nuclei abissini di Ras Immirù riuscirono a far saltare un deposito di munizioni.
La *1 Febbraio* partecipò come divisione di prima schiera alla battaglia dello Scirè, seguita dalla *Cosseria*, avanzando in condizioni durissime in montagna, senza rifornimenti se non quelli gettati dagli aerei; la

---

26   Lucas, De Vecchi 1976, pp. 78- 79.

divisione il 27 febbraio occupò la regione di Enda Mariam, proseguendo il 28 su Adi Abò e il Mai Tsadà, minacciando sul fianco le truppe di ras Seyum, ingaggiate frontalmente dal II° Corpo d'Armata, senza sostenere però combattimenti di rilievo ma solo scontri con piccoli nuclei isolati e senza riportare perdite.

L'avanzata proseguì ed il 2 marzo venne raggiunta Az Nebrid, il 3 le Camicie Nere erano a Az Darò, infine, attraverso lo Scirè, tra il 4 e 5 marzo venne riconquistata Selaclacà.

Successivamente, alternando lavori stradali e rastrellamenti di nuclei abissini, la divisione raggiunse il Tacazzè, e attraverso lo Tzellemtì occupò la zona montuosa del Semien dove rimase di guarnigione.

Il 10 maggio 1936 Teruzzi lasciò il comando della *1 Febbraio*, e gli subentrò il Luogotenente gen. Vittorio Vernè, già comandante della 6a CC.NN. *Tevere* in Somalia. Il Luogotenente Gen. Vernè morì il 7 gennaio 1937, e gli successe il Luogotenente Gen. Ademollo Lambruschini.

Nel novembre del 1936 elementi della 128a Legione (Console Romegialli), formata da Camicie Nere valtellinesi esperti di combattimenti in montagna, conquistarono il Ras Dascian, la più alta montagna dell'Etiopia (5.020m.) eliminando i ribelli che si erano vi si erano rifugiati, inseguendoli fin sui ghiacciai perenni della montagna. Si tratta dei combattimenti più ad alta della storia militare mondiale.

La battaglia di Mai Ceu e la caduta di Addis Abeba.

L'otto marzo il negus si mise alla testa della Guardia imperiale e mosse da Addis Abeba verso nord. Chi lo accusa di aver sbagliato non dandosi alla guerriglia dimentica che nei momenti decisivi della storia millenaria dell'Etiopia, il *negus negast* aveva sempre condotto personalmente l'esercito in battaglia. In questo modo Haile Selassiè, che per molti ras era ancora e solo l'usurpatore, l'*enderassiè* Tafari Makonnen, si presentava come l'unico sovrano legittimo dell'Etiopia.

Il 21 marzo il negus assunse personalmente il comando dell'esercito e mosse incontro agli italiani.

Le truppe di cui disponeva l'imperatore erano la Guardia, la *Kebur Zabagnà*, organizzata su sei battaglioni, ben equipaggiata e dotata di armi di produzione europea[27], molte delle quali vendute dalla Germania di Hitler, e tra le altre unità minori, risultato della raschiatura del barile, l'*armata dei ministeri*, forte di 11.000 uomini equipaggiati all'europea, arruolati tra gli impiegati statali[28].

Fu proprio quest'unità ad esser mandata all'attacco contro gli ascari a Mai Ceu, comportandosi sufficientemente bene.

In totale il negus poteva disporre di oltre trentamila uomini, che salirono a settantasettemila con cinquanta cannoni e millesettecento mitragliatrici alla vigilia della battaglia decisiva quando all'armata dell'imperatore si unirono le forze dei vari ras in ritirata dal Tigrai.

Qualche chilometro a sud del passo Alagi il I° Corpo d'Armata e il Corpo d'Armata eritreo si erano attestati lungo una linea facente perno sul villaggio di Mai Ceu, nella regione dell'Ascianghi, agli inizi dell'altipiano etiopico.

Ciò che preoccupava il Comando Superiore non era lo scontro con il nemico, ma che il negus potesse sganciarsi evitando di ingaggiare una battaglia decisiva.

Tuttavia giunsero notizie che l'armata del negus aveva attraversato il passo di Agumbertà, a sud dello schieramento italiano.

Il negus perse tempo- del resto era un politico anche spietato, ma non un soldato- e dal 24, com'era previsto inizialmente, l'azione venne rinviata al 28, poi al 31 marzo: ciò che consentì agli italiani di rinforzare le proprie posizioni erigendo muretti a secco, e di far passare definitivamente dalla propria parte gli Azebò Galla.

I guerrieri Galla erano costituiti in bande di forza e costituzione variabile al comando dei propri capi feudali, ed armate, all'inizio di marzo, con circa tremila fucili[29], ed avevano scatenata una durissima guerriglia nelle retrovie abissine contro gli odiati dominatori ahmara, insidiando gli accampamenti,

---

27   La Guardia imperiale disponeva di pezzi d'artiglieria Schneider da 75mm, cannoncini antiaerei da 37 mm Oerlikon, di mitragliatrici Hotchiss e Skoda e di cannoni anticarro Pak 3.7, ceduti dalla Germania insieme ai moschetti Mauser K98.

28   Era composta da una compagnia comando e sei *battaglioni*: ministero della Real Casa, dell'Agricoltura, del Tesoro e commercio, delle Finanze, delle Poste e telegrafi e del Ciambellano di Palazzo.

29   Badoglio 1936, p.181.

attaccando le truppe isolate e quelle in ritirata. Con tali audaci incursioni gli Azebò Galla avevano catturato sei o settemila fucili, e tenevano sotto il proprio controllo la regione da Corbettà a Ualdià.
Come altri popoli dell'impero, i Galla considerarono, a torto o a ragione, la guerra del 1935-36 una lotta di liberazione ed un'occasione di vendetta contro gli invasori cristiani.

Alle cinque e quarantacinque del mattino 31 marzo, poco prima dell'alba, precedute dal tiro dell'artiglieria etiopica, tre colonne abissine comandate rispettivamente da ras Cassa Darghiè, da ras Sejum e da ras Ghetacciù mossero verso le posizioni tenute dalle due divisioni eritree e dalla 5a divisione alpina *Pusteria*.

Le prime due ore gli etiopici attaccarono senza risultati il fronte tenuto dai battaglioni del 7° reggimento *Feltre*, e *Pieve di Teco*, con il battaglione *Exilles* in seconda schiera, fiancheggiati dal battaglione *Intra* verso passo Mecan occidentale, e dalla 2a divisione eritrea verso passo Mecan orientale.

Malgrado la foga degli attacchi etiopici diretti soprattutto contro gli Alpini prima e poi contro gli ascari, gli abissini non riuscirono mai ad intaccare seriamente le linee italiane. A mezzogiorno iniziò l'attacco dei sei battaglioni della *Kebur Zabagnà* contro la 1a divisione eritrea, dirigendo l'attacco contro il settore del X° battaglione *Ruggero*[30].

Si trattava di circa trentamila uomini, superiori come armamento, contro un singolo battaglione.

Le Guardie riuscirono in un primo momento ad impadronirsi di passo Mecan orientale, del *Ditale rovesciato* e del *Costone delle euforbie*.

Alla undici e venticinque il X° battaglione eritreo passò al contrattacco, insieme con il comando di del III° gruppo e le salmerie; verso mezzogiorno e trenta vennero inviati a riconquistare le posizioni perdute anche i battaglioni eritrei del VII° gruppo della 2a divisione, guidato all'attacco dal comandante, tenente colonnello dei Granatieri Corso Corsi, a cavallo.

I battaglioni ascari si gettarono in un attacco frontale contro le mitragliatrici della Guardia, riconquistando il passo Mecan orientale, appoggiati sul fianco dagli Alpini del battaglione *Pieve di Teco*.

Alle sedici il negus scagliò due attacchi simultanei contro le due divisioni eritree e contro gli Alpini del battaglione *Intra*, che erano fiancheggiati dal VI° gruppo Camicie Nere d'Eritrea, sotto il comando del console generale Renzo Montagna, e da una banda autonoma eritrea.

Decimata dal fuoco degli Alpini, che passarono al contrattacco, appoggiati con grande efficacia anche dal LXXI° battaglione Camicie Nere *Alberico da Barbiano* (Ravenna) che intervenne di propria iniziativa mentre era di rincalzo, la Guardia ripiegò, mentre le batterie da montagna italiane bersagliavano i fuggiaschi.

La resistenza degli Alpini e l'assalto delle Camicie Nere ravennati ebbe come testimone, dalle file etiopi, il colonnello Konovaloff, che scrisse parole colme d'ammirazione:

I soldati italiani [gli Alpini dell'Intra] non dimenticano mai il loro dovere e gli ordini avuti per bene eseguirlo, perciò non perdono tempo, i loro mitraglieri vedono tutto e senza fermarsi dirigono il fuoco dove è necessario. L'ufficiale, durante il combattimento, dà gli ordini in piedi. Uno di essi indica ai suoi uomini il bersaglio con il bastoncino.

Ed ecco come l'ufficiale russo descrive il contrattacco dei Legionari.

L'attacco, condotto con sovrano disprezzo del pericolo, riusciva ad arrestare su quel settore la pressione abissina, obbligava le truppe dl Negus alla ritirata e quindi, incalzandole da presso le costringeva nel pomeriggio a ripiegare definitivamente e in disordine verso le posizioni di partenza[31]

Le divisioni eritree, gli Alpini dell'*Intra* e le Camicie Nere del Console Montagna meritarono la citazione sul Bollettino di Guerra:

L'azione concorde delle due Divisioni eritree sulla sinistra, il saldo contegno del battaglione Alpini "Intra", sulla destra, sostenuto dai reparti CC.NN. Del 6° Gruppo battaglioni e dalle bande dello Scimerzana, decidevano della giornata.

---

30 Del Boca riporta che gli ascari prima dello scontro intonarono l'*Ascianferè*: *Fascie e fucili dei Battaglioni ascari eritrei/ Ascianferè! Ah...o...o!/ Sono scesi come i falchi/ Come gli avvoltoi sono scesi sulla preda! Ascianferè... Ascianferè! Ah...o...o!* (A. Del Boca, *Gli italiani in Africa orientale, 2. La conquista dell'impero*, Milano 1979, p.631 n.631).

31 Th. Konovaloff, cit. in Lucas, De Vecchi 1976, p. 108.

L'attacco delle Guardie imperiali era stato condotto con grande determinazione, ben esemplificata dall'episodio dell'ufficiale etiope moribondo che rifiutò le cure italiane, e, indicando con la mano le centinaia di cadaveri disse: *Abbiamo giurato all'Imperatore di tornare vittoriosi o di morire. Ecco. Abbiamo mantenuto il giuramento. Siamo tutti morti.*

Ma il suo fallimento ed il contrattacco italiano aveva portato al crollo del morale dei soldati di Haile Selassie:

Interrogando al riguardo diversi capi abissini- ricorda ancora Konovaloff la sera della battaglia- *essi ripetevano concordi che era impossibile fare qualcosa contro gli italiani: "Sono troppo gobos (coraggiosi, forti)".*

La sera del 31 marzo il negus telegrafò dal suo quartier generale di Ajà all'imperatrice, la *uizerò* Menen, e pur vantando il valore dei soldati etiopi dovette ammettere la sconfitta.

Le demoralizzate truppe del negus avevano ormai perso ogni coesione militare. Mentre tentavano di raggiungere le retrovie ed il cuore dell'Etiopia vennero bombardate e mitragliate ripetutamente, e massacrate dalla cavalleria Galla, e la ritirata si tramutò in rotta; la rotta in fuga disperata.

Era così terminata l'ultima offensiva etiopica, e con la sconfitta dell'imperatore e della sua Guardia la campagna del fronte nord era praticamente giunta al termine.

Attento come sempre agli aspetti che oggi si definirebbero *mediatici*, ed all'autoesaltazione della propria figura di condottiero, Badoglio battezzò la battaglia appena conclusa *del lago Ascianghi*, anche se il lago dista una trentina di chilometri dal teatro del combattimento.

Giunto a Dessiè il 20 aprile Badoglio, preoccupato per l'arrivo della stagione delle piogge che avrebbe costituito certamente un intralcio alle operazioni, decise di intraprendere quella che battezzò la *Marcia della Ferrea Volontà* su Addis Abeba.

Organizzò tre colonne, una autocarrata e due a piedi: la colonna autocarrata comprendeva la divisione *Sabauda*, la seconda brigata eritrea, il battaglione Granatieri, una compagnia del reggimento *San Marco* in rappresentanza della *Regia Marina*, tre gruppi d'artiglieria di piccolo e medio calibro, uno squadrone carri veloci e reparti del Genio.

Le altre due colonne appiedate, costituite da reparti eritrei, avrebbero preceduta la colonna centrale.
In totale si trattava di diecimila soldati italiani ed altrettanti eritrei, con 1725 automezzi.
La partenza venne stabilita per il ventisei aprile.

L'imperatore lasciò Addis Abeba dopo aver impartito l'ordine di liberare tutti i detenuti comuni e di mettere a sacco la capitale per far trovare agli italiani terra bruciata.

Si portava dietro come prigioniero ras Hailù Teclamainot, governatore del Goggiam, il quale riuscì a fuggire, o fu liberato, a Dire Daua, e corse a sottomettersi ed a collaborare con gli italiani.

A Gibuti l'ex negus s'imbarcò prima su di un incrociatore inglese, l'*H.M.S. Norfolk*, e poi su una nave di linea, recandosi prima in pellegrinaggio a Gerusalemme e poi in Europa.

Ad Addis Abeba la situazione era drammatica per i saccheggi e gli assalti a negozi ed abitazioni di europei.

Solo alcune ambasciate e qualche villino europeo ben difesi da guardie armate non furono saccheggiati.
Le strade erano ingombre di cadaveri umani, di carogne, di mobili e suppellettili saccheggiate e distrutte.

Molti europei, atterriti dalla situazione di totale anarchia, si erano rifugiati nelle ambasciate inglese e francese, e l'arrivo degli italiani era atteso con ansia come una liberazione.

Nel pomeriggio di martedì cinque maggio Badoglio arrivò con la colonna autocarrata sulle alture di Entotto, da dove poteva vedere, in basso, gli eucalipti e le costruzioni di Addis Abeba.

Per entrare nella capitale etiopica sarebbero occorse altre due ore, ma il Maresciallo fece inviare a Roma il celebre telegramma, il cui testo aveva scritto su un foglio di carta a quadretti con il lapis copiativo:

Oggi, cinque maggio, alle ore 16, alla testa delle truppe vittoriose, sono entrato in Addis Abeba[32].

Poi, alle porte della città, il Maresciallo lasciò l'automobile e salito a cavallo, entrò nella capitale dell'Etiopia.

---

32   Badoglio, *La guerra d'Etiopia*, Milano 1936, p.202.

Sotto la pioggia fitta dei tropici il gruppo di cavalieri procedette sino all'ambasciata d'Italia, dove alcuni fanti del 73° fanteria *Sabauda* avevano issato il tricolore.
Addis Abeba era stata presa senza sparare un solo colpo.

Noi siamo gli emigrati di un giorno: La 321a Legione Camicie Nere "Italiani all'estero" in Somalia.

Sulla straordinaria popolarità del conflitto italo- etiopico tra gli emigranti italiani, che portò alla creazione di ben due legioni di volontari su tre battaglioni, giova citare una bella pagina di Giovanni Artieri:
Nelle nostre comunità all'estero, risaltava tutta la differenza tra i tempi delle "flotte degli emigranti" e questi, sia pure incerti, e nuovi. Appetto a quel grande richiamo patriottico, a quella libera scelta di avventura e di conquista, l'acume e il buon senso popolare ponevano ricordi, non spenti, dei tragici inganni per attirare le torme dei disbosca tori italiani ai margini della foresta amazzonica, in Brasile; nei campi di matè dei remoti territori argentini, le "ghenghe"degli zappatori; sulle tempestose spiagge dell'Australia e nelle piantagioni di canna da zucchero, le "paranze"dei manovali e dei tagliatori: tutte masse di Italiani abbandonate alla loro iniziativa, alla loro forza di sopravvivenza. Trascorse, e respinte in un clima di perfida favola, apparivano le tragiche settimane di persecuzione sanguinosa nelle province agricole provenzali: ove il sostantivo aggettivo di "crumiri" (cioè il nome di una tribù africana del deserto algerino) veniva applicato come un bollo d'infamia ai nostri contadini e vignaioli di pelle scura, siciliani e calabresi, lucani e napoletani, che accettavano di lavorare sotto costo durante gli scioperi. Finita appariva la condizione storica che aveva suggerito al Bresci, davanti ai giudici di Milano, la giustificazione del regicidio: "Perché gli Italiani all'estero sono trattati peggio dei maiali" [33]

L'aver ridato dignità di uomini ed orgoglio d'italiani agli emigranti, sebbene oggi dimenticato, è a parer nostro uno dei titoli morali più alti del regime mussoliniano. I reparti formati da emigrati erano i seguenti, inquadrati nella 5a divisione Camicie Nere *Tevere*:
142a Legione *Fasci Italiani all'estero*, Console Piero Parini
CCXXI° btg.
CDXXI° btg.
321a Legione, *Italiani all'estero*, Console Giovanni Cangemi.
CCCXXI° btg.

La divisione *Tevere* fu l'unica grande unità della M.V.S.N. ad esser presente su quello che era ritenuto un fronte secondario, ma lo sviluppo della campagna nel deserto dell'Ogaden si dimostrò fondamentale per la vittoria italiana: inoltre l'utilizzo di una concezione moderna della guerra da parte di Graziani, che ripeté l'exploit della conquista di Cufra con una marcia rapidissima in terreni ritenuti impraticabili, insieme con l'utilizzo della meccanizzazione e dei carri come strumento di vittoria contro forze ben fortificate, armate modernamente costituì il primo esempio di quella che sarebbe divenuta nota quattro anni dopo come *Blitzkrieg* e che gli italiani- che sembrarono dimenticarsene- avevano battezzata *guerra di rapido corso*.
Come documento dello spirito che animava le Camicie Nere tornate in Italia per arruolarsi per l'Africa Orientale riportiamo integralmente l'articolo *Gli "Italiani all'estero" in A.O. tra i fondatori dell'Impero del lavoro* che apparve sul numero 20 dell'Illustrazione Italiana del 16 maggio 1937 che ben rispecchia ideali e motivazioni dell'*Italia proletaria e fascista*, come la definì Mussolini nel discorso del 2 ottobre 1935- riprendendo il pascoliano *la Grande Proletaria s'è mossa*, riferito alla guerra di Libia del 1911- 1912, e che offre un quadro corretto delle operazioni militari sul fronte somalo.
Eccone il testo:
"Lungo la piana di Littoria e presso il bosco di Sabaudia, nell'autunno del 1935 i baraccamenti degli operai che avevano sudato alla bonifica pontina erano ancora in piedi. Gli operai se ne erano appena andati verso zone da bonificare, altri erano partiti per l'Africa a lavorare sulle strade dell'Eritrea e della Somalia, o volontari per la guerra.

---

[33]   Artieri 1978, p.468

Cinquemila uomini, che arrivavano a scaglioni da tutte le parti del mondo, occuparono grande parte di quei baraccamenti, si impossessarono di alcune fra le bianche, linde, nuove di zecca costruzioni delle due città pontine. Lavoratori la maggior parte, prendevano immediata coscienza di che cosa era riuscito a fare, in poco giro d'anni, il lavoro italiano in Patria. Venivano per fondare l'Impero del Lavoro; si trovavano, di colpo, già nel proprio elemento.

Portavano con sé tutti i fermenti, tutta l'esperienza della triste e avventurosa emigrazione del passato: erano, oggi, una strana, meravigliosa, impressionante emigrazione alla rovescia. E ci si domandava come la gente che li aveva veduti partire fra tripudi di canti, sventolare di tricolori, grida di *evviva Mussolini* dai Paesi che li ospitavano, potesse capire così poco di quel che stava succedendo in Italia e nel mondo.

Ci si pensa sempre dopo: peccato che io non abbia fatto, per il mio gusto, un preciso censimento dei mestieri e delle professioni dei miei duemilacinquecento camerati. Sarebbe curioso e forse istruttivo, oggi. I dati che più si sanno, su questo «ritorno di fiamma» che fu il contributo degli Italiani all'Estero alla guerra d'Etiopia, sono questi: oltre diecimila domande di arruolamento ai Consolati; di esse, cinquemila soltanto accettate.

A Littoria e a Sabaudia due Legioni vennero organizzate, a cura della Direzione degli Italiani all'Estero, inquadrate nella Divisione *Tevere*. Una, la prima che doveva partire, la 221^a, al comando del Console Piero Parini, Ministro Plenipotenziario, raccoglieva gli elementi appena arrivati e scelti e li inquadrava con ufficiali, parecchi dei quali erano dei diplomatici. La seconda, la 321^a, doveva raggiungere la prima in Africa, al Comando del Console Gangemi, inquadrando gli ultimi complementi che ancora giungevano dall'estero.

Intanto che si aspettava la partenza, in quei baraccamenti di Littoria e di Sabaudia ognuno cercava già di mettere a contributo le proprie specifiche competenze: il meccanico diventava armaiolo, l'uomo di penna scrivano o furiere; e il musicista, dilettante o professionista, passava alla fanfara.

Mentre i collezionisti di francobolli gironzolavano attorno alle baracche per rapinare le buste buttate via (mai vista una simile bazza, un assortimento uguale di timbri e di bolli di tutte le poste del mondo!), i ranghi e i quadri si completavano, avevano principio le istruzioni e le marce, arrivavano i muli, le salmerie, le mitragliatrici, si perfezionava l'attrezzatura delle due Legioni.

Finché, tra scrosci di pioggia e larghi frenetici saluti di uomini donne bambini di sull'uscio delle case rurali, in un'alba di novembre la 221^a prese il «via» da Sabaudia per Napoli.

Allungheremo lo stivale, sino all'Africa Orientale... Le neonate canzoni di guerra sul treno speciale, si alternavano con tanghi argentini e brasiliani, con strofette di *chansonniers* parigini, con melopèe arabe. Tutti i luoghi del mondo, tutti i ricordi di climi usi e maniere venivano a contatto, sprizzavano scindile di confronti, proverbi, discussioni.

Qualcuno, si metteva a recuperare alla meglio un pò di italiano. C'erano di quelli - nati all'estero - che non ne sapevano una parola. Due giovanottoni di vent'anni, fratelli, venivano da Odessa: si esprimevano a gesti e a larghi sorrisi di contentezza. Lassù, da quand'erano nati, non doveva essergli mai capitato di assistere a tanta spontanea e calda allegria

Nelle baracche lungo i campi e le strade presso Littoria, quelli della 321^a, non ancora a punto di organizzazione, pativano le pene dell'innamorato che vede un fratello arrivar primo presso la bella che tutte due amano.

Anche a bordo del *Piemonte*, che salpò da Napoli con un particolare saluto di bengala, di fanfare e di acclamazioni, dopo un giorno o due di navigazione vennero a galla le molte abilità dei Legionari. La fanfara si sfogava da mane a sera; e intanto l'istruzione alle armi diventava una gara di bravura. Ingegneri arruolati come semplici Camicie Nere, tracciavano piani di sfruttamento edilizio dell'Etiopia, di recupero delle acque sotterranee, studiavano tipi speciali di tucul.

Pescatori siciliani della Tunisia s'informavano se nell'Uebi Scebeli c'erano anguille, se i coccodrilli del Giuba si pescano meglio con la lenza o la rete. Un ex impiegato della Banca d'Etiopia,, venuto da Addis Abeba prima del conflitto, dava lezioni d'amarico anche a chi non le voleva.

E un naturalista, professore non so dove, si diffondeva a raccontare le virtù medicamentose del sugo di scorpione in amore, estratto sotto la luna di gennaio.

A un certo punto, ci trovammo ad assistere agli spettacoli di un'intera perfetta compagnia di varietà;

violinisti, tenorini, soprani e baritoni, ballerine, fachiri, lottatori, illusionisti, sollevatori di pesi. Le navi britanniche che incrociavano nel Mar Rosso passavano silenziose aggrondate: ma l'eco dei nostri canti doveva amareggiare il sonno e la digestione dei loro comandanti.

Questa gente par che vada a nozze, invece che alla guerra, pensavano di certo.

Poi, quattro mesi di sabbia. Quattro mesi di addestramento duro, di monsoni, di tormenta in un campo presso l'aeroporto militare, tra dune o spine. Quattro mesi ad aspettare di poter prender parte alle vittorie che il bollettino radiofonico della Legione propalava ad ogni alzabandiera. La Legione sorella, la 321ª, era arrivata a sua volta, e si era accampata, mentre noi eravamo presso la strada per Afgoi, a levante di Mogadiscio, anch'essa tra dune e spine ma più lungi dal mare. Mancavano le ruote per partire.

Scambi di visite - dieci chilometri sotto il sole andare, dieci tornare - tra i parenti dell'una e l'altra Legione; fugaci incontri, col *permesso fino alle ore 22*, a Mogadiscio. Intanto, Graziani vinceva a Neghelli e sul Daua Parma, preparava l'offensiva, il grosso colpo finale, su Dagabur.

Aspettando la guerra vera, la Legione - il solito gusto del lavoro! - abbelliva l'accampamento che diventava una sorta di piccola città di frasche, tavole, teli scoloriti, con strade e tabelle d'indicazione. Il bollettino radiofonico diventava un quotidiano più ricco di notiziario dei giornali d'Europa; e i Comandi degli altri reparti se ne disputavano le copie in cartavelina. Pittori si sfogavano a decorar d'affreschi l'interno della baracca della mensa ufficiali. Sportivi fondavano squadre di calcio; un palco per il pugilato raccoglieva, dopo il rancio della sera, cazzottatori potenti.

E un'orchestrina di prim'ordine faceva il giro dell'accampamento, nei dì di festa, rallegrava gli ospiti di passaggio con un repertorio di canzoni e musiche internazionali. Finché le ruote arrivarono.

Arrivò un centinaio di autocarri, donati alla Legione dagli Italiani del Nordamerica, con due autoambulanze, tutta la attrezzatura di un ospedaletto da campo, con persino il motore per la luce elettrica e una nuova radio: e cominciò la gara per poter partire. Perché su quelle cento macchine non c'era posto per tutti quanti.

Allora, ciascuno tirò fuori la propria specialità. I tiratori scelti, i mitraglieri perfetti, i lanciafiamme abituati, accamparono i libretti di tiro e altre benemerenze. I falegnami sfoderarono pialle e seghe, per attrezzare gli autocarri; e i fabbri martelli e incudini; e gli sterratori pale e vanghe per crear strade nel campo dove le macchine non s'insabbiassero. Chi sconosceva il motore a scoppio - o la bicicletta - fece di tutto per diventare autista.

Giorno e notte, per un bel po' di tempo, il campo sembrò il cantiere, frettoloso e risonante, di una esposizione universale. Cadeva il tangabil, cominciavano le pioggie, tutto diventava verde, migliaia di libellule gialle e grigie battevano le ali contro i vetri dei Petromax.

Solo 1.500 uomini salirono sulla colonna celere che, con una memorabile corsa senza soste da Mogadiscio a Gabredarre, condusse la Legione ad ascoltare l'elogio di Graziani e ad inserirsi nella Colonna Frusci, al centro dello spiegamento che doveva avanzare su Hamanlei, Sassabaneh, Dagabur, Giggiga, Harrar. Due giorni dopo, a Birgot, la colonna Frusci prendeva contatto col nemico: e gli Italiani all'Estero avevano il battesimo del fuoco, davano all'impresa il loro contributo di sangue... Ma questa è storia, è epopea, che non si può riassumere in generici appunti di ricordi. L'hanno meglio riassunta i bollettini di guerra, che tutti ricordano.

Dopo la presa di Hamanlei, di Sassabaneh, a Dagabur, in una sosta di poche giornate (per entro alle quali fioccarono notizie enormi: fuga del Negus, entrata di Badoglio in Addis Abeba, liquefazione di Nasibù per la strada di Gibuti) la Legione Parini montò la guardia al Quartier Generale. Poi, sminuita ancora di qualche elemento meno celere, si avventò con la colonna Navarra alla presa di Giggiga e di Harrar e, infine, di Diredaua: tutto di corsa, senza mai sostare, senza dormire, centinaia e centinaia di chilometri in pianura e in montagna, varcando fiumi in piena.

A Diredaua, che qualche reparto di Senegalesi difendeva alla meglio dalle orde abissine in fuga e dalla popolazione indigena in fermento, la Legione giunse in tempo a salvare la pelle alla colonia straniera. Immediatamente, il gusto del lavoro, d'intraprendenza degli Italiani all'Estero pose mano a trasformare la città, della quale Piero Panini aveva assunto il governo civile. Tutti i mestieri, tutte le professioni si misero a contributo. Nell'operare tranquillo e svelto di quella gente si vedeva chiara l'abitudine a darsi d'attorno dovunque e comunque: si vedeva che orari venuti per lavorare.

Non c'era bisogno di comandi, di fare inchieste attraverso i furieri: le iniziative fioccavano, sì da doverle frenare. È mentre il servizio guerresco di rastrellamento, o di polizia, proseguiva e qualche fucilata risuonava qua e là, la città venne, rovesciata, ripulita, rimessa a nuovo come un vestito usato.
In una settimana vennero fondate due scuole: insegnanti, dei Legionari. Si fondarono ospedali e dispensari e ambulatori, col materiale donato dai compatrioti del Nordamerica: medici, infermieri, farmacisti, dei Legionari.
Alla Municipalità, un Console Generale degli Esteri, vestito da sergente, prese nelle mani lo sviluppo degli affari civili: e nacque un corpo di vigili indigeni, si cominciarono i censimenti commerciali e umani; si mise un presidio tecnico alla centrale elettrica che prima funzionava poco e male; si avviarono gli studi per costruzione di un nuovo acquedotto; si controllarono i prezzi al minuto.
Altri Legionari arredavano con gusto una *Casa del Legionario,* con sale di scrittura, sale per conferenze, sale per giuochi, teatrino: e con uno spaccio per i militari residenti e di passaggio. Infine, si fondava un giornale: un giornale in tre lingue, destinato agli italiani, alla colonia straniera, e soprattutto all'elemento musulmano: stenografi, redattori, tipografi: dei Legionari.
Mentre avveniva tutto ciò, a celeri tappe la Legione sorella, la 321^a, con tutta la Divisione «*Tevere*» attraversava l'Ogaden, si avvicina a Diredaua. Una sua compagnia aveva già partecipato alla presa di Moyale, sul confine del Kenia.
Appena sistemata la città, la Legione Parini veniva chiamata da Graziani ad Addis Abeba, in servizio civile e militare; e la 321^a, che doveva raggiungerla nella capitale, aveva la sorte di combattere sulla linea ferroviaria attaccata dai briganti...
E venne la smobilitazione; ma parecchi Legionari rimasero «*in situ*». E ora sono là, meglio che a casa loro: chi fa il tipografo, il meccanico, l'ufficiale postale, il ferroviere, a Diredaua. Chi, ad Addis Abeba o a Dessiè, fa lo stenografo, l'oste, il direttore dei telefoni, l'impresario dei trasporti: e chi lavora sulle strade ad Assab, e chi fa l'ingegnere e chi l'impiegato municipale o civile.
Essi non sono che l'avanguardia di tanti altri Italiani all'Estero. Si calcola che il sessanta per cento dei Legionari torneranno in Africa Orientale. E nel programma di colonizzazione, agli Italiani all'Estero, combattenti o no, è riservata una forte percentuale di posti.
Cerchino altrove, gli stranieri! Dal 9 maggio del 1936 in avanti, il lavoro delle braccia e dei cervelli italiani frutterà ricchezza solo in terre definitivamente italiane, a genti assolutamente italiane.

Adriano Grande[34]

Il 9 maggio, quattro giorni dopo la presa di Addis Abeba, le Camicie Nere universitarie del *Curtatone e Montanara*, giunte a piedi, combattendo con gli etiopici in rotta, a Dire Daua si incontrarono con truppe del 45° Fanteria *Reggio* della divisione *Sabauda* giunti dalla capitale etiopica in treno, che ebbero la sorpresa di vedersi rendere gli onori dai militi.
Mentre le fanfare suonavano la *Marcia reale* e *Giovinezza* il Seniore Di Gennaro stringeva la mano del maggiore Pittau. Le truppe di Badoglio e quelle di Graziani si erano finalmente riunite ponendo fine a sette mesi di ostilità.
La sera stessa Mussolini annunciò la proclamazione dell'Impero, ed il re Vittorio Emanuele III assunse, per sé e per i suoi successori il titolo di imperatore d'Etiopia.
La camicia nera, nella guerra etiopica, realizzò il tipo del soldato e del colonizzatore nel senso italiano della parola. Non sfruttatore delle fatiche altrui, né predatore delle altrui ricchezze, ma valorizzatore di possibilità inerti, creatore di nuove fonti di vita coi mezzi umani dell'intelligenza, dello spirito di iniziativa, della fede nel lavoro, scrive *il Commento alla Milizia.*
(...) Gente, questa della Milizia, che [...] dopo la vittoria, chiama la sua gente lontana perché varchi il mare e venga alla nuova terra, a ricostruire la santa unità della famiglia. Così, intorno alle tombe dei compagni caduti, rifiorisce la vita, in tutte le forme di una superiore civiltà.
Al termine delle operazioni in Africa Orientale, molte unità di Camicie Nere rimasero nell'Impero con compiti di polizia coloniale, in altre parole di controguerriglia.

---

34   *L'Illustrazione Italiana,* anno LXIII, n. 20, 16 maggio 1937-XI, pag. 543-544.

4. LA GUERRA CIVILE SPAGNOLA 1936-1939

Il buon risultato della M.V.S.N. in Africa portò ad un impiego di grandi unità della medesima anche nella guerra civile spagnola scoppiata alla fine del 1936 e nella quale l'Italia intervenne in forma non ufficiale, con l'invio di armi e mezzi, e soprattutto di uomini[35].
Non poteva esser diversamente, perché in Spagna

La Milizia, pur inquadrata sempre più saldamente nella sua rigida struttura militare, riprende e prosegue - questa volta sul piano internazionale - la lotta squadrista contro lo stesso nemico, contro le stesse bandiere, già affrontate e vinte sulle piazze d'Italia (...) contro il nemico della civiltà romana e cristiana che, variamente assimilata, regge tuttora l'Europa moderna e l'intero emisfero occidentale[36].

L'Esercito partecipò alla guerra con la divisione *Littorio*, mentre la Milizia organizzò le proprie truppe in Gruppi di *Banderas*, corrispondenti ad un reggimento, che parteciparono in modo determinante alla conquista di Malaga tra il 5 ed il 10 febbraio 1937.
La Milizia, era *l'arma di punta* della Rivoluzione Fascista, nel senso che contro di essa si scagliava il *maggiore odio nemico e la più diretta responsabilità politica*, perché la Milizia era, per sua natura, organismo dalla spiccata valenza politica prima ancora che militare, scatenante inevitabilmente il *maggiore odio nemico*; ciò veniva visto dalle Camicie Nere come un *doppio privilegio* e un *simbolico valore di volontà politica armata* che

Estende idealmente i ranghi delle legioni fino a comprendervi, uniti nella stessa fede e nello stesso destino, tutti i soldati d'Italia, tutto il popolo d'Italia, nella stessa misura in cui il Fascismo è l'Italia e l'Italia è il Fascismo.

Il primo contingente italiano si imbarcò a Gaeta sul piiroscafo *Lombardia* diretto a Cadice il 18 dicembre 1936. Si trattava di tremila uomini, in gran parte appartenenti alla M.V.S.N.
E' il caso di affrontare un luogo comune che purtroppo, come tutti i luoghi comuni, è duro a morire malgrado sia smentito dai documenti: quello dei *cosiddetti volontari*, mandati a combattere in Spagna con l'inganno.
Negli anni della Guerra Civile spagnola, tra le varie invenzioni propagandistiche di parte repubblicana vi fu quella che sosteneva come i militari italiani inviati in Spagna fossero in realtà dei poveri illusi, ingannati dai fascisti, che avevano fatto creder loro che sarebbero stati inviati in Africa come coloni, ma poi spedendoli in Spagna a combattere, come arriva a scrivere Silvio Bertoldi:

Quei "volontari" richiamati con la cartolina - precetto erano stati imbarcati convinti di andare in Africa Orientale e si erano ritrovati in Spagna[37].

Si tratta- prescindendo dal fatto che la guerra in Africa Orientale era finita nel maggio del 1936 e nel dicembre dello stesso anno semmai si stavano rimpatriando i combattenti di quella campagna, e non inviando truppe!- solo di una invenzione, perché già il fatto di appartenere alla Milizia, come a qualsiasi altra Forza Armata, implicava la possibilità di essere inviati dove necessario. Nel caso del conflitto spagnolo non fu così. I primi arruolati furono tra coloro che avevano fatto domanda per partire volontari per la guerra d'Etiopia, chiedendo loro la disponibilità per una *operazione militare oltremare*, la Spagna appunto, lasciando ognuno libero di accettare o rifiutare[38].
Si sa anche la fonte e la data della prima volta in cui comparve una tale diceria: una corrispondenza di Mikhail Koltsov pubblicata sulla *Pravda* del 30 marzo 1937. Naturalmente non è difficile comprendere quale sia l'attendibilità di un articolo di propaganda pubblicato sull'organo del PCUS in epoca

---

35   Sulle origini della Guerra Civile Spagnola e sulle prime operazioni si vedano i miei *Frecce Nere! Le Camicie Nere in Spagna 1936- 1939*, Genova 2012 e *Guadalajara 1937. La disfatta che non ci fu*,2a ed. Genova 2017.
36   Istituto di Propaganda Fascista 1942.
37   S. Bertoldi, *Guadalajara, l' inizio di tutte le sconfitte di Mussolini*, Corriere della Sera, 2 marzo 2000.
38   A.Petacco, *¡Viva la Muerte! Mito e realtà della Guerra Civile Spagnola 1936- 1939*, Milano 2006, p.98. Ovviamente, conclusa la campagna in Africa Orientale, in Europa, Africa e Mediterraneo non vi erano altri conflitti al di fuori di quello spagnolo, e chi si arruolava non aveva dubbi riguardo alla destinazione.

stalinista[39], ciò spiega perché, pur ripetendo ancor oggi tale chiacchiera, si eviti accuratamente di citarne l'origine.

Soprattutto all'inizio del conflitto venivano richiesti volontari per destinazione ignota (dato che l'Italia era ufficialmente neutrale, non si poteva certo specificare la destinazione: ma non essendoci altri conflitti che vedessero impegnate le Forze armate italiane non era che un falso segreto).

Venne un piantone in compagnia, ricordò Renzo Lodoli, ufficiale dei Granatieri di Sardegna, appena rientrato dall'Africa Orientale. *"Signor tenente, dal signor maggiore, subito".*
La tromba suonava rapporto nel cortile. (...)
"Signori ufficiali, a rapporto. State comodi." C'era qualcosa di nuovo nel viso del maggiore. In silenzio esaminava i suoi ragazzi dagli alamari d'argento e dal bavero rosso, uno per uno il suo sguardo sembrava pesarli, uno per uno (...) "Signori ufficiali, ho una domanda da farvi. Posso concedervi cinque minuti per la risposta, non uno di più. Si richiedono ufficiali per destinazione ignota. Nient'altro. L'Italia ha bisogno di uomini e di ufficiali che sappiano condurre a vincere, a morire questi uomini. Senza stellette, senza bandiera. Cinque minuti per la vostra decisione"[40].

Fino a Guadalajara, prima che venissero rimpatriati gli elementi meno adatti fisicamente e moralmente, si ebbero alcuni casi di un malcostume, diffuso soprattutto nelle federazioni fasciste del Sud, di inviare gente tutt'altro che bellicosa.

Quanto agli altri, ufficiali, sottufficiali, specialisti, sapevano benissimo quale fosse la destinazione finale. Anche se spesso specialmente gli ufficiali di carriera ed i piloti militari parlavano di *destinazione Africa*, per evitare di dare informazioni circa l'invio di militari italiani in una conflitto che vedeva l'Italia *neutrale*.

Ecco la testimonianza di Renzo Lodoli, ufficiale della divisione *Littorio*:
A casa credevano che il maggiore fosse partito per l'Africa.
"Ho telegrafato che la nave ha cambiato rotta. Tanti hanno fatto così".
Già, tanti fecero così[41].

Questo per quanto riguarda gli ufficiali.

Vediamo ora cosa scrive nel suo diario una semplice Camicia Nera, Franco Bonezzi, appartenente alla 17 Legione CCNN *Cremona*, uno di quelli che per la propaganda antifascista sarebbe stato spedito in Spagna *con l'inganno*, in un diario personale, pubblicato solo dopo la sua morte:

(...) Si sono così aperti gli arruolamenti volontari per correre in aiuto della Spagna messa a ferro e fuoco. Faccio anch'io domanda e chissà se mi sarà accettata.
Giorno 20 Gennaio 1937.
Mi è stata accettata la domanda per andare a combattere in Spagna, si dice la partenza sia imminente.
24/1/37.
Cremona. alle ore 17 adunata al Palazzo della Rivoluzione, si parte per ignota destinazione. Di partenti siamo in diversi, credo che saremo più di un centinaio. Dopo le necessarie pratiche degli ufficiali ci incolonniamo dirigendoci alla stazione, partiremo solo verso le 4 del mattino seguente[42].

Bonezzi e i suoi camerati insomma sapevano benissimo quale fosse la *destinazione ignota*!
A piena conferma del fatto che i membri della Milizia sapessero che la destinazione sarebbe stata la Spagna, a ribadire ciò che si legge nel diario di Bonezzi, ed in piena contraddizione con quanto sostenuto dalla sua stessa parte politica, un dirigente comunista anconetano presenta le Camicie Nere

---

39 Koltsov era il corrispondente della "Pravda" e anche l'informatore diretto di Stalin, il quale leggeva tutti i suoi articoli prima di autorizzarne la pubblicazione (Romeo di Colloredo 2017, p.87).
40 R. Lodoli, *I Legionari,. Spagna 1936- 1939*, Roma 1989, p.9.
41 Lodoli,1989, p.20
42 F. Bonezzi, *Il diario del nonno fascista* (a cura di R. Bonezzi), Roma 2006, pp.1-2. Il volume consiste nella riproduzione anastatica del diario dattiloscritto del Bonezzi, intitolato *Diario di guerra. Campagna O.M.S. (Spagna) -1937- 1938, fronte di Guadalajara, Bilbao, Santander, Aragona, Ebro*. Si tratta di un documento interessantissimo, non destinato alla pubblicazione, e dunque privo di retorica, che mostra il modo di pensare delle camicie Nere, sorprendentemente prive di fanatismo (ciò che avevo già rilevato leggendo diari e lettere relative ad altre campagne della MVSN).

come una sorta di banditi o di lanzichenecchi, attirati in Spagna dalla brama di ricchezze e di saccheggi:

Nel 1937 la guerra civile divampa in Spagna. L'intervento del governo fascista a favore di Franco è sempre più evidente. Mentre la stampa del regime si trastulla sugli incontri dei capi delle Grandi Potenze in un cosiddetto "Comitato del non intervento nelle cose spagnole", il popolo italiano sa invece che si stanno preparando battaglioni di soldati volontari (…) per chi vuole andare volontario in Spagna, per chi desidera farsi "legionario" per la guerra di Franco (che viene presentata come una romantica "passeggiata" per la terra iberica), premi all'ingaggio, premi a fine ferma, guadagni nel saccheggio, possibilità di occupazione nella Spagna o un posto di lavoro assicurato al ritorno in Italia[43].

Il premio di ingaggio era di 2.000 lire e la paga di 40 lire (il governo nazionalista forniva il vitto e due pesetas di diaria- per confronto, un brigatista internazionale ne riceveva, almeno in teoria, dieci). Quanto ai *premi a fine ferma*, consistevano nel tradizionale pacco vestiario al momento del congedo. Prescindendo dalla forma, queste affermazioni confermano come i volontari ben sapessero di arruolarsi per la Spagna!

Merita di essere ricordata la conquista delle di cui fu protagonista un Console della Milizia, l'avvocato bolognese Arconovaldo Bonaccorsi, il cui nome di battaglia fu *Conde Aldo Rossi*. Un personaggio fuori dal comune, degno erede del Rinascimento dei capitani di ventura, sanguigno, allegro, violento, smargiasso, generosissimo con gli amici e spietato con i nemici, fanatico, coraggioso come un leone, Bonaccorsi era stato volontario negli Alpini nel 1915- 1918, fascista dal 1919 e squadrista della prima ora, comandante di una squadra con un nome che è tutto un programma: *Me ne frego*. Divenuto Console della M.V.S.N. venne inviato dal Duce a Maiorca, dove giunse il 26 agosto 1936.

Sostituite le inette autorità militari maiorchine, si mise a percorrere da solo i paesi dell'isola, predicando nelle piazze le idee fasciste e arruolando uomini per la Falange. Il suo carisma ebbe un successo inatteso, in un ambiente assai tiepido verso i nazionalisti come era Maiorca, e il *Conde Aldo Rossi*, il nome di battaglia adottato da Bonaccorsi[44], riuscì a raccogliere 2.500 volontari che inquadrò nei *Dragones de la Muerte*.

Alla testa dei suoi *Dragones*, appoggiato da volontari, militi della *Guardia Civil* e falangisti, affrontò con decisione le forze repubblicane (6.000-10.000 uomini, rispetto ai 2.500 del *Conde Rossi*) sbarcate 10 giorni prima a Manacor al comando del generale Alberto Bayo, teorico della guerriglia e futuro "maestro ideale" di Fidel Castro.

Con l'appoggio dell'aviazione legionaria il 3 settembre sconfisse a Son Corb i repubblicani che iniziarono una disastrosa ritirata che si concluse il giorno 12 con il reimbarco dei *rojos* superstiti. Bonaccorsi si autonominò comandante militare e ispettore generale delle truppe delle Baleari, insediandosi all'Hotel Mediterraneo come in un palazzo, costruendo e organizzando fortificazioni e difese.

In poco tempo, appoggiato dai caccia CR32 e da tre SM81 giunti carichi di armi e personale italiano, riconquistò tutta Maiorca, eliminando spietatamente i repubblicani con metodi feroci. Bonaccorsi creò le *Brigate dell'alba* (così denominate perché arrivavano all'alba presso le case degli oppositori) ispirandosi alle famigerate *Esquadrillas de Amanecer* rosse, per effettuare le eliminazioni degli avversari, fucilazioni effettuate principalmente presso il cimitero di Porreles,. Le azioni di Bonaccorsi vennero ingrandite a dismisura dalla fantasia dello scrittore Georges Bernanos nel libro *I grandi cimiteri sotto la luna*,. Bernanos giunge a far ammontare a circa tremila i fucilati, che però è una cifra totalmente irrealistica.

Travestito da miliziano comunista, Bonaccorsi sbarcò ad Ibiza per raccogliere informazioni. Il 20 settembre, imbarcato con cinquecento *dragones* su una barca requisita, sbarcò di nuovo ad Ibiza e la conquistò senza colpo ferire. Fu poi la volta di Formentera e di Cabrera. Ma il suo comportarsi da governatore italiano delle Baleari preoccupò la Gran Bretagna, che temeva un'annessione delle isole

---

[43] Raffaele Maderloni, *Ricordi 1923 – 1944*, Ancona 1995. Il contenuto di questo modesto lavoretto, pubblicato dall'Istituto Gramsci delle Marche, è degno del *Visto da sinistra* del *Candido* di Giovannino Guareschi. Basti citare i titoli di alcuni capitoli: *Ancora tra le grinfie della bestia, Le persecuzioni continuano, I principi del leninismo* e *La lotta di classe - un senso alla vita proletaria*.

[44] Conte era il titolo nobiliare del Bonaccorsi, Aldo, ovviamente l'abbreviazione del suo nome di battesimo, Rossi perché rosso di capelli.

all'Italia dopo la guerra, spinse perché Roma richiamasse in patria il *Conde Rossi*, ciò che avvenne nel 1937.

Ma Bonaccorsi diede una svolta alla guerra. Con la sua conquista delle Baleari l'aviazione italiana potè, dalle basi dell'arcipelago, colpire ovunque il territorio repubblicano, e la Regia Marina potè utilizzare le basi navali delle varie isole per strangolare con il blocco navale- ricordiamo l'opera dei sommergibili, in primis l'*Iride* del comandante Junio Valerio Borghese- la Repubblica, impedendo l'arrivo dei convogli sovietici che portavano armi e rifornimenti dal Mar Nero[45].

Nulla, più della motivazione della meritata croce di cavaliere dell'Ordine Militare di Savoia concessagli da Vittorio Emanuele III, compendia l'azione militare del Bonaccorsi:

Con magnifica audacia, indomabile valore e grande perizia, in soli sedici giorni strappava al nemico quattro volte superiore di numero, le isole di Mallorca[46], Ibiza e Formentera, assicurando così alla causa nazionale basi di fondamentale importanza dalle quali l'Arma Aerea e le Forze Navali hanno influito in modo decisivo sull'andamento della guerra di Spagna.

Isole Baleari, 25 agosto- 16 settembre 1936.

Malaga

Dopo operazioni preliminari condotte lungo la costa da parte della colonna nazionalista del Duca di Siviglia e da Granada dai soldati del generale Muñoz, all'alba del 5 febbraio 1937 tre colonne di legionari italiani, in gran parte Camicie Nere, del Corpo Truppe Volontarie del generale Mario Roatta, schierate ai piedi della Sierra Nevada attaccarono di sorpresa le postazioni repubblicane poste sulla cresta della catena montuosa, ritenute dal governo madrileno imprendibili per la posizione quasi inaccessibile. La conquista di Malaga avrebbe portato ad un accorciamento del fronte sud, tenuto dalle truppe del generale Queipo de Llano con effettivi troppo scarsi rispetto alla necessità operativa, ed ad un grande risultato politico: Malaga era la "capitale" rossa del settore meridionale, centro nevralgico dei comandi repubblicani, dove più forte era stata la repressione degli elementi di destra, con parecchie migliaia di eliminati dai plotoni di esecuzione o "scomparsi" dopo il prelevamento.

All'approssimarsi dell'azione nazionalista i comandi repubblicani fecero affluire da Albucete cinque battaglioni di Brigatisti internazionali con 45 carri sovietici T26, ventidue areoplani, quattordici caccia e quattro bombardieri, disponendo così di circa 50.000 uomini. I repubblicani intendevano bloccare il nemico sui passi della Sierra, che costituiscono corridoi obbligati, per annientare le fanterie con il fuoco delle postazioni fortificate di mitragliatrici.

Gli italiani disponevano di circa 10.000 uomini, suddivisi nelle brigata Iª *Dio lo vuole!*, del 4° e 5° gruppo *Banderas* (destinati a costituire le brigate miste Iª e IIª), della 1ª e 2ª compagnia carri armati, e di un plotone della 3ª (tutti su carri leggeri CV35), 1 compagnia automitraglieri, una compagnia autoblindo FIAT, 1 gruppo da 149/12, due batterie da 105/28, 1 batteria da 75 CK contraerei, due batterie da 20mm, una sezione controcarri da 47mm, tre plotoni del Genio artieri, e reparti delle trasmissioni. Alla vigilia dell'inizio delle operazioni venne aggiunto anche il II° gruppo obici da 100/1737. Se artiglieria, corazzati e specialisti provenivano dal Regio Esercito, tutte le fanterie erano costituite da Camicie Nere.

Le truppe italiane erano così suddivise:

Quartier generale ad Antequera (gen. Mario Roatta).

Colonna di destra (col. Carlo Rivolta):
3° gruppo *Banderas*.

Colonna di centro (gen. Edmondo Rossi):
1° gruppo *Banderas*. Colonna di sinistra (col. Mario Guassardo):
4° gruppo *Banderas*.

In riserva: 2° gruppo *Banderas* (col. Costantino Salvi).

L'attacco di sorpresa ebbe inizio alle 6.30 del 5 febbraio, e le Camicie Nere s'impadronirono di slancio

---

45 Il recentissimo lavoro di Recalde 2011 è dedicato all'argomento.
46 In spagnolo nel testo.

dei passi di Zafarraya (dove la resistenza fu molto aspra, e dove l'avanzata della colonna Guassardo venne temporaneamente arrestata da vere e proprie cortine di piombo e venne ferito lo stesso Roatta), Boca de Asno ed alla Venta de los Alazores, tenuta da duemila internazionali che accolsero le Camicie Nere al grido di ¡No pasaran!, arroccati in un fortino di cemento, e che venne espugnata dalla colonna Rossi una cui *bandera* aggirò da nord le posizioni repubblicane avvolgendole dall'alto. Gli internazionali ripiegarono, incalzati dalle formazioni motorizzate italiane, fermandosi ad el Viento, combattendo sino quasi al tramonto del 6 febbraio.

Gli italiani si impadronirono della dorsale, dilagando poi verso il Mediterraneo.

Il 6 ed il 7 febbraio le truppe repubblicane agli ordini del colonnello Villalba tentarono di contrattaccare, venendo messe in rotta dai legionari, ed il giorno successivo gli italiani, cui, per ragioni di opportunità politica era stata aggiunta la colonna spagnola del Duca di Siviglia (ritardando l'ingresso a Malaga) entrarono in città.

Una colonna della Milizia inseguì le truppe repubblicane in rotta, giungendo il 10 a Motril, a centocinque chilometri da Malaga. In soli sei giorni, applicando la dottrina della *Guerra di Rapido Corso* il C.T.V. era riuscito dove i nazionalisti di Franco avevano fallito per mesi, perdendo solo pochi uomini ed infliggendo perdite pesanti ai rossi. La facilità della vittoria portò però nei Comandi italiani ad una sottovalutazione dell'avversario ed ad una sopravvalutazione delle capacità e dell'armamento italiano che se pure avevano senso riguardo alle truppe repubblicane avrebbero portato ad una grave crisi le unità della M.V.S.N. quando, sul fronte di Madrid, si sarebbero trovate di fronte le ben più agguerrite e motivate Brigate Internazionali e i moderni carri sovietici.

Alla luce del positivo risultato raggiunto, ritenuto superiore ad ogni aspettativa, il C.T.V. venne trasferito sul fronte di Madrid, allo scopo di sfondare il fronte di Guadalajara in concomitanza con l'offensiva nazionalista sullo Jarama, per far accerchiare e in seguito far cadere la capitale spagnola.

Guadalajara.

Purtroppo nel caso della guerra civile spagnola le federazioni del P.N.F. non avevano effettuato una selezione adeguata dei volontari come era avvenuto per l'Africa, contando sul numero piuttosto che sulle capacità militari.

Ciò si vide nella battaglia di Guadalajara del Marzo 1937.

Vale la pena di esporre, sia pure in maniera succinta, l'andamento della battaglia, perché spesso l'esito dello scontro è stato utilizzato per criticare le capacità militari della Milizia.

All'offensiva su Guadalajara presero parte tre divisioni di Camicie Nere oltre alla *Littorio* formata da personale dell'Esercito:

All'offensiva su Guadalajara, denominata in codice *Folgore*, presero parte tre divisioni di CC.NN. oltre alla *Littorio*:

1a divisione Volontari *Dio lo vuole* (CC.NN.), parzialmente motorizzata: gen. Rossi:

1° Gruppo *Banderas* (Ten. Col. Frezza):
Aquila,
Carroccio,
Leone;
batteria d'accompagnamento e reparto Genio.

2° Gruppo *Banderas* (Col. Salvi):
Indomita,
Folgore,
Falco;
batteria d'accompagnamento e reparto Genio.

3° Gruppo *Banderas* (Col. Mazza):
635°,
Uragano,
Tempesta;
batteria d'accompagnamento e reparto Genio.

2a divisione Volontari *Fiamme nere* (CC.NN.), parzialmente motorizzata: gen. Guido Coppi:

6° Gruppo *Banderas* (Console Pittau.):
Ardita,
Intrepida,
Audace;
batteria d'accompagnamento e reparto Genio.

7° Gruppo *Banderas* (Console Marino):
Inflessibile,
Implacabile,
Invincibile;
batteria d'accompagnamento e reparto Genio.

8° Gruppo *Banderas* (Console Vandelli):
Impavida,
Inesorabile,
Temeraria, 730 ed altra;
batteria d'accompagnamento e reparto Genio.

Raggruppamento di Artiglieria divisionale (Ten. Col. Pettinari), su quattro gruppi di vari calibri ed una batteria antiarea da 20.mm.

La Divisione *Fiamme Nere* aveva a disposizione anche un altro raggruppamento di artiglieria comandato dal colonnello Bottari, su cinque Gruppi di vari calibri, che avrebbe partecipato al bombardamento di preparazione sulle linee repubblicane, per passare in un secondo momento alle dipendenze della 3a Divisione CCNN una volta che, dopo lo sfondamento iniziale, la *Penne Nere* avesse scavalcato la *Fiamme Nere* per proseguire l'offensiva.

3a divisione Volontari *Penne Nere* (CC.NN.), completamente autotrasportata: gen. Nuvoloni:

9° Gruppo *Banderas* (Console Venchiarelli):
Uragano,
Tempesta,
Lupi;
batteria d'accompagnamento da 65/17 e reparto Genio.

10° Gruppo *Banderas* (Console Martini):
Tembien,
Sciré,
Carso;
batteria d'accompagnamento da 65/17 e reparto Genio.

11° Gruppo *Banderas* (Console generale Liuzzi):
Monte Nero,
Pasubio,
Amba Work;
batteria d'accompagnamento da 65/17 e reparto Genio.

Due gruppi autonomi di *Banderas* delle Camicie Nere:

4° Gruppo *Banderas* (Primo Seniore Guidoni.):
Toro,
Bisonte,
Bufalo;
batteria d'accompagnamento da 65/17 e reparto Genio.

5° Gruppo *Banderas* (Console Francisci[47].):
Lupo ,
Ardente;
batteria d'accompagnamento da 65/17 e reparto Genio.

4a divisione *Volontari del Littorio* (formata da volontari del Regio Esercito), totalmente autotrasportata, gen. Bergonzoli:

1° Reggimento Fanteria *Onore non onori* (col. Pascarolo), su tre battaglioni fucilieri, una batteria d'accompagnamento da 65/17, una sezione del genio

2° Reggimento Fanteria *Oso l'inosabile* (col. Sprega, poi col. Ferrara), su tre battaglioni fucilieri, una batteria d'accompagnamento da 65/17, una sezione del Genio.

3° Reggimento Artiglieria *Sempre e dovunque*[48]:
due gruppi da 100/17,
una batteria AA da 20. mm.
Battaglione mitragliatrici divisionale.

Raggruppamento Carri d'Assalto ed autoblindo (maggiore Lohengrin Giraud):

Quattro compagnie CV 35,
una compagnia autoblindate Lancia,
una compagnia di motomitraglieri (bersaglieri) ,
compagnia chimica lanciafiamme,
una sezione controcarri da 47 mm.

Di questi reparti due compagnie di CV35 vennero assegnate alla divisione CCNN *Fiamme Nere* (2a) ed altre due alla *Penne nere* (3a), insieme alla compagnia autoblindo ed alla compagnia motomitraglieri.

Artiglieria del Corpo Truppe Volontarie:
dieci Gruppi di vari calibri, una batteria contraerea da 20 mm ed una da 75.mm..

La forza effettiva del C.T.V. può venir così calcolata:

1a *Dio lo vuole!*	6.360
2a *Fiamme Nere*	6.336
3a *Penne Nere*	6.241
4a *Volontari del Littorio*	7.689
4° Gruppo *Banderas*	1.801
5° Gruppo *Banderas*	1.800
Artiglieria	4.379
Altri reparti	616.
Totale	35.222[49]

---

47   Il futuro Luogotenente Generale Francisci comanderà in Russia il Raggruppamento *23 Marzo*, omonimo di quello che combatté in Spagna (gruppi battaglioni CC.NN. M *Leonessa* e *Valle Scrivia*). Sarà l'unico generale italiano a cadere in Sicilia nel luglio del 1943, ricevendo la Medaglia d'Oro alla Memoria.
48   Secondo alcune fonti 3° Reggimento Artiglieria *Volontari del Littorio*.
49   De Vecchi, Lucas 1976, p.131.

La mattina dell'otto marzo, sotto una bufera di nevischio[50], e malgrado il mancato appoggio delle forze nazionaliste sullo Jarama, il C.T.V. attaccò i repubblicani, senza ottenere l'auspicato sfondamento immediato, e respingendo indietro lentamente il nemico, sino ad arrivare all'occupazione di trentacinque- quaranta km per un'ampiezza di fronte di 20, più di quanto i franchisti avessero sino ad allora ottenuto sul fronte di Madrid.

All'inizio della battaglia erano presenti la *12a Division de Infanteria* (brigate 49a, 48a, 50a, 71a, 72a), battaglioni *Espartacus*, *Mangada*, *Pi y Margall*, *Teruel*, un battaglione d'artiglieria, mezza compagnia di carri sovietici T26B ed una compagnia di cavalleria.

L'undici si ebbe una stasi delle operazioni, dovuta alla sempre crescente resistenza repubblicana, dovuta all'afflusso al fronte le proprie unità migliori, le *Brigadas Internaccionales*, oltre alla brigata *Campesinos*, alla *Brigada de Carros de Combate* Pavlov (sovietica, su cinque compagnie di carri T26 B),

La stasi permise ai repubblicani di far affluire da Madrid nei giorni seguenti numerosi reparti che, assieme a quelli già giunti, che attaccarono il diciannove marzo. Si trattava di sei brigate di fanteria (9a, 35a, 65a, arrivate l'11 marzo, la 33a arrivata il 13; il giorno dopo giunse anche la *Brigada de Choque*, cui il sedici si aggiunse anche la 70a) due battaglioni della 6a e della 7a *Division*, i battaglioni comunisti *Barceno*, *Huelva*, *Goya* e *Joventud*, un reggimento indipendente di fanteria, un battaglione e tre compagnie di cavalleria, due battaglioni mitraglieri, uno del genio ed tre d'artiglieria

Le linee italiane ressero bene l'urto della XI (Battaglioni *Thaelmann* (tedeschi), *Commune de Paris* (francesi), *Edgar Andre* (tedeschi)) e della XII Brigata internazionale(Battaglioni *Garibaldi* (italiani), *Dombrowski* (polacchi), *André Marti* (francesi e belgi)) e della brigata del *Campesino*, malgrado la presenza di corazzati sovietici, tranne nel settore di Brihuega, tenuto dalla 1a divisione volontari *Dio lo vuole*, dove le CC.NN. del 1° Gruppo *Banderas*, non abbastanza armate e prive di un addestramento adeguato, cedettero ripiegando davanti ai T26 di Pavlov, senza riuscirsi a riorganizzare sulle posizioni retrostanti, anche per il panico seguito alla morte del comandante, ten. col. Frezza.

Il colonnello C. Salvi, comandante del 2° Gruppo *Banderas*, di propria iniziativa riuscì a chiudere la falla nel settore del 1° Gruppo, e la situazione sembrò ristabilita, tanto più che l'attacco repubblicano era andato scemando d'intensità per arrestarsi alle 19.00.

Ma il comandante della *Dio lo vuole*, Rossi, alle 19.15 comunicò d'aver ordinato alla propria divisione la ritirata, il che costrinse il gen. Roatta, comandante del C.T.V. a dare l'ordine di arretramento sulla seconda posizione (linea Cogolludo- Ledanca- Masegoso) tutte le divisioni.

Qui si ebbero ingorghi dovuti allo scavalcamento tra la 1a divisione e reparti della *Penne Nere*, che permisero agli aerei repubblicani (l'aviazione legionaria e quella nazionalista erano impossibilitate a volare per le condizioni dei campi di fortuna come Talavera, a differenza di quelli di Madrid, asfaltati) di distruggere molti automezzi.

Il giorno dopo tuttavia i brigatisti, provati dalle perdite (a Palacio Ibarra i tedeschi del battaglione *Thaelmann* erano stati annientati totalmente dalla *Littorio*[51]) non tornarono all'attacco consentendo ai legionari di rafforzarsi sulle posizioni arretrate.

I *rojos* tornarono all'attacco il 21 ed il 22 con violenti attacchi respinti dagli italiani; ciò portò il governo repubblicano a porre termine alla controffensiva, e le linee si stabilizzarono.

Al termine della battaglia di Guadalajara gli italiani, pur avendo fallito l'obbiettivo di raggiungere l'omonima cittadina, erano rimasti padroni di venticinque dei trentacinque chilometri occupati nei primi tre giorni, infliggendo all'avversario quasi il quadruplo delle perdite subite.

Gli italiani persero 415 morti (543 compresi i dispersi), 1969 feriti e 153 prigionieri; i repubblicani persero 2.200 morti, 4000 feriti e 400 prigionieri[52].

In sintesi, la battaglia può essere divisa in tre fasi.

---

50   Gli italiani malgrado la temperatura sotto lo zero indossavano le uniformi coloniali!

51   Dopo lo scontro di Palacio Ibarra con la *Littorio* il *Thaelmann* aveva perso ogni possibilità operativa: quando giunse l'ordine d'attaccare la risposta fu: *Impossibile! Il battaglione Thaelmann è stato distrutto!* (AAVV, *The Third Reich. Iron Fists*, New York 1988, p.155). Per alzare il morale dei legionari, Bergonzoli (che si guadagnò il soprannome di *Barba Elettrica* proprio a Guadalajara, dove combatté in prima linea armato di moschetto) ordinò alla fanfara di suonare durante il combattimento la *Marcia Reale* e *Giovinezza*.

52   A. Rovighi, F. Stefani, *La partecipazione Italiana alla guerra civile spagnola (1936- 1939)*, I, Roma 1992, p.313.

1. Offensiva italiana e suo arresto per l'irrigidimento della difesa repubblicana,
2. Controffensiva repubblicana e ripiegamento del C.T.V. sulla seconda posizione;
3. Arresto della controffensiva repubblicana e successo difensivo del C.T.V.[53]

La *disfatta*, la *batosta* dei fascisti che secondo la propaganda repbblicana erano fuggiti con le scarpe in mano per far prima non esiste se non nella propaganda antifascista dell'epoca[54].
Gli italiani restarono padroni di buona parte del campo di battaglia, fermando forze molto superiori di numero, ma ciò non può far dimenticare che non sfondarono, malgrado la propaganda fatta dopo la presa di Malaga, e ciò permise alla stampa antifascista di inventare una sconfitta che non ci fu.
Come scrive Renzo De Felice, Guadalajara *sotto il profilo meramente militare (...) non ebbe niente di drammatico*[55].
Se alcune unità della Milizia si erano battute molto bene, altre, quelle del 1° Gruppo *Banderas*, erano fuggite di fronte ai carri sovietici.
Se i comandi nazionale e italiano cercarono di porre rimedio alle carenze emerse a Guadalajara, nei comandi e tra le truppe repubblicane si diffuse un'euforia quanto meno eccessiva, in un'orgia di retorica e di esagerazioni circa la sconfitta del Fascismo e di Mussolini: senza riflettere però che truppe inferiori di numero, male amalgamate, con divise di tela coloniale sotto il nevischio, con un armamento inferiore[56], senza copertura aerea, con le *latas de sardinas*, i CV 33 e 35[57], contro i carri BT.5 e T26B di Pavlov, erano avanzate all'inizio come il proverbiale coltello nel burro per oltre quaranta chilometri, travolgendo tutti i reparti che si erano trovati davanti, e che, contrattaccate da forze cinque volte superiori, meglio armate, mitragliate e bombardate dai *Chato* e dai *Polikarpov* senza poter avere appoggio dai propri aerei avevano sì ceduto davanti ai carri sovietici, ma erano state comunque in grado di raggrupparsi, fare muro e respingere i repubblicani, restando in possesso di 20- 25 dei 40 km conquistati, infliggendo al nemico perdite tre volte e mezzo superiori alle proprie.
Non si tenne presente che i maggiori problemi agli italiani non li avevano creati i combattenti repubblicani, ma il maltempo, gli errori di comando e la disorganizzazione, che aveva portato agli ingorghi sulla *Carretera di Francia* durante lo scavalcamento, subendo quindi gli attacchi dell'aviazione avversaria, che, con i corazzati, era quella che aveva inflitto le maggiori perdite agli italiani in uomini e mezzi. Se si tiene presente la gravità dei danni inferti dai piloti rossi, si vede come la proporzione tra le perdite italiane e repubblicane durante gli scontri (spesso alla baionetta, come a Palacio de Ibarra e Brihuega) vada ancor più a favore del C.T.V.
Si erano evidenziate carenze di preparazione nei quadri subalterni degli ufficiali della Milizia, si trattava spesso di ex ufficiali di complemento (spesso reduci della Guerra Mondiale) che dopo il congedo non avevano ricevuto né aggiornamenti né addestramento all'uso delle armi moderne.
Ma le colpe più gravi ricadevano sul comandante di divisione che si era fatto prendere dal panico ordinando il ripiegamento; va ricordato che si trattava di un generale dell'Esercito e non della Milizia.
Ciò portò il nuovo comandante del C.T.V. Ettore Bastico e l'ispettore Luogotenente Generale Achille Teruzzi, giunto appositamente da Roma, a far rimpatriare buona parte dei volontari che si erano dimostrati non all'altezza, quali quelli arruolatisi per il premio d'ingaggio.
I rimpatri degli elementi meno affidabili diedero luogo ad un ridimensionamento e parallelamente ad un rafforzamento dello spirito combattivo delle Camicie Nere, che ebbe modo di manifestarsi durante la campagna per la conquista della Vizcaya, , nell'assedio di Teruel e nella presa di Bilbao il 19 maggio.
Ad agosto il C.T.V. riportò un ulteriore successo conquistando la città di Santander, cui presero parte le divisioni *Fiamme Nere* (Frusci), *23 Marzo* (Francisci), *Littorio d'Assalto* (Bergonzoli), il Raggruppamento

---

53   Romeo di Colloredo 2017.
54   Il romanziere americano arrivò addirittura ad affermare nientemeno che Guadalajara era *una tra le battaglie decisive della storia dell'umanità!*
55   R. De Felice, *Mussolini il duce*. II *Lo Stato totalitario 1936- 1940*, Torino 1981, p.391-2.
56   Bastico, in un rapporto confidenziale a Ciano all'indomani della battaglia, parlerà di *armamento deficientissimo*: cfr. Rovighi, Stefani, 1993, I bis, documento n. 79/ A, p. 371.
57   Il CV 35 (Carro leggero L3/35) prodotto dalla Ansaldo Fossati, era armato con due mitragliatrici da 8mm (ma a Guadalajara erano presenti ancora alcuni CV33 con mitragliatrici Fiat mod. Aviazione da 6,5mm), con una corazzatura max di 13,5, e raggiungeva una velocità su strada di 42 km/h. In Spagna erano presenti anche in CV35 in versione lanciafiamme

Artiglieria del C.T.V. ed unità minori e logistiche. Le Camicie Nere si distinsero particolarmente nella presa del Puerto del Escudo e in seguito contenendo e poi respingendo l'offensiva repubblicana in Aragona.

La campagna di Vizkaya e la conquista di Santander.

Nel luglio del 1937 il governo repubblicano ordinò ai comandi militari di lanciare un'offensiva su Brunete, come manovra per distrarre truppe dall'assedio di Madrid e per sbarrare la strada verso Nord ai franchisti ed agli italiani.

La battaglia di Brunete durò dal 6 al 25 luglio 1937 e si concluse con la vittoria nazionalista.

Ai repubblicani costò la perdita di un gran numero di uomini, specialmente internazionali, veterani di Madrid e Guadalajara, difficilmente rimpiazzabili: basti pensare che la XIV *Brigada Internacional*, formata soprattutto da francesi, venne contratta a due battaglioni, rispetto agli undici di prima della battaglia!

Franco aveva concentrato tutte le sue truppe nella zona per tentare l'avanzata verso Nord. L'offensiva era imminente. Il 6 agosto, il governo centrale, con un decreto, creò la Giunta delegata per l'esercito del Nord, con a capo il generale Mariano Gamir Ulibarri, massimo rappresentante militare nella zona, e composta da rappresentanti dei governi delle Asturie, dei Paesi Baschi e della Cantabria, al fine di coordinare le azioni di difesa.

Gli abitanti della città, già stremati dalla persistente penuria di cibo e dai continui attacchi aerei dell'Aviazione Legionaria italiana, iniziarono una febbrile costruzione di barricate. Nello stesso tempo, si iniziò l'evacuazione di numerosi rifugiati baschi verso la Francia.

La difesa della Cantabria poteva contare su 80.000 effettivi inglobati in quattro Corpi d'Armata: il XIV dell'*Euzko Gudarostea*, il XV composto prevalentemente da truppe cantabriche, e il XVI e il XVII composto prevalentemente da minatori asturiani.

Le forze franchiste potevano contare su sei brigate provenienti dalla Navarra e due dalla Castiglia e sui legionari del Corpo Truppe Volontarie di Bastico, poste al comando del generale Fidel Dávila Arrondo, responsabile delle truppe del Nord dopo la morte di Emilio Mola. A questi si devono assommare l'appoggio aereo dell'aviazione. In tutto, i nazionali contavano su 90.000 effettivi, la cui punta di lancia era il riformato C.T.V., diminuito negli effettivi ma decisamente migliorato dal punto di vista dell'efficienza militare, dell'addestramento e della disciplina, radunato in una *Agrupaciòn Legionaria* agli ordini del generale Gambara.

Il campo di battaglia, era situato sul terreno montagnoso della Cordigliera Cantabrica, i cui punti più alti e più difendibili si trovavano nelle mani repubblicane. La prima linea era situata nella zona sud tra Reinosa e Puerto del Escudo, con un zona di trincea repubblicana tra Santullano, Soncillo Aguilar de Campo e Soncillo. La creazione di questa zona trincerata si rivelò errata per la difficoltà di approvvigionamento delle truppe e per la difficile posizione tanto da renderla una vera e propria trappola per i suoi difensori.

Il morale e la preparazione degli attaccanti, specialmente degli italiani e dei carlisti, poi, era decisamente superiore a quella dei repubblicani. Molte unità basche non vollero combattere al di fuori del proprio territorio, come avrebbe voluto il presidente basco José Antonio Aguirre. A questo si aggiunsero i difficili rapporti tra i diversi battaglioni asturiani e baschi.

I baschi, nazionalisti e cattolici, detestavano soprattutto i minatori asturiani, in gran parte anarchici e fanaticamente atei e anticlericali, verso i quali mostrarono un odio ben superiore a quello che provavano per i *Nacionales*. Odio del resto ricambiato, con frequenti atti di violenza sulle donne da parte dei *dinamiteros*, distruzione di chiese e scontri anche armati con i *gudaris*. Verso la fine della campagna gli asturiani in ritirata bruciarono le case e massacrarono gli abitanti di numerosi paesi baschi, come avvenne, per esempio, a Potes.

Il 14 agosto cominciarono le operazioni dei nazionali, il cui primo obiettivo era il cantiere *Constructora Naval* di Reinosa e lo snodo ferroviario di Mataporquera, con la Iª *brigada de Navarra* che attaccò tra il Pico Valdecebollas e Cuesta Labra.

Con questa operazione il Comando nazionale intendeva interrompere la principale arteria di comunicazione del nemico, che si trovava a sud della *Cordillera Cantábrica*. Nel primo giorno dell'offensiva i fanti da montagna della Ia *Navarra*, sfondò la linea repubblicana nel fronte Sud, già duramente provata dagli attacchi aerei della *Legion Condor* e dell'Aviazione Legionaria.

Il mattino del 14 agosto il Generalissimo Franco si recò all'osservatorio del comando del C.T.V. sul monte Maza, per assister personalmente all'assalto degli italiani contro le linee rosse del settore di Soncillo, punto di forza dell'intero settore di Reinosa.

Alle 6.45 i *Romeo* Ro37, scortati dai *Fiat* CR32 iniziarono i mitragliamenti sulle posizioni di Torres de Abajo, Torres de Arriba e Raspaneta, seguiti, verso le 8.30 dall'arrivo dei bombardieri SM81 che si accanirono sul monte Pirañes, colpendo comandi e magazzini, mentre anche l'artiglieria batteva le linee dei bunker repubblicani, senza però riuscire a distruggere gli ottimi ricoveri blindati.

Mentre le artiglierie allungavano il tiro, le Camicie Nere del 5° Reggimento della *23 Marzo*, baionetta in canna, dettero l'assalto alle postazioni repubblicane, precedute da un nucleo di carri leggeri CV35 lanciafiamme. Malgrado i bombardamenti e il fuoco dell'artiglieria, però, i fortini in cemento non avevano avuto troppi danni, ed il fuoco delle mitragliatrici basche inflisse numerose perdite ai legionari, i quali però non si arrestarono, guidati da entusiasti ufficiali subalterni, e riuscirono ad infiltrarsi abilmente all'interno del sistema difensivo, superandolo con eccezionale celerità, che lasciò stupefatto non solo il nemico, ma lo stesso *Caudillo*.

A mezzogiorno, la *23 Marzo* aveva espugnato la principale linea avanzata delle difese basche, massacrandone con baionetta e pugnale i difensori o prendendoli prigionieri. Seimila repubblicani caddero nelle trincee di Reinosa.

Nel frattempo, sulla destra della *23 Marzo* le Camicie Nere del 7° e dell'8° Reggimento della *Fiamme Nere* espugnavano Cabana de Virtus.

Le Camicie Nere e la Littorio travolsero, nei due giorni seguenti, tre linee fortificate, superando l'intero sistema difensivo del *Cinturon de Hierro*, venendo così a contatto con le postazioni repubblicane, ritenute inespugnabili, del Puerto del Escudo.

Il 15, i nazionalisti avanzarono, senza eccessive difficoltà, nel settore di Barruelo de Santullán, spingendosi fino a Peña Rubia, Salcedillo, Matalejos e Reinosilla, incontrando una forte resistenza nel Portillo de Suano. Il generale Gamir Ulibarri pianificò una disperata linea di difesa nella zona nord tra Peña Astía - Peña Rubia - Peña Labra.

Val la pena di ricordare come nei combattimenti del 15 agosto ebbe modo di distinguersi un giovanissimo sottocapomanipolo triestino della 238a *Bandera*, Aldo Vidussoni, studente universitario, che, più volte ferito, continuò a combattere, malgrado una granata lo avesse di nuovo gravemente ferito agli occhi e gli avesse asportato di netto la mano destra; prima di essere portato via dai barellieri trovò la forza di intonare *Giovinezza*. Vidussoni ebbe la Medaglia d'Oro al Valor Militare, e, nel dicembre del 1941 successe- a soli ventisei anni- ad Adelchi Serena come Segretario Nazionale del Partito Nazionale Fascista.

Il giorno seguente, i soldati della IVa *Navarra* riuscirono a spezzare la resistenza di Portillo de Suano, adoperandosi per mantenere intatto il complesso di fabbriche, e sventando l'intenzione degli anarchici e dei comunisti di distruggere le fabbriche e gli impianti industriali per non lasciarlo cadere in mani nazionaliste, ed entrarono a Reinosa al crepuscolo. La brigata di Garcia Valiño continuò lungo il corso del fiume Saja, conquistando la valle Cabuerniga.

Le forze italiane avanzarono parallelamente lungo la strada Corconte - Reinosa, causando la fuga delle forze repubblicane a Lanchares e successivamente a San Miguel de Aguayo. Per 24 ore sembrò che le Camicie Nere di Francisci segnassero il passo, ma si trattava di un rallentamento dovuto al repentino peggioramento del tempo e dalla necessità di completare i rastrellamenti della sacca di Reinosa.

Il 17 i legionari proseguirono i continui attacchi contro Puerto del Escudo, dove la 55 Divisione *Montañesa de Choque* del Tenente colonnello Sanjuán oppose una forte resistenza venendo poi travolta dalle Camicie Nere, appoggiate dal cielo dagli Ju52 e dagli He11 della *Legion Condor*.

Arriva un'altra arma già incavalcata, narra il tenente Lodoli, *"Fuoco". Raffica bassa, nuvolette di terra a tre metri dalle loro trincee, le teste scompaiono, arriva un'altra raffica. Bassa sempre. Ecco una testa. "Scansati, Maraffini, tiro io". Maraffini, il portarma, lascia la testata della mitragliatrice, si affanna intorno al bidone dell'acqua.*

E' bello tirare con una pesante a cinquanta metri, ma sono meno, dal nemico. Le raffiche tagliano l'aria, radono le posizioni avversarie, sui nostri sassi scoppiettano le loro esplosive. Chi alza la testa è un uomo finto.
Di fronte gridano: "Guadalajara, Guadalajara". Maledetti voi. E i legionari rispondono ubriachi della battaglia: "A Santander, a Santander"[58].

Puerto del Escudo era considerato imprendibile sia per la posizione sia per le modernissime linee di trincee e le casematte ispirate alla Maginot. Non servì. Come già a Reinosa, le pattuglie di Arditi penetrarono nelle linee avversarie ripulendo i bunker con granate e pugnale, seguendo le tattiche delle Truppe d'Assalto della Grande Guerra ed anticipando quelle dei *commandos* britannici, e le Camicie Nere della 23 Marzo riuscirono a conquistare Puerto del Escudo, ripulendole dai baschi con un feroce attacco alla baionetta, sbaragliando ventidue battaglioni repubblicani, i cui resti disfatti si ritirarono in disordine per raggrupparsi con il resto dell' esercito nella città di San Miguel de Aguayo. Con questo attacco a tenaglia le forze nazionali riuscirono a strangolare la zona ben fortificata nell'Alto Ebro. La distruzione di questo contingente, fu un colpo tremendo per il morale delle truppe repubblicane.
Nella mattina del 18 agosto il C.T.V affrontò la nuova linea repubblicana a nord del Puerto del Escudo, sfondandola in poche ore. Da qui l'offensiva continuò in due direzioni: dal lato sud-nord, in direzione delle quattro valli (valle Cabuerniga, valle Besaya, valle Pas e valle Carriedo) con un obiettivo chiaro: la conquista della città di Torrelavega.
Le divisioni *Littorio* e *Fiamme Nere*, con la 23 Marzo di rincalzo superarono rapidamente la breccia, spingendosi verso Santander, mentre le brigate di Navarra avanzarono su Torrelavega, per interrompere le comunicazioni tra Santander e le Asturie, per tagliare la ritirata delle forze repubblicane che tentavano di fuggire verso la zona asturiana.
.Intanto, le Camicie Nere della Brigata mista *Frecce nere* sfondarono il fronte ad ovest, lungo la costa atlantica, travolgendo le difese basche, e raggiunsero prima il fiume Agüera e poi il fiume Asón. Fra tutti si distinsero gli artiglieri del Raggruppamento Artiglieria Legionaria, al comando del tenente colonnello Enzo Falconi, che inquadrava ben 13 batterie.
Il 18 agosto, la situazione dei repubblicani era ormai drammatica: l'intero sistema difensivo creato dal generale Gamir Ulibarri era stato scardinato dal C.T.V.
I repubblicani che avevano salutato Guadalajara deridendo i legionari di Mussolini, il nuovo Napoleone sconfitto dal popolo spagnolo, cantando, sull'aria di *Faccetta Nera* :

¡España no es Abisinia!,
porquè los rojos tiran
 las bombas de piñas,
los italianos se van, se van!
¡Y de recuerdo un cadaver dejaràn!

e deridendo i legionari:

¡Meno camiones y mas cojones!

adesso subivano la stessa sorte capitata alle truppe del negus poco più di un anno prima quando, in fuga dopo la battaglia di Mai Ceu gli etiopici vennero spezzonati e mitragliati dall'aviazione italiana. Guadalajara era stata vendicata con gli interessi.
Inseguiti dalle Camicie Nere, mitragliati dai CR32 della *Cucaracha*, dell'*Asso di Bastoni*, della *Gamba di Ferro*, delle *Frecce*, martellati dai SM 79 e dagli aerei tedeschi, i reparti repubblicani si scioglievano come neve al sole.
Non essendo più in grado di stabilire una linea continua di difesa, e non potendo evitare la rapida avanzata italiana, Gamir Ulibarri decise di inviare tutte le truppe della propria riserva in prima linea e sollecitò il XIV Corpo d'Armata perché si decidesse ad inviare urgentemente in prima linea due brigate basche da Carranza a Ramales de la Victoria.
Lo stesso giorno i fanti della IVa *Navarra* occuparono Santiurde, mentre gli italiani raggiunsero San

---

58   R. Lodoli, *I Legionari*, 1989, pp. 130- 131.

Pedro del Romeral e San Miguel de Luena.

Il 19 agosto, i progressi dei nazionalisti nella Cabuérniga, a Bárcena de Pie de Concha, nella valle del Besaya, e Entrambasmestas, nella valle del Pas obbligò Gamir Ulibarri ad dettare rigorosi ordini di resistenza. Tuttavia, il rapido progresso italiano, che superò anche la terza linea di difesa, costrinse Gamir Ulibarri ad organizzare il piano di ritiro per la difesa della città di Santander.

Le Camicie Nere travolsero letteralmente i difensori, che vedendo i primi scoppi delle OTO si diedero alla fuga, quando ci riuscirono.

…Ci buttiamo fuori e di gran corsa pigliamo di petto la collina. Arriviamo ancora correndo agli avamposti nemici che stravolti dalla rapidità del nostro movimento non hanno fatto nemmeno in tempo a darsela a gambe scrive la camicia nera scelta cremonese Bonezzi nel suo diario il 19 agosto.

Alcuni gettano le armi dandosi prigionieri, altri tentano di fuggire, troppo tardi però per quest'ultimi che vengono facilmente raggiunti dalle nostre bombe a mano e dalle fucilate, peggio per loro potevano arrendersi come i loro compagni.

Non perdiamo tempo e ci buttiamo addosso al grosso che è a poche decine di metri più indietro. Stessa sorpresa, questi però saranno due o trecento circa.

Chi scappa, chi si arrende, chi vuol resistere, quello che succede succede. Botte a destra, botte a sinistra, ed in baleno tutto è finito. Ci sono rimasti nelle mani un centinaio di prigionieri circa, molti sono morti o feriti a terra, altri scappano inseguiti dai nostri carri armati e dalle nostre fucilate. L'ordine viene subito ristabilito e si procede al rastrellamento.

Alcuni miei Militi mi chiamano, c'è un buco da cui escono fuori e si arrendono alcuni rossi che vi si erano rifugiati per salvare la pelle, vengono fuori con le mani alzate, gridando "Arriba España, arriba Italia, viva Cristo, bono Italiano" continuano a urlare e si inginocchiano. Poveracci che fiffa, è più forte ancora di quella che avevo io a Guadalajara!!! Saranno una quindicina in tutto e li mando al concentramento. C'è un cretino che si vede preso da paura più forte degli altri tenta di darsi alla fuga, non l'avesse mai fatto, gli sparo un colpo di moschetto proprio nel sedere e vedo che va a finire con un tuffo in mezzo a una siepe di spine, non si salva ugualmente perché anche i miei militi gli stanno già sparando e lo finiscono. Peggio per lui non doveva scappare che si sarebbe salvata la pelle. Vado sù [sic!] intanto dove ci sono i prigionieri e vedo un tipo di spagnolo grande quasi come Carnera che li sta interrogando, è uno dei carri leggeri, ed ha vicino il suo carro fermo, si vede che è pratico dei posti e che ha fra i prigionieri varie conoscenze, ha una pistolaccia in mano e senza tanti complimenti, brucia le cervella a qualcuno. In pochi momenti lo vedo ammazzarne almeno una decina, accidenti che razza di giustizia sommaria. Si vede che li conosce bene perché anche i nostri Ufficiali lo lasciano fare indisturbato. Ci vuole un bel fegato per freddarli così, io non ce l'avrei.

Ma gli Spagnoli sono fatti così e lasciamoli stare come sono.

Noi intanto proseguiamo in avanti e raggiungiamo felicemente i nostri obbiettivi[59].

Il 20 agosto, il XVII Corpo d'Armata *rosso* posizionò una brigata a Torrelavega e 48 divisioni basche, richieste dal comandante dell'Esercito del Nord, si disposero a Puente Viesgo, per difendere le comunicazioni con le Asturie. Nel frattempo le forze italiane continuarono la loro avanzata verso Villacarriedo e le brigate navarresi continuarono fino Torrelavega e Cabezón de la Sal.

Il 22 agosto le forze italiane, appoggiate da quelle nazionaliste, dopo aver conquistato Selaya, Villacarriedo, Ontaneda e Las Fraguas, giunsero a pochi chilometri da Torrelavega e Puente Viesgo. Il XIV Corpo repubblicano si attestò lungo la linea di trincee sul fiume Asón, per difendere Santander. Data la situazione critica, nel pomeriggio si riunì l'amministrazione delegata del governo repubblicano, al fine di studiare due possibilità: ritirarsi nelle Asturie, oppure ritirarsi nella città di Santander e resistere per 72 ore, in modo da aspettare la manovra diversiva che era stata annunciata dal ministro della Guerra di Madrid, Indalecio Prieto, che sarebbe iniziata il 24 agosto sul fronte aragonese.

Si optò per la seconda alternativa.

Le forze basche cominciarono a ritirarsi in direzione di Santoña, 30 chilometri a est di Santander. Il governo basco sperava ancora di poter trattare la propria resa con il governo italiano. Mediatore

---

59   Bonezzi, *Il diario del nonno fascista*, Milano 2006, p.69.

fu il Console d'Italia (ricordiamo che il Regno d'Italia era ufficialmente neutrale) a San Sebastian, Francesco Cavalletti, tramite un gesuita di Bilbao, padre Pereda, portavoce sia del clero basco che del presidente basco Aguirre,un giovane industriale dolciario di Bilbao che aveva proclamato la *repubblica separatista*. I baschi chiedevano, in cambio della resa, la possibilità per i capi separatisti e marxisti di lasciare il paese, il mantenimento dei *fueros*, i privilegi sindacali e amministrativi. L'ambasciatore a Madrid, Cantalupo, dette il suo assenso alle trattative.

Il 24 agosto, data l'inferiorità numerica e il morale bassissimo delle truppe basche il generale Gamir Ulibarri ordinò l'evacuazione della città verso le Asturie, regione ancora in mani repubblicane.

Le forze nazionaliste conquistarono Torrelavega, e, alle 18.00, interruppero le comunicazioni terrestri con le Asturie. Il *si salvi chi può* dei politici e degli ufficiali baschi e *rossi* lasciarono senza guida la popolazione e senza comando intere brigate. Lo stesso giorno il comandante della 54 *Division de Infanteria* Eloy Fernandez Navamuel, fuggì in aereo, abbandonando i propri uomini al loro destino, rifugiandosi in Francia.

I battaglioni baschi si concentrano a Santoña, ed inviarono degli emissari a Guriezo per trattare la resa con il comando italiano. Entrambe le parti raggiunsero un accordo che prevedeva che i prigionieri baschi sarebbero stati sotto la protezione italiana, permettendo a molti di loro di lasciare il paese. Venuto a conoscenza dell'accordo, Franco dichiarò immediatamente di non considerare valido l'accordo e ordinò di imprigionare tutti i prigionieri di guerra, scontrandosi duramente con l'ambasciatore Cantalupo, che si rivolse direttamente a Ciano ed a Mussolini.

Questi scrisse personalmente a Franco, riuscendo ad attenuare i massacri[60].

Il 25, il generale Gamir Ulibarri con il generale sovietico Vladimir Gorev e alcuni politici, tra i quali il presidente basco Jose Antonio Aguirre, lasciarono precipitosamente Santander a bordo di un sottomarino sovietico, in direzione di Gijon e, successivamente, Ribadesella, dove stabilirono la propria sede. Ordinarono di organizzare una linea di difesa sul fiume Deva con i resti delle truppe di Galan e della Divisione *Ibarrola*. Le forze repubblicane rimaste a Santander si arresero.

Alle 8.:00 del 26 agosto 1937, i soldati della IVa *brigada de Navarra* e i legionari italiani della Divisione *Littorio* comandata da *Barba Elettrica* Bergonzoli si mossero verso la capitale basca, dove gli italiani, con alla testa il generale Ettore Bastico, entrarono verso mezzogiorno accolti come liberatori dalla gran parte della popolazione, a grande maggioranza nazionalista, e invocati come protettori dalla vendetta spagnola dagli indipendentisti baschi.

A Santander vennero catturati 17.000 prigionieri, molti dei quali, caduti in mano spagnola, vennero fucilati immediatamente soprattutto dai carlisti e dai falangisti locali, ansiosi di vendicarsi di anni di persecuzioni. Gli abitanti più compromessi con il regime separatista avevano trascorso quarantotto ore di attesa drammatica alla ricerca di un posto in una delle navi che stavano evacuando la città verso la Francia e l'Inghilterra. Su chi rimase si scatenò la resa dei conti, con processi sommari e fucilazioni. Le parti si erano invertite, e le vittime del 1936 erano diventati i carnefici.

Dovettero intervenire gli italiani per fermare le esecuzioni.

I legionari del Corpo Truppe Volontarie contribuirono ad arrestare ed a arrestare l'offensiva repubblicana in Aragona (settembre- ottobre 1937), e il C.T.V. fu la punta di lancia nell'offensiva nazionale che vide gli italiani conquistare Alcañiz e Tortosa e dividendo in due tronconi ciò che restava della repubblica rossa nell'estate del 1938[61].

Il 26 luglio il generale Berti inviò a Galeazzo Ciano il seguente telegramma, che riassume il ruolo svolto dal C.T.V. nelle operazioni dei giorni precedenti:

(...) In dodici giorni di dura battaglia il CTV ha conquistato dodici paesi tra grandi e piccoli, ha progredito per oltre cinquanta chilometri, ha sconfitto più di quaranta battaglioni nemici, catturando quasi duemila prigionieri e una quantità enorme di materiale da guerra. Il suo tributo di sangue nei soli elementi italiani è stato di 27 ufficiali morti, 1 disperso, 140 feriti, 205 legionari morti, 1473 feriti, in totale 1846 legionari fuori combattimento[62].

---

60 *...Noi abbiamo sempre svolto azione moderatrice. Ricordo che dopo la presa di Bilbao il Duce mandò [a Franco] una lettera che, quando sarà conosciuta, darà molto onore al suo autore* (Ciano 1990, p.243).

61 Al contrasto dell'offensiva repubblicana sull'Ebro non prese parte il C.T.V., tenuto di riserva; vi ebbe un ruolo decisivo invece l'artiglieria legionaria comandata dal generale Manca di Mores: Colloredo 2012, p.142.

62 Rovighi, Stefani 1993, II bis, pp. 194 segg.

Il 22 settembre, sia per favorire un accordo internazionale che portasse ad un armistizio, sia perché Stalin voleva disimpegnarsi dal pantano spagnolo, venne deciso il ritiro delle Brigate Internazionali, che furono ritirate dal fronte per concentrarsi a Barcellona per il rimpatrio. Mussolini, quindi, anche per dare una prova di buona volontà al governo britannico in cambio del riconoscimento dell'Impero italiano decise il ritiro di diecimila volontari con diciotto mesi di servizio. Il C.T.V. venne ristrutturato ed il comando affidato al generale Gambara, già vicecomandante del C.T.V. fin dall'aprile del 1937.

Le divisioni interamente italiane si ridussero alla sola *Littorio d'Assalto*, nata dalla fusione tra la vecchia *Littorio* e la *23 Marzo*, su due reggimenti fanteria, il primo dell'Esercito ed il secondo della Milizia.

Con le *Frecce* vennero create le nuove divisioni miste, ma con armamento e comando italiani, *Frecce Azzurre* e *Frecce Verdi*, che s'aggiunsero alla *Frecce Nere*.

Il Corpo Truppe Volontarie inquadrava, alla vigilia dell'ultimo sforzo offensivo, 25.935 tra sottufficiali, legionari e CCNN, e 2.077 ufficiali[63].

L'offensiva di Catalogna iniziò il 23 dicembre, con la divisione *Littorio de Asalto* che mosse verso Cogull, fiancheggiata sulla sinistra dalla divisione *Frecce Nere*.

Nella prima giornata la *Littorio* avanzò di trenta chilometri nelle linee repubblicane, avanzando lungo la strada Lerida- Tarragona, raggiungendo la rotabile Sarroca- Mayals, dove venne annientata la fanteria di marina della 56a *Brigada*, ritenuta una delle migliori unità repubblicane.

Il C.T.V. proseguì l'avanzata, impattando nelle truppe del V° *Cuerpo* del generale Lister nella zona di Castellserà, dove gli scontri si fecero subito accaniti.

Dopo duri combattimenti, il 24 dicembre, alle 14,30 la *Littorio* occupò Sierra Grossa, mentre le *Frecce Nere* presero prima Farinas e subito dopo le quote 177 e 180 di Vasconcelos. Il 26 le Camicie Nere del 2° Reggimento *Littorio*, dopo un durissimo combattimento contro gli uomini di Lister, occuparono Granena. Il tre gennaio le Camicie Nere e gli arditi delle *Frecce Azzurre* conquistarono le pendici di Monte Fosca. Appoggiati dai pezzi dell'artiglieria del C.T.V. e dai continui attacchi dei caccia e dei bombardieri italiani, le Camicie Nere sfondarono il fronte tenuto dai soldati di Lister, ed il 5 gennaio conquistarono Borjas Blancas ed il dieci venne presa anche Montblanch.

L'avanzata proseguì in due direzioni: una colonna motorizzata agli ordini del tenente colonnello Pace si diresse su Tarragona, dove arrivò insieme alla Va *brigada de Navarra*, il resto del C.T.V. avanzò verso Igualada e Esparraguera, con obbiettivo primo il Rio Llobregat, e poi su S. Quirico de Tarrasa. Ma come sarebbe avvenuto anche a Barcellona, Franco voleva che i primi ad entrare a Tarragona fossero gli spagnoli, e non gli italiani, che vennero fatti fermare per far passare avanti i navarresi, per entrare in città poi subito dopo.

. Il 25 i generali Yagüe e Gambara giunsero alle porte di Barcellona.

Il C.T.V. proseguì l'avanzata.

Il 29 gennaio Gambara divise le sue forze in tre colonne, mantenendo le *Frecce Verdi* di riserva, inviando la *Littorio de Asalto* in direzione di Gerona, che cadde il 4 febbraio, dove vennero catturati 800 prigionieri della IX *Brigada* colti completamente di sorpresa dalla rapidità dell'avanzata legionaria, le *Frecce Nere* avanzarono su Granolles, e le *Frecce Azzurre* su Blanes.

Nella battaglia di Catalogna erano state distrutte due armate repubblicane forti di 220.000 combattenti in prima linea; i nazionali avevano perso circa 40.000 uomini, tra i quali circa 6.000 tra caduti e feriti erano del C.T.V., di cui 2.700 italiani.

Il C.T.V. venne rischierato nella zona di Toledo, alle dipendenze dell'*Ejercito del Centro*.

Franco attese che la repubblica si sfaldasse dall'interno, e solo il 28 marzo diede inizio all'ultima offensiva. L'avanzata fu una passeggiata senza una vera opposizione, con i repubblicani che gettavano armi e bandiere e alzavano il braccio destro nel saluto romano.

Legionari e Camicie Nere presero Arajunez ed Albacete; il 30 aprile gli italiani entrarono in Alicante. Il partito della pace, guidato dal generale Casado, s'impadronì del potere, esautorando il governo del filo-comunista Negrìn con l'aiuto degli anarchici, formando una giunta che tentò trattative di pace, cercando di ottenere migliori condizioni di resa.

Nella notte tra il sei ed il sette marzo, il destituito governo repubblicano fuggiasco si rifugiò nell'aeroporto

---

63 Colloredo 2012, p. 150.

di Monovar, e da qui, su due *Douglas DC2* e tre *Dragon Rápide*, i primi due diretti in Francia, gli altri nel Marocco Francese, i caporioni repubblicani fuggirono rapidamente ed ingloriosamente verso l'esilio e la salvezza.

Sugli aerei, oltre all'ex presidente Negrìn ed ai membri del governo deposto, erano imbarcati Lister, Ercole Ercoli (Togliatti), Rafael Alberti, e la *Pasionaria*, Dolores Ibarruri.

Madrid cadde il 27 marzo, senza che fosse sparato un solo colpo di fucile, ed il 30 i nazionali entrarono a Valencia, la capitale repubblicana.

Era la fine ingloriosa della repubblica popolare[64].

In Spagna combatterono complessivamente circa 29.000 Camicie Nere; nel corso del conflitto la M.V.S.N. meritò le seguenti decorazioni:

4 ordini militari di Savoia;
33 Medaglie d'Oro al Valor Militare;
426 Medaglie d'Argento al Valor Militare;
532 Medaglie di Bronzo al Valor Militare;
1.745 Croci di Guerra al Valor Militare[65].

La guerra civile era costata cara all'Italia in termini di perdite:

Caduti: 272 ufficiali (105 della M.V.S.N.), 2764 sottufficiali e soldati (1357 della Milizia), .
Feriti: 981 ufficiali (399 della M.V.S.N.), 10.205 sottufficiali e soldati (5200 della Milizia),
Dispersi: 9 ufficiali (4 della M.V.S.N.), 272 militari deceduti per malattia e incidenti vari.

A ciò vanno aggiunte le ingenti perdite di materiale che depauperarono il già scarso potenziale bellico italiano alla vigilia della seconda Guerra Mondiale, quantificabili in 14 miliardi di lire dell'epoca.

---

64 Per una trattazione completa degli avvenimenti qui accennati, si vedano almeno Rovighi, Stefani 1992 e Colloredo 2012.
65 De Vecchi, Lucas 1976, p.150; per le motivazioni delle MOVM si veda Romeo di Colloredo 2012, appendice 1.

5. LA REPRESSIONE DELLA GUERRIGLIA NELL'AFRICA ORIENTALE ITALIANA, 1936- 1939.

La fine ufficiale delle ostilità non segnò il termine delle operazioni.
Il cinque giugno 1936, a guerra *finita* la 219a Legione *Vittorio Veneto* dislocò le proprie compagnie nei vari presidi e pose il proprio comando di Legione a Moggio.
Il 24 la 219a conquistò Meda col suo battaglione misto, e due giorni dopo venne dislocata a difesa della linea ferroviaria Gibuti- Addis Abeba; il comando Legione venne stabilito nella capitale etiopica.
La 220a Legione sostenne il grande assalto dei ribelli alla ferrovia il 6 luglio: la linea venne interrotta, le linee telefoniche vennero tagliate ed un treno attaccato ed assediato; le Camicie Nere della 220a resistettero a Les Addas per due giorni, riuscendo a mettere in rotta i ribelli etiopici l'otto luglio. In particolare si distinse il CCI battaglione, con il Capomanipolo Mantovani che morì gridando

Viva l'Italia! Viva il Re! Viva il Duce!

mentre guidava le sue Camicie Nere in un contrassalto alla baionetta, ed il Capomanipolo Fanti che, accecato, continuò a dare gli ordini.
Negli scontri morirono cinquantaquattro Legionari, venne gravemente ferito il Console Galbiati, ed il CCI battaglione ebbe due Medaglie d'Oro, al Capomanipolo Iridio Mantovani del CCI battaglione (alla memoria) ed al Capomanipolo Pietro Fanti, rimasto cieco.
Non sempre è agevole distinguere tra la resistenza all'occupazione ed il semplice banditismo, endemico in Etiopia; le due cose tendevano spesso a confondersi tra loro. Spesso tali bande, secondo l'uso etiopico, tendevano a vivere sulla popolazione, depredandola, e spingendola ad appoggiare gli italiani, almeno sinché le dure misure repressive non spingevano per reazione a nuove rivolte. Nel territorio di Galla e Sidamo le popolazioni rimasero indifferenti alla ribellione contro gli italiani, e spesso reagivano con le armi alle requisizioni dei nuclei rivoltosi. Come scrisse a Graziani il generale Negri Cesi, comandante della 5ª divisione alpina *Pusteria*,

le popolazioni terrorizzate accolgono le truppe italiane festosamente e attendono esemplari punizioni contro i briganti. Il termine utilizzato dalla popolazione per indicare tali bande era scifrà, briganti, e non arbegnuoc; guerrieri, e del resto alcuni dei capi erano già dediti al brigantaggio dal tempo del negus, prima della guerra, come Teferrà Chebriannes, il cagnasmacc Coleb o il fitaurari Scitesciù. Il gen. Nasi individuò una delle cause del ribellismo nel fatto che molti ex soldati del Negus oggi sono briganti perché essendo finito il loro mestiere sono obbligati a procurarsi per forza il necessario per vivere. Da questo si vede che la pacificazione è anche connessa alla soluzione del problema di questa causa di disoccupazione[66].

L'unica formazione ribelle a carattere non brigantesco era quella del balambaras Abebé Aregai, ex capo della polizia di Addis Abeba, forte di tre- quattromila uomini. In totale, nel momento di maggior sviluppo della rivolta, nel 1937-38, i ribelli avevano una forza complessiva tra i sedicimila ed i ventimila uomini.
L'effettiva realtà della resistenza fu gonfiata molto, non solo dalla propaganda filo etiopica ed antifascista, ma dagli stessi militari italiani, molti dei quali non avevano partecipato alla guerra ed avevano un'ignoranza totale della realtà dell'Africa Orientale, a caccia di facili promozioni, pronti ad enfatizzare l'entità dei ribelli per ottenere avanzamenti di carriera e decorazioni, troppo spesso a danno delle popolazioni locali, fatte passare per complici dei rivoltosi e sottoposte a rappresaglie tanto dure quanto ingiustificate: l'Impero era divenuto un campo di corse alla gloria militare per gli ultimi arrivati.

(...) Colonnelli e generali, (...) scorrazzando con colonne e battaglioni alla caccia di molto spesso fantomatici nuclei di ribelli ottenevano sì qualche cosa di più che lo stare fermi in guarnigione, ma in compenso erano troppi i milioni che consumavano, oltre s'intende alle vite umane, specie degli indigeni[67].

---

66   Relazione del gen. Nasi, governatore dell'Harar, al Viceré Graziani, 17 giugno 1936.
67   Cit. in C. De Biase, *L'Impero di Faccetta Nera*, Roma 1966, p.112.

Questo modo di fare riusciva anche a creare ribelli veri dove prima ve ne erano solo di immaginari. In un rapporto al gen. Ugo Cavallero, comandante delle Forze armate dell'A.O.I., il luogotenente generale Passerone, comandante la M.V.S.N. in Africa Orientale, cita il caso di un'operazione condotta dal luogotenente generale Gino Calzabini a seguito dell'uccisione di un operaio italiano e del ferimento di un altro presso Zerimà, nell'Ahmara. Calzabini, uno dei fondatori del Fascio di Roma, faceva parte di una commissione mineraria e di studio (era un celebre geologo) quando ebbe notizia dell'avvenuto, ed organizzò un rastrellamento con quattro colonne di truppe, una al comando del collega di studi e tenente di complemento in congedo Samaia, la seconda di un aspirante ufficiale della GIL, Ricci, e la terza e la quarta affidate ai tenenti dei RR. CC. Fianciullacci e Fogliani. La colonna Samaia sparò contro gli indigeni del villaggio di Mecà, ne incendiò i tucul, ed ebbe un milite ucciso dai propri camerati, che si sarebbero messi a sparare all'impazzata. Quando le colonne rientrarono, senza aver trovato traccia di ribelli, Calzabini promise di inoltrare richieste di medaglie e promozioni per le poche ore di rastrellamento! Sennonché i Carabinieri appurarono che l'operaio era morto nel corso di una lite col collega, dopo averlo ferito.

La relazione conclude:

Dal giorno della spedizione, col presunto scopo punitivo, effettuato dalle colonne del Calzabini, la zona non è più stata tranquilla. Infatti nella zona di Zerimà ed Adì Arcai si sono verificate già numerose aggressioni. (...) Sulle aggressioni ho interrogato i commissari, i residenti, gli ufficiali dei Carabinieri, gli ufficiali dei Reparti Lavoratori e dei Battaglioni Camicie Nere, nonché i lavoratori stessi. Tutti sono concordi nell'asserire che le aggressioni siano conseguenti all'azione inopportuna della colonna Calzabini, il quale, oltre tutto, non rivestiva alcuna veste di comandante né aveva alcuna ingerenza politico-militare nella zona.

Nel gennaio del 1940 ad ogni modo oramai il solo Abebé Aregai non si era ufficialmente sottomesso, anche se - come scrisse Amedeo di Savoia a Mussolini - *lavora per noi e con noi*.

In Africa Orientale vennero costituite sette legioni CC.NN. permanenti, suddivise in due Gruppi legioni CC.NN. d'Africa:

I° Gruppo Legioni CC.NN. (Addis Abeba)

1a Legione *Arnaldo Mussolini* (Addis Abeba)
2a Legione *Filippo Corridoni* (Harar)
5a Legione *Luigi Razza* (Mogadiscio)
6a Legione *Luigi Valcarenghi* (Gimma)

II° Gruppo Legioni CC.NN. (Asmara)

2a Legione *Ivo Olivetti* (Asmara)
3a Legione *Reginaldo Giuliani* (Gondar)
7a Legione *Francesco Battista* (Dessiè).

Un'altra legione e numerosi battaglioni furono creati più tardi con gli italiani trasferitisi in Africa Orientale, sino a raggiungere trenta battaglioni[68].

---

68 G. Rosignoli, *M.V.S.N.. Storia, organizzazione, uniformi e distintivi*, Parma 1995, pp.27- 34

▲ La Squadra d'Azione 'C.A. Colombo' del Fascio di Milano. La MVSN nacque per inquadrare e 'normalizzare' lo squadrismo.

▶ Le prime divise della MVSN

▼ Il Duce, seguito da alti ufficiali della MVSN, passa in rassegna i comandanti della Milizia, 1928

▲ Un gruppo di Consoli della MVSN, tra cui Domenico Mandelli, unico generale di colore delle FFAA italiane, già comandante nel 1918 del XXIII Reparto d'Assalto. Mandelli fu il primo pilota militare di colore.

▶ Domenico Mandelli- nato Wolde Selassie- in divisa da Console della MVSN

▼ Reparto di camicie nere in marcia durante le manovre del 1934

▲ Labaro dell' 80 Legione *Alessandro Farnese* di Parma Camicie Nere della divisione *21 Aprile*

▶ Camicie Nere in Africa Orientale 1935

▼ Mitraglieri della MVSN in Africa Orientale

▶ Camicie Nere della divisione *21 Aprile*

▲ Il console generale Giovanni Ricciotti comandante la 114° legione *Garibaldina* (Bergamo) con altri ufficiali della *28 ottobre* nella zona di passo Uarieu gennaio 1936

▲ La guerra d'Etiopia nelle fotografie inedite del capomanipolo Giovanni Cadé, del CXIV battaglione CCNN della 114a Legione *Garibaldina* della 2a Divisione Camicie Nere *28 Ottobre (Summa audacia et virtus)*

▲ Postazione di mitraglieri della Milizia, Tembien 1936

◄ Ufficiali della 128 Legione CCNN in Africa Orientale, 1936. Il Capomanipolo primo a sinistra è Niccolò Giani, fondatore della Scuola di Mistica Fascista.

▼ Passo Uarieu. Le tombe di padre Reginaldo Giuliani e del seniore Amerigo Fazio

▲ Camicie Nere della Colonna Starace, Gondar 1936

◄ Il labaro della 263a Legione *Aspromonte* in Africa Orientale, 1936

▼ Una Camicia Nera della divisione *28 Ottobre* durante un momento di riposo in Africa Orientale

▲ La 219a Legione *Vittorio Veneto* della 6a div CCNN *Tevere* in Somalia, 1935

▲ Il Cappellano Generale della MVSN, mons. Rubino, durante una cerimonia negli anni '30.

▶ Il labaro del 4 Reggimento CCNN della divisione *XXIII Marzo- Fiamme Nere*, 1937

▼ Mussolini decora il gagliardetto della Milizia nazionale forestale con la medaglia d'argento al valor militare per le operazioni in Africa Orientale. Altare della Patria, Roma 1° febbraio 1937.

▲ Camicie Nere sulla Carretera de Francia durante l'offensiva del marzo 1937 (battaglia di Guadalajara)

▶ Una Camicia Nera ferita durante la battaglia di Guadalajara

▼ Le 'Frecce Nere' occupano Bermeo, 1937

▲ Il 4 Regg. Camicie Nere della div. *XXIII Marzo - Fiamme Nere*, sfila in parata, probabilmente il 28 ottobre 1937

▲ Il CTV sfila a Barcellona, luglio 1939

▲ 23 Marzo 1936 il Capo di SM della Milizia Luigi Russo ed il generale Federico Baistrocchi passano in rassegna un reparto della MVSN in piazza_di_Siena

▲ I Moschettieri del Duce sfilano a passo romano in via Nazionale a Roma, durante le celebrazioni per il bimillenario della nascita di Augusto, 1937

▲ Roma. Un reparto della 112a Legione CCNN *dell'Urbe'* scorta il labaro del Fascio Primigenito, emblema del Partito Nazionale Fascista

▶ Il gagliardetto dei Moschettieri del Duce

▼ Camicie Nere e soldati coloniali francesi a Gorbio, dopo l'armistizio tra Italia e Francia.

6. ESPANSIONE E DISFATTA: DALL'ANTEGUERRA ALLA SECONDA GUERRA MONDIALE

Dopo la guerra d'Etiopia, nel 1936, il nuovo ordinamento della M.V.S.N. sanzionò la costituzione di 14 comandi di zona, di 32 (poi 33) comando gruppi battaglioni CC.NN., 133 legioni ordinarie, una motorizzata, sei coorti autonome e reparti speciali permanenti di stanza a Roma.
Tra i reparti speciali vi erano un reparto per la sorveglianza dei confinati politici a Ponza e Ventotene ed un reparto Ordine Pubblico.
Inoltre venne deciso di affiancare una legione CC.NN. alle divisioni dell'esercito, divenute binarie con la riforma Pariani. La legione divisionale veniva così a costituire il terzo elemento di fanteria della divisione (anche se assai più debole del reggimento fanteria).
Era composta da due battaglioni di CC.NN., ciascuno I° battaglione attivo di una legione territoriale: il primo della legione stessa, l'altro di una legione possibilmente limitrofa. Ciascun battaglione veniva designato *legione* dato che rappresentava la legione di provenienza, della quale conservava il numero, ed era articolato in:

Comando legione divisionale (al I° battaglione)
Comando legione (II° battaglione)
Un battaglione CC.NN.
Reparto complementi CC.NN.
Coorte territoriale CC.NN.
Una o più coorti territoriali CC.NN.
Reparti speciali.

Si trattava di un sistema alquanto macchinoso, e nel prosieguo le legioni vennero denominate battaglioni col numerale romano della legione d'appartenenza.
Su 133 battaglioni CC.NN. 22 venivano assegnati ai Corpi d'Armata, 82 battaglioni di Legioni territoriali da immettere nelle divisioni di fanteria; 24 battaglioni nelle divisioni CC.NN. libiche (1a *23 Marzo*, 2a *28 Ottobre*, 3a *21 Aprile*, 4a *3 Gennaio*); restavano di riserva quattro battaglioni CC.NN. e la legione CC.NN. di Zara.
Vennero poi costituiti altri battaglioni nell'ambito delle cosiddette Legioni di Frontiera. Tali battaglioni vennero assegnati ai Corpi d'Armata schierati alle frontiere settentrionali.
Nel 1938 e nel 1939, dietro invito dello Stato Maggiore Esercito, Ufficiali in S.P.E. della Milizia, in limitato numero e dopo severissimi esami di concorso stabiliti su programmi dello S.M., sono ammessi a frequentare i corsi regolari di tre anni presso l'Istituto Superiore di Guerra (oggi Scuola di Guerra). Dal 68° corso nell'aprile del 1941 uscirono brevettati tre Ufficiali che vennero subito inviati sul fronte libico-egiziano per compiere l'anno di esperimento di servizio di S.M. presso divisioni dell'Esercito, assolvendo brillantemente il loro compito e guadagnandosi promozioni per merito di guerra e ricompense al V.M. Nell'anno successivo (1942) escono brevettati altri 3 ufficiali della Milizia. Negli anni successivi, essendo stati aboliti i corsi regolari triennali, all'Istituto Superiore di guerra si svolgono corsi accelerati di sei mesi, con la partecipazione di altri ufficiali della Milizia.
Gli Ufficiali della Milizia vennero anche ammessi a frequentare i corsi delle Scuole Centrali Militari di Civitavecchia e quelli per ufficiali di complemento in servizio nelle Grandi Unità. Scuole Allievi Ufficiali delle Specialità Artiglieria Contraerea e Artiglieria Marittima, furono istituite rispettivamente a Nettuno ed a Gaeta. La Milizia Forestale ebbe una Scuola per Ufficiali a Vallombrosa e una per sottufficiali a Cittaducale.
Il sei aprile del 1939 venne occupata l'Albania; alla breve ed incruenta campagna parteciparono inizialmente due battaglioni, sbarcati a Valona il primo giorno: XL°(Verona) e LXXVI° (Copparo) btg. CC.NN. . Il dieci aprile sbarcò, insieme alla divisione *Murge* (poi *Ferrara*) il XCII° battaglione CC.NN. di Firenze, mentre a Valona sbarcarono i battaglioni CXI° (Pesaro) CXII° (Roma) e CLII° (Lecce). Questi sei battaglioni rientrarono in patria a dicembre.
Il 29 settembre 1939 vennero costituite quattro divisioni Camicie Nere Libiche:
1a *23 Marzo*,

2a *28 Ottobre*,
3a *21 Aprile*,
4a *3 Gennaio*.

Essendo fortemente sotto organico nel maggio 1940 la *21 Aprile* venne disciolta ed il personale appartenente alla Milizia trasferito alle altre divisioni Camicie Nere, e quello appartenente all'esercito alla divisione *Catanzaro*.

Della *21 Aprile* solo l'LXXXI° battaglione CC.NN. (Ravenna) non venne disciolto, ma venne trasferito alla *3 Gennaio* al posto del disciolto CLIV° battaglione (Taranto)[69].

Le divisioni libiche vennero inquadrate in due Corpi d'Armata CC.NN., XXII e XXIII, agli ordini dei generali Somma (quello di passo Uarieu) e Berti, già comandante del C.T.V. in Spagna.

Nel 1940, allo scoppio della guerra, la M.V.S.N. era composta da migliaia di uomini, e poteva schierare in linea 312.000, di cui 112.000 nei centonovantaquattro battaglioni CC.N. attivi (8 btg della Milizia Coloniale, 24 nelle divisioni libiche, 4 btg di mitraglieri libici, 108 battaglioni d'assalto, dieci di frontiera, uno di mitraglieri metropolitani, 39 battaglioni di complementi) cui andavano aggiunti i 135 battaglioni territoriali (64.000 uomini), 26.000 legionari dei trenta battaglioni in A.O.I., 25.000 nella MilMart (che si distinsero, con un ruolo decisivo nel dicembre 1941 e nell'estate 1942 in Nord Africa) ed 85.000 della DiCat, la difesa contraerea.

Ma, come già nella prima fase della guerra spagnola, l'accrescersi dei numeri non andò di pari passo con l'efficienza bellica.

Si arrivò ad una sorta di doppione dell'esercito, con l'aggravante che le unità CC.NN. erano più leggere e dotate di un armamento più scarso rispetto alle corrispettive unità del R.E., già di per se non all'altezza del nemico quanto ad armamenti; e se gli uomini erano valorosi non ci si poteva attendere, e non si ebbe, una sorte diversa da quella delle altre unità.

L'Italia in guerra.

Il 10 giugno 1940 tutte le unità della Milizia destinate al combattimento si trovarono inserite fra le Forze Armate per partecipare, con esse, alla guerra.

Quanto di comandi ed unità aveva conservata la tradizionale dipendenza dal Comando Generale della M.V.S.N. continuava ad assolvere funzioni amministrative, addestrative e di reclutamento.

In Italia ed in Libia, nelle grandi unità dell'Esercito, erano inquadrate 112.000 CC.NN. distribuite in 194 battaglioni d'assalto, da montagna, di complementi. Altri 81 battaglioni costieri, 51 battaglioni territoriali e 23 centurie costiere, con una forza complessiva di almeno 65.000 CC.NN., accrescevano il contributo della Milizia alle forze mobilitate in Italia ed in Libia.

Nella difesa delle piazzeforti marittime, alle dipendenze della Marina, prestavano servizio altri 25.000 legionari della Milizia Artiglieria Marittima.

La difesa contraerea del territorio nazionale e libico assorbiva, con la Milizia Artiglieria Controaerea, altre 85.000 CC.NN.

Inoltre, nell'Impero dell'A.O.I., altre 26.000 CC.NN. formavano 30 battaglioni inquadrati nell'esercito del Duca d'Aosta.

In totale la Milizia aveva in armi 313.000 legionari, senza contare le CC.NN. delle Milizie Speciali (Ferroviaria, Portuaria, Forestale, Stradale e Postelegrafica) e delle specialità della Milizia Ordinaria (Confinaria ed Universitaria) variamente impiegate nell'adempimento dei loro caratteristici servizi d'istituto nel quadro delle Grandi Unità più o meno complesse operanti sui vari teatri di guerra.

I battaglioni d'assalto o da montagna erano formati da uomini di età compresa tra i 21 ed i 36 anni che, dopo il servizio di leva prestato nell'Esercito, nella Marina o nell'Aeronautica, assumevano volontariamente impegno decennale di essere mobilitati in quei reparti, al di fuori di qualsiasi più favorevole sorte della loro classe di leva. In molti casi erano reduci dalle operazioni di riconquista della Libia, dalle campagne di Etiopia e di Spagna dove erano stati inquadrati nelle unità volontarie.

Era gente che continuava da anni una consuetudine di cameratismo in pace ed in guerra, che aveva origine dallo stessa stessa provenienza geografica, gente che parlava lo stesso dialetto, spesso unita

---

69   Oltre alle quattro divisioni in Libia esistevano anche quattro legioni della Milizia Coloniale (Tripoli, Misurata, Bengasi, Derna), che fornirono altrettanti battaglioni assegnati ai Corpi d'Armata.

da legami d'amicizia o di parentela. Gli ufficiali erano uniti ai loro dipendenti da infiniti motivi e sapevano bene come domandare un sacrificio e come dare l'esempio. Come negli Alpini, un simile reclutamento determinava l'inconveniente che le perdite di una determinata unità fossero raggruppate in ristrette zone di territorio, magari in una sola città; le affinità con le unità alpine sono evidenti.

La Milizia Contraerea e la Milizia Artiglieria Marittima erano invece costituite da Camicie Nere non soggette ad altri obblighi militari al di fuori di quello che volontariamente contraevano. Erano maturi reduci della prima guerra mondiale, mutilati di guerra dichiarati inabili al servizio militare, giovinetti che ancora non avevano raggiunto l'età della leva; erano perfino ciechi dalla nascita che, per la finezza del loro udito, prestavano servizio agli aerofoni delle unità controaeree.

Non interessi materiali, scrissero nella loro opera i Consoli Lucas e De Vecchi, *non fazioso spirito di parte, non scalate a qualunque tipo di onori, ma puro amor di Patria e alto senso del dovere aveva indotto quegli uomini, fin da molto tempo prima della minaccia di guerra, a presentarsi alle chiamate per l'addestramento sacrificando ore di riposo e di svago, paghi solo di sentirsi preparati al 'loro compito e fieri della decisione di continuarlo fino al limite massimo delle loro possibilità.*

La battaglia sulle Alpi Occidentali fu il primo importante scontro, che suonò come una preoccupante avvertimento, dell'Italia nella seconda guerra mondiale. L'Esercito italiano schierava sulle Alpi occidentali, dalla Svizzera al mare, dal ghiacciaio del Monte Bianco alla riviera ligure, due Armate: la 4ª a nord e la 1° a sud; a queste si contrapponeva - da parte francese - *l'Armée des Alpes*, asserragliata nella cosiddetta *Maginot delle Alpi*.

Si trattava di una dura guerra di montagna, in territorio difficilissimo e scarso di vie di comunicazione, guerra da combattere contro due nemici: le agguerrite divisioni francesi da montagna, formate da uomini dei luoghi stessi che conoscevano il terreno palmo a palmo, e il clima - l'inverno alpino - che ancora, a giugno, non aveva cessato di imperversare.

Le forze contrapposte erano di 300.000 italiani all'attacco contro 200.000 francesi chiusi nelle fortificazioni. La 1ª e la 4ª Armata formavano il Gruppo Armate Ovest, al comando di Umberto di Savoia, principe di Piemonte. La 4ª Armata copriva il fronte dalla Svizzera a Monte Granero incluso e comprendeva i settori:

Baltea- Orco- Stura.
Moncenisio- Bardonecchia.
Germanasca- Pellice.

La 4ª Armata era forte di 78 battaglioni: di questi 11 erano di CC.NN., cioè circa il 15% del totale.
La 1ª Armata si schierava dal Monte Granero al mare e comprendeva i settori:

Maira- Po- Stura.
Roia- Gessi.
Media e Bassa Roia.

Essa era composta di 110 battaglioni, dei quali 17 erano di Camicie Nere., vale a dire oltre il 15%.

I Btg. CC.NN.	II Btg. CC.NN.	IV Btg. CC.NN.	V Btg. CC.NN.
XI Btg. CC.NN.	XII Btg. CC.NN.	XV Btg. CC.NN.	XVII Btg. CC.NN.
XX Btg. CC.NN.	XXIII Btg. CC.NN.	XXIV Btg. CC.NN.	XXVIII Btg. CC.NN.
XXX Btg. CC.NN.	XXXIII Btg. CC.NN.	XXXIV Btg. CC.NN.	XXXVI Btg. CC.NN.
XXXVIII Btg. CC.NN.	XL Btg. CC.NN.	LXXIX Btg. CC.NN.	LXXX Btg. CC.NN.
LXXXVI Btg. CC.NN.			

Gli altri sette battaglioni, schierati con le Armate, erano:

> III (Cuneo) a disposizione di un C.A.
> XVI (Cuneo) a disposizione di un C.A.
> XVIII (Crema) inquadrato nella Divisione *Superga*.
> XIX (Casalmaggiore) inquadrato nella Divisione *Assietta*.
> VII (Pavia) inquadrato nella Divisione *Legnano*.
> XC (Pisa) inquadrato nella Divisione *Cremona*.
> XCV (Firenze) inquadrato nella Divisione *Livorno*.

Nella battaglia delle Alpi Occidentali, data la natura del terreno e la perfetta conoscenza che idi esso avevano i reparti della Milizia Confinaria, questi furono ampiamente impegnati sui monti delle loro regioni.

Il 21 giugno le truppe italiane attaccarono le forze francesi lungo tutto il confine. La Prima Armata italiana aveva come obiettivi Nizza, la Provenza ed il bacino dell'alto Ubaye. La Quarta Armata aveva come obiettivo principale Modane, Lione (I° Corpo) e Briancon (IV° Corpo). Il Corpo d'armata Alpino venne impegnato nell'attacco tra il il Col de la Seigne e il Col du Mont.

L'offensiva italiana venne ostacolata dalle avverse condizioni atmosferiche eccezionali per la stagione in corso: si era ormai in estate e c'era pioggia, neve e persino tormenta nelle zone dei valichi. Quando le nostre avanguardie giunsero nelle vallate oltre frontiera si ritrovarono a marciare con un fitta nebbia. L'aviazione non poté fornire un adeguato appoggio alle operazioni sempre a causa del maltempo.

E in effetti i maggiori ostacoli agli italiani vennero causati più dal freddo e dalla neve che dagli *Chasseurs des Alpes*: non è esagerato dire che in caso di tempo favorevole le difese francesi sarebbero state rapidamente travolte.

Malgrado tutto, infatti, gli avamposti nemici vennero superati grazie anche all'effetto sorpresa ed all'astuzia dei soldati italiani. I francesi si ritrovarono attaccati dove non se lo aspettavano. Da ricordare l'azione del battaglione *Val Cordevole* che scendendo dal Col du Mont, protetto dalla nebbia, riuscì a raggiungere il fondo valle, superò tre successivi sbarramenti nemici e giunse nel pomeriggio a la Motte. I francesi erano stati colti di sorpresa perché aspettavano l'attacco italiano dall'alto e non certo dal fondo valle.

Anche il battaglione *Susa* nel settore del Moncenisio riuscì a sorprendere le difese francesi: sceso dal Monte Rocciamelone e dal ghiacciaio omonimo lungo la valle del Ribon nella valle dell'Arc, gli alpini riuscirono a sorprendere le postazioni difensive francesi del Moncenisio che vennero sopraffatte.

Dopo la difficile discesa dal ghiacciaio e dopo dodici ore di marcia forzata nella tormenta nella valle del Ribon i militi di un reparto di Camicie nere in avanguardia, seguiti dal *Susa*, sorpresero i francesi. Come riferì poi un ufficiale francese caduto prigioniero, la colonna italiana venne scambiata dagli osservatori nemici come truppa francese, ritenendo impossibile che degli uomini potessero scendere dal ghiacciaio del Rocciamelone; i francesi del forte della Petite Turra, con la colonna italiana sotto tiro e con la possibilità di annientarla, non spararono neppure un colpo.

Sempre nel settore del Moncenisio, i reparti della divisione *Cagliari* raggiunsero Bramans, nella valle dell'Arc, mentre gli uomini della divisione *Brennero* attaccarono i forti francesi del Moncenisio. Nel settore del Piccolo S.Bernardo gli alpini delle divisioni *Tridentina* e *Taurinense* insieme a reparti motorizzati della divisione *Trieste* raggiunsero la Valle d'Isere entrando in contatto con le postazioni nemiche di Bourg St.Maurice.

Nel settore di Bardonecchia il battaglione alpini *Val Dora* insieme con la divisione *Superga* raggiunsero Modane, mentre nel settore Germanasca- Pellice reparti alpini, malgrado la strenua difesa dei reparti sciatori francesi, giunsero fino ad Abriès.

Anche sul fronte meridionale le truppe alpine e le Camicie Nere della Confinaria agirono sempre in avanguardia. Il 2° raggruppamento alpini e la divisione alpina *Cuneense* avanzarono nella valle Ubaye.; le divisioni *Forlì* e *Aqui* occuparono Larche utilizzando le loro legioni Camicie Nere come avanguardia, mentre la divisione alpina *Pusteria*, che era rimasta in riserva, iniziò ad avanzare a partire dal 23 giugno percorrendo circa 4 km in due giorni nell'area compresa tra il bacino dell'Ubaye e quello della Tinea, a oltre 2.500 metri di altitudine.

Gli alpini del 1° Raggruppamento insieme con i fanti della divisione *Ravenna* e le Camicie Nere oltrepassarono il confine nella zona compresa tra l'Alta Vesubie e la Valle della Roja, occupando le località di Roquebillié e Fontan.

Le divisioni *Modena* e *Cosseria* attaccarono le difese francesi lungo la costa, dopodiché la stessa *Cosseria* occupò e superò Mentone.

Sulla fronte alpina dal Monte Bianco al mare le nostre truppe hanno iniziato l'attacco il giorno 21. Formidabili apprestamenti difensivi in rocce di alta montagna, la reazione fortissima da parte del nemico deciso ad opporsi alla nostra avanzata e le condizioni atmosferiche del tutto avverse non hanno diminuito lo slancio offensivo delle nostre truppe che hanno conseguito dovunque notevoli successi. Mentre con ardite particolari azioni i nostri reparti si sono impadroniti di talune munite opere, quali ad esempio il forte Chenaillet presso Briançon e Razet nella Bassa Roja, nostre intere unità hanno raggiunto il fondo delle Valli Isere, Arc, Guil, Ubaye, Tinea, Vesubia, penetrando tra i sistemi fortificati dell'avversario e minacciando dal rovescio l'intera fronte nemica. L'avanzata delle nostre truppe prosegue su tutta la fronte[70].

Già a partire dal 20 giugno e quindi prima ancora che iniziassero le operazioni militari, il governo francese tramite il governo spagnolo si era dichiarato disposto a discutere le clausole di un armistizio. Con l'inizio dell'offensiva sulle Alpi e con la firma dell'armistizio franco-tedesco, Mussolini si vide costretto ad accettare le offerte di pace francesi.

Il giorno 22 il Duce informò Hitler circa le proprie intenzioni:

Allo scopo di facilitare l'accettazione dell'armistizio da parte francese non ho messo tra le clausole l'occupazione territoriale della sinistra del Rodano, della Corsica, Tunisia e Gibuti come avevamo prospettato a Monaco. Mi sono limitato al minimo, a chiedere cioè una zona smilitarizzata della profondità di 50 km. Ritengo questo un minimo anche per evitare incidenti. Per tutto il resto ho adottato le clausole dell'armistizio germanico.

Hitler rispose prontamente:

Ho ricevuto la vostra comunicazione. Qualunque cosa decidiate, la Francia è informata che l'armistizio entrerà in vigore soltanto se voi giungerete allo stesso risultato.

Il 23 giugno la delegazione francese giunse a Roma per l'armistizio, che venne firmato il giorno dopo a Villa Incisa all'Olgiata, sulla via Cassia. Il documento venne firmato dal Maresciallo d'Italia Badoglio e dal generale Huntzinger per la Francia. L'Italia ottenne la smilitarizzazione di una zona di 50 chilometri lungo il confine italo-francese, la smilitarizzazione delle zone di confine delle colonie francesi in Africa settentrionale ed orientale, e la disponibilità delle principali piazzeforti militari francesi nel Mediterraneo.

---

70   Bollettino di guerra numero 13 del 24 giugno 1940:

ORGANIZZAZIONE TERRITORIALE DELLA M.V.S.N. ALLA VIGILIA DELLA SECONDA GUERRA MONDIALE, 1940.

COMANDO GENERALE MILIZIA VOLONTARIA SICUREZZA NAZIONALE (Roma)

I ZONA *PIEMONTE* (Torino)

1° Gruppo Legioni (Torino)

1^ Legione da montagna *Sabauda* (Torino)
I Battaglione da montagna *Torino*
1^ Compagnia complementi
201^ Coorte territoriale

2^ Legione da montagna *Alpina* (Torino)
II Battaglione da montagna *Torino*
2^ Compagnia complementi
202^ Coorte territoriale

12^ Legione da montagna *Monte Bianco* (Aosta)
XII Battaglione da montagna *Aosta*
3^ Compagnia complementi
212^ Coorte territoriale

Legione lavoratori Fiat *18 Novembre* (Torino)
Coorte autonoma mutilati (Torino)

2° Gruppo Legioni (Novara)

11^ Legione ordinaria *Monferrato* (Casale)
XI Battaglione d'assalto *Casalmonferrato*
211^ Coorte territoriale

28^ Legione d'assalto *Randaccio* (Vercelli)
XXVIII Battaglione d'assalto *Vercelli*
28^ Compagnia mitraglieri
228^ Coorte territoriale

29^ Legione da montagna *Gen. Antonio Chinotto* (Arona)
XXIX Battaglione da montagna *Arona*
29^ Compagnia complementi
229^ Coorte territoriale

30^ Legione d'assalto *Roberto Forni* (Novara)
XXX Battaglione d'assalto *Novara*
30^ Compagnia mitraglieri
30^ Compagnia complementi
230^ Coorte territoriale

II ZONA *LIGURIA* (Genova)

3° Gruppo Legioni (Alessandria)

3^ Legione da montagna *Monviso* (Cuneo)
III Battaglione da montagna *Cuneo*
3^ Compagnia complementi
203^ Coorte territoriale

4^ Legione da montagna *Santorre di Santarosa* (Alessandria)
IV Battaglione da montagna *Alessandria*
4^ Compagnia complementi
404^ Coorte territoriale mobile

5^ Legione d'assalto *Valle Scrivia* (Tortona)
V Battaglione d'assalto *Tortona*
5^ Compagnia mitraglieri
5^ Compagnia complementi
205^ Coorte territoriale

10^ Legione ordinaria *Montebello* (Voghera)
X Battaglione d'assalto *Voghera*
10^ Compagnia complementi
210^ Coorte territoriale

38^ Legione da montagna *Vittorio Alfieri* (Asti)
XXXVIII Battaglione da montagna *Asti*
238^ Coorte territoriale

4° Gruppo Legioni (Imperia)

33^ Legione da montagna *A. Gandolfo* (Imperia)
XXXIII Battaglione da montagna *Imperia*
33^ Compagnia complementi
233^ Coorte territoriale

34^ Legione da montagna *Premuda* (Savona)
XXXIV Battaglione da montagna *Savona*
34^ Compagnia complementi
434^ Coorte territoriale mobile

36^ Legione d'assalto *Cristoforo Colombo* (Genova)
XXXVI Battaglione d'assalto *Genova*
36^ Compagnia mitraglieri
436^ Coorte territoriale mobile

III ZONA *LOMBARDIA* (Milano)

5° Gruppo Legioni (Milano)

14^ Legione ordinaria *Garibaldina* (Bergamo)
XIV Battaglione d'assalto *Bergamo*
14^ Compagnia complementi
214^ Coorte territoriale

15^ Legione d'assalto *Leonessa* (Brescia)
XV Battaglione d'assalto *Brescia*
15^ Compagnia mitraglieri
15^ Compagnia complementi
215^ Coorte territoriale

24^ Legione d'assalto *Carroccio* (Milano)
XXIV Battaglione d'assalto *Milano*
24^ Compagnia mitraglieri
24^ Compagnia complementi
224^ Coorte territoriale

25^ Legione ordinaria *Ferrea* (Monza)
XXV Battaglione d' assalto *Monza*
25^ Compagnia complementi
225^ Coorte territoriale

6° Gruppo Legioni (Como)

8^ Legione da montagna *Cacciatori delle Alpi* (Varese)
VIII Battaglione da montagna *Varese*
8^ Compagnia complementi
208^ Coorte territoriale

9^ Legione da montagna *Cacciatori della Valtellina* (Sondrio)
IX Battaglione da montagna *Sondrio*
9^ Compagnia complementi
209^ Coorte territoriale

16^ Legione da montagna *Alpina* (Como)
XVI Battaglione da montagna *Como*
16^ Compagnia complementi
216^ Coorte territoriale

8° Gruppo Legioni (Cremona)

6^ Legione ordinaria *Sforzesca* (Vigevano)
VI Battaglione d' assalto *Vigevano*
6^ Compagnia complementi
206^ Coorte territoriale

17^ Legione d' assalto *Cremona* (Cremona)
XVII Battaglione d' assalto *Cremona*
17^ Compagnia mitraglieri
17^ Compagnia complementi
217^ Coorte territoriale

19^ Legione ordinaria *Fedelissima* (Casalmaggiore)
XIX Battaglione d' assalto *Casalmaggiore*
19^ Compagnia complementi
219^ Coorte territoriale

30° Gruppo Legioni (Pavia)

7^ Legione ordinaria *Fratelli Cairoli* (Pavia)
VII Battaglione d' assalto *Pavia*
7^ Compagnia complementi
207^ Coorte territoriale

18^ Legione d' assalto *Costantissima* (Crema)
XVIII Battaglione d' assalto *Crema*
18^ Compagnia mitraglieri
218^ Coorte territoriale

26^ Legione d' assalto *Alberto da Giussano* (Legnano)
XXVI Battaglione d' assalto *Legnano*
26^ Compagnia mitraglieri
226^ Coorte territoriale

27^ Legione ordinaria *Fanfulla da Lodi* (Lodi)
XXVII Battaglione d' assalto *Lodi*
27^ Compagnia complementi
227^ Coorte territoriale

IV ZONA *EMILIA* (Bologna)
9° Gruppo Legioni (Bologna)

67^ Legione ordinaria *Volontari del Reno* (Bologna)
LXVII Battaglione d' assalto *Bologna*
267^ Coorte territoriale

72^ Legione d' assalto *Luigi Farini* (Modena)
LXXII Battaglione d' assalto *Modena*
72^ Compagnia mitraglieri
72^ Compagnia complementi
272^ Coorte territoriale

73^ Legione d' assalto *Matteo Boiardo* (Mirandola)
LXXIII Battaglione d' assalto *Mirandola*
73^ Compagnia complementi
273^ Coorte territoriale

79^ Legione ordinaria *Cispadana* (Reggio Emilia)
LXXIX Battaglione d' assalto *Reggio Emilia*
79^ Compagnia complementi
279^ Coorte territoriale

10° Gruppo Legioni (Ferrara)
68^ Legione ordinaria *Riario Sforza* (Imola)
LXVIII Battaglione d' assalto *Imola*
68^ Compagnia complementi
468^ Coorte territoriale mobile

75^ Legione d' assalto *XX Dicembre*, poi *Italo Balbo* (Ferrara)
LXXV Battaglione d' assalto *Ferrara*
75^ Compagnia mitraglieri
75^ Compagnia complementi
275^ Coorte territoriale

76^ Legione ordinaria *Estense* (Ferrara)
LXXVI Battaglione d' assalto *Ferrara*
76^ Compagnia complementi
276^ Coorte territoriale

11° Gruppo Legioni (Piacenza)

74^ Legione ordinaria *Taro* (Fidenza)
LXXIV Battaglione complementi
274^ Compagnia complementi
274^ Coorte territoriale

80^ Legione d' assalto *Alessandro Farnese* (Parma)
LXXX Battaglione d' assalto *Parma*
LXXX Battaglione complementi
80^ Compagnia mitraglieri
280^ Coorte territoriale

83^ Legione ordinaria *Sant'Antonio* (Piacenza)
LXXXIII Battaglione d'assalto *Piacenza*
LXXXIII Battaglione complementi
283^ Coorte territoriale

12° Gruppo Legioni (Ravenna)
71^ Legione da montagna *Manfredi* (Faenza)
LXXI Battaglione da montagna *Faenza*
71^ Compagnia complementi
271^ Coorte territoriale

81^ Legione deposito *Alberigo da Barbiano* (Ravenna)
LXXXI Battaglione d'assalto *Ravenna*
281^ Compagnia complementi
281^ Coorte territoriale

82^ Legione d'assalto *Benito Mussolini* (Forlì)
LXXXII Battaglione d'assalto *Forlì*
82^ Compagnia mitraglieri
82^ Compagnia complementi
482^ Coorte territoriale mobile

V ZONA *VENETO* (Bolzano)
7° Gruppo Legioni (Treviso)

42^ Legione da montagna *Berica* (Vicenza)
XLII Battaglione da montagna *Vicenza*
42^ Compagnia complementi
442^ Coorte territoriale mobile

43^ Legione da montagna *Piave* (Belluno)
XLIII Battaglione da montagna *Belluno*
43^ Compagnia complementi
443^ Coorte territoriale mobile

44^ Legione ordinaria *Pasubio* (Schio)
XLIV Battaglione d'assalto *Schio*
44^ Compagnia complementi
244^ Coorte territoriale

50^ Legione da montagna *Trevigiana* (Treviso)
L Battaglione da montagna *Treviso*
50^ Compagnia complementi
450^ Coorte territoriale mobile

13° Gruppo Legioni (Verona)
20^ Legione ordinaria *Po* (Suzzara)
XX Battaglione d'assalto *Suzzara*
20^ Compagnia complementi
220^ Coorte territoriale

23^ Legione d'assalto *Bersaglieri del Mincio* (Mantova)
XXIII Battaglione d'assalto *Mantova*
23^ Compagnia mitraglieri
23^ Compagnia complementi
223^ Coorte territoriale

40^ Legione ordinaria *Scaligera* (Verona)
XL Battaglione d' assalto *Verona*
40^ Compagnia complementi
440^ Coorte territoriale mobile

41^ Legione da montagna *Cesare Battisti* (Trento)
XLI Battaglione da montagna *Trento*
41^ Compagnia complementi
241^ Coorte territoriale

45^ Legione d' assalto *Alto Adige* (Bolzano)
XLV Battaglione d' assalto *Bolzano*
45^ Compagnia mitraglieri
45^ Compagnia complementi
245^ Coorte territoriale

14° Gruppo Legioni (Venezia)

49^ Legione d' assalto *San Marco* (Venezia)
XLIX Battaglione d' assalto *Venezia*
49^ Compagnia mitraglieri
49^ Compagnia complementi
449^ Coorte territoriale mobile

52^ Legione ordinaria *Polesana* (Rovigo)
LII Battaglione d' assalto *Rovigo*
52^ Compagnia mitraglieri
452^ Coorte territoriale mobile

53^ Legione ordinaria *Patavina* (Padova)
LIII Battaglione d' assalto *Padova*
53^ Compagnia complementi
453^ Coorte territoriale mobile

54^ Legione d' assalto *Euganea* (Este)
LIV Battaglione d' assalto *Este*
54^ Compagnia mitraglieri
54^ Compagnia complementi
454^ Coorte territoriale mobile

VI ZONA *FRIULI* (Trieste)
15° Gruppo Legioni (Udine)

55^ Legione da montagna *Friulana* (Gemona)
LV Battaglione da montagna *Gemona*
55^ Compagnia complementi
255^ Coorte territoriale

62^ Legione da montagna *Isonzo* (Gorizia)
LXII Battaglione da montagna *Gorizia*
62^ Compagnia complementi
262^ Coorte territoriale

63^ Legione da montagna *Tagliamento* (Udine)
LXIII Battaglione da montagna *Udine*
63^ Compagnia complementi
463^ Coorte territoriale mobile

16° Gruppo Legioni (Trieste)

58^ Legione da montagna *San Giusto* (Trieste)
LVIII Battaglione da montagna *Trieste*
58^ Compagnia complementi
258^ Coorte territoriale

59^ Legione ordinaria *Carso* (Sesana)
LIX Battaglione d'assalto *Sesana*
59^ Compagnia complementi
259^ Coorte territoriale

60^ Legione da montagna *Istria* (Pola)
LX Battaglione da montagna *Pola*
60^ Compagnia complementi
260^ Coorte territoriale

61^ Legione da montagna *Carnaro* (Fiume)
LXI Battaglione da montagna *Fiume*
61^ Compagnia complementi
261^ Coorte territoriale

VII ZONA *TOSCANA* (Firenze)

17° Gruppo Legioni (Firenze)

89^ Legione d'assalto *Etrusca* (Volterra)
LXXXIX Battaglione d'assalto *Volterra*
89^ Compagnia mitraglieri
89^ Compagnia complementi

92^ Legione d'assalto *Francesco Ferrucci* (Firenze)
XCII Battaglione d'assalto *Firenze*
92^ Compagnia mitraglieri
92^ Compagnia complementi
492^ Coorte territoriale mobile

93^ Legione d'assalto *Giglio Rosso* (Empoli)
XCIII Battaglione d'assalto *Empoli*
93^ Compagnia mitraglieri
93^ Compagnia complementi
493^ Coorte territoriale mobile

94^ Legione ordinaria *Fedele* (Pistoia)
XCIV Battaglione d'assalto *Pistoia*
94^ Compagnia complementi
494^ Coorte territoriale mobile

95^ Legione ordinaria *Sante Ceccherini* (Firenze)
XCV Battaglione d'assalto *Firenze*
95^ Compagnia complementi
495^ Coorte territoriale mobile

96^ Legione ordinaria *Francesco Petrarca* (Arezzo)
XCVI Battaglione d'assalto *Arezzo*
96^ Compagnia complementi
296^ Coorte territoriale

97^ Legione ordinaria *Senese* (Siena)
XCVII Battaglione d' assalto *Siena*
97^ Compagnia complementi

18° Gruppo Legioni (Livorno)

35^ Legione ordinaria *Indomita* (La Spezia)
XXXV Battaglione d' assalto *Spezia*
35^ Compagnia complementi
435^ Coorte territoriale mobile

85^ Legione d' assalto *Apuana* (Apuania [Massa Carrara])
LXXXV Battaglione d' assalto *Apuania*
85^ Compagnia mitraglieri
85^ Compagnia complementi
485^ Coorte territoriale mobile

86^ Legione ordinaria *Intrepida* (Lucca)
LXXXVI Battaglione d' assalto *Lucca*
86^ Compagnia complementi
486^ Coorte territoriale mobile

88^ Legione d' assalto *Alfredo Cappellini* (Livorno)
LXXXVIII Battaglione d' assalto *Livorno*
88^ Compagnia mitraglieri
88^ Compagnia complementi
488^ Coorte territoriale mobile

90^ Legione d' assalto *Pisa* (Pisa)
XC Battaglione d' assalto *Pisa*
90^ Compagnia mitraglieri
90^ Compagnia complementi
490^ Coorte territoriale mobile

Coorte autonoma *Elbana* (Portoferraio)

VIII ZONA *UMBRIA E MARCHE* (Ancona)

19° Gruppo Legioni (Perugia)

102^ Legione da montagna *Cacciatori del Tevere* (Perugia)
CII Battaglione da montagna *Perugia*
102^ Compagnia complementi
302^ Coorte territoriale

103^ Legione ordinaria *Clitumno* (Foligno)
CIII Battaglione d' assalto *Foligno*
103^ Compagnia complementi
303^ Coorte territoriale

104^ Legione ordinaria *Trotti* (Terni)
CIV Battaglione d' assalto *Terni*
104^ Compagnia complementi
304^ Coorte territoriale

105^ Legione ordinaria *Benito Mogioni* (Orvieto)
CV Battaglione d' assalto *Orvieto*
105^ Compagnia mitraglieri
105^ Compagnia complementi
505^ Coorte territoriale mobile

20° Gruppo Legioni (Ancona)

107^ Legione ordinaria *Francesco Rismondo* (Zara)
107^ Compagnia mitraglieri

108^ Legione ordinaria *Stamira* (Ancona)
CVIII Battaglione d' assalto *Ancona*

108^ Compagnia mitraglieri
108^ Compagnia complementi
508^ Coorte territoriale mobile

109^ Legione d' assalto *Filippo Corridoni* (Macerata)
CIX Battaglione d' assalto *Macerata*
109^ Compagnia mitraglieri
109^ Compagnia complementi
509^ Coorte territoriale mobile

110^ Legione ordinaria *Picena* (Ascoli Piceno)
CX Battaglione d' assalto *Ascoli Piceno*
510^ Coorte territoriale mobile

111^ Legione ordinaria *Franco Michelini Tocci* (Pesaro Urbino)
CXI Battaglione d' assalto *Pesaro Urbino*
111^ Compagnia complementi
511^ Coorte territoriale mobile

IX ZONA *LAZIO* (Roma)

21° Gruppo Legioni (Roma)

112^ Legione motorizzata *Dell' Urbe* (Roma)
CXII Battaglione motorizzato *Roma*
112^ Compagnia mitraglieri motorizzata
112^ Compagnia complementi
312^ Coorte territoriale

114^ Legione deposito *Veroli* (Tivoli)
CXIV Battaglione d' assalto *Tivoli*
214^ Compagnia mitraglieri
214^ Compagnia complementi
314^ Coorte territoriale

118^ Legione deposito *Volsca* (Velletri)
CXVIII Battaglione d' assalto *Velletri*
218^ Compagnia complementi
518^ Coorte territoriale mobile

119^ Legione deposito *Nicola Ricciotti* (Frosinone)
CXIX Battaglione d' assalto *Frosinone*
219^ Compagnia mitraglieri
219^ Compagnia complementi
519^ Coorte territoriale mobile

120^ Legione ordinaria *Giulio Cesare* (Roma)
CXX Battaglione motorizzato *Roma*
120^ Compagnia complementi

520^ Coorte territoriale mobile

31° Gruppo Legioni (Roma)

98^ Legione d'assalto *Maremmana* (Grosseto)
XCVIII Battaglione d'assalto *Grosseto*
98^ Compagnia mitraglieri
98^ Compagnia complementi
498^ Coorte territoriale mobile

115^ Legione d'assalto *Del Cimino* (Viterbo)
CXV Battaglione d'assalto *Viterbo*
115^ Compagnia mitraglieri
115^ Compagnia complementi
515^ Coorte territoriale mobile

116^ Legione ordinaria *Sabina* (Rieti)
CXVI Battaglione d'assalto *Rieti*
116^ Compagnia complementi
316^ Coorte territoriale

117^ Legione ordinaria *Del Mare* (Civitavecchia)
CXVII Battaglione d'assalto *Civitavecchia*
117^ Compagnia complementi
517^ Coorte territoriale mobile

121^ Legione ordinaria *Caio Marzio Coriolano* (Littoria)
CXXI Battaglione d'assalto *Littoria*
121^ Compagnia complementi
521^ Coorte territoriale mobile

Legione autonoma Mutilati (Roma)

X ZONA *ABRUZZI* (L'Aquila)

22° Gruppo Legioni (Chieti)

129^ Legione deposito *Adriatica* (Pescara)
CXXIX Battaglione d'assalto *Pescara*
229^ Compagnia mitraglieri
229^ Compagnia complementi
529^ Coorte territoriale mobile

133^ Legione deposito *Lupi del Matese* (Campobasso)
CXXXIII Battaglione d'assalto *Campobasso*
233^ Compagnia complementi

134^ Legione ordinaria *Monte Mauro* (Larino)
CXXXIV Battaglione d'assalto *Larino*
134^ Compagnia complementi
334^ Coorte territoriale

136^ Legione d'assalto *Tre Monti* (Chieti)
CXXXVI Battaglione d'assalto *Chieti*
136^ Compagnia mitraglieri
136^ Compagnia complementi
336^ Coorte territoriale

137^ Legione d'assalto *Monte Majella* (Lanciano)
CXXXVII Battaglione d'assalto *Lanciano*
137^ Compagnia mitraglieri
137^ Compagnia complementi
337^ Coorte territoriale

32° Gruppo Legioni (L'Aquila)

130^ Legione ordinaria *Aquila* (L'Aquila)
CXXX Battaglione d'assalto *L'Aquila*
130^ Compagnia complementi
330^ Coorte territoriale

131^ Legione deposito *Paolini* (Sulmona)
CXXXI Battaglione d'assalto *Sulmona*
231^ Compagnia complementi
331^ Coorte territoriale

132^ Legione deposito *Monte Velino* (Avezzano)
CXXXII Battaglione d'assalto *Avezzano*
232^ Compagnia complementi
332^ Coorte territoriale

135^ Legione deposito *Gran Sasso* (Teramo)
CXXXV Battaglione d'assalto *Teramo*
235^ Compagnia mitraglieri
235^ Compagnia complementi
535^ Coorte territoriale mobile

XI ZONA "*CAMPANIA*" (Napoli)

23° Gruppo Legioni (Napoli)

138^ Legione deposito *Aurelio Padovani* (Napoli)
CXXXVIII Battaglione d'assalto *Napoli*
CXXXVIII Battaglione complementi
238^ Compagnia mitraglieri
238^ Compagnia complementi
538^ Coorte territoriale mobile

141^ Legione d'assalto *Volturno* (Caserta)
CXLI Battaglione d'assalto *Caserta*
141^ Compagnia complementi
541^ Coorte territoriale mobile

144^ Legione da montagna *Irpina* (Avellino)
CXLIV Battaglione da montagna *Avellino*
144^ Compagnia complementi
544^ Coorte territoriale mobile

26° Gruppo Legioni (Reggio Calabria)

162^ Legione ordinaria *Ruggero Settimo* (Cosenza)
CLXII Battaglione d'assalto *Cosenza*
162^ Compagnia complementi
562^ Coorte territoriale mobile

163^ Legione ordinaria *Tommaso Gulli* (Reggio Calabria)
CLXIII Battaglione d' assalto *Reggio Calabria*
163^ Compagnia complementi
563^ Coorte territoriale mobile

164^ Legione d' assalto *Ercole Scalfaro* (Catanzaro)
CLXIV Battaglione d' assalto *Catanzaro*
164^ Compagnia mitraglieri
164^ Compagnia complementi
564^ Coorte territoriale mobile

33° Gruppo Legioni (Salerno)
140^ Legione deposito *Aquilia* (Salerno)
CXL Battaglione d' assalto *Salerno*
240^ Compagnia mitraglieri
240^ Compagnia complementi
540^ Coorte territoriale mobile

143^ Legione da montagna *Ricci* (Benevento)
CXLIII Battaglione da montagna *Benevento*
143^ Compagnia complementi
343^ Coorte territoriale

145^ Legione deposito *Carlo Pisacane* (Castellamare)
CXLV Battaglione d' assalto *Castellamare*
245^ Compagnia complementi
545^ Coorte territoriale mobile

146^ Legione d' assalto *Alburnina* (Sala Consilina)
CXLVI Battaglione d' assalto *Sala Consilina*
146^ Compagnia mitraglieri
146^ Compagnia complementi
346^ Coorte territoriale

XII ZONA *PUGLIE* (Bari)

24° Gruppo Legioni (Bari)
148^ Legione deposito *Tavoliere* (Foggia)
CXLVIII Battaglione deposito
248^ Compagnia complementi
548^ Coorte territoriale mobile

150^ Legione deposito *Giuseppe Carli* (Barletta)
CL Battaglione d' assalto *Barletta*
250^ Compagnia mitraglieri
250^ Compagnia complementi
550^ Coorte territoriale mobile

151^ Legione ordinaria *Giuseppe Picca* (Bari)
CLI Battaglione d' assalto *Bari*
251^ Compagnia mitraglieri
151^ Compagnia complementi
551^ Coorte territoriale mobile

155^ Legione ordinaria *Val Bradano* (Matera)
CLV Battaglione d' assalto *Matera*
155^ Compagnia complementi
355^ Coorte territoriale

25° Gruppo Legioni (Lecce)

152^ Legione d' assalto *Acciaiata* (Lecce)
CLII Battaglione d' assalto *Lecce*
152^ Compagnia mitraglieri
152^ Compagnia complementi
252^ Compagnia complementi
552^ Coorte territoriale mobile

153^ Legione ordinaria *Salentina* (Brindisi)
CLIII Battaglione d' assalto *Brindisi*
553^ Coorte territoriale mobile

154^ Legione ordinaria *Mastronuzzi* (Taranto)
CLIV Battaglione d' assalto *Taranto*
554^ Coorte territoriale mobile

156^ Legione deposito *Lucana* (Potenza)
CLVI Battaglione d' assalto *Potenza*
256^ Compagnia complementi
556^ Coorte territoriale mobile

XIII ZONA *SICILIA* (Palermo)

27° Gruppo Legioni (Palermo)

168^ Legione ordinaria *Hyblae* (Ragusa)
CLXVIII Battaglione d' assalto *Ragusa*
168^ Compagnia complementi
368^ Coorte territoriale
58^ Centuria speciale difesa costiera
59^ Centuria speciale difesa costiera

170^ Legione deposito *Agrigentum* (Agrigento)
CLXX Battaglione d' assalto *Agrigento*
270^ compagnia mitraglieri
270^ compagnia complementi
370^ coorte territoriale
67^ Centuria speciale difesa costiera
68^ Centuria speciale difesa costiera

171^ Legione deposito *Vespri* (Palermo)
CLXXI Battaglione d' assalto *Palermo*
171^ Compagnia mitraglieri
171^ Compagnia complementi
371^ Coorte territoriale

172^ Legione deposito *Enna* (Enna)
CLXXII Battaglione d' assalto *Enna*
272^ Compagnia complementi
372^ Coorte territoriale
72^ Centuria speciale difesa costiera
73^ Centuria speciale difesa costiera
74^ Centuria speciale difesa costiera

174^ Legione deposito *Segesta* (Trapani)
CLXXIV Battaglione d' assalto *Trapani*

274^ Compagnia mitraglieri
274^ Compagnia complementi
374^ Coorte territoriale
76^ Centuria speciale difesa costiera
77^ Centuria speciale difesa costiera
78^ Centuria speciale difesa costiera
79^ Centuria speciale difesa costiera
80^ Centuria speciale difesa costiera
81^ Centuria speciale difesa costiera
82^ Centuria speciale difesa costiera

28° Gruppo Legioni (Messina)

166^ Legione d'assalto *Peloro* (Messina)
CLXVI Battaglione d'assalto *Messina*
166^ Compagnia mitraglieri
166^ Compagnia complementi
566^ Coorte territoriale mobile

167^ Legione ordinaria *Etna* (Catania)
CLXVII Battaglione d'assalto *Catania*
167^ Compagnia complementi
567^ Coorte territoriale mobile

169^ Legione ordinaria *Syracusae* (Siracusa)
CLXIX Battaglione d'assalto *Siracusa*
169^ Compagnia complementi
369^ Coorte territoriale
60^ Centuria speciale difesa costiera
63^ Centuria speciale difesa costiera

173^ Legione d'assalto *Salso* (Caltanissetta)
CLXXIII Battaglione d'assalto *Caltanissetta*
173^ Compagnia mitraglieri
173^ Compagnia complementi
373^ Coorte territoriale
75^ Centuria speciale difesa costiera

XIV ZONA *SARDEGNA* (Cagliari)

29° Gruppo Legioni (Sassari)

175^ Legione ordinaria *Salvaterra* (Iglesias)
CLXXV Battaglione d'assalto *Iglesias*
175^ Compagnia complementi
375^ Coorte territoriale

176^ Legione d'assalto *S. Efisio* (Cagliari)
CLXXVI Battaglione d'assalto *Cagliari*
176^ Compagnia mitraglieri
176^ Compagnia complementi
376^ Coorte territoriale

177^ Legione d'assalto *Logudoro* (Sassari)
CLXXVII Battaglione d'assalto *Sassari*"
177^ Compagnia mitraglieri
177^ Compagnia complementi
377^ Coorte territoriale

178^ Legione ordinaria *Gennargentu* (Nuoro)
CLXXVIII Battaglione d'assalto *Nuoro*
178^ Compagnia complementi
378^ Coorte territoriale

Coorte autonoma (Mussolinia)
Coorte autonoma (Oristano)
Coorte autonoma (Tempio Pausania)
Coorte autonoma (Isili)
Coorte autonoma (Lanusei)

COMANDO FF.AA. ISOLE ITALIANE EGEO (Rodi)

201^ Legione egea *Conte Verde* (Rodi)
CCI Battaglione d'assalto *Rodi*
CCCI Battaglione d'assalto *Rodi*
CCI Battaglione complementi
201^ Compagnia mitraglieri

COMANDO SUPERIORE FF.AA. A.S.I. (Tripoli)

Gruppo Legioni Libiche (Tripoli)

1^ Legione libica (Tripoli)
I Battaglione libico *Tripoli*

2^ Legione libica (Misurata)
II Battaglione libico *Misurata*

3^ Legione libica (Bengasi)
III Battaglione libico *Bengasi*

4^ Legione libica (Derna)
IV Battaglione libico *Derna*

COMANDO SUPERIORE FF.AA. A.O.I. (Addis Abeba)

1° Gruppo Legioni d'Africa (Addis Abeba)

1^ Legione d'Africa *Arnaldo Mussolini*" (Addis Abeba)
4^ Legione d'Africa *Filippo Corridoni* (Harar)
5^ Legione d'Africa *Luigi Razza* (Mogadiscio)
6^ Legione d'Africa *Luigi Valcarenghi* (Gimma)

2° Gruppo Legioni d'Africa (Asmara)

2^ Legione d'Africa *Ivo Olivetti* (Asmara)
3^ Legione d'Africa *Reginaldo Giuliani* (Gondar)
7^ Legione d'Africa *F. Battista* (Dessiè)

7. LA TOMBA DELLE DIVISIONI CAMICIE NERE: LA CAMPAGNA IN AFRICA SETTENTRIONALE, 1940-1943.

Allo scoppio della guerra, tutte le grandi unità della Milizia erano, come detto, in Africa Settentrionale, con il XX° corpo d'armata composto interamente da divisioni della M.V.S.N.. Alla frontiera tunisina di fronte alle difese della linea del Mareth (la Maginot d'Afrique) vi era la 5ª Armata (gen. Italo Gariboldi):

XXIII° Corpo d'Armata (gen. Annibale Bergonzoli):

2ª divisione CC.NN. *28 ottobre* (gen. Francesco Argentino).

231° legione,
238° legione,
202° reggimento artiglieria,

1ª divisione CC.NN. *23 marzo* (gen. Francesco Antonelli)

219° legione,
233° legione,
201° reggimento artiglieria,

mentre, alla frontiera con l'Egitto era schierata la 10ª Armata (gen. Mario Berti), cui apparteneva il XX° Corpo d'Armata (gen. E. Pitassi Mannella):

4ª divisione CC.NN. *3 gennaio* (gen. Fabio Merzari):

250° legione,
270° legione,
204° reggimento artiglieria).

All'alba del 13 settembre 1940 ebbe inizio l'avanzata oltre confine su Sollum e Halfaya; a sera, alle 20 la situazione era la seguente:
la 1ª Divisione Libica aveva occupata Sollum;
la 2ª Divisione Libica aveva occupato Passo Halfaya;
la Divisione *Cirene* era alle spalle della 2ª Div. Libica.
il Raggruppamento Maletti da Sidi Omar, lungo il confine, era arrivato fino a Neguet Ghirba (N.O. di Sidi Omar)
la Divisione *Marmarica* da Bir Hafid era entrata in Egitto raggiungendo Gabr bu Amud;
la Divisione CC.NN. *23 Marzo* da Gabr el Ahmar aveva raggiunto il confine a Gabr Asceran.

Alle 20 del 14 settembre, mentre le due divisioni libiche avevano avanzato nella piana, fra il mare ed il costone, per circa 20 km. oltre Sollum, la *Cirene* era sul costone a sud dell'Halfaya, la I Divisione CC.NN. *23 Marzo* aveva passato il confine ed aveva raggiunto zona Musaid, fra Capuzzo e Sollum; il Raggruppamento Maletti si trovava ad ovest di Sidi Omar. Il nemico si ritirava offrendo sporadiche resistenze di reparti corazzati.

Il 15 settembre venne organizzata una colonna motorizzata al Comando del Generale Bergonzoli, costituita dalla I Divisione CC.NN. *23 Marzo* e dal Raggruppamento Maletti con aliquote di truppe di C.A. La colonna, scavalcando le Divisioni Libiche, puntò su Sidi el Barrani. La Divisione *23 Marzo* fu divisa in due blocchi: a destra la 233ª Legione al comando del Console Nìccolo Nicchiarelli (Cons. Gen. Olivas), con un raggruppamento carri leggeri, a sinistra la 219ª Legione, con l'artiglieria divisionale.

Lo scavalcamento, effettuato fra molte difficoltà dovute alle cattive piste su cui transitavano 450 automezzi, venne completato solo alle 11,30, fortemente disturbato dall'artiglieria nemica e da mezzi meccanizzati. Inoltre le strade erano state minate ed i pozzi salati; devastata l'arteria costiera.

La sera del 15 settembre le truppe erano a est di Bug Bug e la Divisione *23 Marzo* già a 25 km. da Sidi el Barrani. Ripresa l'avanzata alle prime luci del 16, la colonna di sinistra (219ª Legione) veniva presto impegnata. Un tiro di artiglieria preciso, rapido, centrato, ne rallentava a più riprese il movimento

costringendola a procedere appiedata per alcuni tratti. A piedi muovono a sinistra il CXIV Btg. ed a destra il CXVIII Btg. Su di essi si scatena un tiro rabbioso e celere. Le Camicie Nere avanzarono lo stesso piegando un po' verso il mare. L'artiglieria italiana controbatteva quella avversaria e il movimento in avanti era ripreso ed accelerato, destando l'ammirazione del Gen. Bergonzoli. Verso le 13, con movimento lento a causa del terreno sabbioso ed una deviazione a sud per sottrarsi al tiro nemico, la colonna di destra giungeva assai vicino all'abitato facendo sentire la sua minaccia. Il nemico era costretto a ripiegare in fretta le sue artiglierie e la colonna di sinistra poteva proseguire senz'altro sull'obiettivo senza altre difficoltà. Alle 14,15 la colonna di destra, che aveva già preso contatto con i suoi carristi lanciati all'attacco di mezzi avversari, raggiungeva la litoranea a 4-5 Km est di Sidi el Barrani. Alla stessa ora il comandante la Divisione *23 Marzo* entrava in Sidi el Barrani alla testa della 219ª Legione CC.NN. Alla sera dello stesso giorno 16 la dislocazione delle nostre truppe era la seguente:
Divisione CC.NN. *23 Marzo* - 10 km. est di Sidi el Barrani, dal mare a Samet-Omm - Himeisa.
Aliquota Raggruppamento Maletti - 5 km. est dell'abitato.
I Divisione Libica - 15 Km. ovest di Sidi el Barrani, a cavallo della litoranea.
II Divisione Libica - sulla pista sud, a Sawani el Khur.
Divisione *Cirene* a Bir Siuyat (sud est di Halfaya).
Divisione *Marmarica* a Gat bu Fares (sud di Capuzzo).
Le perdite totali delle nostre truppe nel periodo operativo dal 13 al 18 settembre sono così suddivise:
Divisione CC.NN. *23 Marzo*: 187.
Divisione *Marmarica*: 12.
Truppe di Corpo d'Armata: 140.
Divisione *Cirene*: 16.
Raggruppamento Maletti: 69.

L'esito della operazione fu favorevole. Le truppe dettero prova di elevate qualità guerriere e di fedeltà al dovere malgrado le eccezionali avverse condizioni di terreno, di clima e le bufere di ghibli. I nostri soldati, costretti a riposare sul nudo terreno, molestati da topi, da scorpioni e camaleonti, resistendo alle alte temperature ed ai forti sbalzi di queste, alimentati con salmone e carne in scatola, tormentati dalla sete, fecero magnificamente fronte alla crisi dei rifornimenti; scavarono fossi nelle dune sabbiose per raccogliere l'acqua che l'atmosfera surriscaldata di giorno cedeva al terreno raffreddandosi durante la notte. Si ebbe subito la dimostrazione della inefficienza e della conseguente inutilità dei carri leggeri L. A prescindere dalla debole corazzatura e dallo scarso armamento, dei 52 impiegati nell'avanzata, al termine dell'operazione gli efficienti erano solo 17.
Al 30 settembre la dislocazione delle tre divisioni di CC.NN. era la seguente:
1a Divisione *23 Marzo* - Sidi el Barrani.
2a Divisione *28 Ottobre* - Berta.
4a Divisione *3 Gennaio* - El Adem (sud di Tobruk).
In vista delle future operazioni che, secondo gli intendimenti del Comando italiano dovevano essere quelli del proseguimento dell'avanzata verso Marsa Matruh, il raggruppamento delle nstre forze aveva subito delle varianti e - per quanto riguarda le divisioni della Milizia - si era così trasformato:
settore di Sidi el Barrani: 4a Divisione *3 Gennaio* (al posto della 1a).
settore di Sollum (XXIII C.A. Bergonzoli): 1a Divisione *23 Marzo* e 2a Divisione *28 Ottobre*.
Presidio di Sceferzen: elementi della 4a Divisione.
Le divisioni scomparvero una ad una nel corso dell'offensiva di O'Connor in Libia nel dicembre 1940-febbraio 1941, sacrificandosi in azioni di retroguardia e di difesa di Tobruk e Derna: la *3 Gennaio* si arrese il 10 dicembre a Sidi el Barrani, a Bardia e Tobruk fu la volta della *23 Marzo* e della *28 Ottobre*.
Il dieci dicembre il presidio di Sidi el Barrani (1a divisione Libica e 4 divisione CCNN *3 Gennaio*) era circondato.
Le Camicie Nere pugliesi e siciliane si battono strenuamente, e anche quando la difesa italiana collassa e cede i capisaldi della *3 Gennaio* resistono sino a notte all'assalto della 16ª Brigata inglese (appartenente alla 4th *Indian Division*) fino al completo annientamento, permettendo alle unità italiane di ripiegare. Fu citata, per l'eroico comportamento, sul bollettino n. 187 delle FF.AA. in data 11 dicembre 1940.

Se le Camicie Nere si battono, i fanti alzano le mani. L'11 Galeazzo Ciano, sconsolato, deve annotare nel suo diario:

11 DICEMBRE – In Libia le cose vanno veramente male. Quattro divisioni si possono considerare messe fuori combattimento, e Graziani, che denuncia l'impeto e la decisione del nemico, non dice niente su quanto può fare per parare il colpo. (...)
In serata giunge notizia che la Divisione Catanzaro non ha retto l'urto inglese e si è sfasciata. Ma cosa c'è dunque che non va in quest'esercito se cinque divisioni riescono a farsi polverizzare in due giorni?

Mentre si combatteva nella regione di Sidi el Barrani, alle divisioni *Marmarica*, 1a Divisione CC.NN. 23 *Marzo* e 2a 28 *Ottobre* veniva dato ordine di organizzarsi a difesa sulla linea del costone dell'Halfaya.
Mezzi corazzati nemici si affacciarono sul confine più a sud, a Garn ul Grein ed a Sidi Omar accennando ad un aggiramento a largo raggio per tagliare le comunicazioni fra Bardia e Tobruk. In conseguenza di ciò il Comando Superiore A.S. ordinava:
- alle ore 11 del 12 dicembre: che la 2a CC.NN. fosse destinata a presidiare la Piazza di Bardia;
- alle ore 16: che le divisioni CC.NN.1ª 23 *Marzo* e 2ª 28 *Ottobre* passassero a disposizione del XXIII C.A. (Bergonzoli);
- alle ore 19: che le quattro divisioni *23 Marzo, 28 Ottobre, Marmarica* e *Cirene* passassero tutte agli ordini del Generale Bergonzoli.
Il 14 dicembre 1940 si ebbe orte pressione dei mezzi corazzati britannici sui capisaldi della *28 Ottobre* sulla linea dell' Halfaya. A seguito dell'accresciuta minaccia di aggiramento la 2a Divisione CC.NN. ricevette l'ordine di ripiegare su Bardia.
15 dicembre 1940 i britannici scatenarono violenti attacchi di mezzi corazzati contro la *23 Marzo* a Bir ci Tafua, nei pressi di Bardia.
Mentre ancora si combatteva a Sidi el Barrani e sull'Halfaya, i britannici cominciarono a tempestare dall'alto Bardia con l'aviazione, ormai padrona del cielo. Gli obiettivi della RAF erano soprattutto l'abitato ed i magazzini. Seguirono bombardamenti aerei continui sulle opere di difesa, sui lavoratori.
Bombardamenti furono effettuati anche dal mare, il 17, 18, 19 dicembre, poi il 31 ed il 1° gennaio. L'accerchiamento era ultimato il 20 dicembre, poi iniziarono le puntate offensive di ricognizione delle difese e poi quelle di assaggio.
Bardia veniva abbandonata a se stessa con la sua guarnigione mentre la Brigata Corazzata Speciale che proteggeva la via per Tobruk già infestata dai nuclei esploranti del *Long Range Desert Group* cercava di tenere aperta una strada. Fu quindi la volta di Sidi el Barrani che cade il 15 dicembre.
L'artiglieria in una guerra di posizione è l'unica in grado di contrastare il nemico efficacemente. Una volta individuata dagli osservatori la posizione venne però facilmente battuta dal tiro di controbatteria che al contrario dell'artiglieria italiana poteva facilmente spostarsi. Esaurite le munizioni non restava ai serventi che minare le bocche da fuoco per evitare il riutilizzo. I reparti della *7th Armoured* avevano intanto preso contatto con le divisioni *Cirene* e *Catanzaro* che, protette dall'artiglieria, si ritirarono su Sollum e al passo dell'Halfaya.
Gli inglesi schieravano in linea carri leggeri MKVI armati di mitragliatrice, inferiori tecnicamente agli M11/39, e carri *Cruiser* armati con un cannone da 40 mm che, se si escludeva la torretta girevole avevano la stessa capacita offensiva dei carri M11/39. Il carro M13/40 era già sul territorio africano, armato col pezzo da 47/32, in torretta girevole ma non era ancora in distribuzione ai reparti o stava effettuando il rodaggio. Il 14/12 dopo una tempesta di sabbia l'aeronautica italiana riuscì a riprendere i voli e ad infliggere numerose perdite al nemico. Secondo il piano l'operazione poteva considerarsi conclusa ma il generale O'Connor, un comandante eccellente, che portava sul petto il nastrino della Medaglia d'Argento al Valor Militare italiana guadagnata a Vittorio Veneto nel 1918, valutando le possibilità della situazione decise di proseguire in territorio libico. Caddero così Sollum, Sidi Omar e la ridotta Capuzzo.
Il generale Annibale Bergonzoli, comandante del XXIII C.d.A si trincerò a Bardia con 4 divisioni, tra cui la 2a divisione CCNN *28 Ottobre*.
Ad O' Connor viene tolta la IV indiana mandata in Etiopia dove si stanno scaldando i motori,

sostituita dalla 6a Australiana, ancora sul Nilo.
Ma O' Connor non desistette. Il venti dicembre ebbe inizio l'assedio di Bardia che si protrarrà per tre settimane. La cinta difensiva si sviluppava per 33 chilometri e presentava un fossato anticarro, campi minati, filo spinato. Intanto al Comando supremo italiano si ripensò alla proposta tedesca fatta 2 mesi prima (circa l'invio in Libia di invio di due *Panzerdivision*, la cui urgenza appariva ormai evidente a tutti. Lo stesso Graziani era ormai caduto in disgrazia presso Mussolini. La Brigata Corazzata che riceveva e cedeva reparti, per un suo potenziamento si ritirò oltre Bardia. Dal 1 gennaio 1941 la *Western Desert Force* divenne il XIII Corpo d'Armata .
Con l'ausilio di nebbiogeni e mezzi corazzati la 16th *Australian Inf. Brigade* attaccò alla saldatura dei settori Gerfan e Ponticelli; i britannici riuscirono a superare il fosso anticarro ed il reticolato, forzando il passaggio fra i capisaldi Bu Rim e Garridia, sboccarono sulla seconda posizione e si divisero in due masse; la prima verso Gerfan e la seconda, più forte, verso Ponticelli, eliminando successivamente il caposaldo di saldatura della *Marmarica* e prendendo sul rovescio la seconda linea (battaglioni dei Reggimenti 115° e 116° di fanteria) e le postazioni delle batterie.
Appena avuta notizia del cedimento dei due capisaldi di destra dei settore Ponticelli difesi dal I/116° fanteria, il Generale Bergonzoli ordinava:
al comandante del 116° di preparare un contrattacco, inviandogli una compagnia carri M. 13, alcuni pezzi da 47/132 e mitragliere da 20;
al comandante della *28 Ottobre* di mandare nel settore Ponticelli, a disposizione del C.A.,il CXXXV Btg. CC.NN., due batterie di cannoni da 75/27, e il LX Btg. Carri Leggeri (12 carri).
Il CXXXV Btg. CC.NN. e le due batterie della *28 ottobre* furono dislocati a sbarramento del vallone e della rotabile dell'Uadi el Garridia.
Sul fronte della divisione. *23 Marzo* dopo una inutile e sanguinosa resistenza andavano perduti il caposaldo e le artiglierie di Bu Rim dove combatteva il CXVIII battaglione CC.NN.; si continuava a combattere accanitamente a 300-400 metri dal comando divisione che si spostava al caposaldo Atiga.
I battaglioni Camicie Nere CXXXI, CXL, CXLV della *28 Ottobre* venivano impiegati contro reparti nemici che dal settore Ponticelli tendevano al mare puntando su magazzini e depositi. Intanto alle ore 12 l'intero 116° Rgt. fanteria *Treviso* (div. *Marmarica*) era completamente e definitivamente travolto. Alle ore tarde dello stesso giorno 3 il settore Ponticelli era quasi tutto in potere del nemico; nel settore Garfan, della *23 Marzo* vennero perduti il caposaldo e le artiglierie di Bu Rim e sconvolto dal fuoco il caposaldo Scegheila.
La *28 Ottobre* era schierata sulle posizioni dell'Uadi el Hereiga e il suo CXXXV battaglione CC.NN. combatteva nella zona Uadi el Garridia e cimitero di Bardia.
Al mattino del 4 gennaio, mentre continuavano i combattimenti nel settore Ponticelli contro i battaglioni II e III del 115° fanteria *Marmarica*, investiti dalle brigate australiane XVI e XIX, appoggiate da numerosi carri armati, e nel settore Mrega gli australiani sempre appoggiati dai carri, dopo strenua lotta riuscivano ad occupare i capisaldi tenuti dal I/158° e dal III/157° Fanteria *Liguria* (div. *Cirene*) mentre i superstiti si schieravano a difesa dell'Uadi di q. 145. Qui resisté, fino all'annientamento totale, quanto restava del CXIV Btg. CC.NN. (Rieti)
L'artiglieria britannica bombardava incessantemente le posizioni mentre mezzi meccanizzati nemici attaccavano e venivano respinti; i britannici deviavano e si dirigevano verso Bardia, dove ormai, dopo strenua difesa, il CXXXV Btg. CC.NN. era stato sopraffatto.
Gli ultimi combattenti della 2ª Divisione CC.NN. *28 Ottobre* protrarranno la resistenza fino alle ore 16,15. Nella zona della 1a Divisione CC.NN. *23 Marzo*, quasi contemporaneamente, dopo una lotta accanita, veniva fiaccata la resistenza dei Battaglioni CXXIX e CXXXIII.
Il giorno dopo, nel settore della *23 Marzo* resisteva ancora il caposaldo *Atiga*. Attaccato da molti carri armati, circondato da ogni parte, investito da violentissimo fuoco, veniva sopraffatto solo dopo una strenua e impari lotta.
Cessavano di esistere, combattendo eroicamente, anche le altre due divisioni di CC.NN. *23 Marzo* e *28 Ottobre*: di questa divisione restava solo un battaglione, il CXL, aggregato alla Divisione *Sirte* e che andò perso a Tobruk.
I pochi superstiti della *28 Ottobre* e della *23 Marzo* che riuscirono a raggiungere le linee italiane furono

impiegati per il rafforzamento di altre unità in Libia, come il V e il VI battaglione CC d'Africa.
La sorte delle Camicie Nere fu la stessa dei loro commilitoni dell'esercito, anche se va detto che le Camicie Nere, pur senza distinguersi particolarmente, si batterono in tutta la campagna con maggior tenacia dei fanti ed erano meno pronte alla resa. Purtroppo una visione strategica arretrata tipica del comando italiano, anziché trarre vantaggio dalle caratteristiche peculiari dei volontari e della loro maggiore mobilità li impiegò come normale fanteria in una guerra di posizione (in Africa!) per la quale non avevano né addestramento né tanto meno un armamento adeguato.

A gennaio del '41 le divisioni della Milizia avevano cessato di esistere; gli unici reparti CC.NN. rimasti in Africa Settentrionale erano due battaglioni sotto organico, il V ed Il VI CC.NN., usati per la difesa costiera. Di quali elementi fossero ormai formate le legioni lo spiega Giuseppe Berto, che fu capomanipolo del VI° btg. CC.NN. d'Africa:

(...) ci sono due qualità di militi: gli anziani e i complementi. Gli anziani sono fanatici, insofferenti della disciplina e dell'inerzia, e di quando in quando ne scappa davvero qualcuno che vuol andare a combattere per forza. I complementi invece, che si trovano in Africa da meno d'un anno (Berto scriveva nel 1942, n.d.A.) son brava gente, tutt'altro che bellicosi, e volontari per modo di dire. Sono in gran parte braccianti siciliani e calabresi, con moglie e figli a casa, quasi tutti arruolati con un trucco. Infatti erano disoccupati ed era stato fatto creder loro che, per trovar lavoro, era opportuno iscriversi alla milizia. Una volta iscritti, diventarono automaticamente volontari, e il loro federale poté fare una magnifica figura spedendoli in guerra: dimostrava in tal modo che, nella sua provincia, la fede fascista non era fatta solo di chiacchiere. Così questi poveretti son capitati in Africa contro loro volontà, ma non è detto siano dei cattivi soldati. Anzi, per il servizio che siamo chiamati a svolgere sono molto migliori degli anziani[71].

Tuttavia il VI battaglione CC.NN. dell'Africa Settentrionale si dimostrò un ottimo reparto, nel corso della campagna tunisina del 1943.

Aggregato in un primo tempo alla Divisione *La Spezia*, il 1° marzo 1943 il VI era schierato nel settore del 125° Reggimento Fanteria nella zona di Sidi Ciaha (Mareth), costituito da 3 compagnie fucilieri e da una compagnia di Armi Accompagnamento ed era comandato dal centurione Adelchi Cassanego. La sua prima compagnia era distaccata a Matmata per la difesa di quella località.

Il VI Btg. fu adibito ai lavori di rafforzamento della linea, sottoposto quotidianamente ad azioni aeree e a tiri delle artiglierie avversarie. Il 5 marzo tu ispezionato dal generale Paolo Berardi, comandante del XXI C.A., che rimase molto soddisfatto della disciplina e dello spirito elevato dei legionari.

Oltre ai lavori di fortificazione le CC.NN. effettuavano di continuo pattuglie diurne e notturne fuori delle linee avanzate.

Al reparto si ricongiunse la Ia compagnia; il 17 marzo il battaglione riprese le posizioni che aveva già tenute sul fronte del Mareth; ed il 20 venne motorizzato per costituire reparto di manovra a disposizione del Corpo d'Armata, pur continuando ad eseguire servizi di pattuglie davanti ai campi minati del fronte.

Per ordine della Divisione *La Spezia*, il 21 il VI si mise in movimento per raggiungere il *Raggruppamento Sahariano* comandato dal generale Navarrini ed essere pronto all'impiego.

Il giorno seguente il battaglione era già schierato in posizione avanzata col compito di riconquistare q. 214 occupata nella notte dagli inglesi; sottoposto immediatamente a forte tiro d'artiglieria, pur subendo le prime perdite mantenne un comportamento che venne definito *superbo*. Sistemato in capisaldi di compagnia sulle posizioni raggiunte il VI passò alle dipendenze della 164ª *Infanteriedivision* germanica e rafforzò le posizioni pur essendo sotto il fuoco continuo dell'avversario, continuamente falciato dai mitragliamenti degli aerei.

Il 25 marzo si ebbe una infiltrazione nemica sulla estrema destra dello schieramento; di conseguenza tutta la linea fu minacciata. Fino a questa data le perdite del VI battaglione. CC.NN. d'Africa erano state:
Caduti: 7, di cui 1 ufficiale. Feriti : 28, di cui 1 ufficiale.
La grande battaglia iniziò inizio il 26 marzo con lo spezzonamento ed il mitragliamento aereo da parte di 24 caccia nemici.

---

[71]   G. Berto, *Guerra in camicia nera*, Venezia 1985, p.26

Alle 17 la 3ª Compagnia segnalò che la compagnia tedesca sulla sua sinistra aveva dovuto cedere, e chiese rinforzi. La destra dell'Asse, sotto il violento attacco inglese, contenne il nemico malgrado le gravi perdite e malgrado che alcuni plotoni della compagnia. A.A. fossero restati schiacciati sotto il peso del tremendo assalto avversario: si combatteva corpo a corpo, le perdite aumentavano ma la situazione venne ristabilita dallo sforzo delle Camicie Nere. Caddero due ufficiali subalterni ed il centurione che accorrse a soccorrerli venne colpito in fronte e portato morente al posto di medicazione, ma malgrado ciò i britannici furono rigettati indietro.

Cadde un altro ufficiale della 2ª Compagnia; i carri armati britannici riuscirono ad infiltrarsi tra i posti di fuoco e li colpirono dal tergo. L'estrema destra dello schieramento dei militi fu costretta a ripiegare sulle colline retrostanti. La 3ª squadra cannoni sparava ad alzo zero sui carri armati britannici e desistette solo dietro ordine di non lasciarsi annientare.

Malgrado ogni sforzo ed ogni prova di valore, alle 19 lo schieramento è circondato ed il nemico dilagò coi carri armati.

Il comandante della 2ª Compagnia e l'Aiutante Maggiore vennero catturati insieme a molte Camicie Nere. Alle 20, i resti del battaglione, sfuggendo alle maglie dell'accerchiamento in piccoli gruppi al comando dei pochi ufficiali superstiti, ripiegarono a piedi verso la base di El Hamma. L'ufficiale medico venne catturato perché si era rifiutato di abbandonare i feriti.

La ritirata fu iniziata a seguito di un ordine del comando tedesco. Durante la marcia di ripiegamento alcuni gruppi, catturati, riescono a sfuggire ed a riprendere il tragitto faticoso; tutto si svolse sotto l'infuriare di un forte ghibli.

Il VI battaglione si raccolse al centro di El Angaret; qui i resti del reparto trovano l'alto elogio del comando della Ia Armata Italiana e quello, pieno di riconoscimento, della 164ª Divisione germanica.

Le perdite del VI battaglione furono determinate, con sufficiente esattezza, nelle seguenti:
Caduti: Ufficiali 6 - Legionari 23.
Feriti: Ufficiali 1 - Legionari 32.
Dispersi: Ufficiali 5 - Legionari oltre 200.

Il battaglione era ridotto di forze, ma si era battuto eroicamente. Gli uomini mancavano di tutto: coperte, scarpe ed uniformi, teli da tenda ed altro. Il Comando della Ia Legione CC.NN. A.S. (Console Italo Ingaramo) provvide al rifornimento. A completare gli organici arrivarono 150 volontari italo-tunisini, mentre molti dei militi dati per dispersi riuscirono a sfuggire al nemico ed al deserto e rientrano al battaglione. Il comando del VI è assunto dal Centurione Riccardo Trenta.

L'11 aprile il battaglione si trasferì ad Enfidaville a disposizione di quel comando di settore ed eseguì lavori di difesa 5 km. a nord della località; comandava il sottosettore il colonnello Ghio, che fece proseguire i lavori fino al giorno 18.

Ricorda il volume dei consoli De Vecchi e Lucas come sempre il 18 il comando Iª Armata dispose la fusione del VI Btg. CC.NN. A.S. con quanto resta del X Btg. CC.NN. "M" della divisione *Trieste*. Rimase così in armi questo battaglione "M" di Voghera al comando del 1° Seniore Oreste Ariano, mentre venne finalmente disposto che gli uomini con 36 mesi di permanenza in A.S. fossero messi in congedo. Va detto che tuttavia sino alla resa del 13 maggio pur operando congiuntamente il VI battaglione CCNN A.S. mantenne la propria numerazione e continuò a portare i fascetti al posto delle "M" rosse: del resto Berto nel suo volume autobiografico non fa alcun cenno ad una fusione col X battaglione "M", ma anzi ricorda di aver compiuto una missione a Tunisi per arruolare italiani risiedenti in Tunisia per colmare le perdite subite. Ad essere sciolto sarà invece il V battaglione CCNN A.S..

Il VI battaglione. CC.NN. A.S. costituiva, col V battaglione, la I Legione CC.NN. A.S. Dopo lo scioglimento delle Legioni Libiche dovuto agli eventi bellici, venne formata, il 10 gennaio 1943, la I Legione A.S. agli ordini del Console Italo Ingaramo. Costituito a Tripoli il comando Legione, questo dovette sgomberare la città il 19 gennaio con l'ordine di raggiungere Sfax.

Appena giunto in Tunisia il comandante della Legione si presentò al Comandante della Divisione corazzata *Centauro*, generale Calvi di Bergolo, che fece sostare il comando Legione nell'oasi di Andref, aggregandolo provvisoriamente alla Divisione. Il 15 febbraio il comando della Legione si trasferiva a Sfax e la raggiungeva il 16; sul posto aveva i primi contatti col V battaglione. CC.NN. A.S. comandato dal Seniore Emilio Cocurnia.

D'ordine del Comando della Ia Armata, terminato il suo compito che era stato soprattutto disciplinare ed amministrativo, la I Legione Camicie Nere A.S. fu disciolta in data 22 aprile 1943. Ricoverato in ospedale il Console Ingaramo, la Legione era comandata interinalmente dal giorno 21 dall'Aiutante Maggiore in 1ª, Centurione Primo Bencini. Sciolto, come abbiamo visto, il V battaglione, ormai non rimanevano operativi che il VI battaglione. A. S. ed il X Btg. CC.NN. «M» che restarono battaglioni indipendenti.

In seguito all'offensiva britannica ad el Alamein ed allo sbarco anglo- americano nel Nord Africa Francese, il X° battaglione."M" venne inviato in Tunisia nel 1943 e fu l'unico battaglione "M" presente in Africa. Ricostituito dopo la campagna di Grecia con giovanissimi volontari della classe 1923, il X battaglione "M" venne inquadrato nella divisione corazzata Giovani Fascisti, ed ebbe il battesimo del fuoco il 21 marzo del 1943 con la riconquista del Caposaldo *Biancospino*, uno dei punti cardine dello schieramento dell'Asse sulla linea del Mareth, perduto la sera precedente dai tedeschi, che venne riconquistato all'arma bianca ma con perdite pesantissime, tra cui il comandante di battaglione; al momento della resa anche il VI battaglione CC.NN. d'Africa divenne battaglione "M", in riconoscimento delle prestazioni belliche e per i sei mesi di prima linea: ricorda Berto che il 13 maggio,

Stamane il comandante ci ha mandato i distintivi "M" e l'ordine di metterci in camicia nera. Bisogna presentarsi al nemico con proprietà e fierezza.

E' arrivato anche l'ordine di distruggere le armi, il carteggio e tutto ciò che possa essere di giovamento al nemico. Cerco di immaginarmi come avverrà la resa. Ecco intanto sono giunto allo sbocco del canalone e alzo gli occhi: mi trovo davanti un gruppo di negri senegalesi, mi lasciano la rivoltella e mi sfilano l'orologio.

(...) Prima di sera ci troviamo rinchiusi: non ci danno da mangiare ma hanno promesso che ci daranno da bere.

Berto prosegue:

C'era una strada che dalla riva del mare portava all'asfaltata. Era una strada piena di buche e di sabbia, che aveva ai lati siepi di fichidindia e poi orti con olivi e qualche casa araba. Sulla strada andavano gli autocarri, carichi di prigionieri che venivano trasferiti (...)

Sopra gli autocarri c'eravamo noi prigionieri, pressati gli uni agli altri, e guardavamo il mondo attraverso la polvere. Il mondo entrava in noi e faceva un po' bene, e anche un po' male, ora che non potevamo possederlo, se non per quel tanto che entrava attraverso gli occhi....eravamo ansiosi di andare avanti. Un prigioniero nuovo è sempre ansioso di andare avanti, se non altro, per vedere cosa succederà dopo. Avevamo fretta di arrivare all'asfaltata per capire dove ci avrebbero portati.

(...) Si poteva girare a destra o a sinistra. A destra c'erano Tunisi e Algeri e Casablanca e poi l'oceano e il Canada, forse gli Stati Uniti. A sinistra poteva portare all'altra parte della terra (...) India o Australia. Voltarono a sinistra e cominciarono a correre veloci sulla strada senza più buche nè sabbia.(...) e prime case della città, gente venne sulla strada, non arabi, ma uomini bianchi, vestiti come potevano essere vestiti a casa nostra i nostri padri o i nostri fratelli, cominciarono a raccogliersi e a dirci qualche cosa nella loro lingua e a fare verso di noi gesti per insultarci. C'erano delle ragazze fra loro che ridevano e facevano gesti, magari poco belli, e proprio questo ci feriva, perché erano ragazze, e non doveva importare se prima eravamo stati nemici .

Una ce n'era , un po' più avanti sulla strada, in disparte che non faceva ne diceva niente, vestita di celeste come si vestono da noi le contadine, e non l'avremmo notata se il suo comportamento non fosse stato diverso da tutti gli altri (...) Non faceva niente. Aspettava. Lo capimmo dopo che stava aspettando.

L'autocarro di testa non rimase fermo a lungo. Passato qualche minuto, l'autista ingranò la marcia e partì. Allora la ragazza vestita di celeste salì sul gradino della fontana, s'irrigidì sull'attenti e alzò il braccio nel saluto romano come le avevano insegnato a casa o alla scuola italiana. La colonna era lunga, più di sessanta autocarri, e anche quelli dell'ultimo videro la ragazza ritta nel saluto, incurante di quelli che ora erano diventati i suoi padroni.(...) La sera ci misero dentro certi baraccamenti e là dopo aver mangiato ci sdraiammo sul pavimento di cemento. Molti in attesa del sonno, parlarono della ragazza. Ne parlarono con quel senso di vergogna che lei ci aveva fatto provare, per aver perduto dopo che le avevamo insegnato ad aver fede in quel gesto che lei continuava a fare anche dopo che noi avevamo perduto. Poi col tempo dimenticammo il senso di vergogna. Dovemmo fare un lungo cammino, prima di poter tornare a casa. E mentre il tempo passava, noi perdemmo la vergogna di aver perduto. Ci parve anzi di aver fatto abbastanza per non perdere. E nei confronti della ragazza vestita di celeste ci sentimmo meno responsabili di tanti altri. Il suo gesto rimase nella nostra memoria, ma spoglio di qualsiasi carattere di lotta e di resistenza, come un atto di bontà pura. E così lo ricordiamo con riconoscenza, perché poi non ci accadde di trovare molti altri atti di bontà nel nostro lungo cammino.

▲ Camicie Nere sfilano a passo romano durante una parata in Africa Settentrionale

▲ Camicie Nere catturate dai britannici a Bardia.

8. AFRICA ORIENTALE ITALIANA, 1940- 1941 LA FINE DELL'IMPERO.

Non è qui possibile riassumere la storia, battaglione per battaglione, dei reparti che, aggregati alle divisioni dell'Esercito combatterono in Africa Orientale.
In A.O.I. la prima fase delle ostilità vide gli italiani occupare Kassala nel Sudan, Moyale in Kenia e conquistare la Somalia britannica, campagna in cui le Camicie Nere ebbero un ruolo fondamentale, costituendo il fulcro delle truppe nazionali.

L'attacco al British Somaliland iniziò il 3 agosto 1940. Le truppe operanti agli ordini del Generale Nasi (3 battaglioni nazionali- due di Camicie Nere e uno di Granatieri- e 23 coloniali) in complesso 4.800 nazionali e 30.000 coloniali, furono suddivise in quattro colonne:

colonna di sinistra: Generale Bertoldi, composta di 8 battaglioni, di cui 2 di Camicie Nere ed 1 mitraglieri della Div. *Granatieri di Savoia*, e 4 batterie. Base di partenza: Agin - Obiettivo: Zeila.

colonna costiera: Console Generale Passerone: muoverà da Zeila ed avrà per primo obiettivo Bulhar. (due Btg. Camicie Nere della 11ª Legione, il LXVI Btg. coloniale, un reparto speciale, una sezione artiglieria).

colonna di centro: Generale De Simone; XIII - XIV - XV brigate coloniali, 11 battaglioni e 14 batterie. Base di partenza: Giggiga, obiettivo: Berbera.

colonna di destra: Generale Bertello; un Btg. armi speciali, due gruppi Dubat ed una batteria. Base di partenza: Curati, primo obiettivo: Oadueina.

>Alla colonna di centro si aggiungeranno:
>la colonna di destra dal 7 agosto.
>la II brigata coloniale dal 10 agosto (era di riserva).
>la LXX brigata coloniale dal 13 agosto.

Il giorno 10 agosto la colonna centrale giunse a contatto col sistema fortificato britannico, perfezionato modernamente ed efficientemente già nel 1939. L'attacco ebbe inizio il giorno 11 incontrando ovunque accanita resistenza, dovuta al sistema difensivo forte e profondo. La resistenza si protrae fino al giorno 15; alle 19 cade il fortino n. 1 (chiamato dagli inglesi *Gibraltair*) e vi appare la bandiera bianca; successivamente i britannici abbandonarono tutto il sistema difensivo. Il 17 venne raggiunta Lafarug, il 19 gli italiani entrarono a Berbera. Gli inglesi si erano imbarcati abbandonando tutti i materiali e le armi pesanti.

L'operazione terminò con l'entrata a Berbera delle truppe italiane poco più di due settimane dopo l'inizio dell'offensiva. Fu l'unico territorio britannico conquistato dagli italo- tedeschi.

L'attacco ebbe inizio nel pomeriggio del giorno 11, preceduto ed accompagnato dall'azione dell'aviazione che, agli ordini del generale di brigata aerea Collalti, agiva con ondate successive di bombardieri sugli apprestamenti difensivi nemici e con incursioni di cacciatori mitraglianti sui campi dell'aviazione nemica. L'avversario sfruttando gli apprestamenti difensivi opponeva però tenace e valida resistenza con il fuoco, con il contrattacco, con bene organizzate azioni di artiglieria. La nostra azione riprendeva il giorno 12 e continuava accanita nei giorni 13 e 14. Malgrado le difficoltà opposte dal clima e dal terreno manovrando sagacemente, concentrando gli sforzi alle ali, le nostre truppe valorose, con il valido appoggio dell'artiglieria e i ripetuti bombardamenti aerei, progredivano metodicamente travolgendo successivi e muniti ordini di difesa avversaria. Il giorno 15, previo violento bombardamento aereo seguito da precisa preparazione di artiglieria, la XV brigata alla nostra ala destra conquistava di slancio gli ultimi capisaldi nemici a cavallo della rotabile per Lafaruk: nel solo caposaldo n. 1 venivano fatti prigionieri 13 ufficiali ed altri militari inglesi e nel suo interno si contavano oltre 200 morti di un battaglione rhodesiano. Contemporaneamente, alla sinistra la II brigata, travolti gli ultimi centri di resistenza del nemico, ne avvolgeva l'ala destra. A notte gli inglesi ripiegavano lasciando sul terreno centinaia di morti e nelle nostre mani numerosi prigionieri ed ingente quantità di materiale, fra cui artiglierie. Dopo quattro giorni di lotta accanita il sistema difensivo inglese era così completamente travolto. Terza fase: dal 16 al 19 agosto. Superata in tal modo la principale posizione difensiva del nemico, le nostre truppe proseguivano nella loro avanzata: XV brigata su Lafaruk, fiancheggiata a sinistra dalla XIII e a destra dal gruppo delle bande Bertello, con il compito di avvolgere le difese da esse investite; in riserva le brigate LXX e XIV. L'aviazione continuava a conservare il predominio del cielo proteggendo le sottostanti colonne, bombardava e volgeva in fuga rinforzi nemici accorrenti, infliggendo loro sensibilissime perdite ed iniziava un sistematico bombardamento delle navi da carico e da guerra che il nemico faceva affluire nel porto di Berbera. Una nostra colonna autocarrata, costituita con elementi di volontari tratti da tutte le forze armate, da un battaglione di Camicie nere e da uno indigeno, agli ordini del luogotenente generale Passerone, partita da Zeila raggiungeva nel frattempo Bulhar, lungo la strada costiera che da Zeila conduce a Berbera. Il gruppo de Simone presto urtava presso Lafaruk con il secondo sistema difensivo anch'esso munitissimo di reticolati, trincee e caverne, sul quale avevano ripiegato le truppe sconfitte e dove erano affluiti gli ultimi rinforzi disponibili nel territorio della colonia. Il 18 agosto anche tale ultimo baluardo inglese, investito frontalmente ed avvolto alle ali, veniva sfondato. Battaglioni indiani con accaniti contrattacchi, cercavano invano di liberarsi della pressione dei nostri, per poi fuggire in direzione di Berbera. Il generale Nasi lanciava allora verso Berbera la colonna motorizzata già predisposta per lo sfruttamento del successo e costituita con unità della polizia A. I., mentre gli inglesi, in disordinata fuga, dopo l'inutile prodezza di incendiare la parte europea di Berbera, si sforzavano di mettersi in salvo sull'ultima nave da guerra rimasta in porto, ripetutamente bombardata dalla nostra aviazione. Il 19 le nostre truppe entravano in Berbera. Durante le operazioni abbiamo catturato alcune centinaia di automezzi e di armi automatiche, numerose artiglierie e carri armati, ingenti quantità di munizioni, di viveri e di materiale del genio e di sanità. Nelle nostre mani sono inoltre rimasti qualche centinaio di prigionieri delle truppe regolari e tutte le truppe somale, ammontanti a circa un migliaio di uomini. Tali truppe erano state impiegate per proteggere l'imbarco degli inglesi e abbandonate poi al loro destino[72].

La seconda fase delle operazioni vide il ritorno offensivo avversario: l'offensiva britannica iniziò nel gennaio 1941 dal Sudan, mentre un'altra offensiva scattò contemporaneamente dal Kenia contro la Somalia. Gli italiani resistettero a lungo sulle posizioni di Cheren, abbandonando poi le posizioni dopo una strenua lotta. Gli inglesi conquistarono Asmara ed Addis Abeba, ed il duca d'Aosta si asserragliò sull'Amba Alagi con 3850 uomini, fino alla resa con l'onore delle armi il 6 maggio. La lotta continuò a Gondar, contro le truppe del gen. Nasi, la cui difesa faceva perno sulle posizioni del passo di Uolchefit, Debra Tabor, Celgà e Culquaber[73].

Debra Tabor, difesa accanitamente dal CXVI°, CXXXI° e DCCXLV° battaglione CC.NN. d'Africa e da truppe coloniali irregolari, con sei cannoni e due mortai. Debra Tabor resistette sino al 4 luglio. A Gondar, il 28 novembre si ebbe l'ultimo episodio della guerra in Africa Orientale, quando le Camicie Nere del CCXL° battaglione caricarono alla baionetta i fucilieri del *King's African Rifles* a Fercaber di Culquaber, un episodio totalmente dimenticato rispetto all'attacco dei Carabinieri lo stesso giorno. Merita la pena dunque esporre il contributo delle Camicie Nere all'estrema difesa dell'Impero.

La difesa dei capisaldi dello Uolchefit.

Uolchefit- Debarech resta, nelle non sempre luminose pagine della guerra italiana, un simbolo di eroica, strenua difesa oltre ogni limite di possibilità umana e militare ed anche una gloria imperitura per i reparti di Camicie Nere che vi parteciparono.

Questo ridotto, costituito dai capisaldi di Cuacalber e di Fercaber, (di cui il primo a sbarramento della Sella omonima sulla strada Debra Tabor - Gondar ed il secondo sul passo di Fercaber, presso il Lago Tana) ai primi di agosto del 1941 aveva una forza complessiva di circa 2.900 uomini, 2.100 nel primo e 800 nel secondo, tra nazionali e coloniali.

Del caposaldo di Culqualber facevano parte:

    il CCXL Btg. CC.NN. (675 legionari, al comando del Seniore Alberto Cassòli, divisi in 5 compagnie);
    il I Btg. CC.RR. mobilitato dell'A.O.I. (200 nazionali e 160 eritrei, al comando del maggiore Serranti. (il battaglione. arrivò il 6/8);
    il LXVII Btg. coloniale (620 uomini su 4 compagnie al comando del maggiore Carlo Garbieri);
    la 43ª batteria nazionale su 3 pezzi da 77/28 (40 uomini);
    la 44ª batteria coloniale su 2 pezzi da 70/15 (314 uomini);
    il plotone misto del Genio (65 nazionali e 23 coloniali);
    un ospedaletto da campo (con 2 medici ed 1 cappellano);

---

72   Bollettino Ufficiale n. 78, 20 agosto 1940 XVIII[1]
73   Alla difesa di Gondar parteciparono 12 battaglioni di Camicie Nere.

Del caposaldo di Fercaber facevano parte:
   il XIV Btg. CC.NN. (su 5 compagnie, al comando del Sen. Lasagni);
   la 1a batteria nazionale, su 3 pezzi da 70/15;
   la 6ª compagnia mitraglieri coloniale:
   un plotone del Genio;
   un ufficiale medico ed 1 cappellano,

I due caposaldi erano riuniti in un unico ridotto comandato dal Tenente colonnello Augusto Ugolini. Le forze del ridotto si erano sistemate a difesa sui due passi dopo la caduta di Debra Tabor. Avvenuta il 6 luglio 1941.

Il Ten. Col. Ugolini, comandante di grande tempra e con una lunga esperienza coloniale, aveva saputo amalgamare le forze ai suoi ordini fondendole in un unico blocco motivato e determinato a resistere fino all'impossibile.

Il ridotto fu rafforzato con estenuanti lavori di tutta la truppa in modo tanto intelligente ed efficiente, da poter sopportare, come sopportò, coi suoi posti di blocco, colle sue trincee e piazzole, ai terrificanti bombardamenti da terra e dal cielo, durati per mesi, fino all'ultimo, ininterrottamente.

Fin dai primi d'agosto la zona a Nord del ridotto fu invasa dai guerriglieri che tendevano a troncare le comunicazioni con Gondar e con esse l'afflusso dei rifornimenti. Ugolini con efficaci puntate offensive partenti dal ridotto, cercava di tener libera la strada. Uno di questi animosi attacchi ebbe l'onore della citazione sul bollettino delle FF.AA. n. 434.

Un ultimo rifornimento, per il quale si scatenò una violenta battaglia, costò ai difensori del ridotto dure perdite per poter far giungere il 24 agosto a Culqualber pagnotte e granaglie.

Il comandante decise di dare, il 3 settembre, un colpo di arresto alla pericolosa crescente attività dei ribelli effettuando un colpo di mano con l'impiego di 3 compagnie di ascari e 2 compagnie di Camicie Nere; tutte le forze erano poste agli ordini diretti di Ugolini e di Garbieri.

Le compagnie, riuscite a giungere di sorpresa nella notte agli accampamenti abissini, si lanciarono furiosamente all'assalto abbattendo circa 300 nemici, mettendo il campo a ferro e fuoco e catturando un grosso bottino di armi, munizioni e bestiame. La risposta inglese fu immediata, dopo il trionfale rientro degli italiani nel ridotto, e si realizzò sotto forma di un intenso tiro di artiglieria e con continue incursioni aeree purtroppo incontrastate per la mancanza di aviazione e di artiglierie contraeree da parte nostra.

Cominciarono a farsi difficili anche i rifornimenti di acqua.

Il 28 settembre, con la caduta del ridotto di Uolchefit, le possibilità di un attacco nemico a fondo contro Culqualber aumentarono sensibilmente. I difensori, con la forza della disperazione, malgrado la denutrizione e le malattie, continuarono i lavori per il rafforzamento delle difese.

Smunti e sporchi, terribilmente indeboliti, carabinieri, artiglieri, Camicie Nere genieri ed ascari si preparavano serenamente all'estrema difesa decisi a non accettare la resa neppure con l'onore delle armi.

Molti degli ascari avevano, come è sempre stato costume nelle nostre truppe di colore, mogli e figli al seguito. Le donne erano circa 200 ed anche ad esse quindi non doveva mancare la scarna razione di farina, ceci o teff; la poca carne veniva distribuita ai feriti ed agli ammalati.

Continui erano i martellamenti delle artiglierie ed i mitragliamenti dal cielo causando sempre nuovi morti e feriti. Orinai ridotti con le scarpe a brandelli, i difensori si confezionavano calzari e cioce cori pelli di bovino disseccate e fasciature di tela di sacco legate con spago. Soldati così eroici avevano l'aspetto di straccioni e pagavano la loro tenacia coi sangue e col sudore, alimentati solo con una acida e muffa *burgutta*.

La scoperta di una sorgente risolse, in parte, il problema della sete; ma la fame cresceva e le razioni diminuivano: ormai si distribuiva agli uomini un misurino di ceci a testa al giorno. Nei dintorni del caposaldo non c'era più nulla da razziare.

Unica soluzione, per non dover essere costretti a cedere per fame, andare a prendere i viveri con la forza in casa del nemico. Così il Ten. Col. Ugolini decise di effettuare per il 18 ottobre un nuovo colpo di mano: attaccare la base costituita dagli inglesi in un campo di 4.000 abissini presso il villaggio di Dambà Mariam.

All'assalto, dopo una minuziosa preparazione, sarebbero intervenuti, ad eccezione di pochi uomini lasciati a guardia del ridotto, i tre battaglioni del presidio: il CCXL CC.NN., il I battaglione dei Regi Carabinieri, il LXVII coloniale. Il primo avrebbe circondata la base da est, il secondo avrebbe attaccato frontalmente, il terzo avrebbe fatto l'avvolgimento da ovest.

Raggiunta nel cuore della notte, con la protezione delle alte erbe, le posizioni dalle quali scattare all'assalto, gli uomini dei tre battaglioni si lanciarono sugli accampamenti dei guerriglieri, annientando con le bombe ed all'arma bianca quanti tentavano di resistere ed inseguendo quelli che fuggirono dopo i feroci corpo a corpo; gli ultimi ad essere sgominati furono i difensori del grande deposito.

Mentre una parte degli italiani inseguiva il nemico in ritirata, gli altri, aiutati dalle donne degli ascari, raccolgono tutto quello che trovano: sacchi di cereali, cassette di scatole di carne, armi, munizioni, medicinali.

Il tutto viene caricato sui muli o portato a spalla fino al ridotto, che peraltro è raggiunto solo dopo aver sostenuti altri combattimenti contro i ritorni offensivi dell'avversario. Fra i cadaveri nemici contati nell'accampamento distrutto erano stati riconosciuti quelli di vari ufficiali e sottufficiali inglesi. I nostri caduti ed i feriti, barellati, furono riportati a Culqualber: l'azione ci era costata 36 caduti e 31 feriti e fu citata sul bollettino n. 505 delle FF.AA.

Da quel giorno, scrivono Lucas e De Vecchi, le popolazioni abissine ancora oggi ricordano con ammirazione i difensori di Culqualber, definiti con la loro figurata espressione come i « *Leoni ruggenti del passo delle Euforbie* ».

Dal 1° novembre gli inglesi, che ormai avevano terminato di radunare le masse destinate all'attacco finale contro i nostri caposaldi, ripresero un ininterrotto martellamento terrestre ed aereo delle nostre posizioni, causando ai difensori uno stillicidio di dolorose perdite. Il giorno 2, per la ricorrenza dei Defunti, dinanzi alle rappresentanze dei reparti, fu celebrata al cimitero la Messa in suffragio dei Caduti; nel corso di essa una nuova terribile incursione aerea colpì anche il cimitero, facendo vittime tra i vivi, squassando le ossa dei caduti e colpendo anche l'ospedaletto da campo che pur portava, ben visibile, la grande croce rossa.

Il 4 novembre riprese sempre più violento il tiro delle batterie inglesi; i nostri pezzi non potevano controbattere per le loro minori gittate e per non sprecare le munizioni che dovevano servire per l'ultima lotta.

Al tiro delle artiglierie si alternavano massicce ondate di aerei da bombardamento e da caccia che colpivano ogni angolo delle posizioni; ma i difensori rimanevano inchiodati ai loro posti di combattimento e quando est-africani, sudanesi ed abissini inquadrati dai britannici tentavano l'inizio di un assalto, trovavano armi pronte e validi cuori a riceverli.

Alla sera del 5 le masse nemiche, totalmente respinte, avevano lasciati sul terreno moltissimi caduti. Il 6 novembre arriva a Culqualber il primo messaggio di intimazione di resa con l'onore delle armi: viene fieramente e decisamente respinto.

L'azione dell'artiglieria nemica riprende intensa il 10 mattina; verso le ore 12 si presentano agli avamposti due preti abissini con un altro messaggio di resa, anche questo respinto.

I britannici avevano ormai ammassato contro la nostra difesa:

A Nord (Brigadier Generale W.A.L. James).

La 25th *East African Brigade* su tre battaglioni dei *King's African Rifles*, varie compagnie mitraglieri, 6 batterie di vario calibro, una compagnia sudanese e circa 6.500 guerriglieri abissini. Complessivamente circa 13.000 uomini.

A Sud (Lt. Col. Collins).

La *Southforce*, su due battaglioni di Est Africani, una batteria su 6 pezzi della Golden Coast, una batteria sudafricana, varie compagnie mitraglieri e formazioni irregolari abissine: complessivamente 9.500 combattenti.

Il presidio del ridotto italiano poteva ormai solo opporre 1.800 uomini laceri, affamati, sfiniti e febbricitanti, dei quali molti già feriti.

Il 12 novembre cominciò l'attacco decisivo; esso non riuscirà ad aver ragione di quel pugno di eroi se non il 21 novembre, dopo nove giornate di durissima lotta.

All'alba del 12 una cinquantina di aerei, in ondate successive ma continuate, tempestarono di bombe e mitraglia l'intera area dei capisaldi, procurando forti nostre perdite in morti e feriti.

Dopo una notte insonne, perché i difensori erano tesi per cercare di evitare qualsiasi infiltrazione, gli italiani furono investiti allo spuntare del giorno 13 da un attacco generale da tutte le direzioni.

Reparti regolari di indiani, di sudanesi e di est africani con una massa di abissini, tutti inquadrati da ufficiali e sottufficiali inglesi, si lanciarono all'assalto; il maggiore sforzo fu esercitato contro il costone dei Roccioni, sul lato nord, difeso dalle compagnie 1a e 3ª del CCXL Btg. CC.NN. e dalla 2a del Battaglione Carabinieri. In qualche punto la linea fu intaccata ma la situazione fu subito ristabilita da una serie di furiosi contrassalti.

Il nemico, che aveva subite enormi perdite, fece scavalcare da nuove masse fresche quelle che erano state respinte nel primo attacco; questa volta gli abissini riuscirono ad arrivare fino sul bordo delle trincee ma vi furono annientati cori la bionetta e le bombe a mano.

Quando, verso le 17, l'avversario abbandonò la partita ormai perduta, oltre 150 suoi caduti erano disseminati davanti alle nostre linee; Carabinieri e Camicie Nere si erano battuti da disperati, senza limiti di sacrificio. Presso la 3a Compagnia CC.NN., caduti tutti i difensori di un centro di fuoco, essi furono spontaneamente sostituiti da un gruppo di cucinieri e di scritturali; sottoposto nuovamente lo stesso centro ad un implacabile bombardamento di mortai nemici, questi valorosi combattenti improvvisati si lasciarono massacrare fino all'ultimo uomo piuttosto che abbandonare il posto che erano accorsi a difendere e far cessare così il fuoco delle armi del centro.

Alla fine della giornata del 13 il CCXL Btg. Camicie Nere. aveva già perduto il 45% dei propri effettivi.

Vi fu una giornata di sosta. La lotta riprese il 15 con un ennesimo furioso bombardamento delle posizioni italiane sia da terra che dall'aria.

Nuovi attacchi nemici si scatenarono il 16: furono tutti respinti sanguinosamente, ma intanto nuove perdite assottigliavano le file dei bravi difensori. Il mattino del 18, nel settore sud, si delineava un attacco coi carri armati: le mine a strappo ne facevano saltare alcuni e gli altri si ritiravano. Intanto, contemporaneamente, le autoblindo attaccavano a nord e venivano ributtate dai precisi tiri dei pochi pezzi della difesa.

Il 12 novembre 1941 cominciò l'attacco britannico contro i capisaldi della difesa italiana di Culquaber; esso non riuscirà ad aver ragione di quel pugno di difensori se non il 21 novembre, dopo nove giornate di durissima lotta.

All'alba del 12 una cinquantina di aerei, in ondate successive ma continuate, tempestarono di bombe e mitraglia l'intera area dei capisaldi, procurando forti perdite in morti e feriti ai difensori.

Dopo una notte insonne, perché i difensori erano tesi per cercare di evitare qualsiasi infiltrazione, gli italiani furono investiti allo spuntare del giorno 13 da un attacco generale proveniente da tutte le direzioni.

Reparti regolari di indiani, di sudanesi e di *King's African Rifles* con una massa di abissini, tutti inquadrati da ufficiali e sottufficiali britannici, si lanciarono all'assalto; il maggiore sforzo fu esercitato contro il costone dei Roccioni, sul lato nord, difeso dalle compagnie 1a e 3ª del CCXL Btg. CC.NN. e dalla 2a del Battaglione Carabinieri. In qualche punto la linea fu intaccata ma la situazione fu subito ristabilita da una serie di furiosi contrassalti.

Il nemico, che aveva subite enormi perdite, fece scavalcare da nuove masse fresche quelle che erano state respinte nel primo attacco; questa volta gli abissini riuscirono ad arrivare fino sul bordo delle trincee ma vi furono annientati con la baionetta e le bombe a mano.

Quando, verso le 17, l'avversario abbandonò la partita ormai perduta, oltre 150 suoi caduti erano disseminati davanti alle nostre linee; Reali Carabinieri e Camicie Nere si erano battuti da disperati, senza limiti di sacrificio. Presso la 3a Compagnia CC.NN., caduti tutti i difensori di un centro di fuoco, essi furono spontaneamente sostituiti da un gruppo di cucinieri e di scritturali; sottoposto nuovamente lo stesso centro ad un implacabile bombardamento di mortai nemici, questi valorosi combattenti improvvisati si lasciarono massacrare fino all'ultimo uomo piuttosto che abbandonare il posto che erano accorsi a difendere e far cessare così il fuoco delle armi del centro.

Alla fine della giornata del 13 il CCXL Btg. CC.NN. aveva già perduto il 45% dei propri effettivi.

Una giornata di sosta. La lotta riprese il 15 con un ennesimo furioso bombardamento delle posizioni italiane sia da terra che dall'aria.

Nuovi attacchi nemici si scatenarono il 16: furono tutti respinti sanguinosamente, ma intanto nuove perdite assottigliavano le file dei difensori italiani. Il mattino del 18 novembre, nel settore sud, si delineava un attacco coi carri armati: le mine a strappo ne facevano saltare alcuni e gli altri si ritiravano. Intanto, contemporaneamente, le autoblindo attaccavano a nord e venivano ributtate dai precisi tiri dei pochi pezzi della difesa.

Il 19, dopo una nuova proposta di resa onorevole, naturalmente anch'essa respinta, ricominciarono i bombardamenti aerei e continuarono il 20: la sella di Culqualber era tutta un ribollire di scoppi, di schegge e di fiammate. Le nostre perdite crescevano. Il Caposquadra Colagrossi, della 4ª Compagnia CC.NN., ferito gravemente, rifiutò di essere trasportato all'ospedaletto e aggrappato alla mitragliatrice, continua a sparare cantando: *Ce ne fregammo un dì della galera...* .

Alle tre del mattino del 21 novembre grossi nuclei nemici iniziano l'avvicinamento alle posizioni italiane, che vennero investite dal fuoco da ogni direzione.

Prima dell'alba, nel buio, dai posti scoglio e dalle trincee, si era levato per l'ultima volta il canto di Culqualber, una canzone sull'aria delle *Cantate dei legionari* composta dal comandante della 1a compagnia del CCXL Btg. CC.NN., centurione Calabrese, e diventata presto popolare tra Carabinieri e militi: erano le Camicie Nere del CCXL Battaglione che cantavano di fronte al nemico:

Italia mia, da sol combatterò per te,
mangerò l'angerà e la burgutta,
soffrirò, lotterò, morirò per te;
pur se la vittoria é una chimera
io non mi arrenderò,
alzo la mia bandiera
e per l'onore sol combatterò!

Dopo un fuoco intensissimo si sviluppò l'assalto decisivo e totale, con più violente puntate nei settori del fronte nord, tenuti dalle Compagnie 1ª e 3ª dei legionari e dalla 2ª Compagnia Carabinieri. Contemporaneamente veniva investito il fronte sud tenuto dalle compagnie 1ª RR. Carabinieri e 2ª Camicie Nere.

Alle prime luci dell'alba cumulidi cadaveri nemici coprivano il terreno antistante alle nostre posizioni e molti erano i caduti ed i feriti fra i difensori. Ma non un palmo di terreno era ancora andato perduto. Alle ore 6 l'attacco riprese sempre più intenso; il Tenente colonnello Ugolini, dal suo posto di comando bersagliato come le trincee, si teneva in contatto coi comandanti dei suoi tre battaglioni. Anche a Fercaber, il XIV battaglione. CC.NN. del Seniore Lasagni era assalito con violenza dagli uomini del K.A.R. e si difendeva accanitamente.

Il secondo attacco della giornata si scatenò soprattutto contro il settore della 2ª Compagnia CC.RR. e contro le Camicie Nere di Calabrese e di Mazzoni. Le forze degli italiani si andavano assottigliando. I britannici giunti sulle trincee furono ancora una volta ributtati con furibondi corpo a corpo. Dalle due parti c'era stata una strage.

L'avversario era però riuscito ad infiltrarsi tra i due capisaldi di Culqualber e di Fercaber riuscendo così a separarli: ma il XIV battaglione CC.NN., ormai isolato, resisteva ancora arroccato alle sue posizioni. Dopo le 7 l'attacco si faceva sempre più vigoroso. I carabinieri del capitano Azzari (2ª Compagnia) erano maciullati dai colpi di mortai e dai mitragliamenti degli aerei a volo radente; un nuovo assalto trovò pochi superstiti che si difesero fino alla morte ed il nemico conquistò le trincee ormai deserte. Sommersi i posti avanzati, i reparti africani inglesi e gli abissini piombarono alle spalle degli ultimi uomini della 2ª compagnia dei Reali Carabinieri; questi contrattaccarono all'arma banca ma vennero schiacciati dal numero delle truppe avversarie, e la stessa sorte toccò subito dopo alla 2ª compagnia Camicie Nere.

Perduto anche il costone dei Roccioni, i pochissimi superstiti dei Carabinieri e dei legionari, sfiniti e sanguinanti, ripiegarono raccogliendosi intorno al comando per l'estremo sacrificio.

Sul settore sud intanto Carabinieri Reali e Camicie Nere, allo sperone ed alla gola Uorkajè, resistevano senza cedere terreno; il nemico, ubriaco di alcool e di successo, stava per invadere l'interno del ridotto; ma le ultime due compagnie di ascari, con il maggiore Garbieri alla testa, vennero gettate al contrattacco. Esse esitarono un istante, ma, quando videro aggiungersi ad esse gli ultimi resti degli italiani, si buttarono sull'avversario che, colto alla sprovvista, si diede alla fuga. Alle 9,30 tutte le trincee erano riconquistate.

Contemporaneamente la drammatica lotta impegnava la 4ª Compagnia delle Camicie Nere. In loro soccorso accorreva la la Compagnia del LXVII battaglione coloniale ed insieme i due reparti riuscivano a respingere i sudanesi.

Dopo una breve pausa la lotta si riaccese feroce con un nuovo attacco alla la Compagnia Carabinieri del Capitano Celi ed al costone dei Roccioni ora difeso dai resti delle compagnie Camicie Nere 1ª e 3ª del CCXL Btg.

Maciullati dai colpi dell'artiglieria i difensori dovettero ripiegare alquanto; poi, aiutati dagli ultimi ascari, con un estremo contrattacco ristabilirono l'integrità della linea.

I caduti si sommavano ai caduti; i sopravvissuti avevano ormai accettato serenamente il loro destino di morte. Il tempo passava, finivano le munizioni, ma la lotta continuava inesorabile. Alle 12,50, primo fra gli avanzi dei suoi ascari, cade il maggiore Garbieri.

Intanto il presidio di Fercaber, composto dalle Camicie Nere del XIV battaglione, i pochi ascari ed i genieri ed artiglieri, aveva dovuto soccombere, letteralmente sopraffatto. Erano le 13 del 21 novembre ed a Culqualber si lottava ancora stoicamente. Il maggiore Serranti, comandante dei Regi Carabinieri, già ferito e sanguinante, continuava imperterrito a restare cogli ultimi uomini del suo battaglione. Anche .Ugolini perdeva sangue da molte ferite, ma nessuno cessava di combattere.

Sotto l'impeto di un feroce assalto degli abissini i difensori, sfiniti, cominciarono a vacillare. Raccolto l'ultimo pugno di soldati, il Maggiore Serranti ed il Seniore Cassòli del CCXL Btg. CC. NN. balzano ad un estremo contrassalto: mescolati, Carabinieri, Camicie Nere, ascari e genieri, al grido di *Savoia!* ed *A noi!*, ingaggiano una lotta furibonda.

In quest'ultimo disperato slancio muore gloriosamente il maggiore Serranti trapassato dalla baionetta di un sudanese; subito dopo, cade fulminato da una pallottola il Seniore Cassòli, comandante del CCXL Btg. Camicie Nere.

Raccolti attorno all'eroico comandante del ridotto, pochissimi sopravvissuti, sparati gli ultimi colpi, fatti saltare i pezzi di artiglieria, rese inutilizzabili le armi, contornati dai corpi dei camerati caduti, si prepararono a morire. Il Tenente colonnello Ugolini fece ammainare la bandiera tricolore e la bruciò per non farla cadere in mano al nemico.

Intanto l'ondata dei nemici arrivò al cuore del caposaldo ed un *rifleman* est africano si lanciò con la baionetta contro il comandante italiano, ma viene fermato, appena in tempo, da un capitano inglese, che saluta Ugolini e rinuncia a farsi consegnare da lui la pistola. In riconoscimento del suo valore, con una, autorizzazione speciale del gen. James, Ugolini potrà conservare l'arma anche in prigionia.

Cade così il sipario sull'epopea di Culqualber - Fercaber, L'eroica superba estrema difesa era costata, tra il 13 ed il 21 novembre, le seguenti perdite:
- su circa 1.580 nazionali: caduti, 513 - feriti, 404.
- su circa 1.200 coloniali : caduti, 490 - feriti, 400.
su circa 200 donne mogli degli ascari, ne perirono oltre 100,
In particolare, il CCXL Btg. CC.NN. si immolò quasi completamente sul campo.

Il Generale Nasi propose per la Medaglia d'Oro al V.M. il comandante Ugolini ed i tre comandanti di battaglione, tra i quali il Primo seniore Gavazzi, eroico comandante del CLXIV battaglione CCNN:

Comandante di battaglione CC.NN. e vice comandante della difesa di Uolchefit, pur debilitato da grave male, dava in ogni difficile contingenza fulgidissimo esempio di pura fede, di sacro entusiasmo e di preziosa, intelligente attività. Più volte invocava l'onore di cimentarsi in campo aperto contro le soverchianti forze nemiche, ed il 13 luglio, al comando di una colonna di nazionali operante nella zona di Amberco, assolveva tale compito con pieno successo in virtù del suo grande ardimento e sublime sprezzo del pericolo. Il 1º agosto per quanto sofferente, assumeva il comando di altra colonna all'assalto di Giramba, ed essendo stato il cruento attacco frustrato dalle mine e dai reticolati nemici, sapeva disimpegnarsi brillantemente malgrado le sopraggiunte masse avversarie minaccianti pericolosamente sul fianco. Trascinava poi di nuovo i suoi uomini ad un furioso contrattacco, riuscendo così a ristabilire la situazione. Minato nella malferma salute dalle fatiche e dai disagi e colpito da fulmineo, inesorabile morbo, ascendeva poi al cielo degli eroi. Spirito eletto di soldato, più volte decorato al valore, squadrista di purissima fede, fu col sacro entusiasmo, l'anima della difesa di quel lontano lembo di terra italiana. Uolchefit, (A.O.), aprile - agosto 1941

Tutti i reparti della M.V.S.N. in Africa Orientale andarono perduti[74]

ELENCO DEI REPARTI DI CC.NN. CHE PARTECIPARONO NEL 1940-1941, ALLA DIFESA DELL'A.O.L. E COMBATTIMENTI DA ESSI SOSTENUTI.

Reparto	Comandante	Combattimento
IIa Legione CC.NN. su 2 Btgg.	Console Gresele	Conquista della Somalia Britannica e Cheren
I Btg. CC.NN.		Goggiam
II Btg. CC.NN.	Sen. Otello Rossi	Giggiga - Omo Bottego
III Btg. CC.NN.		Dessiè
IV Btg. CC.NN.	Sen. Bracciforti	Fiume Didessa - BedelleOrde - Mulè
V Btg. CC.NN.		Fiume Didessa - Bedelle - Dembidollo
- XI Btg. CC.NN.		Dessiè
XII Btg. CC.NN.		Dessiè
XIII Btg. CC.NN.		Gondar
XIV Btg. CC.NN.	Sen. Lasagni	Fercaber
XLIV Btg. CC.NN.		Cheren
CXVI Btg. CC.NN.	Sen. Lucchesi	Goggiam - Debra Tabor
CXXXI Btg. CC.NN.		Debra Tabor
CXXXVI Btg. CC.NN.		Massaua
CXLI Btg. CC.NN.		Uolchefit - Debarech
CXLVI Btg. CC.NN.		Gomità - Gondar
CLI Btg. CC.NN.		Delgi (Lago Tana) - Gondar
CLXIV Btg. CC.NN.	1" Sen. Gavazzi	Lechemtì - Uolchefit - Debarech
CLXVI Btg. CC.NN.		Gondar
CLXX Btg. CC.NN.		Cheren
CCXL Btg. CC.NN.	Sen. Cassòla	Cualqualber
DII Btg. CC.NN.		Gondar (Ultimo reparto a cessare la lotta)
DIV Btg. CC.NN.		Giggiga - Hauasc
DV Btg. CC.NN.	1° Sen. Bologna, poi 1° Sen. Di Pancrazio	Uadarà - Monte Roccioso
DVI Btg. CC.NN.	1° Sen. Colombo, poi Tazzoli	Lechemtì, Didessa, Bedelle - Argiò - Dembidollo
DLXXXV Btg. CC.NN.		Omo Bottego - Dababa
DCXXXI Btg. CC.NN.		Debra Brehan
DCCXXXI Btg. CC.NN.		Gallabat - Mai Timchet
DCCXLV Btg. CC.NN.		Debra Tabor
Reparto Milizia Forestale		Dembidollo - Gondar
155a Comp. auton. CC.NN.		Ad Teclasan

---

74   XIa Legione (XLIV° e CLXX° btgg. CC.NN.); battaglioni I°, II°, III°, IV°, V°, XI°, XII°, XIII°, XIV°, CXVI°, CXLI°, CXLVI°, CLI°, CLXIV°, CLXVI°, CCXL°, DII°, DIV°, DV°, DVI°, DLXXXV°, DCXXXI°, DCCXXXI°, DCCXLV°, la 155a compagnia autonoma CC.NN., il distaccamento della Milizia Forestale e unità minori (dati ripresi da Rosignoli 1995, p.51.)

9. IL FRONTE GRECO E LA COSTITUZIONE DEI BATTAGLIONI M, 1940-1941

Non è il caso di tracciare una storia degli avvenimenti sul fronte greco: basti dire che dall'ottobre del 1940 all'aprile 1941 la Milizia impiegò in combattimento contro l'esercito greco e, ad aprile, anche contro quello jugoslavo ben 56 battaglioni.
Di questi ne furono perduti 27, di cui 20 di complementi assorbiti per ripianare le perdite e sette per lo scioglimento di battaglioni ridotti agli estremi avendo perduto quasi tutti gli uomini.
La prima idea di un possibile scontro con la Grecia - che inequivocabilmente simpatizzava con la Gran Bretagna favorendone le operazioni marittime e costituendo così un potenziale pericolo per la nostra lotta nel Mediterraneo - risaliva all'agosto 1940.
In quei giorni il Capo del Governo chiese allo Stato Maggiore Esercito di studiare un piano d'attacco alla Grecia, piano che prese il nome di *Emergenza G*, e dal quale risultò il computo delle forze ritenute necessarie per l'eventuale conflitto: queste forze furono valutate a 20 divisioni; fu studiato il trasporto in Albania di quante divisioni mancavano per raggiungere il numero di 20, giacché 5 erano dislocate in posto e per altre 3 era già previsto l'invio entro il mese di settembre. Per la fine di questo mese sulle 8 divisioni presenti, 6 si sarebbero schierate al confine greco 22 su quello iugoslavo.
Era previsto come necessario l'invio in Albania dei materiali, dei quadrupedi, degli automezzi occorrenti per fare combattere le truppe in quelle zone montuose, con quel clima, con la nota deficienza di vie di comunicazione e di porti di sbarco, particolare di quel teatro di operazioni.
Il piano rimase allo stato di progetto giacché in quel periodo si andavano verificando (o si presumeva si andassero verificando) condizioni politiche particolarmente favorevoli ad una incursione in Epiro con poche truppe e pochi mezzi, incursione che avrebbe dovuto dare, appoggiata da ribellioni alle spalle delle truppe greche e a una deficiente volontà di resistenza del Governo Ellenico, gli stessi risultati dell'operazione studiata dallo S.M. con lo impiego delle 20 divisioni.
Per controbilanciare le iniziative e la penetrazione germanica nei Balcani e nella convinzione che le condizioni favorevoli previste fossero realtà, fu decisa la guerra alla Grecia. Il Duce convocò una riunione a Palazzo Venezia per il 15 ottobre 1940: vi parteciparono il Ministro Ciano, il Luogotenente Jacomoni, il Maresciallo Badoglio Capo di S.M. Generale, i Generali Soddu, Roatta e Visconti Prasca, quest'ultimo comandante delle truppe in Albania.
Ne risulta che il generale Visconti Prasca espose un suo piano d'azione (operazioni con le 6 divisioni schierate a Sud) che garantiva l'occupazione dell'Epiro e del passo di Metzovo, sulla catena montagnosa del Pindo, per tagliare le comunicazioni tra le truppe greche dell'Epiro e le forze provenienti dalla Macedonia.
Tutti approvarono: i favorevoli (Ciano ed Jacomoni) e i contrari (Badoglio, Roatta per lo S.M. e Soddu per il Ministero della guerra). L'azione fu decisa in un primo momento per il 26 ottobre, poi rimandata al 28, giorno in cui fu realmente presentato l'ultimatum alla Grecia.
A dimostrare l'incondizionata approvazione di Badoglio, riportiamo integralmente la lettera da lui indirizzata al Generale De Vecchi, in quel periodo governatore delle isole italiane in Egeo:

Comando Supremo - Il Capo di S.M. Generale» - 22/10/1940
Caro De Vecchi,
Il 28 ha inizio la spedizione punitiva contro la Grecia. Questi greci avranno il trattamento che si sono meritati. Certamente vi sarà una reazione della flotta e dell'Aviazione Inglese: ben vengano, siamo pronti a riceverli. Per l'Egeo sto tranquillissimo, ci siete voi ed i vostri magnifici soldati. A partire dalla mezzanotte del 27-28 silurate tutto quello che porta bandiera greca.
Viva l'Italia, viva il suo Re Imperatore, viva il Duce.
Vostro affezionatissimo Badoglio.[1]

Malgrado la contrarietà, nello Stato Maggiore si fece strada la speranza in facili risultati e - invece di pensare all'organizzazione per la riuscita della campagna - ebbe inizio una sorda guerra interna per l'accaparramento dei posti di comando che avrebbero potuto fruttare avanzamenti ed onori a buon mercato e superamento dei concorrenti nei posti dell'annuario.

Dopo un breve balzo vittorioso in territorio nemico, che durò dal 28 ottobre alla prima decade di novembre, si scatenò la controffensiva greca; da questo momento l'iniziativa fu esclusivamente del nemico che, per la vicinanza delle riserve e la facilità delle comunicazioni, aveva raggiunta la superiorità numerica delle forze e dei mezzi.

Da parte italiana invece, l'afflusso delle altre divisioni (binarie, anziché ternarie come le greche) fu lento e soprattutto disordinato; i reparti appena sbarcati, senza automezzi e salmerie, nell'urgenza dei momenti critici, vennero gettati nelle fornace a tamponare le falle prodotte nello schieramento e impiegati a spizzico. Ne conseguì un frammischiamento di battaglioni, compagnie e addirittura di plotoni. Di questa forma di impiego risentirono in modo particolare le Legioni ed i Battaglioni CC.NN. che quasi mai furono impiegati come reparti a sé stanti nelle divisioni in cui erano inquadrati e passarono, secondo la necessità del momento in quella -dura lotta, alle dipendenze tattiche di altre divisioni; restarono in linea quando queste andavano a riposo e vi rimasero passando agli ordini delle divisioni subentranti. Ne avremo una chiara dimostrazione esaminando la storia delle Legioni e dei battaglioni. Chi pagò fu il soldato: primi fra tutti granatieri, camicie nere, fanti, alpini e bersaglieri. Privi dell'appoggio delle artiglierie, per la maggior parte ippotrainate e impossibilitate a raggiungere le montagne a causa delle pessime mulattiere, e privi, per la mancanza delle salmerie. della possibilità di far giungere tempestivamente in linea le munizioni ed i viveri, i soldati italiani, in alta montagna, su rocce che ricordano l'asprezza del Carso, fra la neve alta ed il freddo intenso, in un mare di fango e sotto piogge torrenziali, scoraggiati e depressi ma comunque estremamente valorosi, si attaccarono al terreno con le unghie e lo contrastarono al greci passo per passo. Il nemico, imbaldanzito dall'inaspettato successo e anche - è doveroso riconoscerlo - dotato dI impeto, tenacia e valore, attaccò senza interruzione.

Dopo interminabili giorni e continui ripiegamenti, il fronte fu stabilizzato.

Tra i numerosi reparti della Milizia citiamo come esempio tra i tanti la 72° Legione Farini (Modena) che si distinse sul fronte greco-albanese nella difesa del Monte Kosica, che le Camicie Nere ribattezzarono *l'Alcazar della morte bianca*. Ne descriveremo le azioni per dare un'idea di come si svolse il conflitto sul fronte greco- albanese per i tanti battaglioni aggregati alle divisioni di fanteria[75].

Il giorno 7 dicembre 1940 le Camicie Nere della 72a Legione *Farini*, formata dal LXII (Modena), soprannominato battaglione *Viva la morte*, per il motto ricamato sul gagliardetto ricamato dalle donne modenesi e donato alla vigilia della partenza per il fronte, e dal CXI battaglione (Pesaro) sbarcarono nel porto di Durazzo, destinate a schierarsi sul fronte albanese tra il Monte Kosica e il lago d'Ocrida giungendo, attraverso mulattiere piene di fango e dopo sforzi sovrumani, sulla linea del fronte nelle vicinanze di Dunica. In questa zona i legionari rimarranno per alcuni mesi, in una durissima guerra di posizione.

Il periodo da dicembre sino ai primi giorni di gennaio fu dedicato alle ricognizioni tattiche, alla sistemazione delle tende e degli accantonamenti alle varie quote in Val Dunica, dove presto sarebbe avvenuto il battesimo del fuoco dei legionari. A metà gennaio si aggiungono ai reparti già schierati altre Camicie Nere, in particolare i plotoni di salmerie con i muli che si rivelarono i migliori mezzi di trasporto su quelle impervie montagne. Molti uomini si dovettero improvvisare mulattieri, uomini del plotone comando che erano partiti con diversi compiti si resero disponibili a svolgere il servizio pesante e gravoso di accudire i muli e con loro fare miracoli per compiere il trasporto di munizioni, medicinali e viveri dalla base alle linee avanzate malgrado fango e neve che arrivavano sino a metà zampa delle salmerie e il fuoco dei cecchini greci.

Le pendici del Monte Kosica erano a strapiombo e difficilissime da superare; a quota 1108 venne distaccato un plotone agli ordini del capomanipolo Florindo Longagnani assieme al II° Battaglione dell' 84° fanteria *Venezia* e alla 10° Compagnia mitraglieri della divisione *Arezzo*. In questa zona, mentre portava un ordine al Comando del settore di Dunica, a quota 1033 venne mortalmente colpita da schegge di mortaio la camicia nera Montanari Ferruccio di Vignola. Fu il primo caduto della Legione.

---

75 Per la Legione *Farini* esiste un eccellente studio di Bruno Zucchini, *Il Monte Kosika. Ara di gloria dei Legionari modenesi*, http://modenatua.xoom.it/modena_ieri_anni_della_guerra.htm#Il Monte Kosica – Ara di gloria dei Legionari Modenesi su cui si basa il presente capitolo.

Le temperature sul Kosica si mantennero sempre rigidissime e l'azione delle pattuglie ne veniva pertanto totalmente condizionata;i greci dominavano la vallata dalle quote 1475 e 1498 del monte e di frequente attaccavano le postazioni italiane che si difendevano e mantennero le loro posizioni a prezzo di notevoli sacrifici.

La difficoltà dei trasporti e degli approvvigionamenti era notevole. Per quasi due mesi le Camicie Nere dovettero accontentarsi delle razioni di viveri che consistevano in un pezzetto di formaggio, venti grammi di marmellata, un gavettino di caffè, una pagnotta e cinque sigarette, con rigidissime temperature sempre sotto lo zero.

Il 5 gennaio ebbe luogo uno dei più ardimentosi attacchi delle Camicie Nere alle quote alte del monte Kosica:

Alla legionaria, scrisse un testimone, *con lo sprezzo del mortale pericolo ereditato dagli arditi della grande guerra , con un ardore che accende il sangue e lo sommuove come un fervido sole di vendemmia fa con l'uva ribollente nei tini, gli arditi fascisti attaccano il trincerone.*

Il trincerone venne raggiunto di slancio ma i greci si difesero con rabbiosa decisione e con l'aiuto delle nuove mitragliatrici di produzione britannica e di freschi rinforzi riuscirono a ricacciare le Camicie Nere sulle loro posizioni di partenza. Immediatamente dopo vi fu il contrattacco dei greci che venne in parte rintuzzato. Ma la compagnia perse una trentina di uomini, tra feriti più o meno gravi e congelati. Quattro camicie nere furono date per disperse: i legionari Giorgio Crabbia, Pietro Bellei, Francesco Gherardini e Marino Bonazzi, ma dopo tre giorni, senza viveri e senza medicinali per curare uno di loro rimasto ferito, dopo essere rimasti nella cavità di una grossa roccia, riuscirono a ritornare nelle linee italiane.

In un ulteriore attacco alle postazioni greche rimase gravemente ferito, colpito in pieno da una rosa di schegge di mortaio, il comandante della compagnia, il Centurione Ermanno Sacerdoti-Grassi.

I greci erano schierati su postazioni sovrastanti quelle italiane ed erano cinque volte superiori di numero rispetto ai circa cento legionari modenesi che si scagliarono avanti con impeto indomabile: una raffica di mitragliatrice colpì in pieno la camicia nera Michele Bollettini e altri rimasero feriti, ma i comandanti delle squadre e dei plotoni Tonino Zoboli, Gustavo Lami, Adolfo Muzzarelli e Armando Bosi portarono i loro uomini sin sull'orlo della trincea nemica che attaccarono con bombe a mano: le perdite avversarie furono moltissime ma anche molti militi giacquero sul terreno: la battaglia proseguì per tutto il giorno e alla notte i resti della compagnia si attestarono sui costoni, sino al momento in cui, con il sopraggiungere dei rinforzi, riuscirono ad attestarsi su una linea difensiva più solida.

I caduti ed i feriti furono numerosi, e così gli atti eroici come quello del legionario Tonino Zoboli, o di Domenico Pini che pur feriti continuarono a lanciare bombe sino all'esaurimento della dotazione.

Poi per il mese di gennaio riprese la normale *routine* di vigilanza sulle linee e di qualche scaramuccia per rintuzzare sporadici attacchi greci.

La Camicia Nera Edoardo Monterastelli, da civile operaio meccanico di Fanano, tenne un diario di quei drammatici giorni sul Kosica e così descrive la vita sotto la tenda su quei costoni impervi e desolati:

Il giorno stà per finire. Il cielo è sereno, ma l'aria è gelida: I teli all'interno luccicano di uno strato di ghiaccio che li fa sembrare d'argento. " Oh telo di tenda, debole come una ragnatela, sembri a noi una fortezza inespugnabile. Tu ci ripari dal vento, dalla neve e ci dai l'impressione di difenderci anche dal piombo nemico. Abbiamo fiducia in te, fratello telo, che fermi sul nostro capo il vento di gelo e di morte che fuori infuria.

Il mese di febbraio fu gelido come i precedenti, e le Camicie Nere lo trascorsero sotto i bombardamenti dell'aertiglieria ellenica ed a rintuzzare i frequenti attacchi nemici.

Molti battaglioni si trovavano in prima linea da oltre tre mesi e in condizioni veramente difficili per il freddo, l'acqua, il gelo, la neve. Molti legionari si ammalarono e congelamenti, febbri ed anche dissenteria provocavano vuoti nei ranghi.

Le azioni delle pattuglie della 72a Legione *Farini* erano frequenti; le posizioni erano sulle varie quote del Monte Kosica dove erano dislocate e precisamente a q. 1033, q. 1214, q. 1333 dove era situata la Madonnina del Kosica e a q. 1434. I piccoli villaggi dei dintorni venivano tenuti sotto controllo per evitare che vi si installassero reparti dell'esercito greco, pertanto, in vari punti vennero creati posti avanzati per il controllo e la difesa degli sbocchi verso valle che non devono cadere in mano nemica. Di tanto in tanto si davano il cambio con i legionari del battaglione gemello (Pesaro) sistemati nel paesino di Dunica a quota 900 metri. L'operare delle pattuglie, specialmente per quelle impegnate di notte, si dimostrò un compito snervante a causa della tensione di improvvise imboscate o di scontri diretti con il nemico.

Nelle giornate del 12 e 13 febbraio avvennero numerosi attacchi dei greci alle postazioni dei modenesi e le linee italiane vennero sconvolte da un furioso fuoco di artiglieria e mortai: quegli attacchi trovarono la morte le Camicie Nere del LXXII battaglione Gasparini, Vecchi, Dondi e Gilli mentre molti furono feriti; vennero particolarmente colpite quota 1033 e 1333. La controbatteria dell'artiglieria italiana non si fece aspettare e le postazioni greche vennero tenute per alcune ore sotto un fuoco incessante. La battaglia era divampata su tutto il settore. In un primo tempo i greci riuscirono a penetrare nelle linee italiane a quota 1333 ma da qui furono ricacciati indietro dal fuoco delle mitragliatrici delle Camicie Nere.

Le trincee delle Camicie Nere si trovavano ad una distanza di circa 150 metri da quelle greche, mentre le postazioni avanzate delle vedette, erano a non più di 70 metri.

In una relazione al Comandante il Settore Occidentale di Dunica, il Console Petti, comandante della 72a Legione *Farini*, faceva presente la situazione difficile, dopo tre mesi di permanenza al fronte durante un inverno particolarmente gelido, dei suoi reparti che, tra morti (13), feriti (51) e ammalati (84) si trovava ad essere particolarmente decimato e pertanto chiedeva un periodo di riposo. Durante i primi giorni di marzo avvennero numerosi scontri di pattuglie e scambi ripetuti delle artiglierie mentre i legionari attendevano il cambio. Pochi giorni prima di andare a riposo, i legionari subirono un improvviso attacco greco, e dopo un furioso fuoco di artiglieria da una postazione greca a q. 1461, partirono rabbiose raffiche di mitragliatrice che presero d'infilata, in fondo ad un breve sentiero scoperto, un gruppo di legionari che stavano per avvicinarsi ad una piccola fonte di acqua torbida. Una quindicina di questi, al settantesimo giorno di permanenza in linea sul fronte, rimasero a terra colpiti. Tre di loro persero la vita: i capisquadra Ramini e Pastorelli e la Camicia Nera Vezzali.

Il 16 marzo, era l'ultimo giorno in linea e i greci per quasi tutto il giorno tennero sotto il fuoco delle loro batterie i legionari; la Camicia Nera Vittorio Goldoni fu l'ultimo caduto sul caposaldo sul Monte Kosica; così aveva scritto in una lettera alla famiglia trovatagli in tasca

..abbiamo già avuto il cambio, stanotte lasciamo la linea e quando questa vi arriverà saremo a riposo molto lontani dal pericolo.

Finalmente i legionari vennero sostituiti dalle Camicie Nere dei battaglioni LXXX (Parma) e LXXXII (Forlì) e si trasferirono a Qukes sul vicino lago di Ocrida.

Nei primi giorni di aprile, dopo un breve periodo di riposo e dopo che i reparti erano stati rinforzati dai complementi appena giunti dall'Italia a seguito delle perdite sul Kosica, la 72a Legione si rimise in marcia, sulla base di un ordine improvviso, per raggiungere nuovamente la prima linea. Si andarono a disporre lungo la linea che andava dal Kosica al Lago Ocrida, mentre la LXII compagnia mitraglieri, comandata dal centurione Ermanno Tusini, che da poco tempo era arrivato in Albania, si dispose nel settore tra il Kungullit- Breshenikut e il LXII battaglione *Viva la morte* raggiunge il Kalase: così i due reparti modenesi, che in quei giorni ricevettero la visita del Console Calzolari e di Roberto Farinacci, furono schierati uno fianco all'altro.

In quei giorni, dopo continui duelli di artiglieria su tutto il fronte i greci compirono un tentativo di sfondamento nel settore del Kungullit dove era schierato la LXII compagnia mitraglieri. La lotta divampò furiosa: varie compagnie rimasero isolate e numerosi furono i corpo a corpo tra greci e legionari. Il 1° plotone, comandato dal capomanipolo Renzo Gemma, il 2° plotone al comando del capomanipolo Mauro Gatti, il 3° plotone comandato dal capomanipolo Branco Piacentini e il plotone comandato dal capomanipolo Aldo Giovannardi, vennero a trovarsi al centro dell'attacco nemico. Un violentissimo bombardamento nemico, preparatorio all'assalto, sconvolse le linee delle Camicie Nere. Molte mitragliatrici furono messe fuori uso dal violentissimo fuoco dei greci e molti legionari vennero messi fuori combattimento. Alcune compagnie vennero completamente distrutte. Con un numero preponderante di uomini il nemico attaccò furiosamente ma alcuni gruppi di Camicie Nere, già completamente accerchiate riuscirono ad aprirsi un varco, usando pugnali e bombe a mano, attraverso le fanterie nemiche riuscendo a raggiungere una posizione leggermente arretrata tenuta dall'ultimo plotone mitraglieri ancora efficiente. Poi verso sera, con l'intervento del CXI° battaglione di Pesaro venne sferrato il contrattacco, che riuscì a rigettare indietro le fanterie greche che lasciarono sul terreno molti caduti. I Legionari superstiti del LXII in linea erano circa 150. Dopo i furiosi combattimenti si contarono 8 morti sessantatré feriti e 16 dispersi. Dei cinque Ufficiali della Compagnia: 1 morto 3 feriti e 1 disperso.

Numerosissimi furono gli atti di valore, tanto che la compagnia ebbe una Medaglia d'Oro assegnata al giovanissimo *balilla* Arturo Galluppi, tre d'argento, sette di bronzo oltre a numerose croci di guerra al valore. Caddero in quella furiosa battaglia oltre alla giovane camicia nera Arturo Galluppi, le camicie nere: Irmo Righi, Donato Toni, Ettore Lusetti, Mario Lanzotti, Remo Vandelli, Giovanni Cadignani, Ettore Vezzani e il capomanipolo Mauro Gatti.

Il reparto schierato sul Kalase era stato sistemato su di una specie di altipiano argilloso, sconvolto dalle bombe e con attorno boschi di castagni, tutti colpiti e frantumati dall'artiglieria. In quei giorni entrò in guerra anche la Jugoslavia e i reparti modenesi vennero a trovarsi in una zona delicatissima, esattamente al confine con la Grecia e la stessa Iugoslavia. Come già avvenuto sul vicino Kongullit anche sul Kalase, dopo un fortissimo fuoco di artiglieria, si scatenò furioso il combattimento e tantissimi furono gli scontri ravvicinati con i greci: numerosi feriti; rimasero sul terreno il caposquadra Vezzani Nello, e le camicie nere Givera , Zanni e Zanella.

Il giorno 13 aprile, giorno di Pasqua, dopo logoranti combattimenti, terminò in sostanza la lotta su quelle montagne.

Infine, contemporaneamente all'attacco germanico contro la linea Metaxas, iniziò l'offensiva finale italiana: su tutto il fronte, l'inseguimento dei greci divenne frenetico; furono riconquistate tutte le posizioni di confine e vennero fatti moltissimi prigionieri. Sulle alture di Borova i legionari si scontrarono con un forte sistema difensivo; il giorno 19 aprile nel pomeriggio iniziò l'attacco per debellare la forte resistenza greca : caddero il Centurione Felice Sarzano, il capomanipolo Umberto Bonacini e le camicie nere Righetti e Bolelli, oltre ad alcuni feriti .

Tornando indietro all'inizio del 1941, nella val Desnizza l'attacco greco sviluppatosi con obiettivo Berati, raggiuse Klisura il 12 gennaio, ed arrivò sino allo Spadarit, ma qui, nella prima decade di febbraio, veniva definitivamente arrestato dagli alpini della *Julia*, dai fanti della *Pinerolo* e dalle Camicie Nere bresciane della Legione *Leonessa*. Vale la pena di riassumerne l'operato.

Il 24 gennaio 1941 la 15a Legione *Leonessa* iniziò il trasferimento in Albania, mentre era in corso l'offensiva greca verso Tepeleni, e fu destinata a Berati. Il 31 gennaio la *Leonessa* venne assegnata dapprima alla divisione *Siena* e poi, agli inizi di febbraio alla divisione *Pinerolo* che schierò entrambi i battaglioni della *Leonessa* a Bregu Scialesit dove era in corso un duro attacco greco. Il XIV battaglione CCNN (Bergamo) raggiunse presto la linea dando il cambio le esauste forze presenti. Immediatamente impiegata in combattimento il XIV battaglione CCNN della *Leonessa* registrò nella stessa giornata nove caduti di cui tre ufficiali.

Il XV battaglione (Brescia) inviato la sera stessa, sotto una violentissima pioggia che impediva qualsiasi orientamento, perse la strada e raggiunse la linea solo il mattino del 5 febbraio venendo anch'esso immediatamente impiegato in combattimento. Gli assalti greci continuarono anche i giorni seguenti venendo però fermati dalle Camicie Nere; un contrattacco italiano effettuato il 7 febbraio fallì e furono gravemente feriti i centurioni Giovanni Cadè, un veterano di Zanica della prima battaglia del Tembien che che comandava la 2ª compagnia, e Giuseppe Pesenti Griffi, che venne decorato di Medaglia d'Oro al Valor Militare.

Per alleggerire la situazione della *Leonessa* fu impiegata la 105ª Legione *B. Mogioni* (Orvieto) in un attacco che però non ebbe successo. Il 9 febbraio i greci attaccarono frontalmente le posizioni italiane venendo però respinti e subendo numerose perdite. Un nuovo violentissimo attacco greco, preceduto da un bombardamento di artiglieria, fu scatenato l'11 febbraio ed anche questa volta fu respinto all'arma bianca. Nei combattimenti venne ucciso il centurione Francesco Manassero che fu proposto per la medaglia d'oro. Dopo diversi giorni di pioggia gli italiani poterono preparare il primo rancio caldo. I greci sferrarono altri attacchi il 12 e il 13 febbraio, che vennero respinti dalle Camicie Nere. La sera del 13 la Legione *Leonessa* ottenne il cambio da parte dei fanti della *Cagliari* durante il quale avvenne un ultimo attacco greco che fu nuovamente respinto dai legionari.

Dall'ottobre 1940 all'aprile del 1941, come detto, la M.V.S.N. impiegò in combattimento, contro l'esercito greco e negli ultimi giorni anche contro quello iugoslavo, ben 56 battaglioni. Dl questi ne perdette 27, di cui 20 di complementi assorbiti per riparare le perdite e 7 per lo scioglimento dl battaglioni ridotti agli estremi (battaglioni XIX - XXVII - CXII - CXIV - CXXI - CXXX - CLIII).
Ciò significa che nel sei mesi della campagna d'Albania le CC.NN. ebbero una altissima percentuale delle perdite fra caduti, feriti, dispersi e congelati. Queste documentazioni dovrebbero far riflettere sul contributo volontariamente dato alla Patria da questi uomini, che al di sopra delle loro idee politiche, al dl là degli affetti familiari e degli interessi personali, dimostrarono dl. essere unicamente dei veri italiani e dei magnifici soldati.
In riconoscimento del suo valido e sanguinoso contributo alla dura guerra sul fronte greco, il giorno della vittoria la Milizia ebbe il suo meritato premio.
Nel reggimento di fanteria di formazione destinato a sfilare in parata ad Atene, insieme ad altri quattro battaglioni (del 31° e del 47° Fanteria, del 3° Granatieri di Sardegna e d'Albania, ed uno di bersaglieri) figurava un battaglione di CC.NN. costituito con elementi in rappresentanza dl varie Legioni. Il reggimento così formato fu affidato al comando del Colonnello comandante del 31° Reggimento Fanteria.
Ciò che colpì gli Stati Maggiori della Milizia e dell'Esercito fu la maggiore combattività di alcune legioni d'assalto, per esempio la 15a *Leonessa*, che sconfisse sempre i greci che si trovò di fronte, la 30a Legione d'assalto, e soprattutto le Camicie Nere del Raggruppamento *Galbiati* (dal nome del comandante, Console generale Enzo Galbiati) formata da tre battaglioni CC.NN. da montagna lombardi (VIII btg., Varese; XVI btg.,Como e XXIX btg., Arona).
Il Raggruppamento era nato quando, stante la cattiva situazione delle truppe italiane sul fronte greco, il Console Generale Galbiati, che, distintosi nella conquista dell'Impero sul fronte somalo al comando della 219a Legione *Vittorio Veneto*, formata da veterani della Prima Guerra Mondiale, nel presente conflitto svolgeva incarichi di collegamento tra la Milizia ed il comando dell'11a Armata, richiese ai generali Geloso e Cavallero di poter ottenere un comando operativo di truppe d'assalto, Galbiati aveva prestato servizio come ufficiale degli Arditi divisionali della brigata *Sassari*, le sole che con una adeguata motivazione potessero essere in grado di reggere e contrattaccare, come avvenuto con i Reparti d'Assalto della Grande Guerra. Reparti della Milizia, ovviamente: ma per ottenere un tale comando occorreva una disponibilità di reparti di Camicie Nere che sul fronte greco- albanese non esisteva. Galbiati allora, saltando la via gerarchica, inviò una richiesta direttamente al Duce e pochi giorni dopo giunsero a Valona imbarcati su alcuni cacciatorpediniere, tre battaglioni di Camicie Nere I battaglioni erano, come detto:

VIII Btg. CC.NN. Varese - C.te Primo Seniore Leopoldo Gagliardi
XVI Btg. CC.NN. Como - C.te Seniore Ferdinando Vanini
XXIX Btg. CC.NN. Arona - C.te Primo Seniore Ferruccio Bonapace (MOVM alla Memoria),

con i quali Galbiati iniziò la costituzione quel Raggruppamento che prese il suo nome e che si coprì letteralmente di gloria tanto da essere ripetutamente citato nei bollettini di guerra ed anche dallo stesso Mussolini, il 10 giugno 1941, in un discorso alle Gerarchie del Partito alla Camera dei Fasci e delle Corporazioni in occasione del primo anniversario dell'entrata in guerra[76].
Il Raggruppamento Galbiati si nacque ufficialmente in Valona il 24 Dicembre 1940. Si trattava di reparti eccezionali, pur senza avere un armamento adeguato, ma con un morale fortissimo, le cui prestazioni ricordavano quelle degli Arditi della Grande Guerra, soprattutto in un momento di grave crisi per le armi italiane. I tre battaglioni di Galbiati e altre unità di Camicie Nere si dimostrarono più efficienti nei combattimenti montani anche di grandi unità, raggiungendo risultati migliori di intere divisioni di fanteria, come nella battaglia di Maritzait (Marizai) del 13 febbraio 1941 quando il Raggruppamento Galbiati, appoggiato dal II° battaglione mortai del 54° fanteria *Sforzesca* e da due gruppi artiglieria riuscì da solo, battendosi ferocemente all'arma bianca, a stroncare l'impeto offensivo della

---

76 Ecco il passo del discorso di Mussolini: *Il 13 febbraio l'avversario iniziava l'offensiva su Tepeleni, attaccando il nostro schieramento sullo Scindeli. Attaccante era una divisione speciale, la Cretese, che fu quasi letteralmente distrutta dai fanti della Sforzesca e dalle camicie nere del raggruppamento Galbiati.*

migliore divisione greca, la *Kritai*, sino ad allora imbattuta, il cui compito era lo sfondamento del fronte italiano e la conquista, ritenuta ormai certa dai comandi ellenici, di Valona. Gli scontri si conclusero solo il 23 febbraio, dopo dieci giorni di lotta feroce. Per la prima volta i greci erano stati sconfitti.
La battaglia di Maritzait venne considerata la data di nascita "morale" dei battaglioni *M* anche nel loro inno:

> *Contro l'odio c'è il sangue e fa la storia,*
> *contro i ghetti profumano i giardini,*
> *sul mondo batte il cuor di Mussolini,*
> *a Marizai il buon seme germogliò!*

Dal 16 al 23 aprile successivo il Raggruppamento Galbiati si distinse nuovamente nell'occupazione di Valle Drino durante l'offensiva finale, affiancato dalla 26a Legione *Alberto da Giussano* di Gallarate, che faceva parte della divisione *Legnano*.
Galbiati ricevette l'Ordine Militare di Savoia e la terza medaglia d'Argento al Valor Militare, con la seguente motivazione:

Comandante di raggruppamento camicie nere, che sotto il suo impulso animatore aveva già dato numerose prove di valore e di virtù guerriere, durante un'offensiva riusciva a travolgere l'avversario, che opponeva accanita resistenza, conquistando importanti posizioni fortemente apprestate a difesa. Rotto il fronte, con pronto intuito e felice iniziativa, si poneva arditamente alla testa dei suoi battaglioni e, superando numerose zone minate e sbarramenti anticarro, valorosamente guidava le camicie nere alla conquista di altri importanti capisaldi. Agganciato il nemico, nonostante la tenace reazione e le forti perdite, con azioni pronte e decise, riusciva a porlo definitivamente in fuga, contribuendo, in modo efficace, alla vittoria.

Fronte greco, 16 – 23 aprile 1941 XIX.

Analoghi risultati il Raggruppamento li ebbe nella battaglia di Valle Drino all'alba del 17 aprile, sfondando le linee greche (ciò che agli italiani non era mai riuscito dall'inizio della campagna) e dando inizio all'offensiva finale che, insieme all'offensiva tedesca, portò alla resa della Grecia.
Le prove del tutto inaspettate fornite da alcuni reparti fortemente motivati e, a differenza dei finti *volontari* di cui parla Berto e di taluni battaglioni aggregati all'Esercito, caratterizzati da una fortissima motivazione politica portò il Comando Supremo e la Milizia ad un ripensamento circa i battaglioni da impiegare al fronte, riprendendo le esperienze dei battaglioni di Arditi della guerra 1915-18.
Nello stesso periodo oltretutto anche le Waffen SS tedesche si stavano dimostrando, nonostante l'opposizione della Wehrmacht, tra le migliori unità tedesche, ed il Comando Supremo cercò di tener conto di quell'esperienza[77].
Bisognava migliorare, fondandosi sulle esperienze fatte sino a quel momento, le unità delle Camicie Nere, aumentando la selezione e scegliendo il personale più adatto fisicamente e moralmente e con una maggiore fede fascista, soprattutto si dovevano scegliere i militi che in combattimento avessero dato maggiore prova di combattività, d'ardimento e coraggio, migliorandone armamento ed inquadramento secondo le nuove esigenze e gli insegnamenti tratti dalle esperienze fatte sino ad allora.
I nuovi battaglioni avrebbero ricevuto l'appellativo onorifico di *M*, ed al posto dei fasci sulle fiamme nere avrebbero portato la *M* autografa mussoliniana smaltata di rosso[78]; al posto del labaro della normale M.V.S.N. l'insegna sarebbe stata una fiamma nera a due punte, dello stesso modello di quella dei battaglioni d'assalto della Grande Guerra, con la scritta *Seguitemi!* e la *M* rossa con fascio sul lato sinistro ed il numero del battaglione sull'altro.

Come scrissero i Consoli Lucas e De Vecchi, *gli uomini che formarono i Btgg "M" erano dei soldati veri: erano partiti volontari in camicia nera, e questo allora era relativamente facile, combattendo in camicia nera, cosa meno facile, e molti di essi erano morti in camicia nera, cosa molto più difficile. Erano quelli che non parlavano, ma si arruolavano e partivano, sapendo di andare volontariamente anche verso la morte*[79].

---

77 U. Cavallero, *Diario 1940-1943* (a cura di G. Bucciante), Roma, 1984, pp.200-201; 234-235.
78 La *M* significava semplicemente Mussolini, e si ispirava alla Leibstandarte Adolf Hitler delle Waffen SS, cui Cavallero si ispirò per i battaglioni *M*. La forma stessa della *M* riprende la ben nota firma del Duce. Le ipotesi che la *M* stesse per *mobile* o addirittura per *morte* non rispondono assolutamente al vero.
79 Lucas, De Vecchi 1976, p.428.

Anche dal punto di vista fisico gli uomini dei battaglioni M si distinguevano dal resto della Milizia, poiché i legionari non potevano avere un'altezza inferiore al metro settanta, superiore alla media italiana dell'epoca: l'altezza minima per entrare a far parte delle FFAA era 1.53 cm (l'altezza del Re); solo pochi reparti avevano un limite d'altezza minimo, tra essi ovviamente i Granatieri di Sardegna (1.80)- ma non i Granatieri di Savoia in A.O.I., per ovvi motivi legati alla scarsità di personale- ed i Carabinieri Guardie del Re, ossia i Corazzieri.

A proposito della nuova concezione riportiamo un passo del diario del Capo di Stato Maggiore Generale, gen. Ugo Cavallero, anche perché esprime concetti sino ad ora non abbastanza sottolineati circa i nuovi battaglioni da impiegare in Russia, il cui impiego era già chiaro a Cavallero e che qui, per quel che ci consta, sono espressi per la prima volta:

19 GIUGNO- Ricevo il tenente colonnello Fornara. Argomenti: grandi unità per la Russia. Due soluzioni: o due divisioni autotrasportate ed una celere ovvero una celere i due trasportabili. Si propende per la seconda soluzione; invece del corpo d'armata speciale sarebbe preferibile l'autotrasportabile Zingales: la milizia deve diventare una specie di S.S. (Schutzstaffelen [80]): scaglioni di difesa e guardia armata della rivoluzione e qualche unità che entrerebbe nell'esercito. Divisione tipo "Adolfo Hitler"[81].

Riprendo il colloquio con Fornara. Rientro della milizia nell'esercito. Non concordo. Deve diventare una S.S. (...) Alle 18 ricevo l'eccellenza Galbiati. Argomenti: mio criterio circa la M.V.S.N. Noi dobbiamo avere per ogni corpo d'armata una legione motocorazzata di milizia con addestramento perfetto (3 anni di ferma). Galbiati propone di sostituire alla parola legione la parola gruppo; guardia del Duce: una divisione motocorazzata e cioè 20 battaglioni S.S. scelti tra i battaglioni esistenti[82]. I reclutati tra volontari che lo fanno solo per accaparrarsi un posto non vanno. La divisione deve pensare in profondità. S.S. deve avere una organizzazione corrispondente a un certo numero delle attuali legioni. Devono essere permanenti e stare in un campo d'addestramento; addestramento non può essere a parte. Occorre unico indirizzo. Non si possono proporre dei corazzati senza i mezzi necessari. Conclusione: noi dovremmo avere: a) S.S. (con nome italiano, però); b) divisione del Duce; c) unità di massima da assegnare ai corpi d'armata. Ferma non meno di due anni; reclutamento attuale: da gente che ha fatto la guerra; modo per allettare la gente: futuro impiego nella M.V.S.N. territoriale.

 Galbiati si dichiara entusiasta della organizzazione che ho proposto[83].

Galbiati era divenuto Capo di S.M. della Milizia il 17 aprile 1941, succedendo ad Achille Starace, dimissionato ufficialmente per aver indossato un distintivo di ferita non autorizzato (Starace era stato effettivamente ferito, ed aveva diritto al distintivo, ma l'aveva fatto cucire sulla divisa prima dell'autorizzazione), ma in realtà, ricordò Galbiati, per varie ragioni, tra cui quella di non essere riuscito a sincronizzare con lo stato maggiore dell'esercito e rimanere quindi inascoltato nelle sue richieste di maggiore valutazione e potenziamento della milizia.

La data di istituzione dei battaglioni M non è chiara, secondo talune fonti il 10 aprile 1941[84], secondo altre l'ottobre dello stesso anno.

Quest'ultima data è assolutamente errata: Cavallero, in un colloquio con Galbiati il dodici settembre cita espressamente *i battaglioni M già costituiti* (3 a Roma[85] e due a Fregene): ad ottobre vennero in realtà completati i battaglioni dei Gruppi Galbiati e *Leonessa*.

D'altra parte la data del dieci aprile è parimenti errata: in quella data non venne emesso alcuna disposizione in tal senso, e ancora nel giugno, come s'è visto, Cavallero parla ancora, genericamente, di *S.S. (con nome italiano, però)*.

Infatti ad aprile venne deciso di addestrare i battaglioni dei due Gruppi suddetti in maniera speciale, tale da renderli particolarmente efficienti, ma se l'idea già esisteva in nuce, ancora non era nata la de-

---

80   Sic! Prob. si tratta di un refuso di stampa, Cavallero parlando correntemente il tedesco.

81   Ovvero 1. SS Panzerdivision *Leibstandarte Adolf Hitler*. Come detto in una nota precedente proprio per analogia alla divisione *LSSAH* i battaglioni vennero denominati M[ussolini]

82   La divisione corazzata M, equipaggiata con carri tedeschi venne effettivamente istituita nel 1943 con i battaglioni reduci dal fronte russo.

83   Per inciso, ciò smentisce chi, contro ogni documento storico, sostiene che Hitler informò gli italiani dell'Operazione Barbarossa *dopo* il suo inizio, ma fossero invece già allo studio le forme di un intervento italiano in Russia.

84   D. Del Giudice, "L'85° Battaglione Camicie Nere. Storia ed impiego dal 1937 al 1945", *Storia e battaglie* 22 (2003), p. 23.

85   Il raggruppamento Galbiati con i battaglioni. M VIII°, XVI° e XXIX°, nel Campo addestramento Battaglioni M di Trastevere

nominazione di battaglioni M né la particolare struttura organica.

La prima menzione fatta dal generale Cavallero nel suo diario è appunto quella del 12 settembre. Cavallero infatti era tornato sull'argomento delle S.S., ormai già chiamate battaglioni M, con Galbiati:

12 SETTEMBRE- Alle 9 ricevo l'eccellenza Galbiati (...)

I battaglioni M già costituiti (3 a Roma e 2 a Fregene) sono selezionati, ben addestrati, hanno fatta la guerra. Manca l'armamento (armi da accompagnamento, anticarro e lanciafiamme). Galbiati chiede questi mezzi. Faccio presente la scarsità che abbiamo. Il Duce ha ordinato di formare 16 divisioni, ma lo stato maggiore ne può fare solo 6 e le altre saranno soltanto stanziali. Ciò premesso, per andare incontro chiedo l'elenco dei materiali occorrenti, facendo presente che non vedo però la necessità degli anticarro. A mio parere i battaglioni M dovrebbero essere tipo S.S. (polizia politica). Risponde che lui intenderebbe dare invece reparti di guerra che però possono essere impiegati sempre per scopi militari. A mia volta dico allora che prepari i reparti M con caratteristiche di assaltatori. Concorda e dice che ne vuol fare 100 in tre anni. Criterio dell'eccellenza Galbiati sui battaglioni M: i battaglioni M stanno nella milizia come i carabinieri stanno all'esercito e come gli Alpini stanno alla fanteria. Incarico Fornara di vedere se si può dare per i battaglioni M almeno qualche arma per l'addestramento.

L'ultima frase ci pare indicativa della differenza tra italiani e tedeschi, la disponibilità di un armamento adeguato.

I Battaglioni M furono dapprima quelli menzionati indirettamente da Cavallero:

VIII° (Varese); XVI° (Como), XXIX° (Arona) del Raggruppamento *Galbiati*;

XIV° (Bergamo); XV° (Brescia); XXXVIII° Armi Accompagnamento (A.A.) (Asti), del Gruppo *Leonessa*,

cui si aggiunsero poi:

VI° (Mortara); XXX° (Novara); XII° A.A (Aosta), del Gruppo *Montebello*;

V° (Tortona); XXXIV° (Savona); XLI° A.A. (Trento), del Gruppo *Valle Scrivia*.

I battaglioni CC.NN. LXIII° (Udine) e LXXIX° (Reggio Emilia) non erano M quando partirono per la Russia, ma lo divennero per merito di guerra con la trasformazione della 63a Legione *Tagliamento* in Gruppo Battaglioni M.

Altri battaglioni M furono :

X° (Voghera);
LXXXV° (Apuania);
XLII° (Vicenza);
LXXI° (Faenza);
XLIII° (Belluno);
LX° (Pola);
L° (Treviso);
LXXI° (Ravenna).

Il X° btg. M venne inviato in Tunisia nel 1943 e fu l'unico battaglione M presente in Africa; al momento della resa inglobò anche il VI° battaglione CC.NN. d'Africa: ricorda Berto, in un passo già citato, che il 13 maggio 1943 anche il VI° battaglione CCNN A. S. ricevette la qualifica di battaglione "M" il giorno stesso della resa della 1a Armata:

Il comandante ci ha mandato i distintivi "M" e l'ordine di metterci in camicia nera. Bisogna presentarsi al nemico con proprietà e fierezza[86].

Caratteristica degli M infatti era di combattere in camicia nera, a differenza di altri reparti della Milizia che portavano la camicia grigioverde o kaki con cravatta nera.

I legionari dei battaglioni M dovevano ricevere un addestramento simile a quello degli arditi della prima guerra mondiale, con l'uso di munizioni vere e grande selettività; i corsi si svolgevano presso il campo dei battaglioni M a Trastevere, comandato dal Console Generale Guia, che ricopriva il ruolo di Ispettore dei battaglioni M.

Che la realtà non fosse sempre questa lo si desume dai ricordi di Piero Calamai, del *Montebello*, che

---

86   Berto 1985, p.219

dovette essere inviato in fretta sul fronte russo senza avere il tempo di completare il proprio addestramento:

Come addestramento sparammo tre colpi di moschetto e lanciammo una bomba a mano SRCM in riva al Tevere (...) Ci insegnarono anche a cantare correttamente Giovinezza e Battaglioni M *ed infine* Vecchia Pelle, *la bellissima canzone che ci accompagnò per tutta la campagna (...)*[87]

Il *Montebello* terminò poi il proprio addestramento nelle retrovie del fronte russo:

A Millerovo fu necessario fare quello che non avevamo fatto a Roma, cioè andare all'assalto, perché questo era il nostro mestiere.

La conclusione fu che, alla fine,

Avevamo raggiunto un alto livello addestrativo, almeno pari a quello dei migliori reparti dell'esercito.

I battaglioni *M* non erano inquadrati in Legioni CC.NN. d'Assalto, ma, come proposto dal generale Cavallero a Galbiati nel colloquio del 19 giugno, in Gruppi di battaglioni i quali inquadravano due battaglioni d'assalto ed uno armi d'accompagnamento ciascuno.

La struttura di ogni battaglione *M* era:
- Plotone comando;
- Plotone esploratori;
- 3 compagnie assaltatori:
- compagnia mitraglieri.

La struttura del battaglione armi d'accompagnamento era:
- Plotone comando;
- Compagnia mortai da 81mm;
- Compagnia cannoni controcarro da 47/32.

Il Gruppo battaglioni riuniva una forza complessiva di 74 ufficiali, 112 sottufficiali e 1606 graduati e Camicie Nere per un totale di 1792 combattenti.

I gruppi *Tagliamento, Montebello, Leonessa* e *Valle Scrivia* combatterono in Russia; il X in Tunisia, mentre i battaglioni XLII°, XLIII°, L°, LX° vennero destinati *all'Operazione C3*, lo sbarco a Malta pianificato dallo Stato Maggiore Italiano per l'estate del 1942, ed addestrate di conseguenza per operazioni anfibie, costituendo un Gruppo CC.NN. *M* da sbarco.

Il Fascismo rivendicava apertamente l'italianità di Malta e gli irredentisti maltesi negli anni venti parteggiavano per il Partito Nazionalista vicino alle posizioni fasciste, opposto al Partito Costituzionale filo-britannico. L'organizzazione degli irredentisti fascisti era molto articolata e prevedeva anche sezioni delle *Organizzazioni giovanili italiane all'estero*, i cui elementi più promettenti e dotati erano inviati in Italia per migliorare la loro formazione dottrinale. Man mano che i rapporti italo-britannici andavano deteriorandosi, molti filo-italiani furono costretti all'esilio ed alcuni di questi fondarono a Roma il *Comitato Irredentista Maltese*,

Allo scoppio delle ostilità, in Italia i fuoriusciti maltesi aderirono per la gran parte al fascismo. Quelli in possesso di doppia cittadinanza si arruolarono volontari nel Regio Esercito mentre i cittadini maltesi, non potendo accedere alle forze armate italiane, vennero arruolati nella Milizia Volontaria per la Sicurezza Nazionale, in particolare nella specialità Milizia Marittima. Alcune decine di loro (tra i quali Carmelo Borg Pisani, Medaglia d'oro al valor militare alla memoria, furono addestrate nel centro militare "G" di Soriano nel Cimino (Viterbo), per diventare "Guide da sbarco" in vista dell'operazione C3, la progettata invasione di Malta.

Carmelo Borg nacque a Senglea (Malta) il 10 agosto 1915. Irredento maltese, alla dichiarazione di guerra del 10 giugno 1940, trovandosi a Roma all'Università, si arruolò come semplice camicia nera e dopo un breve periodo di addestramento partecipò all'occupazione di Cefalonia con la Compagnia Speciale del Gruppo CC.NN. da sbarco della 50a Legione. Rimpatriato nel settembre 1941, frequentò la Scuola Allievi Ufficiali a Messina e nominato Sottocapomanipolo nell'aprile 1942, a domanda, passò alla Milizia Artiglieria Marittima, dipendente dal Ministero della Marina. Incaricato di compiere una

---

[87] P. Calamai, in P. Calamai, N. Pancaldi, M. Fusco, *Marò della Xa Flottiglia MAS*, Bologna 2002 p.28

speciale missione a Malta nell'imminenza dell'Operazione "C 3", raggiunta l'isola, dopo alcuni giorni fu riconosciuto e catturato. Processato da un Tribunale di Guerra inglese fu condannato all'impiccagione: sentenza eseguita nel carcere maltese di Corradino il 28 novembre 1942[88]. Ecco la motivazione della Medaglia d'Oro alla Memoria, concessa motu proprio dal Re, che erroneamente parla di fucilazione:

Carmelo BORG PISANI
Sottocapo Manipolo Milizia Artiglieria Marittima
Medaglia d'oro al Valor Militare alla memoria
Irredento maltese e, come tale esente da obblighi militari, chiedeva ripetutamente ed otteneva di essere arruolato, nonostante una grave imperfezione fisica.
Come Camicia Nera partecipava alla campagna di Grecia, durante la quale contraeva una infermità per cui avrebbe dovuto essere sottoposto ad atto operatorio, al quale si sottraeva per non allontanarsi anche solo per pochi giorni dal campo di battaglia. Conseguita la nomina ad ufficiale della Milizia Artiglieria Marittima, chiedeva insistentemente di essere utilizzato in una rischiosissima impresa di guerra, alla quale si preparava in lunghi mesi di allenamento e di studio, in perfetta serenità di spirito e in piena consapevolezza della gravità del pericolo. Catturato dal nemico, riaffermava di fronte alla Corte Marziale britannica di Malta la sua nazionalità italiana e condannato all'impiccagione, saliva al patibolo al grido di: "Viva l'Italia". Fulgido esempio di eroismo, di fede, di abnegazione e di virtù militari, che si riallaccia alle più pure tradizioni dell'irredentismo.
Malta, 1942

Gli ufficiali maltesi della MilMart vennero destinati ai compiti d'istituto della specialità, ma mordevano il freno; il sottocapomanipolo Ivo Leone Ganado, particolarmente insofferente, chiese ripetutamente di essere trasferito al fronte per essere impegnato direttamente in combattimento contro gli inglesi, pur sapendo di rischiare l'impiccagione in caso di cattura. Dopo molte insistenze fu accontentato; combatté in Africa Settentrionale. Al suo ritorno a Malta, su richiesta del Tribunale, fu processato per alto tradimento e per altre imputazioni minori, il tutto aggravato dall'aver aderito alla Rsi, cosa che fu documentata con la testimonianza di ex-partigiani fatti venire apposta dal Veneto;
e loro biliose affermazioni non raggiunsero il segno e fu tale il disprezzo del pubblico che chiesero di essere... protetti dalla polizia.
I giurati della giuria popolare votarono tutti e nove per la piena assoluzione del fascista, nove palle bianche a favore di Ivo; ma poi si accordarono per mettere nell'urna una palla nera, in modo che ognuno potesse mantenere la segretezza del voto. Ancora una prova di...italianità dei maltesi. Ganado fu sollevato in braccio dai maltesi che affollavano l'aula e portato in trionfo per il corso di La Valletta. Ci furono altri due processi; durarono undici mesi, oltre venti imputati. Furono tutti prosciolti[89].
Dopo l'abbandono dell'Operazione C3 e l'occupazione della Francia di Vichy alla fine del 1942 i battaglioni vennero utilizzati per lo sbarco e l'occupazione della Corsica.
In seguito il XLII° ed il L° battaglioni M vennero destinati alla zona d'occupazione in Francia.
Indice della preparazione militare delle CC.NN. M da sbarco è il fatto che, dopo l'otto settembre, furono gli unici italiani a sconfiggere sul campo unità motorizzate delle Waffen SS, infliggendo notevoli perdite alla *16.e Brigade Reichsführer SS* nella zona di Bastia. Al contrario i militi del XLII° aderirono immediatamente alla Repubblica Sociale, divenendo il battaglione *IX Settembre*.

Raggruppamento Battaglioni da Sbarco M

I Gruppo
XLIII Btg. M (Belluno)

Mobilitato presso la legione *Piave*, restò di presidio fino alla decisione di trasformarlo in battaglione M da sbarco nel 1941. Il ciclo addestrativo si intensificò per tutto il 42 fino a quando venne sospesa l'operazione C3, (settembre 42). Nel novembre 42 viene inviato in Corsica e l'8 settembre 1943 si batte contro i tedeschi. Viene sciolto e il personale assegnato a reparti di fanteria.

---

88 http://www.marina.difesa.it/storiacultura/storia/medaglie/Pagine/CarmeloBORGPISANI.aspx. Su Borg Pisani, v. Laurence Mizzi, *Per il sogno della sua vita – Il sacrificio di C. Borg Pisani irredento maltese*, Roma, 1981
89 *Carmelo Borg Pisani e i fascisti maltesi*, http://www.isses.it/borg.htm

LX Btg. M (Pola)

Mobilitato presso la legione *Istria*, restò di presidio fino alla decisione di trasformarlo in battaglione M da sbarco nel 1941. Il ciclo addestrativo si svolse come per gli altri in Toscana nelle coste alte e scoscese di Calafuria, a sud di Livorno. Si intensifico per tutto il 42 fino a quando venne sospesa l'operazione C3, . (settembre 42). Nel novembre 42 viene inviato in Corsica e l'8 settembre 1943 si batte contro i tedeschi a Bastia. Viene sciolto e il personale assegnato a reparti di fanteria.

II Gruppo
(com. Console Santi Quasimodo)

XLII Btg. M (Vicenza)

Mobilitato presso la legione *Berica*, restò di presidio fino alla decisione di trasformarlo in battaglione M da sbarco nel 1941. Il ciclo addestrativo si intensifico per tutto il 42 fino a quando venne sospesa l'operazione C3, (settembre 42). Nel novembre 42 viene inviato in Corsica e il gennaio successivo nella Francia Meridionale occupata come la Corsica dalle truppe Italiane. Nel settembre del 1943 combatte contro i tedeschi.

L Btg. M (Treviso)

Mobilitato presso la legione *Trevigiana*, restò di presidio fino alla decisione di trasformarlo in battaglione M da sbarco nel 1941. Il ciclo addestrativo si intensificò per tutto il '42 fino a quando venne sospesa l'operazione C3, sbarco a Malta*. (settembre 42). Nel novembre '42 viene inviato in Corsica e il gennaio successivo nella Francia Meridionale occupata come la Corsica dalle truppe Italiane. Dopo l'armistizio si unì ai tedeschi e costituì il battaglione M *IX settembre*[90].

---

90   Il I legionari della 3a Cp. del L Btg. da sbarco di stanza a Telone, già dopo il 25 luglio '43 avevano preso contatto con le truppe tedesche, così l'8 settembre non posarono le armi ma, insieme ad altri militi del battaglione e del XLII Btg. CCNN da sbarco, si misero subito a disposizione del presidio tedesco, venendo da quel momento inseriti con la denominazione di "Compagnia Zardo", dal nome del suo comandante, nella Div. *Brandenburg*.
Da compagnia del Btg. Bansen, il 26 dicembre 1943 le CCNN di Zardo acquisirono l'autonomia e la prima denominazione di Btg. Zardo, sancita poi il 4 marzo 1944 con l'odg che confermava la nascita del battaglione.
Il reparto perciò non solo non posò mai le armi, ma di fatto divenne un reparto operativo diretto dai comandi tedeschi. Essi utilizzarono il reparto nelle retrovie del fronte italiano, al suo rientro da Telone, poi sul fronte orientale con la Div. *Brandenburg* e, dalla fine di gennaio '45, nel Veneto sotto il comando
operativo del *Banden-Kampf-Fuhrung*. Il reparto non appartenne mai quindi alla GNR, nonostante portasse le mostrine con la M rossa, ma fu assunto in forza all'Esercito della RSI, anche se solo per quanto
riguardava le funzioni amministrative e personali relative al personale italiano inquadrato nei reparti tedeschi, mentre per quanto riguarda l'impiego operativo esso fu sempre subordinato ai comandi tedeschi. In sostanza fu un reparto completamente formato da militari italiani comandati da ufficiali italiani che fu impiegato in funzioni antiguerriglia dalla Wehrmacht e poi dalle SS.
Il battaglione cedette le armi nella mattinata del
30 aprile 1945 nei pressi di Vittorio Veneto. Primo comandante del battaglione fu il Cap. Adalberto Zardo; successivamente, il Ten. Alfredo Valent, poi il Ten. Vincenzo Colacino, quindi il Ten. Giulio Grassano, poi nuovamente il Ten. Colacino sino alla fine delle ostilità.
Zona di impiego
Rientrato in Italia alla fine di settembre 1943, nel mese di ottobre fu schierato in Abruzzo, poi nelle Marche, con compiti antiparacadutisti, antipartigiani e truppa di riserva. Dal 27 ottobre 1943 al 5 gennaio 1944 un gruppo del battaglione partecipò alla difesa dell'isola d'Elba; dal 1° novembre 1943 al 5 gennaio 1944 un gruppo partecipò alle operazioni di rastrellamento dietro il fronte della Linea *Gustav*; dal 23 gennaio 1944 fu trasferito sul fronte Anzio-Minturno-Nettuno; dal 19 febbraio ad Ortona; dal 3 marzo nelle Marche ed Abruzzo adibito a grandi operazioni di rastrellamento; durante la ritirata da Roma, fu impiegato come truppa di copertura a protezione delle truppe tedesche in ritirata sulla linea Pesaro-Arezzo; dal 29 giugno fu schierato sulla linea Forlì-Firenze, con compiti antipartigiani; dal 26 agosto fu trasferito in Valle d'Aosta svolgendo operazioni antipartigiani e di linea; dal 21 novembre '44 sino al 4 gennaio 1945 operò a Konigsberg nella Prussia Orientale; dal 1° febbraio al 31 marzo '45 nel bresciano a Lumezzane; dal 1° al 30 aprile '45 nel Veneto, tra Vittorio Veneto, Passo di San Boldo, Passo del Fadalto e il Pian del Cansiglio.(cfr. Carlo Cucut, *Le FFAA della RSI*, Trento 2005).

REPARTI DELLA MVSN IMPIEGATI NELLA CAMPAGNA DI GRECIA.

Comando Legione	Reparti	
	Btg.	Cp. mitraglieri
15ª Legione CC.NN. d'Assalto "Leonessa"	XIV Bergamo, XV Brescia	15ª Cp. mitragl.
18ª Legione CC.NN. d'Assalto	XIX Casalmaggiore, XXVII Lodi	367ª Cp. mitragl.
23ª Legione CC.NN. d'Assalto	XX Suzzara, XXIII Mantova	23ª Cp. mitragl.
24ª Legione CC.NN. d'Assalto "Carroccio"	XXIV Milano, XXV Monza	24ª Cp. mitragl.
26ª Legione CC.NN. d'Assalto	VII Pavia, LIII Padova	267ª Cp. mitragl.
28ª Legione CC.NN. d'Assalto	XI Casale Monferrato, XXVIII Vercelli	79ª Cp. mitragl.
30ª Legione CC.NN. d'Assalto	VI Vigevano, XXX Novara	30ª Cp. mitragl.
36ª Legione CC.NN. d'Assalto	XXXVI Genova, LXXXIII Piacenza	36ª Cp. mitragl.
45ª Legione CC.NN. d'Assalto	XXXV Spezia, XLV Bolzano	40ª Cp. mitragl.
49ª Legione CC.NN. d'Assalto	XL Verona, XLIX Venezia	49ª Cp. mitragl.
72ª Legione CC.NN. d'Assalto	LXXII Modena, CXI Pesaro	72ª Cp. mitragl.
80ª Legione CC.NN. d'Assalto	XXVI Legnano, LXVII Bologna	80ª Cp. mitragl.
82ª Legione CC.NN. d'Assalto	LXVIII Imola, LXXXII Forlì	82ª Cp. mitragl.
92ª Legione CC.NN. d'Assalto	XCII Firenze, XCV Firenze	95ª Cp. mitragl.
105ª Legione CC.NN. d'Assalto	CIV Terni, CV Orvieto	110ª Cp. mitragl.
108ª Legione CC.NN. d'Assalto	CII Perugia, CVIII Ancona	108ª Cp. mitragl.
109ª Legione CC.NN. d'Assalto	CIX Macerata, CXVI Rieti	109ª Cp. mitragl.
112ª Legione CC.NN. d'Assalto	CXII Roma, CXX Roma	112ª Cp. mitragl.
115ª Legione CC.NN. d'Assalto	CXV Viterbo, CXXI Littoria	121ª Cp. mitragl.
136ª Legione CC.NN. d'Assalto	CXXX L'Aquila, CXXXVI Chieti	130ª Cp. mitragl.
141ª Legione CC.NN. d'Assalto	CXLI Caserta, CLIII Brindisi	252ª Cp. mitragl.
152ª Legione CC.NN. d'Assalto	CLII Lecce, CLV Matera	152ª Cp. mitragl.
164ª Legione CC.NN. d'Assalto	CLXIII Reggio Calabria, CLXIV Catanzaro	164ª Cp. mitragl.
166ª Legione CC.NN. d'Assalto	CLXVI Messina, CLXVII Catania	166ª Cp. mitragl.

Delle 24 Legioni assegnate, le Legioni 23, 49, 92 e 108 hanno combattuto solo contro gli jugoslavi.

Alla campagna di Grecia hanno partecipato anche i seguenti Battaglioni non indivisionati:
Raggruppamento Battaglioni CC.NN. del Console Gen. Enzo Galbiati
IX Battaglione CC.NN. d'assalto (Sondrio)
X Battaglione CC.NN. d'assalto (Voghera)
XII Battaglione CC.NN. d'assalto *Monte Bianco* (Aosta)
LXXXV Battaglione CC.NN. d'assalto (Apuania)
XCIII Battaglione CC.NN. (Empoli)
VIII Battaglione CC.NN. (Varese)
XVI Battaglione CC.NN. (Como)
XXIX Battaglione CC.NN. (Arona)

▲ Ufficiali della MVSN e della Polizei tedesca con civili sloveni armatisi per difendersi dai partigiani comunisti.

▲ Camicie Nere in Balcania davanti ad una fossa dopo l'esecuzione di partigiani slavi

10. LA M.V.S.N. IN BALCANIA 1941-1943

Il 25 marzo 1941 la Jugoslavia, che già alla fine degli anni '30 si era avvicinata all'Italia con gli accordi Ciano- Stoiadinović prima e poi con il patto d'amicizia italo- jugoslavo del 1939, aderì al Patto tripartito ma due giorni dopo un colpo di stato portò al potere la fazione formata da politici ostili all'Asse, guidata dai generali Borivoje Mirković e Dusan Simović, spalleggiata dai servizi britannici, rovesciando il governo di Dragiša Cvetković. Il reggente, principe Pavel Karageorgević, veniva esautorato e i poteri sovrani erano assunti da Pietro II, non ancora maggiorenne, affiancato da Simović, che ordinò la mobilitazione generale. Contrariamente a quanto troppo spesso sostenuto, i primi ad iniziare le ostilità, sia pure non ufficialmente, furono gli jugoslavi che posero il blocco via terra all'enclave italiana di Zara, e varcando il confine albanese presso il lago di Ocrida. Inoltre, a preoccupare Italia e Germania era la conoscenza da parte jugoslava del piano di attacco alla Grecia alla cui pianificazione, prima del golpe filo- britannico, avevano partecipato gli ufficiali di Stato Maggiore jugoslavo, e che prevedeva un attacco contemporaneo di due armate italiane in Epiro, di armate tedesche, bulgare e jugoslave in Macedonia, con la promessa che Salonicco sarebbe diventato lo sbocco al mare Egeo di Belgrado.

La Jugoslavia divenne pertanto un obiettivo da colpire per le forze dell'Asse la cui reazione fu immediata. L'invasione, operazione *Marita*, cui presero parte oltre ai tedeschi e agli italiani anche i bulgari e gli ungheresi, iniziò il 6 aprile, giorno successivo alla firma da parte del governo jugoslavo di un patto di amicizia e non aggressione con l'Unione Sovietica. Belgrado fu pesantemente bombardata. Il 10 due armate croate si ammutinarono, passando dalla parte dei tedeschi e degli italiani, aprendo loro le porte di Zagabria. Solo le unità serbe e montenegrine cercarono di opporsi all'avanzata nemica e una parte di questi reparti, dopo il disfacimento delle forze jugoslave, organizzò il movimento di resistenza dei cetnici[91].

Alla sconfitta seguì la spartizione della Jugoslavia. Il grosso del regno venne diviso in tre nuovi Stati: la Serbia, il Montenegro e la Croazia. La parte più orientale della Slovenia fu data all'Ungheria, la Carniola settentrionale e la Stiria furono incorporate nel Reich, mentre Lubiana e i territori al confine con l'Italia divennero una provincia autonoma del Regno. La Croazia, dove i tedeschi furono salutati con autentiche esplosioni di gioia, diventò indipendente e a capo del nuovo Stato fu posto il leader del movimento ustasha Ante Pavelić. Il suo territorio fu suddiviso in due sfere di influenza militare, una italiana comprendente Dalmazia ed Erzegovina, l'altra tedesca che controllava la Bosnia e la Croazia più interna. Agli ustascha fu lasciata completa autonomia nel compiere una dura repressione della minoranza serbo-ortodossa. Nella Serbia, privata della Voivodina, che andò in parte all'Ungheria e in parte divenne un feudo della forte minoranza germanica lì presente da secoli, fu imposto dai tedeschi un regime d'occupazione, che lasciò l'amministrazione civile al governo guidato dal generale Milan Nedić.

Le relazioni tra l'Italia fascista e gli ustasha croati furono fondamentalmente improntante alla collaborazione, ma non per questo mancarono attriti e divergenze tra Italia e Stato Indipendente Croato.

Nonostante gli ustasha fossero stati foraggiati per molti anni da Mussolini, una volta giunti al potere essi si mostrarono molto più sensibili all'influenza tedesca che non a quella italiana. Questa fu la prima ragione di disappunto per gli italiani, ma non l'unica.

È noto che gli italiani non furono molto teneri durante l'occupazione: il generale Roatta raccomandava ad esempio che le linee guida della lotta contro i partigiani non andavano riassunte nel detto *dente per dente* bensì in quello *testa per dente*. Tuttavia gli italiani non mancarono di restare interditti di fronte alle manifestazioni più efferate della violenza ustasha. Secondo il generale Ambrosio, capo della 2a Armata italiana, gli ustasha non erano altro che

---

91 http://www.stefanofabei.it/terranova1.pdf

Selvaggi capaci unicamente di massacrare popolazioni indifese, ma incapaci (...) di fronteggiare le forze ribelli". Ambrosio aggiungeva quindi che *il soldato italiano non poteva rimanere indifferente allo spettacolo di continui, ignominiosi delitti* compiuti *dagli ustasha*.

In nome della lotta anti bolscevica alcune bande cetniche entrarono perfino sotto il diretto controllo della 2a Armata italiana, che le inquadrò nella 'Milizia Volontaria Anticomunista'. Si tratta di pagine di storiache meriterebbero di essere ricordate anche in Serbia, dove la riabilitazione di Mihailović ha portato la storiografia a presentare i cetnici come un movimento eminentemente resistenziale, minimizzando i numerosi episodi di collaborazione con gli occupanti.

Il Kosovo venne annesso all'Albania italiana, come il Montenegro dove per un certo periodo si ritenne possibile instaurare un regno autonomo sotto la dinastia locale dei Petrović, progetto poi sfumato. La Macedonia passò quasi per intero alla Bulgaria, che vi instaurò un'occupazione militare. Lo schieramento delle forze armate italiane nei territori occupati tra il 1941 e il 1943 fu più volte modificato, anche se rispettò a grandi linee la seguente organizzazione: 2ª Armata con sede a Sussak, in Dalmazia, con competenza sull'XI corpo d'armata in Slovenia, sul V in Croazia, sul VI in Erzegovina e sul XVIII in Dalmazia; circa quindici divisioni, oltre a reparti di Guardia alla frontiera, Regi Carabinieri e Guardie di Finanza. Separato dagli altri, in quanto dipendente dalla 9ª Armata con sede in Albania, operò in Montenegro il XIV Corpo d'Armata, su cinque divisioni.

Nel suddetto teatro operativo agirono, collegati alle rispettive divisioni della 2ª Armata, vari reparti della MVSN: le legioni 108ª *Stamira* e 49ª *San Marco* in Erzegovina; 73ª *Boiardo* e 89ª *Etrusca* in Dalmazia; 55ª Alpina *Friulana*, 75ª *Balbo* e 137ª *Monte Maiella* fra la Croazia e la Slovenia; 98ª *Maremmana*, 15ª *Leonessa*, 105ª *Mogioni* in Slovenia. Nel Montenegro operarono l'82ª *Mussolini* e la 72ª *Farini*.

A queste vanno aggiunte altre legioni e battaglioni autonomi, che si spostarono sul territorio a seconda delle esigenze: la 2ª *Alpina*, insieme ai btgg. III°, IV°, VIII°, XVI°, LXXI°, LXXXV° e CCXV° battaglione squadristi *Nizza*, costituì un raggruppamento di camicie nere operante in Slovenia al comando del generale Renzo Montagna, che diventò in seguito il Raggruppamento *XXI Aprile* e fu comandato fin dopo l'8 settembre 1943 dal Luogotenente generale Niccolò Nicchiarelli. Nello stesso territorio operò anche alle dipendenze di vari reparti l'81° btg. L'86ª legione e i btgg. XXX°, LXV° e CXLIV° furono in Montenegro; il CXLVI° e il CLXII° in Dalmazia; rimasero invece quasi sempre nei loro luoghi di costituzione i reparti della milizia di Gorizia (LXII° btg.), Trieste (LVIII° btg.), Pola (LX° btg.), Fiume (LXI° btg.) e Zara (CVII° btg.).

Come premesso, scarse sono ancora oggi le notizie riguardanti l'attività delle camicie nere nell'area in questione. Partiremo quindi dalla rivolta del luglio 1941 in Montenegro pochi mesi dopo l'inizio dell'occupazione della Jugoslavia, quando i comunisti di Tito decisero di attaccare le forze d'occupazione. In Montenegro le nostre autorità militari furono colte alla sprovvista tanto che Serafino Mazzolini, il governatore civile, rischiò di cadere nelle mani degli insorti a Cettigne, nel giorno stesso in cui una rappresentanza di esponenti collaborazionisti stava proclamando l'indipendenza nazionale. L'ordine fu ristabilito con rappresaglie e fucilazioni che videro protagoniste le camicie nere delle legioni 72ª *Farini* e 108ª *Stamira*.

Il CII° btg. CCNN subì forti perdite scontrandosi nell'area di Cettigne con i partigiani, molti dei quali furono catturati e passati per le armi. L'attività della resistenza indusse le autorità militari italiane e tedesche a trattenere in Montenegro, Dalmazia, Bosnia e Croazia un numero crescente di forze, impegnate in una serie di operazioni di contrasto alle bande partigiane.

E' necessario affrontare preliminarmente la questione della controguerriglia, sulla quale tante falsità, ancor più che inesattezze, sono state scritte da autori di estrazione marxista quasi a giustificare la pulizia etnica praticata dall'Esercito popolare di liberazione jugoslavo nei territori di Istria, Dalmazia e Venezia Giulia, culminati nell'uccisione di circa 23.000 italiani e nell'esodo forzato di altri 350.000; ciò senza negare assolutamente le atrocità commesse da entrambe le parti in lotta.

Ad una situazione quasi interamente tranquilla, nei territori italiani, seguì, dopo il 21 giugno del 1941, l'inizio dell'attività dei partigiani comunisti. Il movimento comunista internazionale era rimasto filonazista sin dal momento del patto Molotov- Ribbentrop, favorendo in ogni modo l'operato di Hitler, in seguito alle precise istruzioni di Stalin. Tutto questo cambiò repentinamente con l'inizio della guerra fra Germania ed URSS, cosicché anche in Slovenia e Dalmazia fece la sua comparsa la guerriglia comunista. Spiega infatti l'Oliva:

Le truppe [italiane] *si sono mosse per reazione ad attacchi subiti e questi, a loro volta, non sono stati determinati dalla durezza dell'occupazione, ma da fattori interni e internazionali indipendenti dal comportamento del Regio esercito*[92].

Come era stata la Jugoslavia ad attaccare l'Italia nel 1941, così in seguito sono stati i partigiani comunisti ad assalire per primi le truppe italiane in Slovenia e Dalmazia. Inoltre, sin da subito i partigiani si resero responsabili di ripetute e gravi violazioni delle leggi di guerra. Giorgio Rochat, sicuramente non ascrivibili a posizioni in qualsiasi modo riconducibili a visioni nazionalistiche della storia militare italiane, si è soffermato anche sulla guerra balcanica dell'Italia[93] nella sua monografia dedicata alle guerre italiane del periodo 1935-1943.

E' interessante vederne l'approccio.

Anzitutto il Rochat delinea il contesto in cui operarono le truppe italiane, che è quello classico di un esercito regolare contrapposto a reparti irregolari:

La prima cosa da rilevare è che tutti gli eserciti regolari hanno difficoltà a capire e affrontare una guerra partigiana. L'istituzione militare si legittima come monopolio della violenza organizzata al servizio dello Stato, quindi ricerca la massima potenza distruttiva consentita dallo sviluppo degli armamenti per un conflitto programmato contro forze analoghe degli Stati nemici. I suoi codici di valore sono orientati a questo tipo di conflitto, definirlo «cavalleresco» sarebbe eccessivo, ma tutti gli eserciti regolari accettano alcune regole di massima come il rispetto del nemico ferito o che si dà prigioniero (non fosse che per ovvie esigenze di reciprocità) e dei civili, fino a quando restano civili, ossia non partecipano ai combattimenti.L [...] La cultura e l'addestramento di un esercito regolare vanno però in crisi quando si trova a occupare un paese ostile con una resistenza di popolo, dove ogni civile è un potenziale nemico, e deve fare fronte a una guerra partigiana condotta secondo regole tattiche e codici di comportamento differenti da quelli «regolari». [...] Quindi tende a ricorrere a soluzioni brutali (fucilazioni, distruzioni di villaggi, deportazioni)[94].

In altri termini, il Rochat ricorda come il Regio Esercito si trovò a dover fronteggiare avversari i quali non rispettavano le leggi di guerra: uccisione sistematica dei prigionieri, sevizie, attacchi terroristici ecc. Per dare un'idea del modo di condurre la guerra, bastino pochissime citazioni dall'opera di Oliva, relative ad alcuni episodi bellici:

Decine e decine di militari italiani furono ritrovati con le membra spezzate, evirati, con gli occhi enucleati [...] *Quando le nostre truppe poterono tornare sul luogo della lotta, poterono constatare che i feriti erano stati seviziati: denudati tutti, alcuni evirati, conficcati i fasci del bavero negli occhi, infine tutti sgozzati* [...] *I ribelli si accanirono sui feriti, ai più gravi aprirono il ventre estraendone le viscere, ai più leggeri spaccarono la testa a martellate e poi buttarono i cadaveri in un pozzo profondo venticinque metri*[95].

Ancora, i cosiddetti "partigiani" secondo le convenzioni internazionali di guerra dell'epoca non potevano *essere considerati legittimi belligeranti, ma franchi tiratori e come tali trattati"* Ciò avveniva per una serie precisa di ragioni:

1) Non avevano possesso stabile di territorio, né erano insorti contro di noi al momento dell'occupazione della Jugoslavia;
2) non facevano capo ad un governo responsabile né, per motto tempo, appartennero ad un'organizzazione unica;
3) erano sudditii di uno Stato che aveva concluso con noi un armistizio; 4) non portavano uniformi né, spesso, distintivo visibile a distanza; 5) non sempre portavano le armi apertamente; 6) non sempre rispettavano le leggi e gli usi di guerra; 7) per molto tempo non furono riconosciuti come legittimi belligeranti neppure dalle Nazioni Unite, che tale qualifica riconoscevano invece ai cetnici[96].

Determinate forme di conduzione del conflitto compiute dai partigiani, quali gli attacchi a tradimento, gli attentati con bombe, le uccisioni di prigionieri, le torture inflitte loro ecc. erano, e sono ancora oggi,

---

92   Gianni Oliva, *Si ammazza troppo poco* Milano 2006, p. 135
93   G. Rochat, *Le guerre italiane 1935-1943. Dall'impero d'Etiopia alla disfatta*, Torino 2005.
94   Ibid.p. 366
95   Gianni Oliva, 2006, p. 136
96   Note dell'Ufficio Storico dello Stato Maggiore dell'Esercito italiano, citate in Oliva 2006, p. 110

contrari alle leggi di guerra. I caratteri dell'attività di contro-guerriglia delle forze armate italiane furono quindi una reazione alle azioni criminali dei partigiani, compiute in violazione delle leggi di guerra. *Le operazioni anti-bguerriglia intraprese dalle truppe italiane furono perciò conseguenza sia dell'attacco compiuto contro il Regio Esercito da parte dei partigiani comunisti e dovuto a fattori di ordine internazionali indipendenti dal suo operato, sia dei crimini di guerra dei partigiani.*
Le istruzioni date da Roatta, comandante delle truppe italiane in Jugoslavia, erano semplici anti-guerriglia. Citando sempre dal Rochat:
La lunga circolare emanata il 1° marzo 1942 dal generale Roatta [...] rappresenta un'articolata raccolta di istruzioni per l'occupazione e la controguerriglia, nonché un forte appello a una maggiore combattività delle truppe; il documento più ampio che conosciamo su questi problemi, che merita qualche attenzione[97].
Le istruzioni contenute nella circolare di Roatta sono definite dal Rochat quali *elementari*, essendo presenti nell'insegnamento di qualsiasi scuola di guerra:
[Roatta] dà per scontato un livello quanto mai basso di addestramento delle truppe e soprattutto dei quadri (le indicazioni contenute sono elementari, materia di insegnamento in qualsiasi scuola per ufficiali) e cerca di porvi rimedio con pagine e pagine di istruzioni[98].
Le norme di Roatta prevedevano:
1) la fucilazione dei partigiani
2) l'utilizzo della rappresaglia su civili
3) la distruzione delle abitazioni di chi appoggiava i partigiani
4) internamento di coloro che appoggiavano i partigiani
5) si dovevano evitare di colpire chiese, scuole, ospedali, opere pubbliche, e non bisognava fare ricorso a bombardamenti indiscriminati sui villaggi.

Commenta ancora Rochat:
Sono le norme classiche dell'antiguerriglia, applicate in tutte le guerre contemporanee, con ovvie varianti e qualche limitazione rispetto ai secoli precedenti[99].
Dello stesso parere è Gianni Oliva: *Vi è stata una politica repressiva del Regio esercito, simile a quella che gli esercito occupanti di ogni nazione (comprese quelle più democratiche), attuano in un paese nemico [...] dove si sviluppa una guerriglia variamente appoggiata dalla popolazione civile*[100].
Le istruzioni di Roatta prevedevano infatti quanto era contenuto nelle norme antiguerriglia di tutti gli eserciti belligeranti, ivi compresi quelli alleati. Inoltre, esse risultavano pienamente conformi alle stesse leggi di guerra vigenti all'epoca, le quali consentivano la fucilazione dei combattenti irregolari, la rappresaglia e l'internamento dei civili rei di connubio con reparti irregolari. Come appare inequivocabilmente, le direttive di questo generale non progettavano alcuno sterminio sistematico della popolazione civile, ma erano unicamente finalizzate alla repressione dell'attività partigiana. L'assenza di un piano di uccisione od anche solo cacciata degli abitanti in quanto tali si manifesta anche dalle direttive di risparmiare chiese, scuole, ospedali, opere pubbliche, e di non servirsi di bombardamenti a tappeto sui villaggi.
Per dare un giudizio di quanto accaduto in maniera imparziale, l'unico metodo è quello di affidarsi alle leggi internazionali. Nel caso specifico ci riferiremo alla Convenzione dell'Aja del 1907, vigente a quell'epoca, e alle successive conclusioni del Tribunale di Norimberga.
L'art. 42 della Convenzione dell'Aja recita:
La popolazione ha l'obbligo di continuare nelle sue attività abituali astenendosi da qualsiasi attività dannosa nei confronti delle truppe e delle operazioni militari. La potenza occupante può pretendere che venga data esecuzione a queste disposizioni al fine di garantire la sicurezza delle truppe occupanti e al fine di mantenere ordine e sicurezza. Solo al fine di conseguire tale scopo la potenza occupante ha la facoltà, come ultima ratio, di procedere alla cattura e alla esecuzione degli ostaggi.

97	Ibid. p. 368
98	Ibid., ivi.
99	Ibid. p. 369
100	Oliva 2006, p. 8

Secondo il diritto internazionale (Art. 1 della convenzione dell'Aia del 1907) un atto di guerra materialmente legittimo può essere compiuto solo dagli eserciti regolari ovvero da corpi volontari i quali rispondano a determinati requisiti, cioè abbiano alla loro testa una persona responsabile per i subordinati, abbiano un segno distintivo fisso riconoscibile a distanza e portino apertamente le armi. Ciò premesso, si può senz'altro affermare che gli attentati messi in atto dai partigiani fossero atti illegittimi di guerra esendo stati compiuti da appartenenti a un corpo sì di volontari che però non rispondevano ad alcuno degli accennati requisiti.

Secondo l'Art. 2 della convenzione di Ginevra del 1929 non potevano essere utilizzati per una rappresaglia né feriti né prigionieri di guerra e neppure personale sanitario. Il Tribunale di Norimberga d'altra parte affermò:

Le misure di rappresaglia in guerra sono atti che, anche se illegali, nelle condizioni particolari in cui esse si verificano possono essere giustificati: ciò 'in quanto l'avversario colpevole si è a sua volta comportato in maniera illegale e la rappresaglia stessa è stata intrapresa allo scopo di impedire all'avversario di comportarsi illegalmente anche in futuro.

E per finire la parte legale del 'discorso' ecco le condizioni che ammettevano una rappresaglia, sia per il diritto internazionale, sia per l'interpretazione data dal Tribunale di Norimberga:

Dopo attacchi contro la potenza occupante, laddove la rappresaglia si rendesse necessaria dal punto di vista militare. La rappresaglia serviva innanzi tutto per impedire ulteriori delitti commessi dall'avversario. Le Forze Armate italiane adottarono il diritto di rappresaglia nelle modalità ritenute necessarie per la sicurezza della truppa che occupava il territorio, ovvero:

Quando le ricerche degli autori di atti illeciti avessero dato esito negativo.
Che le rappresaglie fossero ordinate da ufficiali superiori.
Che tenessero conto della proporzionalità.

Il tribunale di Norimberga confermò che *misure di ritorsione, qualora consentite, debbono essere proporzionate al fatto illecito commesso.*

Nel processo a carico dei generali List, von Weichs e Rendulic tenutosi nel 1948, la proporzione accettata dal tribunale di Norimberga come equa era 10 a 1, vale a dire la fucilazione di dieci ostaggi per ogni soldato tedesco ucciso da un atto terroristico.

Che la cerchia delle persone colpite dalla rappresaglia fosse in qualche modo in rapporto col reato commesso a danno delle forze occupanti.
Che gli ostaggi o le persone destinate alla rappresaglia fossero tratte dalla cerchia della resistenza.
Non venivano stabiliti i criteri per la scelta degli ostaggi, ma la scelta stessa era affidata a criteri di discrezionalità.

Il Tribunale di Norimberga a tale proposito, affermò:

Il criterio discrezionale nella scelta può essere disapprovato ed essere spiacevole, ma non può essere condannato e considerato contrario alle norme del diritto internazionale. Deve tuttavia esserci una connessione fra la popolazione nel cui ambito vengono scelti gli ostaggi e il reato commesso (quindi luogo dell'attentato o l'appartenenza a gruppi clandestini che compiono atti terroristici).

Il diritto alla rappresaglia venne accolto anche alle forze britanniche nel paragrafo n.454 del *British Manual of Military Law*. Le forze americane a loro volta prevedevano la rappresaglia nel paragrafo n. 358 dei *Rules of Land Warfare* del 1940. Per le truppe francesi, l'allegato I alle istruzioni di servizio del 12 agosto 1936 consentiva all'Art.29 il diritto di prendere ostaggi nel caso in cui l'atteggiamento della popolazione fosse ostile agli occupanti, e il successivo Art. 32 prevedeva l'esecuzione sommaria degli stessi ostaggi se si verificavano attentati.

Nel 1947 i magistrati militari britannici, nel processo di Venezia a carico di Albert Kesselring, commentarono che nulla impediva che una persona innocente potesse essere uccisa a scopo di rappresaglia[101].

Il Rochat non ha dubbi sul fatto che le truppe italiane agirono nel conflitto in maniera meno dura di tutti gli altri contendenti. Anzitutto, esse combatterono con scarsa determinazione:

---

[101] F.J.P. Veale, *Advance to barbarism*, London 1968 e id., *Crimes discretely veiled*, Los Angeles 1979.

Tutte le indicazioni dicono che le truppe italiane affrontarono questa guerra con scarso entusiasmo e partecipazione, una testimonianza indiretta viene dalla necessità dei comandi di rinnovare ripetutamente le direttive di massimo rigore[102].

Soprattutto, il Regio Esercito fu, tra tutti quelli impegnati nella guerra balcanica, certamente il meno feroce, tanto che le stessi eccessi furono opera di iniziative individuali o di singoli reparti, spesso i migliori come addestramento e motivazione: battaglioni "M", i due reggimenti della 21ª divisione *Granatieri di Sardegna*, il 1° Reggimento *Granatieri* in Slovenia e, soprattutto, il 2° in Croazia, gli alpini, i bersaglieri e specialmente i RR. Carabinieri, anziché la norma:

Va comunque ricordato che in una guerra con uno straordinario livello di atrocità e massacri da entrambe le parti, le truppe italiane furono certamente le meno feroci. Anche i più duri ordini dei comandi ponevano limitazioni alle rappresaglie, come il rispetto di donne e bambini. E la repressione fu condotta con largo ricorso a fucilazioni e devastazioni, senza i massacri e le efferatezze compiute dagli altri belligeranti, tedeschi compresi. Anche la nota frase della circolare di Roatta: «Si sappia bene che eccessi di reazione, compiuti in buona fede, non verranno mai perseguiti», va ricondotta alla difesa di compagni aggrediti, non alle operazioni di controguerriglia, non può essere paragonata alle direttive hitleriane che avallavano a priori qualsiasi eccesso o massacro commesso dalle truppe naziste.

Eccessi ci furono certamente, ma per iniziative individuali o di reparti minori, non come regola di condotta delle operazioni[103].

Lo stesso parere viene condiviso da Gianni Oliva:

Sul piano militare, vi è certamente una sostanziale differenza fra la Werhmacht e il Regio esercito. Per gli strateghi tedeschi, il terrore sistematico è strumento centrale della politica di occupazione [...] La violenza del Regio esercito, all'opposto, appare una reazione difensiva di fronte agli attacchi delle formazioni partigiane [...] Il raffronto con la brutalità tedesca è dunque improponibile, sia sul piano quantitativo, sia su quello qualitativo[104].

Infatti, l'Oliva stesso ricorda come si fosse avuta una fuga di civili dalla Slovenia tedesca a quella italiana, proprio perché l'occupazione italiana era più mite di quella germanica[105].

Camicie Nere e soldati in Jugoslavia, oltre alle operazioni belliche contro i guerriglieri locali, costituirono un valido strumento di protezione delle popolazioni locali dalle violenze dei partigiani titini e degli ustasha.

Per rimanere solo alla Slovenia, la schiacciante maggioranza degli abitanti non era affatto filo-comunista, e risultava anzi vittima dell'operato dei partigiani comunisti stessi, che massacravano gli avversari politici e depredavano le popolazioni, non diversamente da quanto accadeva in Italia ad opera dei loro *compagni* della *Resistenza*. Milizia e Regio Esercito rappresentarono molto più spesso di quanto non si creda una difesa per i civili anche dinanzi ai partigiani titini, il cui operato fu oltremodo violento ed oppressivo:

A parte le spoliazioni di viveri e di bestiame cui la popolazione civile fu soggetta, coloro che erano ritenuti favorevoli agli occupatori furono proditoriamente assassinati assieme alle loro famiglie, interi villaggi furono saccheggiati e incendiati, fabbriche, miniere, segherie, macchine agricole, scuole, chiese furono incendiate o distrutte, uomini furono costretti ad arruolarsi nelle bande, giovani donne furono rapite[106]

L'attività italiana di difesa delle popolazioni civili dalle violenze ed eccedi dei cosiddetti "partigiani" trovò l'alleanza di numerosi slavi sia cattolici che ortodossi, i quali preferirono combattere assieme agli Italiani anziché contro, arruolandosi nella *Milizia Volontaria Anti Comunista*, le bande M.V.A.C..

Nella Dalmazia poi vigeva uno stato di *bellum omnium contra omnes* tra ustasha, cetnici, comunisti, in cui ci si massacrava a vicenda: la presenza militare italiana sovente protese le popolazioni

---

102   Rochat 2005, p. 370.
103   Ibidem, pp. 370-371.
104   Oliva 2006, p. 7
105   Ibid., p. 124
106   Oliva 2006, p. 145. Secondo i dati del governo sloveno, le vittime civili degli occupanti italiani furono circa 6.300, i civili sloveni uccisi dai partigiani comunisti otre 13.000.

civili, facile bersaglio delle ostilità dei guerriglieri. I tedeschi accusavano gli alleati italiani di *evidenti e continue prove di simpatia* nei confronti dei serbi e degli ebrei che venivano protetti dalle persecuzioni degli ustasha e aiutati a trasferirsi coi loro beni nella zona italiana[107]. La difesa delle popolazioni civili compiuta dall'esercito e dalla Milizia contro le violenze dei comunisti e degli ustasha costituisce un fatto ben noto.

Le truppe italiane intervennero per sedare i dissidi fra le fazioni locali in lotta e per porre un ostacolo alle violenze degli ustascia regolari e irregolari che infierivano contro le popolazioni serbo-ortodosse e gli ebrei [...] In Croazia, particolarmente, l'azione delle nostre autorità diretta a frenare le violenze degli ustascia, mentre destava un sentimento di gratitudine da parte della popolazione serba, inaspriva l'elemento croato e lo stesso governo, influenzato anche dai tedeschi, i quali vedevano di malocchio la protezione accordata dall'Italia alla popolazione serba e ai cetnici[108].

Per fuggire gli eccidi dei tedeschi e degli ustasha, migliaia di ebrei si riversarono nella zona di occupazione italiana. In alcuni casi le autorità italiane li riconsegnarono agli ustasha, ma molto più spesso si rifiutarono. Nella zona di occupazione italiana gli ebrei furono rinchiusi in campi di internamento, dove ricevettero un trattamento decisamente mite se paragonato a quello riservato dagli stessi italiani ai prigionieri jugoslavi. Più che da ragioni di carattere umanitario, l'atteggiamento italiano fu probabilmente motivato da ragioni di carattere politico: rifiutando di consegnare gli ebrei, l'Italia ribadiva le proprie prerogative nella sua zona di occupazione, opponendosi all'invadenza tedesca. In ogni caso, la politica seguita dai militari italiani permise a migliaia di ebrei di salvarsi dallo sterminio praticato nelle altre regioni della Jugoslavia occupata.

Ovviamente vi furono episodi di intolleranza e violenza da parte di militari italiani, soprattutto di quelli appartenenti ai reparti più politicizzati e meno disciplinati, come gli uomini del LXVIII battaglione CC.NN. Squadristi *Toscano* che il 12 giugno 1942 assalirono la sinagoga di Spalato dandola alle fiamme e malmenando alcuni ebrei presenti. La reazione del generale Armellini- lo stesso che dopo il 25 luglio 1943 divenne Capo di Stato Maggiore della M.V.S.N. Fu durussima, come si vede dal telescritto n.57 da lui inviato al gen. Roatta il 15 giugno:

da COMANDO XVIII. CORPO D'ARMATA
a ECCELLENZA ROATTA
57/R/P Pomeriggio giorno 12 battaglione squadristi "Toscana" [sic] qui [sic] in servizio et che già era stato notato per suo contegno scorretto, si est abbandonato at atti di violenza su popolazioni, saccheggiando negozi et infine invasione sinagoga malmenando ebrei ivi raccolti per loro funzioni religiose et dando alla fiamma arredamenti et documenti anche di importanza storica.
Purtroppo taluni militari vario grado hanno partecipato questa ultima inconsulta manifestazione.
Mentre riservomi riferire particolarmente anche riguardi disciplinari, rappresento come questi sistemi di governo

---

107   Va citato al riguardo il lavoro di Menachem Shelah: *Un debito di gratitudine Storia dei rapporti tra E.I. e gli ebrei in Dalmazia (1941 - 1943)*. Il Menachem, originario della Dalmazia ed in seguito divenuto professore di storia contemporanea all'università di Gerusalemme, documenta come il Regio Esercito salvò oltre diecimila ebrei dalmati, che altrimenti sarebbero stati massacrati dagli ustascia croati. Non soltanto gli ebrei furono salvati dal Regio Esercito, ma anche un gran numero di serbi, scampati alle stragi degli ustascia grazie alla protezione offerta dall'esercito italiano.

108   Oliva 2006., pp. 110-111. Riguardo alle perdite in vite umane dovute alla guerra, assieme civile ed esterna, avvenuta nei territori della ex Jugoslavia tra il 1941 ed il 1945 (escludendo quindi ciò che i titini fecero dopo il conflitto, con le "pulizie etniche" in Carinzia, Vojvodina, Dobruja, Istria, Dalmazia e Venezia Giulia, nonché i campi di concentramento e gli enormi massacri che coinvolsero ex combattenti nazionalisti, *borghesi*, nemici del popolo, membri del clero ecc.), non esiste una cifra precisa, anche se essa viene valutata abitualmente al di sopra del milione di morti. Dusan Breznik aveva proposto 1.100.000 vittime. Paul Mayers e Arthur Campbell in *The population of Yugoslavia*, Washington 1954 parlano di 1.067.000 vittime; Bogoljub Kočević invece suggerisce 1.014.000 caduti. L'opera di Vladimir Zerjavic *Jugoslavija-manipulacije zrtvama drugog svjetskog rata*, Zagreb 1989. calcola un totale di 1.027.000 morti jugoslavi. La cifra di oltre un milione di morti, assai elevata in proporzione alla popolazione jugoslava, ed ulteriormente accresciuta dalle stragi titine posteriori al conflitto (non calcolate dallo Zerjavic, che scriveva in piena dittatura), è dovuta principalmente alla guerra civile fra i vari popoli della Jugoslavia. Secondo la commissione del Senato americano sui crimini di guerra nella Jugoslavia durante la seconda guerra mondiale, i soli Serbi uccisi dai Croati oscillerebbero in una cifra compresa fra 300.000 e 500.000. Per fare un confronto, la stessa commissione senatoriale indica in 8.111 i morti jugoslavi dovuti ad azioni belliche degli Italiani.

cui devesi attuale situazione , non possono che aggravarlo, salvo at giustificarla con fantastiche affermazioni di infiltrazioni ribelli raggiungenti cifre iperboliche come quelle che abbiamo sentito denunciare at Zara da funzionario P.S.
Popolazione est qui [sic] allarmata.
Vescovo che si est sempre comportato correttamente con noi tanto da alienarsi simpatie croate et ricevere lettere minatorie , mi ha indirizzato lettera di dignitosa et ferma protesta credendo che cc.nn. dipendano da me, facciano parte mio Corpamiles et a me risalga responsabilità.
Est inutile manifesti mio pensiero che deve essere ormai conosciuto et che si può così riassumere: non credo che indirizzo attuale possa continuare senza gravi ripercussioni, anche sul nostro prestigio che non est certo in rialzo.

GENERALE ARMELLINI[109]

Nello Stato Indipendente Croato, inoltre, le persecuzioni erano rivolte anche contro la popolazione serba.
I militari italiani garantirono invece una certa protezione ai serbi, invitarono le popolazioni fuggite a tornare nelle proprie case e riaprirono al culto le chiese ortodosse. Ciò valse ai militari italiani l'accusa di *sentimentalismo*, rivoltagli non solo dal *poglavnik* croato Ante Pavelić, ma anche dai rappresentanti italiani presso il governo di Zagabria. Tale sentimentalismo permise peraltro agli italiani di trovare numerose attestazioni di lealtà nelle comunità serbe, che preferivano nettamente l'amministrazione italiana a quella croata o tedesca. Gli italiani stabilirono ottime relazioni perfino con i cetnici, il movimento nazionalista serbo guidato da Draža Mihailović. Obiettivo di questa alleanza era la lotta contro i partigiani di Tito, una lotta che secondo la propaganda italiana equivaleva a uno scontro tra la civiltà e la barbarie slavo-comunista. Da parte loro, i cetnici avevano una ideologia monarchica e conservatrice, che li indusse ad avversare i partigiani comunisti più di quanto non avversassero le forze di occupazione straniere.
Nel settembre 1941 una prima offensiva italo-tedesca, che coinvolse circa 20.000 uomini, comprendenti molti battaglioni di ustasha, non raggiunse gli obiettivi proposti; nei maggiori centri di Bosnia e Montenegro fu ristabilita l'autorità degli occupanti, mentre fasce rurali e montagnose rimasero in mano ai partigiani. Una seconda offensiva, scatenata all'inizio del 1942 da forze soprattutto croate e tedesche costrinse i partigiani a ritirarsi fra la Serbia e il Montenegro, dove furono affrontate per la terza volta, in estate, anche da truppe italiane. Una quarta offensiva, comprendente tre operazioni distinte (*Weiss* I, II, III), si svolse tra l'inverno e la primavera del 1943 e riuscì a infliggere alle forze della resistenza ingenti perdite, circa 16.000 uomini. In maggio, una quinta offensiva italo-tedesca, *Fall Schwarz*, riuscì a eliminare altri 10.000 partigiani. Non disponiamo di dati precisi sul comportamento in queste operazioni delle Camicie Nere che vi parteciparono al fianco del Regio Esercito, mentre altre unità della Milizia svolsero attività di presidio in territori dove furono impiegate in rastrellamenti e rappresaglie.
Tra il dicembre del 1941 e il febbraio del 1942, la 49ª legione *San Marco*, stanziata nell'area a nord di Ragusa, nel corso di alcune imboscate perse una decina di uomini, mentre nella primavera successiva prese parte alle operazioni in Bosnia con la divisione *Cacciatori delle Alpi*, contando 50 fra morti e dispersi e oltre 60 feriti. L'86ª legione *Intrepida*, dislocata in Montenegro, dopo due anni di guarnigione a Podgorica, partecipò alle operazioni della primavera-estate 1943, riportando anch'essa gravi perdite; l'89ª legione *Etrusca* fu impegnata in duri rastrellamenti nella zona della Lika e in altre località della Bosnia occidentale.
La 137ª legione *Monte Maiella*, di stanza in Croazia, partecipò a numerose azioni nella zona di Slunj, subendo molte perdite nell'inverno tra il 1941 e il 1942.
Alcuni mesi dopo, in estate, la *Monte Maiella* partecipò con reparti di ustasha a operazioni contro i partigiani. Sempre in Croazia operò il XVI° btg. «M», assieme alla divisione *Celere* nell'area di Karlovac, non lontano dalla zona di operazioni del XXXIII° e dell'LXXXI° battaglione Camicie Nere, impegnati nella lotta alla resistenza.
Una qualche idea della durezza e spietatezza di questa lotta che non risparmiava neppure i civili è data dalla lettura delle righe che una Camicia Nera in servizio nel Montenegro scrive alla moglie il 1° luglio

---

109   Telescritto n.57/R/P, da Comando XVIII° C. d'A. ad Eccellenzia Roatta, 14 giugno 1942.

1942, ricordando i morti civili fatti dagli italiani:

Abbiamo distrutto ogni cosa da cima a fondo senza risparmiare gli innocenti. Uccidiamo intere famiglie ogni notte, picchiandoli a morte e uccidendoli. Basta che facciano un movimento, noi spariamo senza pietà. Se muoiono, muoiono. Stanotte ci sono stati cinque morti; due donne, un bambino piccolo e due uomini[110].

La durezza, a volte la ferocia, dei militi era la diretta conseguenza del trattamento inflitto dai partigiani comunisti ai soldati italiani e soprattutto alle Camicie Nere cadute prigioniere, eliminati molte volte dopo sevizie efferate, che andavano dall'amputazione degli arti mentre il prigioniero era ancora in vita, all'impalamento, all'evirazione, alla cucitura di bocca e palpebre (a volte queste ultime venivano invece tagliate insieme a labbra, orecchie e naso), mentre ai legionari dei battaglioni "M" venivano estratti gli occhi usando l'uncino della M mussoliniana portata sulle fiamme nere[111].

Non si può condividere quanto sostenuto dal Fabei ovvero che *il coraggio e la determinazione di molte camicie nere, per il timore che potessero far sfigurare le altre unità italiane appartenenti al Regio esercito, spinse certi comandi a far rimpatriare reparti di anziani squadristi* [intende i battaglioni CCNN Squadristi di cui si parlerà più avanti] *inviati da alcune regioni italiane* perché il rimpatrio venne deciso da Galbiati e dallo Stato Maggiore della Milizia e non dal Regio Esercito, sia per ragioni di stanchezza dei reparti sia per ragioni di rafforzamento della presenza di reparti ideologicamente sicuri e affidabili in un momento assai difficile; del resto lo Stato Maggiore preferì sempre mantenere oltre confine più reparti della Milizia che fosse possibile, in vista di un rovesciamento, sempre più prossimo del regime: al contrario si fece rimpatriare la *Granatieri di Sardegna*, ossia la migliore divisione dell'esercito e la più fedele alla monarchia, per schierarla a Roma proprio come futuro sostegno a quanto si veniva progettando circa la caduta di Mussolini e il rsuccessivo *coup d'etat* militare.

Indubbiamente non mancarono forti tensioni tra la Milizia ed il Regio Esercito circa i metodi da adottare contro la guerrigila, e ciò contribuì ad approfondire, ancor prima del 25 luglio, il fossato tra i militi fascisti e i soldati dell'esercito, i quali non erano in grado, secondo le Camicie Nere, di fare la guerra seriamente e con la necessaria determinazione. Illuminante l'opinione dei vertici della Milizia riguardo ai commilitoni dell'esercito emergente in modo particolare il 28 aprile 1943, quando a proposito di uno dei cicli operativi in Croazia, così si espresse il Comando Generale della MVSN sul comportamento della divisione *Re*, rilevando una

Assenza assoluta di spirito combattivo. Si è ripetuto quello che in altre occasioni era stato detto e riferito ma che a stento si è creduto. Cioè che esistono reparti che non combattono. Che attaccati cedono immediatamente. Che lasciano le armi pur di conservare la vita. Si diceva tra le nostre truppe, che durante il ripiegamento della Re, in qualche occasione i partigiani non si siano nemmeno presi la briga di uccidere i soldati, ma di rincorrerli, disarmarli e prenderli a calci nel fondo schiena. Viene logico il pensiero che in Croazia non si sia fatto molto per servire degnamente la Patria in guerra.

I militari italiani, ed in primis le Camicie Nere, in un contesto quale quello jugoslavo, fatto di continue imboscate che in ogni momento mettevano a rischio la loro vita, vissero rapidamente un processo di *interiorizzazione della violenza* e di adattamento alla brutalità che li trasformò in volenterosi protagonisti delle rappresaglie ordinate dai comandi. La guerriglia partigiana condotta dai *banditi* appariva loro una pratica illegittima, cui era lecito rispondere con ogni mezzo. Le Camicie Nere individuarono nella disumanità dimostrata nella lotta dai partigiani il motivo che li autorizzava all'uso massiccio della violenza, indirizzata senza tante remore anche contro i civili, considerati conniventi con gli

---

110   Cit. in B. Mantelli, *La memoria rimossa. Politiche persecutorie e crimini di guerra dell'Italia fascista* conferenza tenuta presso l'Istituto per la Storia della Resistenza e la Società Contemporanea in provincia di Asti , reperibile all'indirizzo http://www.israt.it/ebooks_download/ATC0000073.pdf. Lo citiamo con beneficio d'inventario, date la mancanza della fonte della citazione ed il manicheismo a dir poco a senso unico del testo, anche prescindendo dal contenuto (il Mantelli arriva a dire che gli italiani in Jugoslavia si sarebbero resi responsabili di oltre ottocentomila [sic!] morti, una sciocchezza inaudita). emblematico di come lavorino certi Istituiti finanziati dallo Stato ma in realtà espressione di una sinistra estrema, non certo luoghi di studio obbiettivo.

111   L'elenco dei crimini commessi dai partigiani slavi contro militari italiani, veramente impressionante per numero ed efferatezza, è conservato nel Fondo H8 *Crimini di guerra*, D/6 *crimini commessi da jugoslavi* dell'archivio storico dell'Ufficio Storico dello Stato Maggiore dell'Esercito. Cfr. http://www.esercito.difesa.it/storia/Ufficio-Storico-SME/Documents/150312/H-8-Crimini-di-guerra.pdf

insorti, cui si aggiungeva la componente ideologica, assente nella gran parte dei reparti del Regio Esercito, che vedeva nella lotta contro il comunismo un altro aspetto della diuturna guerra contro la *barbarie slavo-comunista*.

La realtà sopra descritta, scrive il Fabei, non si mostrò molto diversa in quella parte della Slovenia che con Lubiana era stata annessa al territorio metropolitano italiano. Ciò aveva determinato come conseguenze da un lato la complicazione della difficile situazione delle nostre province orientali, in cui da tempo covava la generalizzata ribellione degli elementi allogeni, dall'altro la gestione dell'ordine pubblico, che ricadeva interamente sulle spalle delle autorità civili e militari della neoprovincia, determinando un progressivo aumento nello spiegamento di forze delle unità di pubblica sicurezza e Carabinieri Reali, e in seguito di reparti dell'Esercito, tra cui il 1° Reggimento *Granatieri di Sardegna*, e della Milizia. Quest'ultima assunse un ruolo molto importante nel marzo del 1942, quando il Regio esercito cominciò vere e proprie azioni di guerra contro le bande partigiane slovene: nell'attività di repressione le camicie nere della 98ª legione *Maremmana* e del Raggruppamento *XXI Aprile* (LXXXV° battaglione "M" [Apuania] e CCXV° battaglione. Squadristi *Nizza*) svolsero una parte significativa, nel cui corso emersero delle contrapposizioni tra unità della MVSN e altre componenti del Regio esercito. Un significativo tributo di sangue fu pagato dalla 75ª legione *Italo Balbo* che subì parecchi agguati nella zona di Brinje, perdendo diversi elementi.

Negli ultimi giorni del 1942 17 camicie nere della 98ª legione *Maremmana* caddero presso il castello di Dob, assediato dai partigiani. In quello stesso periodo l'LXXXV battaglione "M" subì l'uccisione di numerosi uomini nei pressi di Slunj.

E' da ricordare la presenza nella Dalmazia occupata dei battaglioni squadristi (tra le peggiori unità della Milizia, essendo formati da personale troppo anziano per i compiti richiesti, e spesso assai poco disciplinati per quanto assai motivati politicamente) i quali, creati durante l'inverno del 1940-1941 per la crisi del fronte greco-albanese furono pronti solo dopo la conclusione della campagna e vennero destinati nelle provincie dalmate.

Così una cronaca dell'epoca ne ricordava la formazione:

Quando, nel dicembre del 1940, il Comando Generale della Milizia dispose la costituzione dei Battaglioni Squadristi i fedelissimi della prima ora non esitarono ad abbandonare tutto e tutti per arruolarsi, per impugnare ancora le armi con lo stesso spirito e lo stesso ardore che li aveva portati, vent'anni prima, a combattere il bolscevismo nelle piazze e nelle strade d'Italia. Che importava a loro se la situazione personale era diversa e se i vent'anni trascorsi avevano accumulato molte rughe sulla loro fronte e molta neve sui loro capelli?

Essi sentirono che l'arruolamento rappresentava un atto di fede, un privilegio altissimo, un dovere inderogabile. Avevano visto partire molti giovani, parecchi avevano salutato i loro figli partenti per il fronte: potevano essi, i pionieri della nuova Italia, gli ardenti rivoluzionari della vigilia, restarsene a casa ed attendere nella quiete familiare gli sviluppi del conflitto e la fine della guerra? E gli squadristi si offrirono.

Possiamo immaginare questi volontari, nel periodo di addestramento, con quanto impegno si dedicavano alla loro preparazione bellica, per poter finir presto quell'inevitabile preludio ed entrare finalmente, come attori, nel grande dramma della guerra.

Il Gruppo Battaglioni Camicie Nere *Squadristi* - al comando del console Ivan Scalchi - era formato dai seguenti battaglioni:, VII *Milano*, LXVIII *Toscano*, CXII *Tevere* e CLXX *Vespri*[112].

Il Gruppo Btg. CC.NN. Squadristi, ridenominato *Dalmazia*, venne inviato in Balcania nell'estate del 1942, con specifici compiti di presidio e di contro guerriglia; dopo un breve periodo trascorso alle dipendenze del Gabinetto Militare del Governatorato della Dalmazia, venne accorpato, nell'agosto del 1942, alla 158a divisione di fanteria *Zara*, nata dalla trasformazione delle truppe del presidio della città.

---

[112] Il CLXXX Battaglione CC.NN. Squadristi *Vespri* venne formato in Sicilia con volontari provenienti dal Meridione (la 1° Compagnia era composta da siciliani e la 2° Compagnia da campani) e posti al comando del Primo Seniore Otello Gaddi. Il motto del battaglione era *Mora! Mora!* che trae origine dal *Paradiso* di Dante (VIII, 69-75):

E la bella Trinacria, che caliga   tra Pachino e Peloro, sopra 'l golfo   che riceve da Euro maggior briga,
non per Tifeo ma per nascente solfo,   attesi avrebbe li suoi regi ancora,   nati per me di Carlo e di Ridolfo,
se mala segnoria, che sempre accora   li popoli suggetti, non avesse   mosso Palermo a gridar: "Mora, mora!".

Il riferimento è ai Vespri Siciliani, la rivolta antifrancese della Pasqua del 1282.

Tra i sei Battaglioni Squadristi bisogna ricordare almeno il LXVIII battaglione *Toscano*. Il 20 gennaio 1942 venne mobilitato il LXVIII Battaglione Squadristi *Toscano*, interamente costituito da volontari accorsi da tutta la regione in numero superiore alle aspettative; allo zoccolo duro dei fascisti della prima ora (stime non verificabili indicavano in circa il 50% i partecipanti alla marcia su Roma), si affiancavano i numerosi reduci delle campagne etiopica e spagnola, al comando del forlivese, ma fiorentino d'adozione, Primo Seniore Pietro Montesi Righetti. Con un'età media di oltre 40 anni, il battaglione era composto da oltre 600 Camicie Nere, organizzate su 4 compagnie più la compagnia comando; accasermata a Montecatini Terme, l'unità completò nei tre mesi successivi il proprio organico e l'addestramento, lasciando la Toscana il 15 aprile. Dietro interessamento del Governatore della Dalmazia Giuseppe Bastianini, massima autorità civile della provincia di Zara e del territorio annesso delle provincie di Spalato e Cattaro, il battaglione Squadristi *Toscano* raggiungeva il litorale dalmata il 26 aprile, scaglionandosi lungo il settore costiero tra Traù (sede del comando) e Spalato e ponendosi alle dirette dipendenze operative di Bastianini. Parallelamente all'ordinaria attività di presidio ed ordine pubblico, avvenne fin dai primi giorni una vera e propria attività squadrista, fatta anche di bastonature, verso sospetti fiancheggiatori dei partigiani slavi, condotta con il supporto dei fascisti locali e l'acquiescenza delle autorità civili. Il 12 giugno 1942, prendendo a pretesto una presunta provocazione da parte di alcuni ebrei, diversi militi del battaglione Squadristi *Toscano* e fascisti della locale Federazione Fascista, assaltavano la sinagoga di Spalato, malmenando i presenti e devastandone locali ed arredi, mentre altre Camicie Nere saccheggiavano alcuni vicini negozi di proprietari ebrei.

Le violenze spalatine ed i successivi episodi di minacce verso militari e carabinieri scatenarono infine la dura reazione del comandante del XVIII Corpo d'Armata generale Q. Armellini, già in cattivi rapporti col Governatore Bastianini, costringendo quest'ultimo a ritirare gli squadristi in servizio a Spalato. Particolarmente dura ed efficace fu l'attività del battaglione, spesso affiancata da elementi del Regio Esercito: oltre a fornire elementi per il plotone di esecuzione del Tribunale Speciale della Dalmazia (nella sola giornata del 22 maggio venivano fucilati 26 condannati a morte), il *Toscano* condusse nei mesi a seguire numerosi rastrellamenti dell'immediato entroterra spalatino, sempre più minacciato dalla montante attività partigiana: negli scontri verificatisi nel corso dell'estate e la prima metà dell'autunno contro le Camicie Nere trovavano la morte alcune decine di partigiani slavi- in un'azione del 28 giugno le Camicie Nere lasciarono 14 slavi sul terreno, senza subire perdite- in un crescendo di violenza reciproca favorito dalla difficile distinzione tra bande titine e popolazione civile, complice dei ribelli, più o meno volontariamente, più o meno per paura poco contava.

Nella prima metà di novembre iniziò il trasferimento del battaglione verso Vodice, nella parte meridionale della limitrofa provincia di Zara. Parallelamente alla continua opera di rastrellamenti, nel corso delle prime settimane del 1943 lo stesso centro di Vodice veniva trasformato in una sorta di campo di concentramento a cielo aperto, con l'inasprimento del coprifuoco duramente imposto: numerosi sarebbero stati i civili, tra cui molte donne, sorpresi fuori dal centro abitato e fucilati sul posto dagli squadristi del *Toscano* impegnati nella sorveglianza della zona.

Il 16 maggio 1943 il Raggruppamento battaglioni CC.NN. Squadristi *Dalmazia* lasciò definitivamente la Dalmazia, seguito dagli altri battaglioni squadristi a loro volta schierati lungo il litorale dalmata; i 6 battaglioni Squadristi furono accantonati in varie località dell'Emilia Romagna. Dopo il colpo di stato del 25 luglio, tra i provvedimenti che furono adottati per defascistizzare la Milizia, rientrò anche il definitivo scioglimento dei battaglioni *già squadristi*, posto in essere attraverso il congedo o il trasferimento dei militi verso altri reparti. Se a fine agosto il Raggruppamento Squadristi *Dalmazia* cessò di esistere, molte delle sue Camicie Nere avrebbero dimostrato la propria coerenza continuando, nei mesi a seguire, la guerra nelle Forze Armate della R.S.I.

Oltre ai battaglioni del Gruppo *Dalmazia* esistevano anche altri due battaglioni Squadristi, il II *Emiliano* dislocato nei dintorni di Trieste, a Cossana, ed il CCXV *Nizza*, dislocato prima sul Carso e successivamente in Slovenia.

Il battaglione *Emiliano* si distinse per combattività ed efficienza nelle zone slavofone della provincia di Fiume:

Il giorno 4/6/1942/XX alle ore 13:30 furono incendiati da parte degli squadristi del II° Battaglione di stanza a Cosale le case delle seguenti frazioni del Comune di Primano: Bittigne di Sotto...,Bittigne di Sopra..., Monte Chilovi..., Rattecievo in Monte... [...] Durante le operazioni di distruzione ... è stata fatta una esecuzione in massa di n. 24 persone appartenenti alle frazioni di Monte Chilovi e Rattecevo in Monte. [...].

Un altro episodio di rappresaglia compiuta dagli Squadristi avvenne in risposta all'efferata uccisione di tre soldati italiani, mutilati e seviziati da parte dei partigiani slavi a Jelov Breg. il due agosto 1942 Tra i morti c'era il centurione Guidotti dell'*Emiliano*. Nel corso dell'azione furono uccisi 32 partigiani comunisti, catturati 492 sospetti e bruciate 117 case e fattorie[113].

Il CCXV battaglione CC.NN. Squadristi *Nizza* secondo il Fabei invece *non dette non dette gran prova di sé, a causa della sua debolezza, e ciò avrebbe costretto il comando dell'XI Corpo d'Armata a destinarlo a compiti presidiari a Lubiana*[114].

La valutazione che emerge dalla storia del *Nizza* invece sembra essere ben diversa. Del resto se fosse

---

[113] Sia ben chiaro che chi scrive ritiene responsabile primo dei crimini di guerra chi compie efferatezze e crimini tali da scatenare la rappresaglia e nel fare esasperare a tal punto l'avversario da spingerlo a compiere azioni inescusabili. Anche negli eventi bellici ad un'azione corrisponde una reazione uguale e contraria: e non si possono mettere sullo stesso piano i soldati italiani appartenenti ad un esercito regolare ed appartenente di uno Stato legittimo e internazionalmente riconosciuto e le bande slavo- comuniste. Per chiarire quali fossero all'epoca le implicazioni giuridiche e morali della rappresaglia nel diritto internazionale, giova riportare parte della voce *Rappresaglia* stesa da Pier Silverio Leicht ed Arrigo Cavaglieri e pubblicata nell' *Enciclopedia Italiana*, Roma 1935, s.v., e la relativa bibliografia.
Diritto internazionale.
Le rappresaglie sono mezzi coercitivi, con cui uno stato reagisce ad atti illeciti commessi contro di lui da un altro stato, e hanno lo scopo di premere sulla volontà di quest'ultimo, richiamandolo al rispetto del diritto e obbligandolo, ove ne sia il caso, a dare adeguata soddisfazione e risarcimento per il torto recato. Differiscono pertanto dalla ritorsione, la quale non presuppone, né dall'una né dall'altra parte, alcuna violazione di diritto internazionale. La ritorsione consiste nell'adozione di misure ostili, scortesi, dannose, ma legittime, con cui si risponde all'applicazione di misure analoghe da parte di un altro stato (guerra di tariffe e dazi doganali, trattamento svantaggioso ai sudditi di uno dei due stati nel territorio dell'altro, ecc.). Invece nelle rappresaglie lo stato reagisce ad atti antigiuridici con atti parimenti antigiuridici, ma che il diritto internazionale considera eccezionalmente come legittimi e autorizzati, in quanto giustificati dalla violazione di diritto, commessa precedentemente a di lui danno dallo stato avversario.
L'esercizio delle rappresaglie è soggetto a certe limitazioni, le quali rispondono però a principî di umanità, di equità, di ragione, piuttosto che a vere e proprie norme riconosciute dal diritto positivo.
Vi deve essere una certa proporzione tra l'atto di rappresaglia e la gravità dell'atto illecito contro cui la rappresaglia è diretta. (...)
Ogni mezzo coercitivo che sia contrario ai principî di umanità, dev'essere naturalmente escluso.
La dottrina fa varie distinzioni delle rappresaglie. Notevole è la distinzione di esse in positive e negative. Mentre le prime consistono nella realizzazione effettiva di atti di coercizione materiale, le seconde si riassumerebbero in una semplice condotta di astensione (rifiuto di eseguire ulteriormente gli obblighi di un trattato, denuncia unilaterale di esso, rifiuto di accordare ulteriormente ai sudditi dello stato colpevole il trattamento voluto dal diritto internazionale, ecc.) (...).
Essa non può tuttavia essere dubbia finché rimanga integro il diritto di ricorrere all'autotutela, di farsi giustizia da sé, anche, sia pure in casi estremi, mercé l'impiego della forza armata e della guerra. È logico che l'esistenza di questo diritto autorizzi anche il minus rappresentato dal ricorso alle rappresaglie armate che può evitare il male più grave della guerra vera e propria.
Bibl.: S. Lafargue, *Les représailles en temps de paix*, Parigi 1898; M. Ducrocq, *Représailles en temps de paix*, Parigi 1901; G. B. Guarini, *Le rappresaglie in tempo di pace*, Roma 1910; F. Ebers, *Repressalie*, in Staatswörterbuch, 1911, p. 634 segg.; D. Anzilotti, Corso di diritto internazionale, III, Roma 1913; A. Cavaglieri, *Note critiche sulla teoria dei mezzi coercitivi al difuori della guerra*, in Riv. di dir. intern., 1915; K. Strupp, *Das Repressalienrecht*, in Wörterbuch des Völkerrechts, II, p. 348 seg.; J. de la Brière, *L'évolution de la doctrine et de la pratique en matière de représailles*, in Rec. des Cours de l'Acad. de La Haye, 1928,
cui si aggiungano R. Ago, *Le délit international*, in Recueil des Cours de l'Académie de Droit International de la Haye, 1939; G. Balladore Pallieri, *Diritto internazionale pubblico*, 5ª ed., Milano 1948, p. 168 segg.; M. Giuliano, *Lezioni di diritto internazionale* (parte speciale), ivi 1946, p. 255 segg.; G. Capotorti, "Rappresaglie" esercitate dall'occupante per atti ostili della popolazione nemica, in Rassegna di diritto pubblico, I, 1947, p. 112 segg.; G. Schwarzenberger, *A Manual of International Law*, Londra 1947, p. 29, 77, 86, 100, 103, 166.
Al di là quindi degli eccessi che possano essersi verificati e che si verificarono, il comportamento delle Forze Armate italiane era perfettamente rispondente alle norme del diritto internazionale, qualunque sia il parere in proposito dei nostalgici di Josip Broz e del comunismo jugoslavo. Qui non si tratta di fascismo o meno, ma di norme del diritto internazionale e di convenzioni internazionali, delle quali si Regno d'Italia che Regno di Jugoslavia erano firmatari e quindi tenuti ad obbedire.
[114] Ripreso da http://www.stefanofabei.it/terranova1.pdf con i necessari emendamenti e correzioni. Va detto che questo articolo copia interi passi di Romeo di Colloredo, *Emme Rossa!*, senza citare la fonte, cosa quantomeno scorretta.

stato così non si comprenderebbe perché il CCXV sarebbe stato inviato in una zona ben più sensibile come la Slovenia.

E' il caso pertanto di tratteggiare un profilo del suddetto reparto per una valutazione più equilibrata. Mobilitato dal Comando Generale della M.V.S.N. il 10 agosto 1942, il CCXV Battaglione CC.NN. Squadristi *Nizza* era composto da 3 compagnie fucilieri e dalla 215 compagnia mitraglieri. Il suo centro di mobilitazione fu la 15a Legione *Leonessa* di Brescia (deposito). A comandare il battaglione fu destinato il Primo Seniore Giovanni Tebaldi.

Da Brescia il battaglione fu trasferito nella zona d'impiego in territorio della 59a Legione deposito, di stanza a Sesana, e vi giunse la sera del primo agosto.

Già il 14 agosto il CCXV battaglione ebbe il suo primo ordine di operazione: doveva effettuare, fino al 15, un rastrellamento nella zona. Eseguito l'ordine il CCXV *Nizza* si dedicò ad intensificare l'addestramento delle compagnie; ma subito dopo dovette eseguire altre operazioni di rastrellamento il 21, il 22 ed il 25 agosto. Un nuovo rastrellamento venne compiuto tra il 5 e l'8 settembre; negli scontri coi partigiani cadde una Camicia Nera ed altre due vennero ferite. Il CCXV *Nizza* era sempre agli ordini della 59 Legione CC.NN. *Carso*.

Un'altra azione di rastrellamento fu svolta dal battaglione tra il 24 ed il 25 settembre. Il 5 ottobre il CCXV *Nizza* fu trasferito in Slovenia e partì da Sesana in treno giungendo a Lubiana la sera stessa. Il 6 ottobre era già impegnato in una operazione contro il centro avversario di Brixie ed il giorno seguente gli veniva assegnato un settore della cintura difensiva di Lubiana.

In uno scontro a fuoco contro i partigiani, il giorno 8 ottobre il battaglione inflisse perdite agli slavi ed ebbe un solo ferito; fu passato in rivista dal Generale Montagna, comandante del Raggruppamento CC.NN. *21 Aprile*, il 10 ottobre.

I rastrellamenti e le operazioni si susseguirono in continuazione; per dare un'idea delle condizioni disagiate in cui operavano le nostre truppe, basti dire che il giorno 14, per mancanza di viveri di riserva, le CC.NN. vissero di solo pane.

Dall'11 al 13 novembre gli squadristi del CCXV battaglione operarono nella zona di Vio, dove successivamente vennero sostituiti da reparti dell'Esercito perché destinati al caposaldo di Ribrica, dove rimpiazzarono reparti dell'Esercito inviati altrove.

Già il 17 il Battaglione Squadristi *Nizza* , unitamente ad altri reparti di Camicie Nere, svolse sotto una violenta nevicata una operazione di rastrellamento nella zona di Dane, Ravai Dol; ed il 21 compì una perlustrazione nella zona Saievec - Juzevica.

Il servizio di vigilanza continuo ai fortini non dette tregua agli squadristi, costretti a scontrarsi quotidianamente con le bande slave.

Il 26 novembre il battaglione ricevette la visita del generale Mario Robotti, comandante dell'XI Corpo d'Armata che si compiacque col comandante Tebaldi per l'efficienza del *Nizza*[115].

Le operazioni continuarono nel mese di dicembre: il 12, a seguito di una imboscata il battaglione ebbe due feriti, un aiutante ed una Camicia Nera. Il freddo intenso e la molta neve rendevano più pesante il già grave continuo disagio.

Non si hanno dati sulle operazioni del *Nizza* nel 1943, essendo la documentazione andata perduta a seguito degli eventi bellici.

A maggio anche l'*Emiliano* ed il *Nizza* vennero fatti rientrare in Italia come i battaglioni del Raggruppamento Squadristi *Dalmazia*; è assai probabile che il rimpatrio fosse in buona parte dettato dai tentativi di puntellamento del Regime condotti da parte del partito e, soprattutto, della Milizia stessa ad opera del Capo di Stato Maggiore Enzo Galbiati, spostando in Italia battaglioni composti da truppa certamente fidata e politicamente motivata, seppur ridotti in organico ed efficienza bellica, preferendo lasciare in Balcania i battaglioni più efficienti militarmente.

In Albania, finita la campagna contro la Grecia, le forze italiane erano raggruppate nella 9ª Armata, articolata su tre Corpi d'Armata: il XIV, di presidio nel Montenegro, il IV, con due divisioni, in Albania nordorientale e il XXV, con 4 divisioni, al confine con la Grecia. Dalla 9ª armata dipesero pure le truppe destinate al mantenimento dell'ordine pubblico, come i Carabinieri, la Guardia di finanza

---

115   Ossia lo stesso Robotti che stando al Fabei avrebbe accusato il *Nizza* di dar *scarsa prova di sé*!

e la Guardia alla frontiera. La MVSN era rappresentata dalle legioni divisionali 80ª, 92ª, 109ª, 115ª. In quest'area operarono anche battaglioni autonomi di CCNN: l'VIII° «M» e il XXIX° «M» e cinque legioni di Milizia Fascista Albanese, di cui si parlerà nel capitolo dedicato alle componenti straniere della Milizia.

In Albania – alla quale dal 1941 gli italiani avevano annesso parte della Macedonia occidentale, la Ciamuria greca e il Kosovo – durante la seconda parte del conflitto, si sviluppò, animato da Henver Hoxha, un movimento partigiano comunista forte di circa 10.000 uomini, raggruppati in brigate d'assalto. La capacità offensiva dei comunisti albanesi fu inferiore a quella della resistenza titina e ciò determinò una repressione meno violenta; tuttavia duro risultò lo scontro con i partigiani nella valle del fiume Devoli, in cui soprattutto il XXIX° btg. «M» subì perdite significative.

Gli altri reparti condussero invece quasi una vita di presidio fino all'armistizio.

In Kosovo, annesso al Regno d'Albania si distinsero invece per la ferocia contro i partigiani e occasionalmente anche contro i civili serbi le Camicie Nere della Milizia Fascista Albanese.

Quando le forze italiane entrarono in Kosovo, la punta di lancia delle operazioni era costituita dalle Camicie Nere albanesi, che, se erano fuggite davanti ai greci, si dimostrarono ben più combattive contro gli slavi, loro atavici nemici. Gli albanesi del Kosovo si unirono alle forze di italiane, prendendo le armi e aprendo loro la strada verso nord ed ovest, e scatenando la guerriglia e tendendo agguati alle unita' dell'esercito jugoslavo in rotta davanti agli italiani. Gli albanesi, nativi sia dell'Albania che del Kosovo, iniziarono una campagna di vendette nei confronti dei serbi, come risposta ai massacri ed alle persecuzioni che sin dal primo dopoguerra gli jugoslavi avevano scatenato contro i civili albanesi e la religione musulmana[116]. Inizialmente, la violenza antiserba veniva portata avanti in modo disorganizzato da unità irregolari di *Kachaki*. Si trattava di bande irregolari albanesi di entrambi i lati del confine che avevano già combattuto contro l'occupazione jugoslava durante gli anni '20 e '30 Le due regioni in cui venne diviso il Kosovo erano state divise in tre prefetture alle quali erano affiancate tre federazioni del Partito Fascista Albanese.

Tanto i prefetti quanto i segretari federali furono scelti dalle Autorità di Tirana (su consiglio italiano) tra esponenti locali da sempre distintisi per le loro posizioni proalbanesi e di conseguenza filo-italiane; utilizzando criteri analoghi erano state nominate le autorità circondariali e di villaggio. Il "Presidente di villaggio" coordinava la lotta antipartigiana al fianco delle truppe italo-albanesi e la protezione dei villaggi dagli attacchi slavi, e si serviva a tale scopo delle *Guardie di villaggio* (*Vulmentari*), cioè gli ex appartenenti a quelle bande irregolari filoalbanesi utilizzate dagli italiani durante la guerra contro la Jugoslavia e caratterizzate da un viscerale odio antiserbo .

Sino all'agosto 1942 i settori nazionalisti favorevoli ad una Grande Albania libera ed indipendente e contrari all'occupazione. italiana del Kosovo (ed alla sudditanza di Tirana a Roma), riuniti attorno all'associazione militare clandestina del *Bali Komptar*, si erano contrapposti alle Autorità italiane ed ai *vulmentari*, collaborazionisti della prima ora. Dinanzi all'intensificarsi dell'attività titoista, i *balisti* ed i *vulmentari* giunsero alla fine dell'estate 1942 ad un accordo suggerito dagli italiani di collaborazione in funzione anticomunista In seguito, le Autorità italo-albanesi costituirono con le truppe collaborazioniste kosovare unificate e con elementi albanesi il VII battaglione Camicie Nere albanesi, con sede a Prizren, una cittadina a sud-ovest di Pristina.

Il VII CCNN albanesi si dimostrò, soprattutto verso la fine del 1942, estremamente duro non soltanto nella repressione antipartigiana ma anche nei confronti della locale minoranza serbo-montenegrina. Da notare come le persecuzioni antiserbe da parte dei kosovari collaborazionisti divennero di tale gravità da costringere le Autorità italiane ad intervenire, per evitare che la reazione delle popolazioni perse- guitate spingesse queste ultime ad ingrandire le formazioni titine. Le autorita' italiane in Kosovo furono infatti dapprima alquanto spiazzate dal terrore contro i serbi, e spesso intervennero per

---

[116] La popolazione albanese del Kosovo – da un censimento del 1921 il 64,1% del totale – fu sempre percepita come un pericolo dal governo serbo/jugoslavo, che cercarono di slavizzare, la regione, proibendo l'uso e l'insegnamento della lingua e l'esibizione dei simboli della nazionalità albanese. Vennero avviati nel 1922 e nel 1933 anche due programmi per favorire la colonizzazione dei confini sud del Kosovo con serbi provenienti dal nord, in terre espropriate ad albanesi col pretesto dell'assenza di documenti con cui dimostrare il diritto di proprietà. Le moschee venivano sistematicamente bruciate e venne proibito l'insegnamento della religione coranica. Fu inoltre firmato un accordo nel 1938 per un programma di deportazione degli albanesi del Kosovo verso la Turchia (gli albanesi erano considerati "turchi"), sostituendoli con coloni serbi.

prevenire attacchi albanesi, per lo meno nelle aree urbane. Le truppe italiane furono dislocate nelle città' del Kosovo agendo come forza contenitrice, e vi furono diversi episodi in cui le truppe italiane aprirono il fuoco sui Vulnetari e sulle stesse Camicie Nere albanesi per evitare massacri di civili serbi. I comandi italiani non mancarono di riferire il loro disgusto per le azioni degli albanesi alle autorità di Tirana e di Roma, riferendo che gli albanesi

Stanno dando la caccia ai serbi, (…) la minoranza serba vive in condizioni veramente miserevoli, continuamente perseguitata dalla brutalità' degli albanesi che alimenta l'odio razziale

Alle loro parole fanno eco quelle di Hermann Neubacher, il rappresentante del Terzo Reich per l'Europa sud-orientale:

Gli schipetari avevano fretta di espellere il maggior numero possibile di Serbi dal paese.

Le atrocità' furono commesse deliberatamente, sia come risposte ai crimini commessi dagli jugoslavi contro la popolazione albanese, sia come parte di un piano volto a creare una Grande Albania libera dai serbi. Nel giugno del 1942, il primo ministro albanese Mustafa Kruja dichiarò i propri intenti davanti ai kosovari albanesi:

La popolazione serba in Kosovo dovrebbe essere cacciata il prima possibile. Tutti i serbi indigeni dovrebbero essere qualificati come colonizzatori, e in quanto tali, attraverso i governi albanese e italiano, mandati in campi di concentramento in Albania. I coloni serbi vanno ammazzati.

Sentimenti simili furono espressi da un capo albanese-kosovaro, Ferat- Bej Draga:

E' arrivato il momento di sterminare i serbi. Non rimarrà alcun serbo sotto il sole del Kosovo.

I pogrom anti-serbi si intensificarono dopo l'armistizio italiano nel settembre '43, quando i tedeschi assunsero il controllo dell'Albania, incluso il Kosovo, e i militi albanesi passarono in massa con i germanici, formando il nucleo della 21. *Waffengebirgsdivision der SS Skanderbeg.*

All'atto della resa italiana del settembre 1943 i reparti di Camicie Nere presenti in Balcania ed in Albania scelsero tutti di continuare la guerra al fianco dei tedeschi; ecco l'elenco dei reparti che rimasero organici (molti altri reparti come, per citare un esempio *pro toto* l'89a Legione *Etrusca* [Volterra] entrarono nella *Waffen Militz*, nucleo della futura 29. *Waffendivision der SS* [*it.* Nr 1.]) e del loro destino.

49ª Legione CC.NN. *Marche* (XLIX° Btg., L° Btg., 54a Cp. Mitraglieri)

L'otto settembre si trovava a Sebenico (Croazia) e contava una forza di 2.000 uomini. La Legione proseguì, senza soluzione di continuità a combattere a fianco dei tedeschi fino alla resa delle Forze Armate germaniche, subendo ingenti perdite.

72ª Legione CC.NN. *L. Farini* (LXXII° Btg., XXXIII° Btg., 72ª Cp. Mitraglieri)

Dislocata a Dibra (Albania). In seguito fu dislocata a Burrelj e sul passo Qafa- Stames fino al 28 settembre 43. Nel 1944 divenne 92° btg. speciale di sicurezza italiano ed operò in territorio jugoslavo. Il 4 gennaio 1945 giunse a Trento. La legione venne sciolta in Austria all'atto della resa tedesca del maggio del 1945.

86ª Legione CC.NN. *Indomita* (LXXXVI° Btg., XCIV° Btg., 86ª Cp. Mitraglieri).

Di stanza a Scutari partecipò a varie operazioni in Albania e Bosnia. Dall'ottobre 44 si sposta in Croazia dove si sciolse con la fine del conflitto nel maggio 1945.

92ª Legione CC.NN. *Ferrucci.*

Dislocata in Albania e smembrata nei suoi reparti tra il 26 luglio e l'8 settembre 1943, la Legione fu impegnata in sanguinosi scontri con i guerriglieri. Il 13 di settembre, la *Ferrucci* ricevette l'ordine dal Comando della Divisione *Firenze*, di cui faceva parte, di raggiungere il porto di Durazzo ed imbarcarsi per mettersi a disposizione del governo del Sud. La situazione si presentava estremamente confusa per via del fatto che, in zona, erano presenti reparti germanici e ribelli albanesi. Gli ufficiali della Legione dichiararono in modo inequivocabile che non avrebbero combattuto contro i tedeschi, e per questo furono minacciati dal Capo di Stato Maggiore. Trascorsero alcuni giorni carichi di tensione, nel corso dei quali le Camicie Nere si trovarono a fronteggiare sia la guerriglia locale che le forze fedeli al governo Badoglio, cercando allo stesso tempo di prendere contatto con i reparti germanici finché, nella ridda di ordini e contrordini, la 92a fece ritorno in Italia.

CXLIV Battaglione Autonomo CC.NN. *Irpino.*

In Montenegro all'atto della resa badogliana, questa unità seguitò a combattere affiancato ai tedeschi contro i titini in Albania, Bosnia e infine Croazia, dove il Battaglione si sciolse nel maggio 1945

XXXIII Battaglione Autonomo CC.NN. *Gandolfo.*

Dislocato in Serbia, il battaglione seguitò, dopo l'8 Settembre, a combattere insieme alle truppe tedesche ininterrottamente per 20 mesi, impegnato in operazioni di controguerriglia, nel corso delle quali ebbe 56 Caduti. Fu sciolto in Austria nel Maggio 1945.

XL Battaglione CC.NN. *Scaligero.*

Di stanza in Croazia e formato tutto da veronesi, il battaglione proseguì a combattere anche dopo la resa a fianco dei germanici, coi quali si oppose, sino al Maggio 1945, a distaccamenti della IV Armata Popolare jugoslava contro cui ottenne significativi risultati in Croazia e Slovenia.

LIII Battaglione Autonomo CC.NN. *Patavino*

Operativo in Serbia, continuò la guerra schierato con i tedeschi fino alla resa in Austria nel maggio del 1945, combattendo contro i partigiani titini in Serbia e successivamente in Croazia.

LXXXI Battaglione Autonomo CC.NN. *Da Barbiano*

L'8 Settembre si trovava in Montenegro. Oppostosi alla resa badogliana, il battaglione seguitò, insieme ai tedeschi ed in collegamento con il CXI Battaglione d'Assalto di cui parleremo, a lottare contro i partigiani di Tito in Serbia e Croazia fino allo scioglimento, avvenuto a Zagabria nel maggio 1945.

XCII Battaglione Autonomo CC.NN. *Ferrucci*

Costituito a Firenze nel marzo del 1941 e trasferito in Albania dove rimase fino al 9 settembre 1943, il battaglione ebbe particolari vicissitudini e simili, almeno durante le prime settimane successive all'8 Settembre, a quelle della citata 92ª Legione *Ferrucci* in quanto la zona era la stessa. Tra l'altro le Camicie Nere ebbero l'occasione di assistere, stupefatte, alle esplosioni di gioia dei nostri militari appartenenti al Quartier Generale della Divisione *Firenze*, al momento della notizia della resa. Determinato ad opporsi alla decisione badogliana, dopo esser riuscito a prender contatto con le forze germaniche e superata la loro iniziale diffidenza, il battaglione fu riarmato ed accresciuto in Serbia di una trentina di elementi sbandati aggregatisi da Scutari, raggiungendo una forza di quasi 500 uomini. Il 15 marzo 1944 il battaglione, riorganizzato dai tedeschi, mutò denominazione divenendo il 92° *Battaglione Speciale di Sicurezza Italiano*, impiegato contro jugoslavi e sovietici fino al 31 dicembre 1944, A quella data i volontari, in ferrovia, tornarono in Italia diretti a Trento portando al seguito, per non lasciarli cadere in mani sovietiche, un centinaio di nostri ex militari provenienti dall'Ambasciata di Budapest, i quali non avevano voluto aderire alla Repubblica Sociale Italiana. Il 16 gennaio 1945, a Brescia, il battaglione venne sciolto: i più giovani furono immessi, come premio per il servizio svolto, nella Legione *Guardia del Duce*; gli altri, passarono in forza al Battaglione Territoriale della GNR bresciana.

XCI Battaglione d'Assalto CC.NN.

Formato da Camicie Nere inquadrate nella Divisione *Venezia*, alla data dell'8 Settembre, in Montenegro, fu l'unico reparto a non accettare l'ordine di Oxilia, comandante la Divisione, a raggiungere le file dei partigiani titini. Presentatosi ai Comandi tedeschi, il Battaglione fu impiegato insieme al citato LXXXI Autonomo, in un ciclo di operazioni in Serbia e Croazia, sciogliendosi anch'esso a Zagabria nel maggio 1945

LXXXII Battaglione Autonomo CC.NN. *Mussolini*

Dislocato in Serbia, anche questo battaglione imitò i precedenti rifiutando la resa. Fu impegnato contro le truppe titine in Serbia e Croazia e si arrese in Austria nel maggio del 1945.

11. LE UNITÀ DELLA MILIZIA VOLONTARIA SICUREZZA NAZIONALE SUL FRONTE ORIENTALE, 1941- 1943

Il primo reparto di Camicie nere ad essere inviato in URSS fu la legione CC.NN. *Tagliamento*. La legione ebbe il battesimo del fuoco a luglio, nella manovra di Petrikovka, e nell'inseguimento delle truppe sovietiche verso Stalino ed il suo bacino petrolifero e minerari .Dopo la caduta della linea difensiva del Dnjepr le truppe del Maresciallo Budjenni si trincerarono su nuove posizioni arretrate, nella speranza di fermare l'avanzata delle truppe del Panzergruppe Kleist verso il nodo industriale di Stalino. La città più importante tenuta dai sovietici nel settore era Pawlograd, situata sulla riva orientale del fiume Voltschia. La città era difesa dalla 15ª divisione fucilieri, le cui unità mantenevano anche una grossa testa di ponte sulla riva occidentale facente perno sulle località trincerate di Mavrina e di Miziritc. Il compito di eliminare la testa di ponte e di conquistare Pawlograd venne affidato alla 198. *Infanteriedivision* tedesca, appoggiata sul fianco sinistro dalla colonna Garelli, un'unità *ad hoc* composta dalla 63° Legione *Tagliamento* (tranne il LXIII° battaglione CC.NN., ceduto temporaneamente alla divisione Pasubio), da elementi del genio pontieri, da una compagnia motociclisti e da un gruppo d'artiglieria di supporto da 105/32 che aveva preso posizione a nord ovest delle truppe tedesche. L'inizio dell'operazione procedette felicemente, ma presto i fucilieri della 15ª divisione bloccarono con una serie di contrattacchi l'avanzata della 198.^ *Infanteriedivision*.; a quel punto von Kleist decise di utilizzare la colonna Garelli per avvolgere sulla sinistra le posizioni di Pawlograd.

La mattina del 10 ottobre i legionari attaccarono Mavrina, una località ben difesa da sbarramenti di filo spinato e trincee, tenute da ingenti forze della 15ª.

Malgrado la situazione sfavorevole, le Camicie Nere espugnarono Mavrina intorno a mezzogiorno raggiungendo la linea ferroviaria. Il villaggio venne rastrellato dai difensori ed occupato. I legionari attaccarono l'obbiettivo successivo, Miziritc, che riuscirono a catturare la sera del 10. La mattina dell'11 la colonna Garelli conquistò il ponte sulla Voltschia che portava a Pawlograd, che cadde intatto nelle mani delle Camicie Nere, permettendo il passaggio delle Camicie Nere e dei motociclisti.

Più difficile la situazione dei *Landser* della 198. che a loro volta avevano come obbiettivo il ponte stradale, che però venne fatto saltare dai sovietici prima dell'arrivo dei tedeschi. L'intervento dei pontieri italiani del I° battaglione Genio Pontieri permise infine ai tedeschi di passare il fiume su un ponte di equipaggio e di raggiungere gli obiettivi prefissi. Il ruolo della colonna Garelli si era dimostrato risolutivo per la conquista della città.

La 63a Legione Tagliamento nella battaglia di Natale (dicembre 1941).

Dopo la cattura di Gorlowka l'unica città di una qualche importanza ancora in mano sovietica era Nikitowka.

Il colonnello Chiaramonti, comandante dell'80° reggimento fanteria *Roma* della *Pasubio*, accertata la presenza in zona di tre divisioni sovietiche, prese l'iniziativa di occupare Nikitowka allo scopo di ridurre la falla tra lo C.S.I.R. e la 17a Armata tedesca (von Stülpnagel), che era circa cinquanta chilometri a nord.

Malgrado la crescente opposizione sovietica, e malgrado avesse perso contatto con le truppe italiane, Chiaramonti continuò ad avanzare su Nikitowka, che occupò, ma a sua volta trovandosi isolato ed assediato dalla 74a divisione fucilieri[117], formata dal 189° e 360° reggimento fanteria e dal 307° artiglieria. Presto si sviluppò un violento scontro nella parte centrale della città. I fanti dell'80° riuscirono a respingere tutti gli assalti sovietici, ma le munizioni andavano esaurendosi al punto che sarebbe stato impossibile tentare di rientrare nelle linee italiane.

Decise allora di mantenere le posizioni in attesa di soccorsi, impedendo così l'infiltrazione sovietica

---

[117] La divisione fucilieri del 1941 aveva in organico 19.000 uomini; ogni reggimento aveva 2900 fra ufficiali e soldati; nel 1942 la divisione sovietica diminuì di dimensioni, riducendosi a 9500 uomini su 3 reggimenti (2500 uomini ciascuno) più un reggimento artiglieria, ma aumentando la potenza di fuoco (A. Mollo, *The Armed Forces of World War II*, London 1981, tr. it. Novara 1982, pp. 36- 37 e 168-169).

nella falla tra lo C.S.I.R. e la 17.e *Armee*.

Chiaramonti e i suoi resistettero sei giorni, perdendo cinquecento uomini; Messe definì *semplicemente meravigliosa* la resistenza dell'80° fanteria.

Per sbloccare Nikitowka e permettere all'80° di rientrare nelle linee italiane tra Gorlowka e Rikowo venne deciso di tentare un'azione con il 79° *Roma*, gemello dell'80°, ed elementi del reggimento *Lancieri di Novara*, appoggiati da alcuni pezzi dell'8° reggimento Artiglieria. Tuttavia la reazione sovietica bloccò gli italiani ed un contrattacco li costrinse ad abbandonare l'azione.

Non ebbero migliori risultati altri due tentativi compiuti il 10 e l'11 novembre con due battaglioni del 3° Bersaglieri in supporto[118].

Un nuovo tentativo ebbe luogo il 12.

Punta di lancia dell'operazione doveva essere la 1a Compagnia del LXXIX° battaglione Camicie Nere d'Assalto della *Tagliamento* che avrebbe aperto la strada al 79° Fanteria.

Il mattino del 12 novembre, appoggiati anche dalla caccia italiana che utilizzava il campo di aviazione di Stalino, i legionari attaccarono le linee sovietiche.

Gli assalti delle Camicie Nere riuscirono finalmente ad aprire un varco nello sbarramento degli assedianti, anche se la pressione sovietica della 74a divisione non diminuì.

Elementi del 79° fanteria raggiunsero quindi Nikitowka alle 14.30 congiungendosi all'80° reggimento[119]. Gli italiani resistettero sino a notte, quindi sotto una tormenta di neve le truppe di Chiaramonti e le forze che l'avevano soccorso rientrarono nelle linee italiane.

Lo sblocco di Nikitowka era costato agli italiani centocinquanta morti, trentasei dispersi e più di cinquecentocinquanta feriti; tuttavia con la sua veramente eroica difesa Chiaramonti era riuscito ad evitare che il nemico si infiltrasse tra i tedeschi e lo C.S.I.R..

Il sette dicembre- il giorno dell'attacco giapponese a Pearl Harbour, per inciso- il comando della *Tagliamento* venne dislocato a Krestowka.

Al comandante della Legione venne affidato il comando del fianco sinistro della *Celere*.

Il nove truppe sovietiche tentarono due colpi di mano contro le posizioni tenute dai due battaglioni CC.NN.; un altro tentativo venne fatto il tredici dicembre contro il caposaldo di Nowaja Orlowka, presidiato dai legionari friulani della 2a compagnia del LXXIX° battaglione che respinsero le pattuglie avversarie infliggendo perdite.

L'aumentata azione di pattuglie sovietiche faceva presagire che anche nel settore tenuto dagli italiani i sovietici stessero progettando un'offensiva.

La ricognizione aerea e le pattuglie italiane rilevarono infatti l'arrivo nelle posizioni antistanti quelle della *Celere* di due divisioni sovietiche (la 136a e la 296a fucilieri) oltre ad un intenso traffico ferroviario e di automezzi.

I sovietici stavano dimostrando in quei giorni una ripresa offensiva totalmente inaspettata per *L'Oberkommando* della Wehrmacht. Già il 29 novembre, lungi dal darsi per vinti, avevano rioccupato Rostow; il dieci dicembre l'Armata Rossa passava all'attacco sul fronte nord, presso Leningrado, costringendo i tedeschi ad arretrare di cinquanta chilometri. L'offensiva si era estesa al settore centrale, dove i tedeschi dovettero ritirarsi di un centinaio di chilometri senza però che i sovietici riuscissero a raggiungere Smolensk, l'obbiettivo prefissato.

Nel settore meridionale la STAVKA si proponeva di scardinare le armate di von Rundstedt all'altezza di Karkhov per avvolgere poi le armate avversarie schierate fino al Mar Nero ed impegnate nel settore del Mius da un grosso attacco che le avrebbe fissate sul posto.

Il ciclo di operazioni sarebbe infine dovuto culminare con la rioccupazione del Chersonneso (Kersh), in Crimea, dove Sebastopoli continuava a resistere all'assedio rumeno- germanico.

L'offensiva, che iniziò il diciotto gennaio fallì questi obbiettivi, riuscendo solo a creare una grande sacca nel settore di Isjum.

In questo quadro, i sovietici erano divenuti attivissimi dopo la sostituzione di Budjenni con il generale (poi Maresciallo dell'U.R.S.S.) Timoshenko, e venivano lanciando attacchi contro i settori del Gruppo

---

118   Messe 1963, p.161.
119   Ricchi, Striuli 2007, p.25.

Mackensen (III.e Ak), del XV.e Ak, del XLIX *Gebirgskorps* e dello C.S.I.R., alla ricerca della più agevole direttrice di penetrazione, dove effettuare lo sfondamento ed operare in profondità allo scopo di costringere l'Asse ad impegnare le proprie scarse riserve.

Le ricognizioni sovietiche con cui si erano scontrate le Camicie Nere erano servite ai sovietici per rendersi conto come le truppe di presidio fossero scarse: cinque battaglioni del 3° reggimento Bersaglieri, quattro gruppi d'artiglieria e due battaglioni della *Tagliamento*.

Anche la volontà politica di infliggere una batosta alle truppe fasciste di Mussolini, i volontari in camicia nera, aveva un'importanza propagandistica notevole per i sovietici.

I *politruk* avevano dato l'ordine di non far prigionieri i fascisti, e dell'ordine fecero le spese anche altri italiani, come quando i sovietici massacrarono tutti i feriti dell'ospedale da campo del 3° Bersaglieri caduto nelle loro mani.

Inoltre venne deciso di attaccare il giorno di Natale, ritenendo che gli italiani quel giorno fossero maggiormente depressi e afflitti dalla nostalgia di casa, per di più in pieno inverno russo, e dunque meno inclini a battersi.

Di questa insipienza psicologica probabilmente buona parte della responsabilità spetta ai fuoriusciti italiani a Mosca, in primis Togliatti e D'Onofrio, particolarmente attivi nella propaganda disfattista diretta ai nostri soldati al fronte[120].

Alle ore sei del mattino del 25 dicembre una pattuglia della 2a compagnia del LXXIX° comandata dal capomanipolo Codeluppi uscì dal caposaldo di Nowaja Orlowka diretta su Ploskj.

Sulla zona infuriava una violenta tempesta di neve, che durò tutta la giornata e che impedì alle aviazioni italiana e sovietica di prendere parte alle operazioni.

Usciti dal caposaldo Codeluppi notò forti nuclei avversari, vestiti con tute mimetiche, che, protetti dalla tormenta, erano diretti su Nowaja Orlowka e si affrettò a rientrare dando l'allarme.

Si trattava degli interi battaglioni I° e II° del 692° reggimento fucilieri della 296a divisione di fanteria, i quali iniziarono l'attacco sia frontalmente che sul lato sinistro del caposaldo, appoggiati da due reggimenti d'artiglieria (530° e 813°), e varie unità di mortaisti.

L'attacco fu durissimo, e alle 7.30 il centurione Mengoli trasmise al comando Legione il suo ultimo radiomessaggio:

Siamo attaccati sul fronte ed a sinistra. Urgono rinforzi.

Dopo questo messaggio i collegamenti con Nowaja Orlowka si interruppero.

Ai battaglioni attaccanti si unirono anche i cavalleggeri della 38a divisione di cavalleria, appoggiati dall'artiglieria e dal fuoco dei mortai da 102mm.

Il comandante di compagnia, centurione Mengoli, era caduto, tutti gli ufficiali erano morti o feriti quando il capomanipolo Ezio Barale, l'unico ufficiale rimasto, nel momento culminante dello scontro, ordinò un contrattacco all'arma bianca con un pugno di superstiti.

Separato dai suoi, si batté col pugnale finché non venne ucciso da una raffica[121]

Alle 6.30 il III° battaglione del 692° reggimento sovietico, appartenente alla 296a divisione fucilieri, preceduto da unità di cavalleria e appoggiato da artiglieria (un reggimento) e mortai da 102mm, attaccò il caposaldo di Malo Orlowka, tenuto dai friulani del LXIII° battaglione Camicie Nere, ma la reazione dei militi fu durissima, e l'attacco sovietico venne stroncato con forti perdite.

Una colonna della 136a, aggirata Ivanovka, si diresse su Mikhailowka, tenuta dalle Camicie Nere del LXXIX° battaglione.

Lo scontro si fece feroce, tanto che le Camicie Nere si difesero anche con i pugnali- il Maresciallo Messe scrisse che la *lotta è durissima, con frequenti scontri all'arma bianca*[122]- ed il comandante della *Tagliamento*, il Console Nicchiarelli, dispose l'invio in rinforzo della 2a compagnia del LXIII° battaglione (centurione De Apollonia) che si trovava a Malo Orlowka, a dieci chilometri di distanza.

---

120 Messe 1963, pp.20 segg., 360 segg.; si possono citare le parole di Togliatti: *Non vi è mai stata alcuna guerra in cui una delle parti abbia commesso in modo consapevole delitti così efferati come quelli che commettono gli eserciti di Hitler e le bande di Mussolini.*

121 Sulla morte del capomanipolo Barale si leggano le belle parole dedicategli dal Maresciallo Messe: Messe 1963, p. 189.

122 Ibid. p.190.

De Apollonia ed i suoi uomini vennero attaccati però da un battaglione del 692° fucilieri forte di almeno seicento uomini, e dovette ripiegare su Krestowka.

Intanto i sovietici si misero a massacrare i feriti dell'ospedale da campo del XVIII° in cui erano ricoverati Bersaglieri e legionari reduci da Nowaja Orlowka; il primo a venire ucciso fu il sottotenente Angelo Vidoletti che tentava di difendere i feriti (ebbe la Medaglia d'Oro alla memoria), poi gli altri vennero massacrati uno ad uno con un colpo alla nuca[123].

Fu un bersagliere ferito, riuscito a fuggire e nascosto da una donna ucraina, a raccontare lo svolgimento dei fatti quando, quarantott'ore dopo Ivanovka venne ripresa dagli italiani. Nel giudicare il trattamento inflitto dai tedeschi ai prigionieri sovietici andrebbero valutati episodi come questo, tutt'altro che infrequenti.

Alle 15.45 anche Krestowka ed il comando della *Tagliamento* vennero attaccati dalla 296a divisione e dalla cavalleria della 38a divisione; a parte il plotone comando l'unica forza disponibile per la difesa era la compagnia del centurione De Apollonia che vi si era rifugiata dopo esser stata attaccata nella mattina.

Data la pressione crescente, il comandante della Legione decise di ripiegare su Malo Orlowka, che continuava a resistere[124].

Venne formata così una colonna volante formata dal comando della *Tagliamento*, dal plotone comando del LXIII° battaglione armi d'accompagnamento, protetti dalla 2a compagnia del LXIII° battaglione CC.NN.; alla colonna si unì anche il II° Gruppo del Reggimento Artiglieria a Cavallo con una sezione cannoni da 20.

La colonna si aprì la strada verso Malo Orlowka, coperta dagli uomini di D'Apollonia e dall'artiglieria a cavallo in retroguardia.

La situazione si fece subito pesante, poiché i sovietici premevano sulla 2a compagnia, supportata dal tiro ad alzo zero di una delle batterie delle *Voloire*, che insieme al fuoco intensissimo delle Camicie Nere costrinsero il nemico a ripiegare, tanto che gli artiglieri, una volta esaurite le munizioni, poterono attaccare i pezzi alle pariglie riprendendo il movimento verso Malo Orlowka che venne raggiunta alle 17 e trenta.

Nella notte, il comando del C.S.I.R. e quello del XLIX.e *Gebirgskorps* decisero di passare alla controffensiva il giorno seguente, rioccupando Ivanovka e Nowo Orlowka.

Oltre agli italiani sarebbe stata impiegata anche la riserva mobile del XLIX.e, composta dall'*Infanterieregiment* 318., da pochi carri del *Panzerregiment* 10. (per lo più Pzkw IIIG ed H, oltre a pochi Pzkw IVE)[125] e dal *Fallschirmjägerregiment* 2. (il cui uso però non era stato ancora autorizzato).

Ciò che più contava, come scrisse poi il Maresciallo Messe, era che

Alla fine del primo giorno di battaglia l'attacco nemico è stato nettamente arginato e si è già iniziata in modo abbastanza soddisfacente la nostra reazione per ristabilire la situazione[126]

Il mattino del 26 dicembre riprese il contrattacco italo-tedesco; tuttavia i sovietici non avevano per nulla abbandonata la speranza di sfondare, e reiterarono gli attacchi nel settore della *Tagliamento*.

Appoggiati da quasi tutti i panzer del *Panzerregiment* 10. i Bersaglieri del XVIII° battaglione ed due battaglioni (1. E 22.) dell'*Infanterieregiment* 318. rioccuparono Orlowko Ivanovka, escluso il lato settentrionale del villaggio.

Nel frattempo i panzer arrivarono alla collina 331,7 e riuscirono a strapparla al 964° reggimento fucilieri, tenendola per un po', ma alla fine venendo respinti dalla crescente pressione avversaria.

Quanto alla *Tagliamento* il LXIII° battaglione CC.NN. uscì dal caposaldo di Malo Orlowka per tentare

---

123   Romeo di Colloredo 2008a, p.87
124   Nell'ordine di operazioni sovietico, Malo Orlowka veniva definita la *prima tappa decisiva* dell'offensiva (Messe 1963, p.190)
125   Il I battaglione del PzRgt 10 era stato creato il dodici ottobre 1937 come unità indipendente delle *Heerestruppen*; il 20 ottobre del 1939 venne istituito anche il II/PzRgt 10 ed il reggimento venne assegnato all'8.Panzerdivision. Nel gennaio 1941la Panzer-abteilung 67 divenne il terzo battaglione. Il PzRgt 10 venne riassegnato alla 16. Panzerdivision nel maggio del 1942. Nel luglio del 1943 il PzRgt10 prese parte all'operazione *Zitadelle*, l'offensiva su Kursk, dopo che lo stab del reggimento aveva dato vita alla 10. *Panzerbrigade*.
126   Messe 1963, p.192.

di riconquistare le posizioni di Nowaja Orlowka perdute nella giornata precedente.

Mentre le Camicie Nere avanzavano sotto la tormenta, vennero improvvisamente attaccate da truppe del 962° fanteria e da cavalleria (cosacchi della 68a div. Cavalleria) provenienti da Krestowka, che stavano muovendo all'attacco di Malo Orlowka.

Il LXIII° ripiegò in fretta sulle posizioni di partenza, da dove riuscì a respingere i sovietici infliggendo al 962° forti perdite.

Anche il LXXIX° battaglione CC.NN. e i Bersaglieri del XVIII° rimasti a presidio del caposaldo di Mikhailowka vennero investiti da almeno due battaglioni sovietici (II°/733°, III°/966° e forse anche truppe del 387° fucilieri) appoggiati dal tiro dei mortai da 102 e dall'artiglieria.

Le Camicie Nere resistettero agli assalti, fino a quando l'arrivo di alcuni Pzkw III E del *Panzerregiment* 10. che rientravano da Ivanovka costrinse i fucilieri sovietici a sganciarsi.

Nel pomeriggio però i sovietici scatenarono un violento contrattacco, respingendo prima i tedeschi e quindi gli italiani fuori dall'abitato.

Il giorno ventisei si chiuse così senza particolari successi da parte italo- tedesca.

La mattina del ventisette il tempo era decisamente migliorato.

Ciò permise sia all'aeronautica sovietica che al 22° Gruppo Caccia autonomo di fare la propria comparsa sui cieli del campo di battaglia.

I caccia Macchi C.200 ebbero buon gioco contro gli I-16b, aerei decisamente più vecchi e che i piloti italiani, in molti casi veterani del conflitto spagnolo, conoscevano bene[127]. In tre giorni il 22° potè rivendicare quattordici vittorie[128].

Quel giorno venne deciso che la Legione *Tagliamento* avrebbe ripetuto l'attacco fallito il giorno precedente; per rafforzare le Camicie Nere vennero assegnati al LIII° battaglione CC.NN. del Primo Seniore Ermacora Zuliani i mortai della compagnia A.A. dell'81° fanteria *Torino*.

Un battaglione del medesimo reggimento avrebbe affiancato proteggendolo il fianco sinistro del battaglione CC.NN.

L'azione ebbe inizio nella prima mattina, e i militi, coadiuvati dai fanti e da elementi dell'altro battaglione della Legione, il LXXIX° CC.NN., che mossero da Mikhailowka, rioccuparono verso mezzogiorno le posizioni di Nowaja Orlowka.

Alle quindici, dopo un'intensa azione di mitragliamento e spezzonamento compiuta dal 22° Gruppo, le Camicie Nere insieme ai fanti tedeschi del 318. poterono riconquistare Ivanovka, dove scoprirono il massacro dei prigionieri e dei feriti compiuto dai fucilieri della 296a il 25[129].

La spinta offensiva delle truppe di Timoshenko era ormai esaurita. Ciò non voleva però dire che i sovietici avessero rinunciato a combattere.

Infatti nella notte due battaglioni del 964° della 296a fucilieri appoggiati da elementi del 733°/136a attaccarono strappando quota 331,7 costringendo i tedeschi a ripiegare entro la *Linea Z*.

La mattina del 28 il Console Nicchiarelli, comandante della *Tagliamento*, assunse il comando della riserva della 3a divisione *Celere Amedeo duca d'Aosta*.

La situazione venutasi a creare con la perdita della quota 331,7 fece sì che il comando del XLIX Gebirgskorps, da cui la *Celere* dipendeva operativamente, ne ordinasse la riconquista. Alle nove e mezza della mattina il LXIII° battaglione Camicie Nere mosse alla conquista della quota, tenuta dal 964 reggimento della 296 e da elementi del 733° appartenente alla 136° divisione fucilieri.

I legionari di Zuliani erano appoggiati da due *Panzerkampfwagen* III H del *Panzerregiment* 10, da due plotoni mortai da 81 e da due plotoni di cannoni da 47/32 del LXIII° battaglione A.A. *Sassari* della *Tagliamento*, e dal plotone mortaisti dell'81°.

Dopo il bombardamento preliminare fatto dalle compagnie mortai, le Camicie Nere attaccarono prima con un fitto lancio di bombe a mano e poi all'arma bianca, e malgrado l'inferiorità numerica a

---

127 G. Massimello, G. Apostolo, *Italian Aces of World War II*, Oxford 2000, pp.80-81
128 Messe 1963, p.194. Per Giulio Bedeschi gli apparecchi sovietici abbattuti furono quindici: G. Bedeschi, *Gli italiani nella Campagna di Russia del 1941 al 1943*, in C. de Laugier, G. Bedeschi, *Gli italiani in Russia. 1812. 1941- 1943*, Milano 1980, p.205
129 Contrariamente a quanto spesso affermato, i Bersaglieri del XVIII°/3° non presero parte alla riconquista di Ivanovka, rientrandovi solo il 29, dopo aver dato il cambio al LXXIX° btg CC.NN.

mezzogiorno la collina 311, 7 era saldamente in mano italiana, mentre i fucilieri russi ripiegavano velocemente su Woroshilowa.

Sfruttando il momento favorevole, Zuliani ordinò il proseguimento dell'azione incalzando il nemico ed alle sedici anche l'abitato di Woroshilowa venne conquistato dalle Camicie Nere udinesi.

A quel punto i sovietici lanciarono il 733° ed il 964° contro Woroshilowa, senza però riuscire a sloggiarne i militi, nelle cui mani il villaggio rimase saldamente.

Il 29 dicembre i sovietici continuarono ad attaccare per riprendere Woroshilowa alle Camicie Nere del LXIII°; la lotta era aspra ma i legionari friulani tennero sino all'arrivo dei camerati del LXXIX° CC.NN. proveniente da Ivanovka.

Anche il mattino del 30, prima dell'alba, la 296a fece un ulteriore tentativo di riprendere Woroshilowa, ma la *Tagliamento* respinse prontamente tutti gli attacchi; i fanti sovietici si impadronirono però della quota 331,7, tenuta da due plotoni dell'*InfRgt* 318[130], ciò che lasciò isolata a Woroshilowa la *Tagliamento*.

Data la temperatura, che scese sino a –35, anche le radio non riuscivano a funzionare.

Il Console Nicchiarelli decise di tentare l'apertura di un varco con due plotoni arditi, ma il violentissimo concentramento di fuoco impedì ai plotoni di uscire dal paese.

Alle sette del mattino uscì un plotone arditi comandata dal capomanipolo Menegozzo, che raggiunse la quota 331,7 impadronendosene con un colpo di mano che colse i sovietici totalmente di sorpresa.

Menegozzo riuscì poi a raggiungere il villaggio di Ivanovskiy, mettendosi a rapporto con il vicecomandante della *Celere* ed esponendo la situazione in cui si trovavano le Camicie Nere.

Venne allora decisa un'azione che precedeva lo sblocco di Woroshilowa e la riconquista di quota 331,7. Tale azione sarebbe stata compiuta dal battaglione di riserva della divisione, il XVIII° battaglione Bersaglieri, appoggiati dai pochi carri Pz III H del PzRgt10.

Quando però Bersaglieri e carristi arrivarono a quota 331,7 ebbero la sorpresa di trovarla non in mano sovietica ma presidiata dalle Camicie Nere della *Tagliamento* che avevano provveduto ad occuparla dopo il colpo di mano del plotone di Menegozzo, alleggerendo così la situazione di Woroshilowa.

La battaglia di Natale era finita. L'offensiva di Timoshenko era stata stroncata sin dall'inizio grazie alla determinazione delle Camicie Nere della Legione *Tagliamento* e dai Bersaglieri del XVIII° che non avevano ceduto in situazioni climatiche difficilissime (- 43°, sotto tormente di neve) contro un nemico molto più numeroso.

Il Raggruppamento 3 Gennaio e la Prima battaglia difensiva del Don (agosto 1943).

S'era intanto costituito il Raggruppamento Battaglioni CC.NN. d'Assalto *3 Gennaio* al comando del Luogotenente Generale Filippo Diamanti (lo stesso le cui Camicie Nere s'erano battute strenuamente nella difesa di passo Uarieu nel corso della Ia battaglia del Tembien, nel gennaio del 1936, salvando con la loro resistenza l'intero schieramento italiano dall'accerchiamento).

Si trattava del primo dei due Raggruppamenti di cui era previsto l'impiego in URSS, insieme al Raggruppamento *23 Marzo*; per il momento il Raggruppamento *3 Gennaio* era costituito solo dai reparti del Gruppo *Tagliamento* e dalle Camicie Nere croate della Legione Croata, mentre l'altra componente, il Gruppo *Montebello*, sarebbe giunta in linea solo l'11 settembre; il Comando Raggruppamento giunse invece ad agosto. Il Raggruppamento (ossia, in pratica il Gruppo *Tagliamento* e il migliaio di legionari croati) operava nell'ambito del XXXV Corpo, di cui costituiva truppa a disposizione del Comando, insieme al Raggruppamento a Cavallo *Barbò*, ed alle divisioni veterane del vecchio C.S.I.R. *Celere*, *Pasubio* e *Torino*, cui si era aggiunta l'appena arrivata *Sforzesca* che non aveva ancora avuto il battesimo del fuoco in Russia, ed una serie di reparti minori tra cui la 32ª Compagnia Controcarro *Granatieri di Sardegna*, particolarmente scelta.

Le truppe di Messe dovevano presidiare un settore lungo oltre sessanta chilometri in linea d'aria, ma in realtà lungo le sponde piene di anse del Don lo schieramento doveva coprirne ottanta; tale settore era delimitato ad ovest dal meridiano di Jelanskoie ed ad est dal punto corrispondente a dove, sull'opposta riva, il fiume Choper s'immette nel Don.

---

[130] Sembrava un copione già scritto: i tedeschi perdevano la quota e gli italiani la riconquistavano; non appena in mano tedesca, tornavano i sovietici e la quota era ripresa.

La divisione *Sforzesca* costituiva con il suo 54° fanteria *Umbria* l'ala destra di tutto lo schieramento (ed il mettere truppe non pratiche del fronte russo in una posizione così importante fu un errore pagato poi caro). A destra della Sforzesca era schierata la 79.^ *Infanteriedivision*, appartenente al 17. *Armeekorps* del gen. Hollidt, estrema ala sinistra della 6.^ *Armee* di Paulus. Per un'estensione di circa trenta chilometri verso oriente sulla riva destra del Don, dal punto prospiciente il punto in cui il Choper si getta nel Don sino alla vasta ansa che il Don forma a Serafimovitch la sorveglianza della riva era affidata solo ad un gruppo esplorante formato da uno squadrone di cavalleria (colonna Conforti), una compagnia ciclisti ed una di pionieri, distribuiti in pochi chilometri di sbarramenti arretrati assai discosti dal fiume ed ampiamente intervallati tra di loro. Infatti il comando del Gruppo d'Armate B aveva ritenuto che il Don fosse in quel tratto inguadabile e considerava sicura l'area. In una simile situazione, i sovietici finivano per trovarsi padroni non soltanto della riva sinistra del fiume, ma anche della destra, dove continuavano ad avere in mano la testa di ponte dell'ansa di Serafimovitch e quella della foresta tra Bobrowskj e Baskowskj, da dove lanciavano continui attacchi di pattuglie contro gli italiani, ma anche dei villaggi della fascia rivierasca, da cui si erano andati estendendo in profondità verso sud specialmente a ridosso della linea di giunzione tra la *Sforzesca* e la 79.^ *Inf.Div.* Germanica. Data la situazione di contatto tattico assai incerto tra il XXXV Corpo italiano ed 17. AK tedesco, le truppe sovietiche disponevano di un ottima base di partenza per condurre attacchi e puntate offensive contro il XXXV Corpo.

Per parare la minaccia Messe dispose che le riserve di Corpo d'Armata, ossia le Camicie Nere del Raggruppamento 3 Gennaio (esclusa la Legione Croata, passata alle dipendenze tattiche della divisione Pasubio) e il Raggruppamento a cavallo gravitassero sulla destra dello schieramento. Il 6 agosto Hollidt, comandante del 17.^ AK (da cui dipendeva temporaneamente la Celere) ordinò a due battaglioni Bersaglieri (XIII° e XIX° entrambi del 6°) ed a due tedeschi (1./208. e 3./212, 79.^ *InfDiv.*) di rastrellare la foresta dai russi della 304ª divisione, malgrado il parere sfavorevole del comando della *Celere*. Malgrado ore di combattimenti individuali nella foreste, e malgrado aver raggiunto in due punti le rive del Don, gli italo- tedeschi dovettero ritirarsi dopo che, nottetempo, truppe d'assalto sovietiche erano riuscite ad infiltrarsi tra le posizioni dell'Asse. Anche il comando della divisione Sforzesca provvide a proteggere la propria linea schierando due battaglioni del 54° fanteria facenti fronte a nord verso la riva del Don, e disponendo il terzo fronte ad est per fronteggiare una possibile infiltrazione sul fianco. Il 15 agosto il Gruppo Tagliamento era così dislocato:

– Bolschoj: Comando Raggruppamento 3 *Gennaio*;
– Bolschoj: Comando Gruppo *Tagliamento*;
– Bolschoj: LXXX° btg. M (tranne una compagnia) ;
– Blinoff: LXIII° btg. M;
– Kowoskij: una compagnia del LXXIX° btg. M.

Diamanti cercò di collegarsi con la 79. *Infanteriedivision* e ebbe il disappunto di scoprire che l'occupazione del settore non si prestava ad una difesa quanto all'osservazione, essendo costituita da piccoli nuclei isolati, ed anche che i villaggi di Brobrowskij e di Ust Choperskij sulla riva del Don, in prossimità della giuntura tra la 17. Tedesca e la *Sforzesca* erano in mano ai sovietici. Il nemico tra il 12 ed il 20 agosto effettuò, come sempre prima di un'offensiva, alcune incursioni contro lo schieramento italiano, che, per quanto di limitata portata costarono agli italiani una decina di morti e numerosi feriti.

Scopo era quello d'individuare il punto più debole dello schieramento per tentare uno sfondamento: tale punto venne individuato nel settore tenuto dal 54° reggimento della Sforzesca. La mattina del 17 agosto il comando del XXXV corpo avvertì il Raggruppamento 3 Gennaio dell'aumentante attività sovietica dall'ansa di Serafimovitch verso ovest e verso sud. Fu disposto allora lo spostamento del Comando del Gruppo *Tagliamento* e del LXIII° battaglione M da Bolschoj e Blinoff a Dewjatkin, ed il raggruppamento del LXXIX° M con la propria compagnia avanzata a Kotowskij; il comando del Raggruppamento si trasferì anch'esso a Dewjatkin, ed assunse alle proprie dipendenze la 1ª batteria del 201° Reggimento Artiglieria motorizzato

Alle due e trenta del mattino del 20 agosto i sovietici attaccarono il 54° reggimento *Umbria* con tre reggimenti della 197ª divisione fucilieri, l'828°, l'862° e l'889° fanteria. Si trattava di truppe traghettate sulla riva del Don nel settore che gli italiani credevano presidiato dai *Landser dell'Inf. Rgt. 79.* , ma che

questi avevano lasciato sguarnito senza avvertire il comando della *Sforzesca*. I combattimenti s'accesero in particolare presso il villaggio di Simowskij, tenuto dai fanti, che riuscirono a respingere due attacchi sovietici. Un terzo attacco iniziò alle sette, penetrando nelle linee del II battaglione e mettendolo in fuga, ed aggirando ed attaccando alle spalle i villaggi di Simowskij e Krutowskij, ed alle otto e trenta il I° battaglione del 54° evacuò il settore di Simowskij. Di 684 uomini ne rientrarono nelle linee italiane solo 72. La situazione impose di impegnare in linea il III°/54°, già schierato fronte ad est che venne rilevato dal LXIII° battaglione M che Messe aveva messo a disposizione del comando della *Sforzesca*.
Il LXIII° M prese immediatamente posizione con fronte a nord est lungo il margine della **balka** che da Krutowskij si dirige a sud; all'azione delle Camicie Nere si unirono i dragoni del *Savoia Cavalleria* della colonna Conforti ed una batteria ippotrainata; ciò che riuscì ad impedire ai fucilieri della 19ª di dilagare alle spalle della *Sforzesca* circoscrivendo l'occupazione nemica in attesa di un contrattacco per eliminarla. A tale scopo Messe pose alle dipendenze della divisione *Sforzesca* anche il LXXIX° battaglione M e la 1ª batteria del 201° Artiglieria. Solo alle 15 e mezza, tredici ore dopo l'attacco il II° battaglione del 54° riuscì a sottrarsi all'accerchiamento. I reduci ricordarono come ovunque si vedessero fuggiaschi del 54°reggimento: per tale motivo i sovietici ribattezzarono con disprezzo la *Sforzesca Cikay divizijon*, divisione "*Scappa*".

Nel frattempo i sovietici continuavano a traghettare uomini dalla riva sinistra, tra cui truppe scelte della 14ª divisione delle Guardie. Alle diciotto del pomeriggio le Camicie Nere del LXXIX° M giunsero alla località indicata sulle carte italiane come *le Fontanelle*, due chilometri a sud della quota 163,1, mentre la 1ª batteria del 201° prendeva posizione nelle vicinanze provvedendo a piazzare i pezzi in batteria. All'alba del giorno seguente i sovietici ripresero ad attaccare nel punto di saldatura tra il 54° ed il 53° fanteria, con reparti freschi della 14ª Guardie e della 204ª fucilieri, puntando in direzione della quota 232,2, nodo centrale della displuviale tra Kriutscha e Zuzkan.
Alle 11 e 50 della mattina il LXXIX° battaglione M ricevette l'ordine di trasferirsi con gli autocarri presso quota 232, 2 e di qui spostarsi a piedi ad occupare le quote 191, 4 e 188,6 credute ancora sgombre, sistemandosi a difesa. Giunti intorno alle 15,00 in prossimità del punto stabilito per scendere dai camion, gli automezzi di testa della colonna vennero investiti dal fuoco proveniente da quota 232,2 che era stata occupata dai sovietici. Il comando di battaglione decise di attaccare, ma nello stesso momento i fucilieri dell'889° reggimento cercarono di aggirare il battaglione, che riuscì a fronteggiare la situazione, ma intorno alle 17,30 dopo in intenso fuoco di mortai, incuranti delle perdite subite, i fucilieri tornarono a sferrare un violento attacco per tentare di ripetere l'aggiramento sul fianco destro delle Camicie Nere.
La situazione si fece critica per la pressione nemica e per la perdita di parecchi uomini tra cui diversi ufficiali (ne restarono solo quattro); anche le munizioni andavano esaurendosi, e il comando di battaglione si rendeva conto dell'eccessiva dispersione delle forze su un fronte troppo ampio: ma un ripiegamento su posizioni meglio difendibili avrebbe lasciato alla mercé del nemico i due provatissimi battaglioni del 54° e le artiglierie in ripiegamento. Il comandante del LXXIX° M ordinò di continuare la resistenza sul luogo, senza cedere di un metro, e le Camicie Nere continuarono a proteggere la ritirata delle truppe della Sforzesca, con una resistenza rabbiosa ed eroica. L'azione del LXXIX° aveva richiamato sul reparto tutta l'attenzione dei russi, che tendevano a spezzare lo schieramento italiano per poterne poi aggirare i tronconi.
Mentre il LXXIX° battaglione era impegnato nei combattimenti Messe aveva intanto ordinato al comando della *Sforzesca* di costituire un caposaldo presso l'abitato di Tchebotarewskij facendovi affluire tutte le truppe disponibili nel settore di destra della divisione, tra le quali vi erano anche il LXIII° battaglione CC.NN. M con il LXIII° battaglione A..A., la Colonna Conforti (*Savoia Cavalleria* e artiglieria ippotrainata) oltre ai superstiti del I° battaglione del 54° reggimento.
Il comando del LXIII° M e dei resti del I°/54° venne dato al tenente colonnello Vittorio De Franco, comandante del LXIII° battaglione armi d'accompagnamento Sassari del Gruppo *Tagliamento*. Intorno alle 18,30 i sovietici s'avvidero del movimento, ed inviarono contro il fianco destro del I° battaglione del 54° fanteria elementi della 19ª e le guardie della 14ª, che si incunearono tra questo ed il LXIII° battaglione M, che era schierato lungo un perimetro difensivo di cinque chilometri.
Il I° battaglione venne spazzato via, mentre le Camicie Nere del LXIII°, anch'esse isolate, riuscirono ad

aprirsi un varco approfittando dell'oscurità crescente ed a raggiungere Tchebotarewskij. La Colonna Conforti era stata tagliata fuori dall'irrompere dei sovietici nel varco tra fanti e Camicie Nere, ma i dragoni caricarono a sciabolate i fucilieri, mettendoli in fuga ed aprendosi un varco insieme all'artiglieria ippotrainata, subendo però gravi perdite.

I legionari del LXXIX° M assistettero agli scontri, senza però poter intervenire sia perché fortemente impegnati sia per il frammischiamento delle truppe italiane e sovietiche. Se i sovietici erano riusciti a disorganizzare il ripiegamento degli italiani fallirono nell'ottenere risultati tattici, perché nottetempo i reparti italiani riuscirono, sotto la protezione offerta dal LXXIX° M che continuava a combattere, a riorganizzarsi ed a prendere posizione a Tchebotarewskij.

Queste poche righe nella loro schematicità non rendono giustizia al comportamento dei legionari, comportamento che valse al Labaro del Gruppo la Medaglia d'Oro al Valor Militare: ci si perdoni quindi una citazione piuttosto lunga che ben descrive quanto avvenuto. In una rievocazione della battaglia apparsa sul sito internet del 125° Corso Allievi Ufficiali di Complemento della Scuola Alpina Militare di Aosta viene data una vivida descrizione dei combattimenti sostenuti dalle Camicie Nere del LXXIX° battaglione M nella notte del 21 agosto, descrizione che vale la pena di essere riportata per esteso:

Intanto quelli della Tagliamento continuavano a resistere sotto i colpi: decimati, distrutti, a pezzi, ma miracolosamente tenevano ancora duro. Sentivamo distintamente dice Gualtiero Lolli, (...) caporale del II Squadrone [del Savoia Cavalleria, N.d.A.] (...) nel fragore del combattimento le urla -urrà Stalin- dei Russi che andavano all'assalto. Era già notte, ma a causa dei mortai e delle mitragliatrici ci si vedeva come di giorno: li stavano massacrando tutti....

Quelli della Tagliamento, dunque, pagano di persona il cedimento della Sforzesca.

Sono quattro gatti, che con le unghie e coi denti si difendono rabbiosamente.

Nelle tenebre squarciate dai lampi s'intravede ogni tanto un elmetto al di sopra della mischia, contro il quale s'accaniscono le traccianti nemiche.

Armato di solo moschetto, quell'ignoto trova ancora la forza di prendere accuratamente la mira, guardando la direzione da cui arrivano le traccianti; spara e colpisce, spara e colpisce, senza soluzione di continuità, finché si abbatte anche lui sopra il cadavere degli altri, dei commilitoni". "*Quanto più a lungo dura, per una miracolosa forza di volontà, la lotta dei ragazzi della Tagliamento, con tanta maggiore rabbia si accaniscono i Russi sopra quelle posizioni* [ai fucilieri dell'889° reggimento, 197ª Divisione, si erano intanto aggiunte anche aliquote della 14ª Divisione fucilieri delle Guardie, N.d.A.].

Li si vede chiaramente accorrere a frotte, in quel buio [rotto] dai bagliori accecanti, dalle vampe che tingono di bluastro e di giallo il cielo, con il fumo degli scoppi a riflettere bizzarramente il lampo delle esplosioni. I Russi paiono sbronzi93, tanto si fanno sotto, si buttano correndo con il parabellum agitato da destra a sinistra a vomitare traccianti. I ventagli delle traiettorie fanno dei curiosi effetti di luce, dei ricami geometrici, delle linee appena paraboliche, quando il colpo si perde lontano.

Come i gatti dalle sette vite quei coraggiosi resistono al Russo.

Nella fretta spasmodica non c'è tempo di distinguere fra chi viene avanti sparando e chi alza le mani in segno di resa: può essere un trucco per farti cacciare il naso fuori dalla buca e stenderti secco. Si spara, quindi, finché si può, finché ci sono munizioni oppure si è ammazzati come bestie dal nemico avanzante".

In effetti, prima degli assalti ai soldati sovietici veniva spesso somministrata vodka.

Dalle balke si alzavano i bagliori delle cannonate", racconta Nino Malingambi, sempre del II Squadrone, al già citato Lami,. "*Si sentiva gridare distintamente: mamma! Aiuto! Savoia! Italia!...Erano quelli della Tagliamento che avevano ricevuto l'ordine di non ripiegare comunque. (...)*"

La resistenza dei militi del LXXIX° aveva evitato che i fucilieri sovietici dell'889° reggimento e della 14° Guardie avvolgessero l'ala destra dello schieramento italiano. I legionari avevano tenuto fede sino all'ultimo al loro inno, combattendo davvero, come diceva il loro inno, *sino all'ultimo respir.*

Come riconobbe il generale Messe, comandante del XXXV° Corpo d'Armata (il vecchio C.S.I.R.) parlando delle Camicie Nere del LXXIX°, si deve al cosciente sacrificio dei suoi soldati se il nemico, in conseguenza dell'arresto subito, non riuscì a sopravanzare l'ala destra dello schieramento che nel tardo pomeriggio.

I combattimenti durarono sino a notte fonda, quando, il centinaio di legionari superstiti del LXXIX° riuscì a raggiungere combattendo alle 2,30 della notte del 22 agosto Tchebotarewskij attestandosi a difesa di tale caposaldo insieme alle truppe già presenti alle cinque della mattina. La giornata del 22 agosto trascorse senza che i sovietici attaccassero le posizioni del Gruppo Tagliamento e degli altri reparti trincerati a Tchebotarewskij.

Fu solo verso le prime ore della notte che reparti della 203ª divisione si avvicinarono silenziosamente al settore tenuto dalle Camicie Nere del LXXIX° battaglione, che, accortesi delle pattuglie avversarie, le investirono prontamente con il tiro delle proprie armi e scattarono poi al contrattacco all'arma bianca, per evitare di esaurire le sempre più scarse munizioni, respingendo i sovietici, che nel corso della nottata tentarono poi più volte di infiltrarsi senza conseguire alcun risultato e venendo sempre ributtati indietro dai militi.

Alle 3,30 del 23 agosto la 203ª fucilieri attaccò in forze su tutta la linea, venendo contenuta dagli italiani a costo di ingenti perdite.

italiane e di un preoccupante consumo delle munizioni, in via d'esaurimento. Proprio il munizionamento era quello che preoccupava i legionari: gli uomini, da tre giorni non riposano, da due giorni non mangiano, ma domandano solo munizioni.

Alle dieci di mattina il 612° reggimento della 203ª divisione lanciò un nuovo violento attacco, respinto dalle Camicie Nere, che ebbero la gioia di vedere arrivare poco dopo le attese munizioni. I sovietici attaccarono di nuovo in forze (ora con reparti della 14ª *Guardie*) nel pomeriggio del 23, venendo ancora una volta respinti. Nel pomeriggio uscirono pattuglie di esploratori del *Tagliamento* che rientrarono dopo aver prelevato alcuni prigionieri, dai quali vennero appresi i nomi dei reparti utilizzati dal nemico e l'ingente numero di morti causato dalla resistenza dei legionari. La stessa sera, visto che il Gruppo Tagliamento era oramai tutto riunito a Tchebotarewskij il comando della divisione *Sforzesca*, con il consenso di Messe, autorizzò il Console Mittica a riprendere il comando diretto del suo Gruppo, i cui reparti erano stati sino ad allora utilizzati separatamente come riserva alle dipendenze del XXXV Corpo e del comando di divisione.

Se in altri settori la giornata del 24 fu molto dura (il reggimento *Savoia Cavalleria* effettuò quel giorno la celeberrima carica di Isbushenskij mettendo in rotta tre battaglioni dell'802°/304ª fucilieri) a Tchebotarewskij la giornata trascorse tranquilla, permettendo alle Camicie Nere di riposare anche se in uno stato di continua vigilanza. In realtà i sovietici stavano preparando l'attacco decisivo contro il caposaldo, attacco che venne scatenato dalla 203ª e dalla 14ª divisione *Guardie* alle cinque e trenta del mattino del 25 agosto.

I sovietici attaccarono Tchebotarewskij con forze valutate il decuplo di quelle dei difensori, avvolgendo da est le posizioni italiane e tagliando fuori i reparti da ogni contatto diretto con i comandi e con le unità d'artiglieria destinate all'appoggio delle difese.

L'artiglieria oltretutto, a seguito dell'avvolgimento, venne a trovarsi priva della protezione delle fanterie, così che dovettero riposizionarsi a sud di Kotowskij dove si trovavano *Savoia Cavalleria* e *Lancieri di Novara*. Malgrado la pressione sovietica le Camicie Nere del Gruppo *Tagliamento* ed i fanti del I° battaglione del 54° *Umbria* resistettero per ore; i legionari, come già nei giorni precedenti, per meglio mirare e risparmiare munizioni tirando a colpo sicuro si alzavano in piedi a sparare incuranti delle raffiche. Ma le forti perdite, l'esaurirsi delle munizioni, la totale mancanza d'acqua e i collegamenti interrotti indussero infine Mittica e il ten.col. Spighi ad ordinare una sortita verso sud ovest, nell'intento di raggiungere Gorbatowo, o se impossibile, una qualsiasi zona tenuta da truppe dell'Asse.

Furono formate tre colonne: a sinistra le Camicie Nere del LXXIX° M, al centro il LXIII° battaglione M ed elementi del LXIII° battaglione armi d'accompagnamento, a destra i resti del I° battaglione del 54° fanteria della *Sforzesca*. Le tre colonne attaccarono con un lancio furibondo di granate e all'arma bianca gli assedianti, aprendosi un varco attraverso il quale riuscirono a passare tutti i superstiti, anche se feriti, portando con sé anche gran parte dei corpi dei caduti per non lasciarli in mano al nemico. I sovietici inseguirono le tre colonne, ma le retroguardie, per ritardare gli inseguitori, contrassaltarono all'arma bianca, avendo esaurito tutte le munizioni, avendo oramai sparato sino all'ultima cartuccia. Infine le colonne di Camicie Nere e fanti, con alla testa Mittica e Spighi riuscirono a sganciarsi, raggiungendo nel tardo pomeriggio al villaggio di Gorbatowo, dove si trovava il generale Pellegrini con il

comando della divisione *Sforzesca*. Qui finalmente riforniti di munizioni, acqua e viveri, Camicie Nere e fanti si disposero a disposizione del comando divisionale per la difesa di Gorbatowo contro i reiterati attacchi avversari, che cessarono solo il giorno successivo, il 26 agosto.
Le perdite complessive del Gruppo Battaglioni CC.NN. M *Tagliamento* nei giorni dal 20- 26 agosto 1942 furono di 458 uomini.

Nel ciclo operativo le Camicie Nere avevano catturato 3 mortai da 82, 4 mitragliatrici pesanti, 8 fucilioni controcarro *PTRD* 41, 16 mitragliatrici, 7 fucili mitragliatori *PPSh*, 150 fucili automatici *Tokarev* M 40, munizioni e materiale vario oltre a 445 prigionieri, tra cui 4 ufficiali. La mattina del ventisei il Gruppo Tagliamento era ridotto ad una forza complessiva di 14 ufficiali e 420 Camicie Nere (a luglio, dopo la battaglia di Krasnij Lutsch consisteva di 60 ufficiali e 1503 tra sottufficiali e militi).

Il Gruppo si trovava schierato sui costoni a nord ovest di Gorbatowo. Il comando della *Sforzesca* ne dispose lo spostamento verso nord est allo scopo di occupare e presidiare la località di quota 228, sulla dorsale tra le valli di Kriuscha e Zuzkan; ma quando il *Tagliamento* arrivò in prossimità della quota la trovò già presidiata dai sovietici. Si provvide allora ad occupare e presidiare il tratto di fronte antistante, lungo quindici chilometri, che venne occupato da nuclei collegati tra loro da pattuglie mobili armate di armi automatiche, per lo più catturate ai sovietici. La situazione rimase immutata tutto il giorno seguente, sino alla mattina del ventotto agosto, quando un plotone del LXXIX° M inviato in ricognizione riuscì ad impadronirsi con un colpo di mano della quota 228, cogliendo di sorpresa i sovietici.

Le Camicie Nere organizzarono la prima difesa della quota sino a che vennero rilevati dai fanti del I° battaglione del 54° fanteria. I fucilieri della 14ª *Guardie* tentarono più volte di riprendere la quota, ed il trenta agosto il Console Mittica dovette inviare in aiuto dei fanti l'Aiutante Baradello, alla testa di una compagnia di Camicie Nere del LXIII° M; appena giunta, la compagnia si lanciò al contrattacco catturando alcuni prigionieri ed armi automatiche.

La pressione avversaria però accerchiò quota 228 tagliandola fuori dalle linee italiane. Il 31 agosto giunse in zona la 4ª divisione Alpina *Tridentina*, e ciò provocò la ritirata sovietica.
Il 1 settembre i sovietici interruppero tutte le operazioni offensive.
Il 2 settembre il Gruppo Tagliamento, oramai dissanguato, venne ritirato dalla linea del fronte e trasferito in riserva divisionale per essere rimesso in sesto con l'arrivo dei complementi e di materiali.
L'11 settembre finalmente giunse a Krasnaja Saria anche l'altro Gruppo Battaglioni del Raggruppamento, il *Montebello*, inviato in fretta dall'Italia a causa della situazione al fronte. Il 28 settembre si svolse a Gorbatowo la cerimonia con cui von Weichs, comandante del Gruppo d'Armate B, intese premiare la vittoriosa resistenza del XXXV Corpo; vennero conferite quaranta Croci di Ferro di II classe, i due terzi delle quali andarono a Camicie Nero del Gruppo Tagliamento; Messe ricevette la Croce di cavaliere (*Ritterkreuz*). Il *General der Infanterie* von Tippelskirch, in rappresentanza di von Weichs rivolse parole d'elogio e di stoma ai reparti schierati. Nella stessa cerimonia Gariboldi decorò il Labaro del Gruppo *Tagliamento* con la Medaglia d'Oro al Valor Militare per il comportamento tenuto dai legionari del LXXIX° sulla quota 232,2.

I Gruppi "*Tagliamento*" e "*Montebello*" formarono il Raggruppamento CC.NN. M d'Assalto *3 Gennaio*. Comandanti: Luogotenente Generale Filippo Diamanti; poi Console Generale Alessandro Lusana.

Nell'ambito dell'ampliamento della presenza militare italiana sul fronte orientale, che portò alla creazione dell'Armata Italiana in Russia venne deciso di incrementare il numero delle unità della MVSN presenti, sia per l'ottima prova fornita dalla 63ª Legione *Tagliamento* nei combattimenti del 1941, sia per il significato politico della presenza di unità dichiaratamente fasciste nella lotta al regime comunista sovietico.
In questo quadro venne decisa la costituzione di un Raggruppamento formato dai primi battaglioni M formati nel 1941, e che prese il nome di *23 Marzo*, che riprendeva il nome delle divisioni della Milizia che avevano combattuto in Africa Orientale nel 1935- 36, in Spagna ed in Africa Settentrionale nel 1941. E' molto probabile poi che tale denominazione fosse un omaggio al comandante designato, il Luogotenente Generale Enrico Francisci, uno dei migliori ufficiali della M.V.S.N., che in Spagna aveva comandato prima il Raggruppamento *Banderas* omonimo a Guadalajara, dove s'era distinto, e poi la divisione volontari *23 Marzo*. Come il Raggruppamento 3 Gennaio era destinato a venire assegnato al

XXV Corpo d'Armata, così il *23 Marzo* avrebbe a sua volta operato nell'ambito del II Corpo, anch'esso in procinto di essere inviato in Russia, in modo da rafforzare le due grandi unità con due vere e proprie divisioni sia pure piccole ma formate da truppe d'assalto. Il raggruppamento *23 Marzo* sarebbe stato articolato su due Gruppi battaglioni CC.NN. M, il Gruppo *Valle Scrivia* ed il Gruppo *Leonessa*:

Gruppo Battaglioni CC.NN. M d'Assalto *Leonessa*
Comandante: Console Generale Graziano Sardu (caduto)

XIV° Btg. CC.NN. M (Bergamo): Seniore Comincioli (caduto)

XV° Btg. CC.NN. M (Brescia): Seniore Albonetti

XXXVIII° Btg. Armi d'Accompagnamento CC.NN. M (Asti): Seniore Vannini

Gruppo Battaglioni CC.NN. M d'Assalto *Valle Scrivia*
Comandante: Console Generale Mario Bertoni

V° Btg. CC.NN. M (Tortona): Primo Seniore Masper (caduto)

XXXIV° Btg. CC.NN. M (Savona): Seniore Gloria (ferito)

XLI° Btg. Armi d'Accompagnamento CC.NN. M (Trento): ?

I Gruppi "*Leonessa*" e "*Valle Scrivia*" formarono il Raggruppamento CC.NN. M d'Assalto *23 Marzo*.
 Comandanti: Luogotenente Generale Enrico Francisci; Luogotenente Generale Edgardo Preti (interim); Luogotenente Generale Martinesi.

La ritirata (dicembre 1942- febbraio 1943).

Il Raggruppamento ebbe modo di distinguersi nei combattimenti del dicembre del 1941, tentando di arrestare l'offensiva sovietica nota come *Piccolo Saturno*, che aveva travolto l'ARMIR. Le Camicie Nere vennero coinvolte nella tragedia della ritirata, aprendosi più volte il varco negli sbarramenti sovietici, e riuscendo a rientrare nello schieramento dell'Asse dopo esser state decimate. l 16 dicembre i sovietici della 38a *Guardie* attaccarono alle sei del mattino, senza preparazione di artiglieria o di lanciarazzi, ma con un forte fuoco di mortai tutto il fronte divisionale della *Pasubio*, particolarmente nel tratto Krasnogorowka- Abrossinowo- Monastyrschina.

Vennero investite le posizioni difensive, e soprattutto il caposaldo *Olimpo* tenuto dal I° battaglione del 79° reggimento fanteria. Per questo il comando della divisione *Pasubio* dette ordine al Gruppo *Tagliamento* di intervenire in aiuto dei fanti.

Mentre l'ordine veniva eseguito, ed il LXIII° battaglione *M* si affrettava a raggiungere *Olimpo*, il caposaldo cadde in mano sovietica, e data la situazione le compagnie di Camicie Nere vennero impiegate per riprenderne possesso man mano che giungevano sul campo, disorganicamente, poiché non vi era il tempo per riunire il battaglione; ma se da un lato ciò consentiva la prontezza d'impiego e l'immissione di forze fresche, dall'altro mancava di organicità e disperdeva la forza d'urto del LXIII°*M* in una serie di deboli contrassalti anziché utilizzare la forza della massa.

Alle 11 e trenta, vista l'impossibilità di fermare il nemico il comandante del I° battaglione del 79° ordinò lo sganciamento ai reparti ormai frammischiati di fanti e legionari ed il ripiegamento sulle posizioni di quota 201, dove si riteneva si trovassero reparti tedeschi *dell'InfRgt* 520. della 298.divisione[131]. Al momento dell'ordine di sganciamento il LXIII° battaglione *M* poteva disporre solo di 163 uomini. L'arretramento su quota 201 determinò una contrazione dell'ampiezza dello schieramento, ma malgrado il miglioramento della situazione difensiva determinatasi, si rese necessario inserire anche l'altro battaglione del *Tagliamento*, il LXXIX° battaglione *M*, che, richiamato da Getreide, giunse intorno alle 13,00 schierandosi tra i resti del LXIII° *M* ed il VI° *M* del Gruppo *Montebello* anch'esso dissanguatosi nei combattimenti sostenuti nella giornata presso il vallone di Artykulnyj Schlucht[132].

Intanto, il Console Galardo aveva sostituito il Primo Seniore Rosmino come comandante del Gruppo *Tagliamento* (Rosmino era stato comandante interinale nei giorni precedenti) e fu proprio a Galardo che la sera venne affidato il comando del settore, al posto del colonnello Mazzocchi, comandante del

---

131   Il volume dell'ufficio storico dello SME scrive che *i difensori del caposaldo* Olimpia (sic) *cadevano tutti nell'estrema difesa* (op. cit., p.362). Per quanto inesatto non è molto lontano dalla realtà.

132   Si vedano più avanti le vicende del *Montebello* in quegli stessi giorni.

79° reggimento *Roma*.

Al mattino del 17 dicembre i sovietici attaccarono gli italo- tedeschi (come detto erano presenti reparti del 520.), cercando di sfondare su quota 201, poiché il possesso di questa, a metà della linea difensiva, avrebbe permesso di raggiungere Getreide e Malewany accerchiando la *Pasubio*.

Incredibilmente data la situazione, a dispetto della ridotta reazione di *Landser* e fanti le Camicie Nere riuscirono a resistere, ma passarono al contrattacco con l'ormai consolidata tattica del lancio di bombe a mano per frastornare e spaventare gli avversari, mettendo in fuga le *Guardie* e spostando di un chilometro in avanti la linea difensiva italo- tedesca.

I sovietici reagirono con un violento bombardamento di artiglieria e di lanciarazzi multipli *katiusha* e *vaniusha*, ma l'artiglieria intervenne con tiri di controbatteria che ebbero il non indifferente risultato di rialzare il morale dei difensori, che continuarono a combattere ed a respingere puntate offensive avversarie per tutta la giornata del diciotto; il diciannove le truppe di Vatutin, vista l'inutilità degli attacchi nel settore rallentarono le operazioni, che divampavano invece nel settore del II Corpo d'Armata italiano.

Come annotarono i consoli Lucas e De Vecchi, è proprio in data diciannove dicembre 1942 che si perdono le notizie documentabili sul Gruppo Camicie Nere M d'Assalto *Tagliamento*[133].

Si ricordi come il sedici, all'atto del ripiegamento dal caposaldo *Olimpo* sulla quota 201 rimanevano 163 uomini tra ufficiali e Camicie Nere.

E' probabile che i pochi resti del Gruppo, schierati insieme al I° battaglione del 79° fanteria, e spesso frammischiati ai fanti, abbiano seguito le sorti della *Pasubio*; infatti l'unità comandata dal colonnello Mazzocchi durante la ritirata, compiuta insieme ai resti della *Sforzesca*, portava il nome di reggimento di formazione Mazzocchi, e non di 79° fanteria *Roma*, indicativo della presenza di altri reparti, tra cui probabilmente ciò che restava del Gruppo *Tagliamento*.

La ritirata ebbe termine undici giorni dopo a Morosowskaja, dove la colonna Mazzocchi giunse il 30 gennaio, dopo aver percorso un lungo e tortuoso percorso alle spalle delle unità di Vatutin in avanzata verso il Donetz.

Il VI battaglione CC.NN. *M* il mattino dell'11 dicembre si trovava, come detto, a Poltawka, dove ricevette l'ordine di spostarsi a Getreide per porsi a disposizione del comando della divisione *Pasubio*, ciò che venne eseguito entro le quattordici.

All'1,30 del dodici dicembre il comandante della *Pasubio*, generale Guido Boselli[134] ordinò al Console Goldoni di spostarsi con il VI° battaglione *M* sul caposaldo *Olimpo* ponendosi a disposizione del col. Mazzocchi; poco dopo l'ordine venne modificato, ed il VI° avrebbe dovuto invece raggiungere il caposaldo X ponendosi alle dipendenze del Gruppo *Tagliamento* dissanguatosi nei combattimenti di Ogalew contro la 38a divisione fucilieri delle *Guardie*. Alle sette i legionari del VI° raggiunsero i camerati che si trovavano impegnati dal nemico.

Alle nove il VI° battaglione *M* muoveva al contrattacco nel settore di Ogalew, come già detto in precedenza, e dopo due ore di lotta corpo a corpo con le granate a mano e pugnali i fucilieri sovietici ripiegarono, lasciando duecento morti sul terreno, inseguiti dai legionari tanto che alcune Camicie Nere, nella foga dell'inseguimento attraversarono il Don gelato arrivando sulla riva destra.

Vennero presi anche parecchi prigionieri ed armi, tra cui alcuni fuciloni controcarro PTRD che si rivelarono utilissimi durante la ritirata.

Nei combattimenti del dodici il centurione Ettore Di Pasquale, comandante di compagnia del VI°, si guadagnò la prima medaglia d'Oro concessa ad un componente del *Montebello*:

Ferito, rifiutava ogni cura e non desistendo dall'azione di comando, manovrava personalmente il reparto di rincalzo, conducendolo fin sopra le posizioni nemiche e combattendo egli pure con l'arma bianca.

Ferito una seconda ed una terza volta da bomba a mano, stoicamente continuava malgrado le gravi ferite, con spirito indomito, a guidare l'attacco facendosi sostenere.

Con un ultimo supremo sforzo raggiungeva alla testa dei propri uomini, la posizione contesa sulla riva del Don, dove una quarta ferita ne stroncava l'eroica esistenza.

Le Camicie Nere del Gruppo *Montebello* avevano riportato sino ad allora le seguenti perdite: 17 morti (3 ufficiali), 78 feriti (5 ufficiali), 24 congelati gravi

---

133 Lucas, De Vecchi 1976, p.522.
134 Boselli aveva sostituito il gen. Paolucci il 4 dicembre.

Il giorno dopo i sovietici pure non effettuando azioni di fanteria bombardarono ripetutamente l'abitato di Ogalew, o meglio ciò che ne rimaneva, con lanci di razzi, salve d'artiglieria e di mortai pesanti. La sera i guastatori di fanteria del XV° battaglione dettero il cambio alle Camicie Nere, ed il quattordici mattina i legionari del VI° battaglione M raggiungevano le posizioni di Getreide.
Nella notte tra il 15 ed il 16 dicembre il Gruppo *Montebello* venne posto alle dipendenze tattiche dell'80° reggimento fanteria *Roma*, attaccato dal nemico, ed alle cinque del mattino iniziò il trasferimento verso la zona di Artykulnyj Schlucht.
L'80° fanteria si stava ritirando pressato dai fucilieri sovietici, che travolgevano i pezzi del 201° reggimento Artiglieria: i serventi di una batteria, fedeli al motto dell'Arma *O con questo o sopra di questo* si fecero massacrare sino all'ultimo sui pezzi da 47/32.
L'azione nemica si sviluppava con particolare vigore sulla linea Krasnogorowka- Abrossimowo- Monastyrschina, con l'appoggio dei mortai.
Le Camicie Nere si lanciarono alla riconquista delle quote 175.5, 178.3 e 187.6, sovrastanti il vallone di Artykulnyj Schlucht, su cui i sovietici si stavano attestando dopo aver messo in rotta i fanti italiani, e da cui avrebbero potuto raggiungere Getreide tagliando fuori tutte le truppe presenti nell'area..
Le tre quote vennero prese dopo l'assalto dei legionari e le *Guardie* ripiegarono.
Il generale Boselli dispose quindi che il Gruppo *Montebello* si posizionasse dalle propaggini sud occidentali della quota 201 sino ad affacciarsi sul vallone Monastyrschina- Getreide, tra il LXXIX° battaglione M del Gruppo *Tagliamento* sulla sinistra ed un piccolo caposaldo tenuto da fanti dell'80° *Roma* sulla sinistra; la linea era totalmente sprovvista di opere difensive ed il terreno gelato (come detto, -35° di giorno) non permetteva di effettuare scavi di postazioni o trincee.
Dopo i combattimenti di Artykulnyj Schlucht le perdite erano salite a 53 morti (4 ufficiali), 117 feriti (7 ufficiali) e 27 congelati gravi (2 ufficiali), che sommate a quelle dei giorni dal dieci al dodici dicembre salivano a 446 unità, ossia al cinquanta per cento della forza combattente.
Il diciassette i sovietici ripresero gli attacchi contenuti dall'artiglieria italiana; per tutta la giornata si rpeterono attacchi e contrattacchi che costarono ai due contendenti gravi perdite di personale e di materiali.
Ma oltre che col nemico i legionari dovevano combattere con un altro nemico, il freddo.
Nella notte sul 18 la temperatura bassissima provocò nuove vittime.
I legionari del VI° M, ricorda Calamai, erano *imbaccuccati nei cappottini "tre quarti" perché i pastrani di pelliccia erano rimasti a Verona. Portavano sempre l'elmetto calcato sulla testa avvolta nella coperte, perché i passamontagna erano rimasti a Verona, insieme ai guanti. Avevano le mollettiere piegate a doppio per tenere più caldo e la barba incolta da tempo. Tenevano le armi impugnate con le mani nude, ma cercando di non toccare il ferro con le mani per non lasciarci la pelle attaccata*[135].
Lucas e De Vecchi, a loro volta, ricordarono lo stoicismo dei legionari congelati, che volevano tornare al proprio posto di combattimento dopo le sommarie cure ricevute ai posti di medicazione, rendendosi ben conto che solo così avrebbero potuto impedire che il sottile velo difensivo ancora in grado di resistere si indebolisse maggiormente.
Peggio, le pattuglie nemiche, ben mimetizzate nelle tute mimetiche imbottite, si infiltravano nelle linee italiane, e contro le quali, formate da truppe d'élite, poco potevano gli elementi raccoglicitci, frutto di raschiamento del barile, inviati contro di loro, come un battaglione del Genio Ferrovieri, certo non addestrato a scontrarsi con truppe scelte.
All'alba del 18 le *Guardie* lanciarono nuovi violenti attacchi, tra cui uno contro quota 201.1 tenuta dalle Camicie Nere del Raggruppamento *3 Gennaio*, da pochi fanti della *Pasubio* e dai tedeschi del 520./298., che venne respinto in pratica dalle sole Camicie Nere e dall'artiglieria italiana, infliggendo dure perdite al nemico; l'artiglieria aveva anche colpito in pieno alcune batterie sovietiche che avrebbero dovuto appoggiare l'attacco con il loro tiro.
Nel pomeriggio dalle linee italiane uscirono pattuglie esploranti allo scopo di accertare la situazione, che provocarono la reazione avversaria e duri scontri. Col calare delle tenebre le pattuglie rientrarono dopo aver prelevato prigionieri e materiali.
La situazione sempre più degradata spinse il generale Zingales comandante del XXXV corpo ad ordi-

---

[135] Calamai, in Calamai et all. 2002, p.42

nare personalmente al comandante della *Pasubio* Boselli il ripiegamento.

Alle 15 giunse ai reparti dipendenti il preavviso di movimento per raggiungere la linea arretrata Werchnje Miskowici- Nasarow; il raggruppamento 3 *Gennaio*, o meglio, il Gruppo *Montebello*, sarebbe stato tra i reparti di retroguardia.

La notte venne raggiunto il villaggio di Medowa; la ritirata riprese ed alla nove del 20 dicembre si giunse a Popowka. Ma i sovietici avevano accerchiato i reparti in ripiegamento: Camicie Nere, tedeschi e fanti della *Torino* riuscirono a rompere il cerchio nemico, e il XXXV Corpo proseguì il ripiegamento, sempre più assottigliato dalle perdite dovute anche agli attacchi aerei.

Alle 22 la colonna giunse a Posdnjakow, dove i reparti sostarono sino alla mattina del giorno dopo, quando venne ripresa la ritirata.

Il 22 reparti sovietici avevano sbarrata la via alle colonne in ritirata ad Arbusow: ancora una volta furono le Camicie Nere ad aprire la strada, grazie anche al sacrificio dell'Aiutante di Battaglia Biagi, che si pose alla testa dei suoi uomini sfondando le linee nemiche, e guadagnandosi la Medaglia d'Oro al Valor Militare.

I resti dei battaglioni *M* erano riuscito a sfondare, attaccando i sovietici, ma con pesanti perdite: il solo Gruppo Montebello aveva avuto nell'azione 115 morti, 380 feriti, 66 congelati; tra le perdite ben trentadue ufficiali.

Erano caduti in testa ai loro uomini i Seniori Goldoni e Superti.

Alle 23 la colonna riprese il movimento; solo gli elementi più validi potevano seguirla, feriti e congelati vennero lasciati sul posto, venendo poi in gran parte massacrati dalle truppe staliniane.

La coesione dei reparti, anche di quelli veterani, si andava sfaldando, molti gettavano le armi per cercare di alleggerirsi; nel caos montante i resti dei battaglioni *M* furono tra i pochi a mantenere coesione ed ordine.

Nel suo romanzo *A cercar la bella morte*[136] Carlo Mazzantini, che dall'autunno del 1943 militò nel battaglione *Camilluccia* della ricostituita Legione *Tagliamento* della Repubblica Sociale Italiana, ricorda le parole di un suo commilitone cremonese reduce dalla ritirata dell'inverno 1942 che in maniera molto colorita illustra la differenza tra i fanti, che saccheggiano i depositi caricandosi di cose inutili e gettando il fucile e le armi, e i legionari, ben consapevoli di cosa comportasse la ritirata.

E' un documento molto interessante, che al di là del rimaneggiamento letterario rispecchia testimonianze dirette, che mostra l'efficienza dei battaglioni *M* anche in situazioni critiche come la ritirata, effettuata combattendo, efficienza dovuta all'addestramento, all'esperienza acquisita sul campo, alla motivazione:

"Perché vedi in Russia (...) a un certo momento, dice, si torna indietro: i russi hanno sfondato!... va bene! Si torna indietro!... Soldato che scappa è buono per un'altra volta! Bisogna rifornirsi però! Allora tutti dentro ai magazzini a portar via sacchi di zucchero e ruote di formaggio parmigiano da ottanta chili! Tornavano a casa le disgrassie! Capito! Tornavano a casa!... Lì dietro la curva! E tutti quei chilometri che avevamo fatto in treno e poi sui camion e la marcia di avvicinamento? E quelli, eh? Quelli te li sei scordati?"

E prosegue ricordando come, al contrario, i legionari si fossero riforniti di scatolette di carne, cognac e, soprattutto, di mitragliatori, da lui chiamati *mitralie*:

"Perché vedi la mitralia, hai capito! Finché ce l'hai tu, signor sì e signor no la mitralia ce l'hai tu! E Bonazzoli con le munizioni e tutti gli altri appresso... Dice, si torna a casa? Va bene, si torna a casa! C'è la ritirata? Siamo nella sacca? Bisogna camminare! Cammina e cammina. Hai fame? Eccola lì: hai fame! E allora: zainettu scatolette! La sera quando viene giù la notte: zainettu cognac!... Si sparge la voce: ehi, laggiù ci sono i russi! E chi vuoi che ci sia! Ostia! Il capostassione di Cremona con la bandierina? Ci sono i russi, figa. E se non puoi passare da un'altra parte, dice, andiamo a vedere. Mentre invece gli altri, cammina, cammina, la prima cosa che buttavano era il fucile e le bombe. Dice: pesano... E allora finiti! Sei già libero! Puoi andare! Viene fuori un contadino dal bosco- un contadino, capito- con un bastone e tac! un contadino! ti amassa! (...) Perché vedi, se la mitralia la butti via, quello lì è sicuro che hai perso! Ma finché la mitralia ce l'hai anche tu, la guèra non è finita e chi deve vincere ancora non ha vinto!"

Alle nove del 24 dicembre la colonna, meglio, ciò che ne restava giunse a Bukarewskij, ed al tramonto arrivò a Pressiannowskji; la notte di Natale gli italiani continuarono a ritirarsi sino a giungere alle dieci del mattino del 25 a Scheptukowa.

---

136   C. Mazzantini, *A cercar la bella morte*, Milano 1986.

La sosta durò solo quattro ore, perché l'incalzare dei reparti corazzati sovietici era pressante, e già alle quattordici era ripresa la marcia.

All'una del mattino del giorno di Santo Stefano i superstiti giunsero a Tcherkowo, attestandosi a difesa nell'abitato dove già si trovavano i resti della colonna del II Corpo d'Armata.

I sovietici serrarono sotto, ed iniziò un assedio destinato a durare una ventina di giorni.

Il XXXV° Corpo, con i resti della *Pasubio*, della *Torino* e della *Ravenna*, della 298. *InfDiv.*, del Raggruppamento *3 Gennaio* e resti di unità rumene contribuì alla difesa di Tcherkowo in unità di formazione.

Il Gruppo *Montebello* non era in grado oramai di schierare in linea più di duecento uomini in grado di combattere, ma le Camicie Nere si sacrificarono il nove gennaio 1943 per arrestare un violento attacco sovietico, preceduto da un forte bombardamento preparatorio ed appoggiato da nove carri T34.

Al sopraggiungere dei T34 e della fanteria da essi trasportata che urlava *Hurrà Stalin* i legionari risposero intonando *Giovinezza* e mirando con le armi automatiche alle fanterie trasportate dai carri prima che potessero porre piede a terra.

Un T34 venne incendiato dalla Camicia Nera Gino Betti, che lo arrestò con un colpo di fucilone controcarro PTRD di preda bellica, dopo aver aspettato con grande sangue freddo che il carro giungesse a soli dieci metri dalla sua postazione.

Ad ogni carro colpito i legionari gridavano *Viva il Duce!* ed intonavano *Giovinezza*.

Il capomanipolo Lamberto Vannutelli, già ferito, era stato schiacciato da un carro sovietico, ma trovò la forza di intonare *Giovinezza* quando il T34 venne colpito dai suoi uomini.

Nei contrattacchi cadde il capomanipolo Cremisi, due volte ferito, che, esaurite le munizioni, mulinò il moschetto come una clava contro i sovietici che lo circondavano. Il suo eroismo gli valse la Medaglia d'Oro alla memoria.

Cadde anche la seconda Medaglia d'oro della giornata, la Camicia Nera Gianfilippo Braccini, già decorato sul campo per i combattimenti dei giorni precedenti, che, ferito due volte, non volle ricevere soccorsi, continuando a sparare con il suo mitragliatore, venne colpito quando per meglio mirare, s'era spostato su una posizione dominate da cui tirava sugli attaccanti.

La Camicia Nera Stefano Migliavacca, congelato ai piedi, rispose al suo ufficiale che voleva imporgli di restare al posto di medicazione che per sparare con la mitragliatrice non occorreva marciare; viste vane le proprie proteste si fece portare dai camerati di nascosto in una posizione molto esposta, e vi rimase quarantott'ore, malgrado una nuova ferita per una scheggia di granata, tenendo sotto tiro i sovietici con la propria arma.

In due ore di lotta sessanta Camicie Nere distrussero otto carri su nove ed annientando del tutto il battaglione sovietico, perdendo due caduti (1 ufficiali), 11 feriti (2 uffciali) e 17 congelati.

Il capitano tedesco Lewandosky, ammirato, propose al comando della 298. *Infanteriedivision* tutte le Camicie Nere presenti per la Croce di ferro di IIa Classe.

Finalmente il 15 gennaio i resti della 298. *Infanteriedivision* e le trecento Camicie Nere superstiti del Gruppo *Montebello* riuscirono a rompere l'accerchiamento ed ad aprirsi un varco verso Losowskaja[137].

Gli italiani disponevano solo di due autocarri e di qualche slitta che vennero utilizzati per evacuare i feriti più gravi, ma se 2800 feriti in grado di camminare si unirono alla colonna diverse centinaia di feriti gravi e congelati dovettero venir abbandonati al proprio destino.

Tra il 16 ed il 17 gennaio i resti del XXXV e del II Corpo d'Armata raggiunsero Belowdosk.

Quando il 30 dicembre il Comando d'Armata ordinò di costituire due battaglioni di formazione con i resti dei Raggruppamenti *3 Gennaio* e *23 Marzo* si dovette soprassedere alla creazione di quello del *3 Gennaio*, per lo stato in cui erano ridotti i superstiti[138].

Quanto al Comando del Raggruppamento, che all'inizio della ritirata si trovava a Malewanyi presso il comando della *Pasubio* il nuovo comandante, Console Alessandro Lusana, ricevette la mattina del 19 dicembre dal Capo di Stato Maggiore del XXXV Corpo, colonnello Vargas, l'ordine di raggiungere la base del Raggruppamento già avviata verso Tcherkowo.

La presenza di corazzati sovietici infiltratisi sulle strade che portavano a Tcherkowo indusse il Console Lusana a dirigersi a Millerovo con il comando di Raggruppamento e con gli automezzi radunati lungo

---

137   Lucas De Vecchi 1976, p.521.
138   Ibid., p.546.

il percorso.

Giunto a Millerovo informò il Comando d'Armata della situazione, e provvide a radunare circa quattromila militari delle varie forze armate in reparti di formazione, malgrado le difficoltà causate dall'attività dell'aviazione sovietica, oramai padrona dei cieli.

Le truppe di formazione si trasferirono a Woroshilowgrad la notte tra il 20 ed il 21 dicembre, mentre il Comando del Raggruppamento rimase a Millerovo, che venne però isolata da una brigata corazzata del XXV Corpo corazzato delle *Guardie*.

Durante la permanenza nell'abitato il Comando riuscì ad organizzare un servizio di intercettazione radio delle comunicazioni avversarie, che si rivelò molto utile nella difesa della cittadina.

Il Comando del *3 Gennaio* rimase nell'abitato sino al 7 gennaio 1943, quando ricevette l'autorizzazione a lasciare Millerovo e a trasferirsi a Woroshilowgrad, cosa che fece unendosi ad unità tedesche della 298. *InfDiv* in una sortita che riuscì a rompere il cerchio sovietico.

Alla fine della ritirata, il Raggruppamento *3 Gennaio* aveva subito 2170 perdite, pari al 77,5 per cento della forza in organico al 1 dicembre 1942.

Quando venne stabilito di creare due compagnie (!) con i resti dei due Raggruppamenti, si poté formare solo quella con i reduci del *23 Marzo*. Il *3 Gennaio* era stato troppo provato per mettere insieme un qualsiasi reparto organico.

Eravamo in 1613, quando partimmo dall'Italia nel mese di agosto 1941. Dopo le battaglie del primo inverno, restammo in 654.

La Legione aveva quindi perduto 959 effettivi. Trasformata in Gruppo, la "Tagliamento" registrò, nelle battaglie di agosto '42, perdite accertate in 458 uomini. Poi si accese la fornace del "Berretto Frigio" (ansa del Don); vennero i giorni massacranti della ritirata, e altri 1061 legionari non risposero all'appello. Quando il 25 marzo 1943, il labaro della "Tagliamento" decorato di medaglia d'oro al valor militare, uscì dal campo contumaciale di Bologna per essere riconsegnato al Sacrario di Udine, lo scortavano 153 legionari. I 2478 mancanti erano solo un ricordo conservato nel cuore dello sparuto manipolo di superstiti[139].

Ai reduci dell'A.R.M.I.R. che nella primavera del 1943 rientrarono in Italia, Mussolini volle indirizzare il seguente proclama:

Ufficiali, Sottufficiali, Graduati e Soldati dell'8a Armata!

Nella dura lotta sostenuta a fianco delle armate germaniche e alleate sul fronte russo, voi avete dato innumeri decisive prove della vostra tenacia e del vostro valore.

Contro le forze preponderanti del nemico vi siete battuti fino al limite del possibile e avete consacrato col sangue le Bandiere delle vostre divisioni.

Dalla Julia, che ha infranto per molti giorni le prime ondate dell'attacco bolscevico, alla Tridentina che, accerchiata, si è aperta un varco attraverso undici successivi combattimenti, alla Cuneense che ha tenuto duro sino all'ultimo secondo la tradizione degli Alpini d'Italia, tutte le divisioni meritano di essere poste all'ordine del giorno della Nazione.

Così sino al sacrificio vi siete prodigati voi, combattenti della Ravenna, della Cosseria, della Pasubio, della Vicenza, della Sforzesca, della Celere, della Torino, la cui resistenza a Cerkovo è una pagina di gloria, e voi, Camicie Nere dei Raggruppamenti 23 Marzo e 3 Gennaio, che avete emulato i vostri camerati delle altre Unità.

Privazioni, sofferenze, interminabili marce hanno sottoposto a prova eccezionale la vostra resistenza fisica e morale. Solo con un alto senso del dovere e con l'immagine onnipresente della Patria potevano essere superate.

Non meno gravi sono state le perdite della battaglia contro il bolscevismo vi ha imposto, ma si trattava e si tratta di difendere contro la barbarie moscovita la millenaria Civiltà europea.

Ufficiali, Sottufficiali, Graduati, Soldati!

Voi avete indubbiamente sentito con quanta emozione e quanta incrollabile fede nella vittoria il popolo italiano ha seguito le fasi della gigantesca battaglia e come esso sia fiero di voi.

Saluto al RE!
       MUSSOLINI

---

139   Lenzi, *Dal Dnieper al Don. Storia della Legione Tagliamento*, Roma 1968

Ma ben diversa fu l'accoglienza ricevuta da parte di un paese stremato dalla guerra, minato dalle sconfitte e dalla mancanza di comodità e beni materiali- sebbene molto meno della Germania- in cui si andava diffondendo il disfattismo ed il rifiuto della guerra in corso, stato d'animo che un autore che ha dedicato alla MVSN uno studio tanto fazioso quanto incompleto, ha contrapposto, ovviamente in senso favorevole- allo stato d'animo dei reduci delle Camicie Nere reduci di Russia[140], che al contrario, volevano continuare la guerra.

Reparti della M.V.S.N. sul fronte orientale.

63ª Legione d'Assalto *Tagliamento* (poi Gruppo Battaglioni Camicie Nere M d'Assalto *Tagliamento*)

Comandanti: Console Niccolò Nicchiarelli; Console Domenico Mittica; Primo Seniore Mario Rosmino (interim); Console Galardo (tre ferite)

Aiutante Maggiore in prima.: Seniore Diana (caduto)

Cappellani: centurione don Guglielmo Biasutti (rimpatriato per polmonite); Centurione don Giuseppe Cante (deceduto a Leopoli in seguito a congelamento).

• LXIII° Btg. CC.NN. d'Assalto (Udine): Primo Seniore E. Zuliani; Primo Seniore M. Rosmino; Seniore N. Mezzetti (caduto)
• LXXIX° Btg. CC.NN. d'Assalto (Reggio Emilia): Primo Seniore Patroncini; Seniore Gamboni; Seniore Gangemi (ferito); Seniore S. Margini
• 183 Compagnia mitraglieri CC NN. Cent. A. Zanotti (disperso)
• 103 Compagnia mitraglieri CC.NN. Centurione M. Gentile (caduto); Cent. G. Chelotti (mutilato per congelamento)
• LXIII° Battaglione Armi d'Accompagnamento *Sassari* (Regio Esercito), mobilitato presso il deposito dl 151° Reggimento Fanteria Sassari: Tenente Colonnello V. De Franco (ferito, deceduto in Italia dopo il rimpatrio).

Gruppo Battaglioni Camicie Nere M d'Assalto *Montebello*
Comandante: Console Italo Vianini
• VI° Btg. CC.NN. M (Vigevano): Seniore O. Goldoni (caduto)
• XXX° Btg. CC.NN. M (Novara): Seniore G. Pollini
• XII° Btg. Armi d'Accompagnamento CC.NN. M (Aosta): Seniore S. Superti (caduto)

---

140 A. Rossi, *La guerra delle camicie nere. La milizia fascista dalla Guerra mondiale alla guerra civile*, Pisa 2004. L'A. fa riferimento ad un brano di Mazzantini sull'uccisione da parte di partigiani di due giovani legionari reduci di Russia:
Fu il 21 dicembre 1943 all'imbrunire di una giornata grigia e nebbiosa, sulla piazza della città di Borgosesia, in Piemonte. I corpi di quei miei giovani commilitoni diciannovenni stavano riversi sul tavolato di un camion.(...)
All'asola della giubba di quei due morti stava il nastrino rosso con la riga nera in mezzo della "croce di ghiaccio". Cioè la decorazione che veniva concessa a chi partecipava alla campagna di Russia [in realtà si tratta del nastrino della Winterschlacht im Osten 1941/42, concessa dal Führer ai soldati tedeschi e italiani che avevano combattuto sul fronte orientale nell'inverno del 1941- 42. La croce di ghiaccio italiana, che era una medaglia commemorativa dello C.S.I.R., aveva il nastrino bianco e nero, ndA]
(...) Infatti quei due commilitoni un anno e mezzo prima poco più che diciassettenni, trascinati dal clima di entusiasmo patriottico e guerriero che percorreva la penisola, si erano arruolati volontari in un reparto di Camicie Nere ed erano partiti per il fronte del Don.(...) Poi l'ansa del Don, i capisaldi nella neve, lo schianto delle katiusce, l'offensiva russa, la ritirata nella steppa, le centomila gavette di ghiaccio. Al valico del Brennero, al rientro in Italia di quel raggruppamento [si riferisce al Raggruppamento CCNN M 23 Marzo] *transitarono poche decine d'uomini (...).*
Come ricompensa per aver ben meritato dalla Patria, ad attenderli, dopo quella tremenda esperienza dalla quale erano miracolosamente riusciti ad uscire vivi, avevano trovato quei due colpi di pistola sparati a bruciapelo nelle strade di quelle città da cui erano partiti tra canti e bandiere, ragazze e fiori, e per uno di essi, Gianni Tartaglio, gli insulti, i calci e gli sputi da parte del suo assassino, preso da un raptus incontrollabile: -Sporco fascista, assassino, venduto!
(C. Mazzantini, *I balilla andarono a Salò*, Venezia 1995, p14.)
contrapponendo l'ostilità alla guerra, anche prima dell'Armistizio, all'ottusità fascista dei reduci, che, al contrario, pretendevano di continuare a fare il proprio dovere. Per definire tale lavoro- paludato di seriosità accademica ma selettivo nella scelta dei documenti, incompleto nella narrazione storica, fazioso nei contenuti- basterà dire che l'A., trattando del fronte russo, ignora completamente il ruolo decisivo dei raggruppamenti CCNN nella Prima battaglia del Don dell'agosto 1942, affermando che dopo la Battaglia di Natale le camicie Nere non ebbero più scontri importanti! Per chi scrive, rimane da condividere in toto quanto affermato nel 1943 da un antifascista del calibro di Benedetto Croce:
Sono stato a rimuginare la guerra, il diritto internazionale ed altri concetti affini, cercando, sotto la stretta della terribile passione di questi giorni, la parte da condannare moralmente. Ma la conclusione è stata la rassodata conferma che la guerra non si giudica né moralmente né giuridicamente, e che quando c'è la guerra non c'è altra possibilità né altro dovere che cercare di vincerla.

12. I REPARTI STRANIERI DELLA MILIZIA

La Milizia Fascista Albanese

In seguito all'occupazione dell'Albania, venne creato il Partito Fascista Albanese con le proprie organizzazioni ricalcate sulle analoghe italiane, tra esse non poteva mancare la Milizia volontaria, istituita con decreto luogotenenziale il 14 agosto 1939-XVII, che comprendeva un primo ordinamento così strutturato:
1 Legione M.V.S.N. ordinaria con 3 Coorti;
1 Legione M.V.S.N. alpina con 3 coorti.

Il personale era composto sia da italiani che, in massima parte, dalla popolazione albanese. Gli ufficiali venivano nominati dal Comando generale della MVSN.

Secondo il decreto istitutivo, l'organico previsto era di una Legione MFA ordinaria ed una alpina, entrambe su tre coorti, ma già nel mese successivo questo fu riorganizzato su un Comando Gruppo Legioni e quattro legioni con dieci coorti totali. Dopo l'entrata in guerra dell'Italia nel 1940, le quattro legioni mobilitarono in tutto 14 battaglioni CC.NN. albanesi da aggregare alle divisioni del Regio Esercito.

Con il R.D.L. del 18 settembre 1939-XVIII, la Milizia Fascista Albanese venne così strutturata: 4 Legioni M.V.S.N., 10 Coorti permanenti. Comando di Gruppo Legioni, sede a Tirana:

1° Legione, sede: Tirana.
2° Legione, sede: Corcia.
3° Legione, sede: Valona.
4° Legione, sede: Scutari.

Coorti permanenti: Tirana, Corcia, Scutari, Valona, Durazzo, Elbassan, Cuchet, Berat, Piscopea, Argirocastro.

All'atto pratico, la Milizia albanese dette una pessima prova di sé in combattimento contro i greci nell'autunno del 1940, cui partecipò con la 1 e la 2 Legione, spesso fuggendo dopo aver ucciso gli ufficiali italiani, tanto che i reparti albanesi dovettero venir ritirati dalla prima linea; durante l'occupazione del Kosovo, annesso all'Albania, d'altro canto, le CC.NN. Albanesi si distinsero per la loro ferocia nella repressione della guerriglia serba e per la durezza delle rappresaglie. A partire dalla metà del 1941 le Camicie Nere albanesi furono impiegati anche nella lotta contro i connazionali comunisti di Enver Hoxha.

Milizie Speciali Albanesi.
Milizia Forestale.

Nell'ambito della fusione delle forze armate e di polizia, con lo stesso decreto luogotenenziale n.54 del 14 agosto 1939, venne istituita la Milizia fascista forestale, indipendente dalla MFA e inquadrata nella Milizia forestale. Essa era investita degli stessi compiti della corrispondente italiana, ovvero dare esecuzione alle leggi ed alle disposizioni in materia forestale, la gestione e conservazione di boschi e foreste demaniali, vigilanza sui lavori di bonifica e gestione di vivai e campi sperimentali.

La forza ammontava ad una legione, la 12ª Legione Milizia Nazionale Forestale (MNF) inserita nell'organico della Milizia forestale nazionale.

Milizia Albanese della Strada.

La Milizia Albanese della Strada (*Milicija Shqiptare e rruges*) fu istituita con decreto luogotenenziale n.41 del 25 gennaio 1940 e posta alle dipendenze dirette della Milizia della strada italiana. Nello stesso periodo fu introdotto il Pubblico registro automobilistico e venne adeguata ed incrementata la regolamentazione stradale. I compiti della milizia comprendevano i servizi di polizia stradale, il soccorso stradale, il controllo della circolazione e delle segnalazioni stradali.

La Legione Croata della M.V.S.N.

Una storia delle unità della Milizia sul fronte russo non può prescindere da una sia pur schematica trattazione della Legione di volontari croati che combatterono a fianco degli italiani, indossando la camicia nera.

Dopo la conquista della Jugoslavia e la creazione del regno di Croazia (di cui venne proclamato re il duca di Spoleto- e, dopo la morte del fratello, d'Aosta- Aimone di Savoia Aosta col nome di Tomislao III) il *poglavnik* Ante Pavelich decise di appoggiare le operazioni belliche dell'Asse, creando una legione croata, appoggiata anche da un contingente aereo, che affiancasse i tedeschi sul fronte sovietico[141].

In seguito, verso la fine del 1941, venne disposta la creazione di un'unità analoga (ma senza componente aerea) da far combattere a fianco degli italiani sul fronte russo, anche per dare un segno di buona volontà all'Italia, che aveva con i nuovo stato croato ragioni di tensione per la Dalmazia, di cui gli italiani avevano occupato le isole. Fra l'altro l'Italia aveva proibito la creazione di una marina croata in Adriatico. Per cercare di attenuare le tensioni sorte tra Italia e Croazia, Pavelich acconsentì alla creazione di una Legione volontaria sotto comando italiano.

Per motivi politici l'unità, formata da due battaglioni di fanteria ed uno armi d'accompagnamento, per complessivi 1211 uomini, venne posta alle dipendenze della Milizia Volontaria Sicurezza Nazionale per quanto riguardava inquadramento, armi ed equipaggiamento.

La Legione Croata (*Hrvatske Legija*) indossava la divisa italiana modello 1940 con le fiamme nere ed i fascetti della Milizia al bavero.

Sul braccio destro della giacca e del cappotto era cucito lo stemma argenteo del regno croato con la scritta *Hrvatska* sulla scacchiera bianco rossa.

I legionari croati indossavano la camicia nera ma non il fez, sostituito dalla bustina italiana con il fregio della M.V.S.N.. L'elmetto mod. 33 recava, stando a talune foto, una decalcomania con lo stemma croato [142].

La Legione venne costituita a Varazdin, presso il confine ungherese, ed includeva anche ufficiali ustasha che parlavano l'italiano, avendo vissuto in Italia come fuoriusciti.

Diversi volontari croati erano di religione islamica, tanto che quando alcuni di loro caddero in combattimento vennero sepolti secondo il rito musulmano[143].

Il primo addestramento, ed il più efficace, furono le operazioni contro i partigiani di Tito; la Legione venne quindi spostata in Italia, a Riva del Garda, dove si trovava il deposito della Legione, per addestrarsi ulteriormente ed assimilare la tattiche di combattimento italiane. Qui i legionari croati, dopo aver giurato fedeltà al Duce ed al *poglavnik* Pavelich, a marzo del '41 i treni che trasportavano i croati partirono a scaglioni per il fronte sovietico.

Giunti in Ucraina, i reparti si riunirono il 16 aprile, ricevendo in dotazione numerosi automezzi, e venendo affiancati alla 63a Legione *Tagliamento* a Wladimirowka.

Sorsero però diversi problemi sia di direzione che politici- le Camicie Nere friulane in particolare avevano un odio atavico per gli *sclafs*- che ne sconsigliarono l'impiego continuato in linea[144].

Dopo una riorganizzazione e l'impiego antipartigiano nelle retrovie, la Legione Croata tornò in linea a luglio, comportandosi questa volta bene, tanto che la Legione ebbe diverse ricompense e numerose perdite. I sovietici, infatti, uccidevano sul posto tutti i croati prigionieri, sia perché fascisti, sia perché considerati traditori della Jugoslavia[145].

All'inizio dell'offensiva su Krasnij Lutsch, la mattina dell'11 luglio 1941, le Camicie Nere croate attac-

---

141   Sui legionari croati della Wehrmacht si veda M. Afiero, *I volontari stranieri di Hitler. Storia dei volontari stranieri arruolati nelle Forze armate tedesche*, Milano 2001, pp.256 segg. e, dello stesso autore, l'articolo M. Afiero 2002, "I volontari croati sul fronte dell'Est", *Storia e Battaglie* 19 (2002), numero monografico dedicato alla battaglia di Stalingrado.

142   P. S. Jowett, *The Italian Army 1940- 1945 [1] Europe 1940- 43*, Oxford 2000, p. 37, 44-5, pl. F 1.

143   L. Poggiali, "La Croazia come fede (3a parte)", *Storia e battaglie*, 36 (2004), p.3.

144   Il Comandante del LXIII° btg. M, il Primo Seniore (poi Console) Ermacora Zuliani, costituì dopo l'otto settembre del 1943 il Reggimento Volontari Friulani *Tagliamento*, formato da alpini già della Julia e reduci del LXIII° btg. M *Tagliamento*, in funzione antislava e di difesa delle valli del Natisone.

145   I volontari croati in divisa tedesca caduti in mano sovietica vinivano invece presi prigionieri, salvo poi essere consegnati agli jugoslavi a guerra finita e condannati a morte: Afiero 2002 p.36

carono la quota 253,4 di Vessielj, tenuta da elementi della 216a divisione sovietica, riuscendo ad impadronirsene.

La bandiera del contingente croato venne decorata personalmente dal generale Italo Gariboldi, comandante dell'8a Armata (ARM.I.R.).

La Legione operò insieme con il Gruppo Battaglioni CC.NN. M *Tagliamento* nel settore di Schterowka e di Surajewka, ed insieme al *Tagliamento* ed al III° gruppo del Reggimento Artiglieria a Cavallo la Legione fece parte del Raggruppamento Mittica, che inseguì i sovietici verso Krasnaja Poliana durane la manovra di Krasnij Lutsch.

I legionari croati funsero da reparti esploratori ed entrarono per primi in Kolpakowo ed in Krasnaja Poliana nel pomeriggio del 18 luglio.

La Legione venne poi inquadrata nel Raggruppamento 3 *Gennaio* nel ambito del quale continuò ad operare in modo molto soddisfacente, senza che questa volta sorgesse alcun attrito tra croati e italiani. La Legione combatté, insieme alla divisione *Pasubio*, alle cui dipendenze era stata posta, nella prima battaglia difensiva del Don dell'agosto del 1942.

A dicembre i volontari croati vennero travolti dall'offensiva sovietica *Piccolo Saturno* e si ritirarono con i resti dell'ARM.I.R., ma durante la ritirata, la Legione perse pressoché tutti i propri uomini tra caduti e dispersi (da considerare come morti) negli scontri presso il villaggio di Kasanskaya.

Nel 1943 nuovi volontari croati affluirono a Riva del Garda per ricostituire la Legione; i croati restarono inquadrati nella M.V.S.N. anche dopo il 25 luglio, sostituendo la camicia nera con quella grigioverde. Quando l'otto settembre elementi della 1 *SS Panzerdivision Leibstandarte Adolf Hitler* chiesero la resa della Legione, i volontari croati reagirono con le armi al tentativo dei tedeschi di disarmarli, perdendo diversi uomini. I superstiti vennero rimpatriati e inquadrati nelle divisioni 373a e 392a della N.D.H[146]. del maresciallo Kwaternik, inquadrate nella Wehrmacht.

---

[146] N.D.H. era l'acronimo per *Nezavisna Drzava Hrvatska*, Stato Indipendente Croato

▲ Tirana, 1940. Achille Starace, Capo di SM della MVSN, insieme ad alcuni ufficiali albanesi e italiani. Alla sua sinistra un Console generale della MFA

▲ Ufficiali della Legione Croata della MVSN. Si noti l'uso iniziale della divisa jugoslava con mostreggiature italiane

13. LA DIVISIONE CORAZZATA CAMICIE NERE "M" E LA FINE DELLA M.V.S.N.

Nel maggio del 1943 con i reduci di Russia si concretizzò l'idea di una divisione *Guardia del Duce*. Venne infatti costituita la divisione corazzata CC.NN. *M*, armata con mezzi tedeschi, ottenuti grazie all'intervento personale di Himmler.
Galbiati riuscì a superare gli ostacoli frapposti dallo Stato Maggiore del regio Esercito, che cercava di tenere lontane le unità della M.V.S.N. in vista dell'abbattimento del regime, con la scusa di far partecipare le unità ai festeggiamenti per il ventennale della Milizia il 1 febbraio 1943; ad esse si aggiunsero i veterani rientrati dal fronte russo.

La divisione venne equipaggiata a tempo di record, con 12 carri Pz. IV G con cannone da 75/48 (non da Pz VI Tiger, come ancora oggi si legge); 12 carri Pz. III N con cannone da 75/24, 12 semoventi Sturmgeschütz III con cannone da 75/48; 24 cannoni antiaerei da 88mm con relativi trattori semicingolati.
I tedeschi fornirono alla M.V.S.N. quanto di meglio avevavo in fatto di mezzi corazzati. Se si esclude infatti il Pz. VI *Tiger*, che non era però inquadrato nelle divisioni corazzate, il Panzer IV, con il suo cannone da 7,5 L/48, era in quel momento il miglior carro armato delle esercito di Hitler, surclassato solo successivamente dal Panther (a quei tempi ancora in fase di collaudo periodo). Analogamente, sia il Panzer III/N che lo StuG III/G rappresentavano le ultime versioni di questi collaudatissimi mezzi corazzati che costituivano il nerbo di tutte le unità corazzate tedesche.
Vennero anche consegnate quarantasei mitragliatrici MG 42 e ventiquattro lanciafiamme spalleggiabili d'assalto; la divisione disponeva anche di materiale italiano. Si trattava dell'unità meglio armata delle Forze Armate italiane, e venne addestrata da istruttori delle Waffen SS. Tutto il personale era veterano, e tutti gli ufficiali erano provenienti dai battaglioni M. I veterani rientrati dalla Russia, dopo un solo mese di licenza, inquadrarono i volontari nella zona di Chiusi, per trasferirsi poi nella zona di Bracciano- Campagnano Romano dove la divisione si trovava il 25 luglio.
Dai reparti che avevano combattuto in Russia vennero ripresi nome e tradizioni:

- Gruppo Corazzato *Leonessa*
- Gruppo d'Assalto *Tagliamento*
- Gruppo d'Assalto *Montebello*
- Raggruppamento Antiaereo e Controcarro *Valle Scrivia*.

La 1ª Divisione Corazzata Camicie Nere "M" fu ufficialmente costituita il 25 giugno 1943, ed inquadrava 5.200 uomini.

COMPOSIZIONE DELLA 1ª DIVISIONE CORAZZATA CC.NN. "M"

Comandante: Console Gen. Alessandro Lusana;
Vice Com.: Console Bruno Calzolari;
Ufficiale Superiore Addetto: Seniore Mario Rosa;
Capo di Stato Maggiore: 1°Seniore Ettore Lucas.
Ufficio del Capo di Stato Maggiore - Sezione 1^, Operazioni, Informazioni, Servizi. Capo Sezione: Seniore Bruno Riva.
Ufficiali: Seniore Alberto Cioni, Cent. D. Stripoli, Cent. I. Boccasavia.
Sezione 2^, Personale e Segreteria. Capo Sezione: Seniore Guido Vallocchio.
Ufficiali: Centurione Corrado Mingoia. Ufficio commissariato Capo Ufficio: 1°Seniore Alberto Consonni,
Ufficiali Addetti: Centurione Giuseppe D'Amely Melodia, Capo Manipolo Costantino Pergola.
Ufficiale d'amministrazione: Seniore Vincenzo Chiaramonte.
Capitano dei CC.RR., non assegnato
.QUARTIER GENERALE Comandante: Centurione Antonio Ederle,
Sezione CC.RR.

Nucleo Movimento Stradale: Centurione Alberto Marcucci, a disposizione 2 Ufficiali e 100 Militi della Milizia della Strada. -
Ufficio Posta Militare, nr. 306, Capo Manipolo Giovanni Grandoni e Capo Manipolo Natale Vidale.
Autoreparto divisionale: Centurione Michaud.

Gruppo Carri *Leonessa*
Comandante: 1°Seniore Ferdinando Tesi
Battaglione Guastatori
Comandante: Seniore Giacinto Malaspina.
Le tre compagnie carri erano equipaggiate nell'ordine da:

1a compagnia:
12 carri armati Panzer Kpfw IV Ausf. H con cannone da 7,5 cm L/48
2a compagnia:
12 carri armati Panzer Kpfw III Ausf. N con cannone da 7,5 cm L/24
3a compagnia:
12 carri semoventi StuG III Ausf. G con cannone da 7,5 cm L/48

Gruppo Battaglioni d'Assalto *Montebello*
Comandante: Console Roberto Gloria.
VI Btg. CC.NN. "M" - Vigevano - Comandante: Centurione Mario Belloni. -
XXX Btg. CC.NN. "M" - Novara - Comandante: Seniore A. Bettini.
XII Btg. CC.NN. "M" - Aosta - Comandante: Seniore E. Tusini.

Gruppo Battaglioni d'Assalto *Tagliamento*
Comandante: Console Ermacora Zuliani.
LXIII Btg. CC.NN. "M" - Udine - Comandante: 1°Seniore Mario Rosmino.
LXXIX Btg. CC.NN. "M" - Reggio Emilia - Comandante: 1°Seniore Alberto Patroncini. -
XLI Btg. CC.NN. "M" - Trento - Comandante: Seniore Merico Zuccari.

Raggruppamento artiglieria *Valle Scrivia*
Comandante: 1°Seniore Ferdinando Gallerani. -
I Gruppo, 3 batterie, Comandante: Centurione Alfredo Bosio.
II Gruppo, 3 batterie, Comandante: Seniore Giovanni Boccacci .

Reparto misto genio. Comandante: Centurione Bettanin. -
Compagnia Artieri. -
Compagnia Telegrafisti. -
I Compagnia Radiotelegrafisti. -
II Compagnia Radiotelegrafisti.
Nucleo sanita' Comandante: Centurione Medico Dr. Luigi Cingolani.
Nucleo sussistenza. Comandante: Centurione Egisto Nucci.

Il mattino del 10 luglio, il giorno stesso dello sbarco anglo- americano in Sicilia, la divisione aveva effettuato una manovra a fuoco che aveva lasciato stupefatti per potenza e coordinazione tutti i presenti, tedeschi compresi. In Italia non si era mai visto una simile operazione e da quel momento la divisione "M" diventava un problema per qualsiasi congiurato.
Già al mattino del 14 luglio arrivò il primo ordine dallo Stato Maggiore dell'Esercito: la Divisione Corazzata "M" doveva trasferirsi nella penisola salentina, lasciando il posto all'*Ariete II*, e sminuzzarsi a difesa dei vari aeroporti.
Alle rimostranze di Galbiati, Capo di Stato Maggiore della Milizia, Mussolini, all'oscuro di quanto si stava tramando, fece reiterare l'ordine, credendo che la Divisione "M" fosse destinata al fronte siciliano. Tutto cio' è ben chiaro da quanto scritto dallo stesso Badoglio scritte nelle proprie memorie, pubblicate nel 1946:,

Il Generale Ambrosio era succeduto al Maresciallo Cavallero nella carica di Capo di Stato Maggiore Generale. Esaminammo insieme la situazione e convenimmo che non era più possibile ritardare la soluzione. Eravamo d' accordo che due erano gli obiettivi da conseguire con rapidità estrema: l'arresto di Mussolini e di una mezza dozzina dei più importanti gerarchi e la neutralizzazione delle forze della Milizia, specie della Divisione Corazzata, esistenti nei pressi di Roma.

Malgrado tutto Galbiati riuscì ad evitare il trasferimento della grande unità in Puglia, e la vigilia del 25 luglio la Divisione Corazzata "M" era ancora dislocata al completo nella zona di Bracciano mentre l'*Ariete II* aveva già assunto il comando in zona ed il controllo della via Cassia, costituendo diversi posti di blocco fra la Divisione "M" e Roma.

Il Capo di S.M. divisionale, Primo Seniore Ettore Lucas, preoccupato da questo strano contegno delle truppe dell'*Ariete*, pensò fosse opportuno avvertire dei fatti Galbiati, spedendo a Roma un ufficiale del comando.

Questi riuscì a parlare con Galbiati solo la mattina del 25, al termine della seduta del Gran Consiglio iniziata la sera prima.

Non furono date disposizioni da parte del comando della M.V.S.N. fino a sera, quando venne arrestato Mussolini e sostituito ufficialmente da Badoglio che dichiarava *la guerra continua*.

Il 27 luglio, la divisione corazzata CCNN "M" venne ridenominata 136ª Divisione Corazzata Legionaria *Centauro II* e al suo comando fu assegnato il generale Calvi di Bergolo, già comandante della 131ª Divisione Corazzata *Centauro* in Tunisia e genero del re Vittorio Emanuele III, il quale mise in atto una drastica epurazione degli elementi più marcatamente fascisti ed una integrazione della divisione nella struttura del Regio Esercito.

Lusana venne sostituito, come detto, da Calvi di Bergolo, il quale diede disposizioni per un trasferimento dell'unità, ma solo fino a Tivoli.

Il movimento fu iniziato all'alba nell'ordine più perfetto ma con i reparti che cantavano a squarciagola:

Contro Giuda, contro l'oro
 sarà il sangue a far la storia,
ti daremo la vittoria, DUCE,
o l'ultimo respir!

ed a Roma si credette ad una nuova "marcia " e si creò il panico nello Stato Maggiore.

Fu un susseguirsi di generali, pallidi per l'emozione che giungevano al Comando Divisione chiedendo angosciati se fosse in atto una ribellione. Furono rassicurati ma il timore di un pericolo rimase e fece decidere allo Stato Maggiore una variante al percorso delle colonne, deviandole per Castel Giubileo, giacché sembrava rischioso far traversare Roma dalle CC.NN., soprattutto dal Gruppo carri armati.

Nei primi giorni di settembre la divisione fu assegnata al Corpo d'Armata Motocorazzato (CAM), destinato alla difesa di Roma dai possibili attacchi tedeschi. Considerando che la direttrice della 3.e *Panzergrenadierdivision* germanica per un eventuale attacco su Roma passava proprio per la zona dove era dislocata la *Centauro II* e mancando ancora la fiducia nella fedeltà alla corona della divisione, lo Stato Maggiore provvide a trasferirla nella zona fra Lunghezza e Tivoli.

Il trasferimento, dato che lo Stato Maggiore temeva che gli elementi legati al regime prendessero la mano agli ufficiali, fu effettuato con le postazioni di artiglieria della cintura difensiva di Roma in stato di allarme ed i cannoni puntati sui mezzi della divisione. Anche se il trasferimento avvenne senza problemi, a parte quelli di traffico, il morale della truppa ne risentì. per capire lo stato d'animo e' sufficiente dire che i cannoni del *Valle Scrivia*, invece che puntare in difesa della Tiburtina contro la 3. Div. *Panzergrenadieren*, furono puntati in direzione di Roma.

Per diluire la componente fedele al regime fascista fu deciso di inserire nell'organico divisionale il 18º reggimento Bersaglieri Corazzati ed il XIX battaglione Carri M (ma questi reparti arrivarono alla divisione solo il 9 settembre, quindi non furono mai integrati effettivamente). Inoltre si provvide a far ruotare gli ufficiali con elementi di sicura fede monarchica.

Tuttavia l'affidabilità della divisione rimase fortemente dubbia: il 3 settembre 1943 nel corso di un rapporto tenuto dal generale Carboni, comandante del Corpo d'Armata di Manovra, il generale Calvi di Bergolo affermò esplicitamente che

... In caso di emergenza, una emergenza facilmente intuibile dopo l'esame della situazione fatta dall'Eccellenza Carboni, sulla Centauro si potrà fare un assegnamento relativo. La Centauro è pronta a sparare contro gli angloamericani e i comunisti, ma contro i tedeschi non aprirà mai il fuoco.

Di conseguenza il 6 settembre la divisione ricevette l'ordine verbale, confermato per iscritto due giorni dopo, di difendere l'aeroporto di Guidonia, allontanandola così dal perimetro difensivo di Roma.

L'8 settembre la *Centauro II* fu messa in stato d'allarme dal comando del Corpo d'Armata di Manovra ed assunse il conseguente dispositivo di sicurezza.

Il comportamento della Divisione il giorno 10 settembre è stato oggetto di aspre polemiche, dato che nel per altro controverso memoriale del generale Carboni relativo alla difesa di Roma viene indicato un preciso ordine dato alle 10.30 alla divisione di marciare in appoggio alla 21ª divisione *Granatieri di Sardegna*, impegnata alla Magliana, alle Tre Fontane ed a Porta San Paolo, ordine la cui emanazione fu assolutamente negata dal generale Calvi di Bergolo, portando anche testimonianze relative alla circostanza; in ogni caso la *Centauro II* non si mosse dall'acquartieramento, e non prese alcuna parte attiva ai combattimenti.

Il 13 settembre iniziò il disarmo della divisione da parte dei tedeschi, assieme a quello delle altre unità italiane già assegnate alla difesa di Roma (con l'eccezione della divisione *Piave*). I materiali di origine germanica, ovvero i 36 carri, 24 cannoni e gli automezzi forniti dalle Waffen SS ed inquadrati dalla divisione, furono tutti rilevati da unità tedesche e successivamente utilizzati sul fronte di Anzio e di Cassino. Con gli uomini vennero formati i reparti *Tagliamento* (Camicie Nere, che inquadrò anche i volontari del battaglione *Camilluccia*) e *Leonessa* (corazzati).

Il 21 settembre 1943 ufficiali e legionari alla Caserma *Mussolini* di Roma decisero la ricostituzione del *Leonessa* come Gruppo Corazzato nell'ambito dell'appena costituita Repubblica Sociale Italiana.

IL COLPO DI STATO DEL 25 LUGLIO E LA MANCATA REAZIONE DELLA MILIZIA.

Il 25 luglio 1943 si tenne l'ultima riunione del Gran Consiglio del Fascismo.

Il Luogotenente Generale Enzo Galbiati, in quanto Capo di Stato Maggiore della MVSN, era membro di diritto del Gran Consiglio, del Direttorio Nazionale e del Consiglio Nazionale del Partito Fascista e consigliere nazionale della Camera dei Fasci e delle Corporazioni. Galbiati arrivò a palazzo Venezia con una decina di minuti di anticipo e si avvede immediatamente che, rispetto alla consolidata ritualità del momento, al balcone del palazzo non è issato il gagliardetto del Partito; inoltre, la mattina stessa del 24 luglio, il segretario del Duce, De Cesare, lo aveva cercato telefonicamente per comunicargli che lo stesso Mussolini non voleva la sera a palazzo la presenza dei Moschettieri del Duce, la sua scorta d'onore. Una volta salito lo scalone e giunto nella sala del Gran Consiglio, Galbiati venne immediatamente avvicinato da Dino Grandi che, gli chiese:

Galbiati, tu firmi?

L'ordine del giorno Grandi chiedeva l'immediato ripristino di tutte le funzioni e responsabilità previste dallo Statuto Albertino per il sovrano, ed invitava il Duce affinché ad invitare Vittorio Emanuele III,

Per l'onore e la salvezza della Patria, di assumere, con l'effettivo comando delle Forze Armate, quella suprema iniziativa di decisione che le nostre istituzioni a lui attribuiscono.

Galbiati rispose, quasi tra sé e sé:

Non vedo chiaro che cosa contiene questo ordine del giorno. Ma non mi piace, non mi piace...

Fu in quel momento che Mussolini entrò nella sala, e Galbiati prese posto all'ala destra del tavolo disposto a ferro di cavallo, con Ciano alla sua sinistra e Marinelli alla sua destra. Erano le 17. Aprì la seduta il Duce, leggendo una relazione sulla condotta della guerra e sulla situazione del paese che durò quasi due ore. L'unica interruzione alla lunga relazione del Duce fu proprio del Luogotenente Generale Galbiati che intervenne per precisare le circostanze e le responsabilità circa la fucilazione di un capo manipolo della Milizia in Sicilia per abbandono del posto di combattimento. Galbiati chiese ed ottenne la parola intorno alle ore 0,45, ed iniziò precisando che non aveva voluto firmare né sottoscrivere l'ordine del giorno Grandi perché la situazione era talmente grave che nessun ordine del giorno avrebbe potuto porvi rimedio, dal momento che il conflitto aveva oramai assunto proporzioni assolutamente impari rispetto alle risorse del Paese, il Capo di Stato Maggiore della Milizia negò con decisione che, come da altri affermato, vi fosse frattura tra il Partito e il paese, tra il Fascismo e la Nazione.

Mussolini ha affermato che nel combattimento la volontà è la prima ed anche la più indispensabile arma di vittoria. Non si tratta, a suo avviso, di uno spunto teorico. Ne ebbe la prova in Albania, durante la campagna di Grecia. Sprovviste di mezzi adeguati, prive molte volte di ufficiali, le camicie nere riuscirono sempre a colmare le deficienze col loro entusiasmo e la loro volontà. Se da quanto ha detto deve trarsi un ammaestramento, la morale non può che essere questa: al concetto della volontarietà sono più portati gli umili anziché quelli che sono in alto. La fede fa più breccia nell'animo dei primi che degli altri. Ed è alla fede di tutti che egli deve rivolgere un appello nel chiedere che le deliberazioni del consesso non siano tali da arrestare lo slancio o far arrossire di vergogna le camicie nere dei battaglioni 'M' accampate alle porte di Roma.

Galbiati affermò che non c'era e non ci dovesse essere alcun ordine del giorno da votare, e se mai si dovesse ritenere imprescindibile un ordine del giorno, esso avrebbe dovuto dire al nemico che *Siamo pronti a morire con dignità* ed agli italiani che *la guerra continua con incessante fede per l'onore della bandiera italiana nell'inscindibile binomio Re e Duce.*

Dino Grandi, nelle sue memorie, così riassunse il discorso di Galbiati:

Non esiste- egli dice- frattura tra fascismo e nazione, bensì tra alcuni disfattisti e la grande maggioranza del partito il quale è e rimarrà fedele a Mussolini è pronto a difenderlo ed a seguirlo sin dove egli vorrà. E' nelle mani del duce che noi abbiamo fatto il nostro giuramento ed è soltanto il suo comando che noi riconosciamo. Ogni altra alternativa è un tradimento verso il fascismo e la nazione. Esso non domanda che di combattere e vincere. Ponderate bene prima di prendere le vostre decisioni, conclude Galbiati con voce minacciosa.

Erano le ore 2,30 di domenica 25 luglio quando il Duce indisse la votazione per appello nominale dell'ordine del giorno Grandi. Votarono a favore diciannove gerarchi: Grandi, Federzoni, De Bono, De Vecchi, Ciano, De Marsico, Acerbo, Pareschi, Cianetti, Balella, Gottardi, Bignardi, De Stefani, Rossoni, Bottai, Marinelli, Alfieri, Albini e Bastianini.: Scorza, Bigini, Polverelli, Tringali Casanova, Frattari, Buffarini Guidi e Galbiati votarono contro; si astenettero Suardo e Farinacci, il quale votò per il proprio ordine del giorno. A fine seduta la maggior parte dei gerarchi lasciò il palazzo. Per la prima volta Mussolini era stato messo in minoranza con l'approvazione dell'Ordine del Giorno presentato da Dino Grandi, che invitava il Re ad assumere il comando delle Forze Armate.. Galbiati, insieme a Buffarini Guidi, Polverelli e Tringali Casanova, raggiunse il Duce nel suo studio nella Sala del Mappamondo. Mussolini eraè in compagnia del Segretario del Partito, Carlo Scorza e la discussione è tutta incentrata sulla valenza meramente interna al partito e dunque sulla non costituzionalità del documento che si è appena votato. *Galbiati sollecitò il Duce ad* intervenire:

Ho appreso in anticamera che Grandi risulta latitante - afferma, dialogando con il Duce - è un brutto sintomo. Non sarebbe il caso, Duce, di procedere al fermo di tutti i diciannove?

Mussolini non volle: *Nemmeno a parlarne!* - gli rispose - *andrò dal Re e me la vedrò con lui.* Galbiati insistette, ma Mussolini si dimostrò irremovibile:

I diciannove hanno fiutato il vento contrario - gli dice - sentono la tempesta vicina, come avviene per alcune specie di animali, e s'illudono di crearsi un alibi. Non se lo sognano nemmeno, questi pusillanimi che quando non ci sarà più colui che li ha issati sulle proprie spalle, si sentiranno ben miserabili fra la polvere di tutti i mortali.

Mussolini congedò gli ultimi fedelissimi comunicando loro che l'indomani si sarebbe recato dal Re per proporgli la nomina di ministri militari e di diffondere un messaggio reale che rafforzasse l'unione di tutti gli italiani[147].

La mattina seguente, Galbiati venne ricevuto a Palazzo Venezia intorno a mezzogiorno e consegnò al Duce un promemoria scritto durante la notte, nel quale si faceva esplicito riferimento alla seduta del Gran Consiglio ed ai membri traditori che Galbiati testualmente definiva *dei malati di fegato da inviare a Chianciano per un lungo, forzato soggiorno*". Galbiati ancora una volta chiese ripetutamente a Mussolini un ordine che lo autorizzasse a procedere all'arresto dei diciannove *traditori* del Gran Consiglio. Mus-

---

147   C. Rastrelli, " Enzo Galbiati. Una breve biografia dell'ultimo Capo di Stato Maggiore della Milizia", *Storia Militare* febbraio 2007, pp.29 segg.

solini, ancora confidando sulla lealtà ed amicizia del Re e sull'irrilevanza costituzionale del voto del Gran Consiglio, ancora una volta rifiutò. Poi il Duce decise di visitare le zone bombardate il 19 luglio. A San Lorenzo vi fu grande sorpresa quando la gente vide arrivare il Duce.

Non una parola sola di imprecazione della folla, ma parole di pietà ed anche qualche parola di fede,

scriverà Galbiati nelle sue memorie. Galbiati accompagnò poi Mussolini a Villa Torlonia, e questi gli promise che l'avrebbe immediatamente messo al corrente degli sviluppi al termine dell'udienza a Villa Savoia. Come si sa, il Duce venne invece arrestato e sostituito dal Maresciallo Badoglio. Nel pomeriggio al comando della Milizia non arrivavano notizie, ed il dubbio cominciò a serpeggiare, soprattutto dopo il proclama alla radio che annunciava le dimissioni da Capo del governo, Primo Ministro e Segretario di Stato del cavalier Benito Mussolini. La confusione ed il dubbio nascevano da alcune parole pronunciate dallo stesso Mussolini durante la notte del Gran Consiglio quando, tra le soluzioni possibili, non aveva escluso quella di rimettere il suo mandato nelle mani del Re. Il dubbio si dissolse all'improvviso quando in Piazza Romania elementi corazzati della divisione Ariete circondarono il comando della Milizia. Per le strade intanto ufficiali e militi venivano aggrediti dalla folla che strappava loro i fascetti dal bavero e la camicia nera. A piazza del Viminale vi fu anche uno scambio di fucilate tra Granatieri e Camicie Nere.

Galbiati immediatamente ordinò a tutti i comandi periferici della Milizia di evitare ogni provocazione, ma di reagire con energia a tutti gli attacchi.

Tra le 20.00 e le 22.00, Galbiati riceve tutti gli ufficiali presenti al comando generale. Molti di loro reclamavano un'azione di forza volta a liberare Mussolini ed ad impadronirsi della Capitale. Intorno alle 22.10, Galbiati prese la decisione di bloccare l'avanzata su Roma dei reparti della Milizia.

Alle 22.30 Galbiati telefonò al sottosegretario agli interni Albini al quale dichiarò:

La Milizia rimane fedele ai suoi principi e cioè di servire la Patria nel binomio Re e Duce.

Alle 22.35 Galbiati fu raggiunto telefonicamente dal generale Ambrosio, Capo di S.M. Delle Forze Armate, che lo avvertiva come Badoglio avesse ricevuto ed apprezzato il suo messaggio e, poco prima della mezzanotte, arrivò il generale Ferone, latore della seguente lettera di Badoglio:

Il sottoscritto capo del Goerno, per ordine di S.M. il Re e Imperatore, comunica a V.E. che dovete conservare la vostra carica di capo di stato maggiore della MVSN fino a che a V.E. si presenterà l'eccellenza il generale Quirino Armellini, designato vostro successore. Tale presentazione avverrà nella giornata di domani, 26 luglio corrente. V.E. riceverà altro incarico.

Galbiati rispose:

Assicuro V.E. che la Milizia Volontaria per la Sicurezza Nazionale, che dalla sua costituzione, il 1 febbraio 1923, è stata ed è schierata con le altre forze armate ovunque l'onore delle bandiere italiane lo abbia richiesto, rimane fedele al sacro principio di servire la Patria.

Alle ore 10.00 del 26 luglio, Galbiati convocò a rapporto tutti gli ufficiali superiori presenti al Comando di viale Romania. Al tradizionale, anche se superato dagli eventi, "Saluto al Duce", seguì una breve relazione sulla situazione e venne letta la corrispondenza intervenuta con il maresciallo Badoglio. Galbiati aggiunse di aver avuto a disposizione molte ore per meditare sul da farsi:

Avrei voluto e potuto ordinare ai pochi battaglioni della Milizia a mia disposizione di reagire con la massima violenza. Ma ci saremmo trovati di fronte altri soldati d'Italia ed avremmo iniziato una guerra fratricida della quale si sarebbero avvantaggiati solo gli anglo-americani che già calpestano il sacro suolo della Patria e che il Re e Badoglio ci confermano come nemici, assicurando che la guerra continua e che l'Italia tiene fede alla parola data. La guerra continua e la Milizia deve rimanere al suo posto di combattimento e solo io debbo lasciare l'incarico che datomi personalmente da Mussolini cessa con le dimissioni del Duce.

Al termine del rapporto venne annunciato l'arrivo del generale Armellini. Galbiati ricevette il nuovo comandante della Milizia nel suo studio. Armellini confermò che Badoglio meditava di offrire a Galbiati un altro incarico e che lo pregava, nel frattempo, di rimanere al comando della Milizia. Galbiati rispose di non poter accettare *"per evidenti ragioni di principio e di dignità"* ed espresse il desiderio di seguire le sorti del Duce. I due ufficiali a tal punto convennero di predisporre e far diffondere un ordine del giorno che ufficializzasse il cambio della guardia al vertice della quarta forza armata dello Stato, che riconoscesse il passato glorioso della Milizia e faccia cessare l'ostilità popolare contro le Camicie Nere, che avrebbero indossato la camicia grigioverde, sostituito i fascetti con le stellette ed abolito il saluto romano. Nel pomeriggio in tutte le strade di Roma e d'Italia fu affisso il seguente manifesto:

La Milizia fa parte integrante delle Forze Armate della nazione e con esse collabora, come sempre in piena comunità di opere e di interessi, per la difesa della Patria.

Due giorni dopo Galbiati venne posto agli arresti domiciliari.

Nelle sue memorie, pubblicate nel 1946, Badoglio racconta che molti, nella Casa Reale, nelle Forze armate e tra i vari "congiurati" del 25 luglio, ritenevano che il buon esito del colpo di stato sarebbe dipeso dall'intervento, o meglio dal non intervento, della Milizia fascista.

Nella sola capitale, oltre a numerosi reparti delle Milizie speciali, erano presenti una legione di camicie nere e tre battaglioni "M". A Ostia, sul litorale laziale, era in attività la Scuola allievi ufficiali "M" ed a pochi chilometri da Roma, a Campagnano, era acquartierata la Divisione corazzata "M".

Il reparto che più preoccupava Badoglio era per l'appunto la Divisione Corazzata "M". Il 25 luglio la Div. Corazzata "M" era al completo nella zona di Bracciano, in attesa di venir trasferita contro gli Alleati in Sud Italia. Il mattino del 10 la Divisione aveva effettuato una manovra a fuoco che aveva lasciato stupefatti per potenza e coordinazione tutti i presenti tedeschi compresi. In Italia non si era mai vista una simile operazione e da quel momento la M diventava un problema per qualsiasi congiurato.

Il Capo di S.M. divisionale, preoccupato dallo strano contegno delle truppe dell'*Ariete*, che si erano avvicinate minacciosamente a Bracciano occupando la Cassia, pensò fosse opportuno avvertire dei fatti Galbiati, spedendo a Roma un ufficiale del comando. Quest'ufficiale riuscì a parlare con Galbiati solo la mattina del 25, al termine della seduta del Gran Consiglio.

Non ci furono prese di posizione fino a sera quando venne arrestato Mussolini e sostituito ufficialmente da Badoglio che dichiarava *"la guerra continua"*.

Lusana sostituito da Calvi di Bergolo, genero del Re, diede corso a un trasferimento ma solo fino a Tivoli. Il movimento fu iniziato all'alba nell'ordine più perfetto ma con i reparti che cantavano e a Roma si credette ad una nuova "marcia" e si creò il panico nello Stato Maggiore. Fu un susseguirsi di generali, pallidi per l'emozione che giungevano al Comando Divisione chiedendo angosciati se fosse in atto una ribellione. Furono rassicurati ma il timore di un pericolo rimase e fece decidere allo S.M. una variante al percorso delle colonne, deviandole per Castel Giubileo, giacché sembrava rischioso far traversare Roma dalle Camicie Nere, soprattutto dal Gruppo dei carri armati. Si arrivò così all'8 settembre e la Divisione seguì la sorte delle altre FF.AA. nazionali sciogliendosi per mancanza di ordini. Il 16 settembre 1943 il Comando tedesco chiese la restituzione dei carri armati per fronteggiare le perdite sul fronte di sbarco di Salerno. Il 21 settembre 1943 ufficiali e legionari alla Caserma "*Mussolini*" di Roma decisero la ricostituzione del *Leonessa* come Gruppo Corazzato[148].

Nel frattempo, venne firmato il cosiddetto Armistizio, in realtà resa incondizionata (3 settembre, ma entrato in vigore l'otto) e la situazione precipitò. Se alcuni reparti, come in Balcania ed in Grecia, si affiancarono subito ai tedeschi, altri a Roma, in Corsica ed a Bari si scontrarono con e truppe germaniche, a volte costringendole a ripiegare, come a Bari ed a Bastia.

Ma fu una breve resistenza: il 12 Mussolini venne liberato, e dalla Germania annunciò via radio la nascita della Repubblica Sociale Italiana.

Il 1 ottobre 1943, rientrato in Italia dalla Germania, Mussolini ricevette Galbiati alla Rocca delle Caminate. Galbiati, a sua volta, colse l'occasione per presentare al Duce una particolareggiata relazione sul comportamento che la sera del 25 luglio aveva ritenuto di dover assumere e che riassume in cinque punti fondamentali:

---

148 Romeo di Colloredo, *I Pretoriani di Mussolini*, Rona 2009 pp. 90 segg.

Sussistenza di molti dubbi circa la veridicità delle dimissioni del Duce dato che egli, anteponendo l'interesse del paese al suo personale, poteva aver escogitato *"un mezzo per raggiungere un fine"*.
L'impossibilità di qualsiasi comunicazione telefonica e/o telegrafica con tutti i comandi periferici della Milizia.

- Forte presenza a Roma e dintorni di ben cinque divisioni del Regio Esercito, tra cui la divisione *d'élite Granatieri di Sardegna*, fedelissima a Casa Savoia. L'impossibilità di comunicare con la divisione corazzata M che, dislocata a 40 Km da Roma e sotto il comando operativo del Regio Esercito, era ancora in fase di addestramento e priva di un gran numero di CC.NN. in licenza data la prevista imminente partenza della grande unità per la zona di operazioni.

Le dichiarazioni del nuovo Capo del Governo, *la guerra continua* e *L'Italia tiene fede alla parola data*, unitamente alla presenza del nemico sul territorio nazionale, suggerirono di attendere gli eventi e di non provocare con *"delittuosa leggerezza"* una fratricida guerra civile. Galbiati, nelle sue memorie, ricorda che il Duce lesse la relazione con profonda attenzione e che approvò incondizionatamente il suo operato, commentando: *Non c'è che dire, avevano preparato il colpo di stato con abilità degna di un'opera d'arte*. Ma il comportamento della M.V.S.N. il venticinque luglio ebbe uno strascico processuale nel dopoguerra, che consentì di chiarire l'andamento delle cose. Sul finire dell'anno 1955, a seguito di ripetute accuse di *tradimento e codardia* pubblicate sulla stampa di estrema destra, Galbiati querelò, Vanni Teodorani, genero di Arnaldo Mussolini e direttore responsabile del settimanale neofascista *Asso di bastoni* per diffamazione a mezzo stampa. Il processo contro Teodorani si apre presso la II sezione del tribunale penale di Milano nel febbraio del 1956. Testimoniarono al processo numerosi generali ed ufficiali della M.V.S.N., alcuni dei quali deposero a difesa dell'operato di Galbiati, come i consoli generali Semadini, Conticelli, Bracci e Zecchin. Altri, come i consoli generali Montagna e Lusana, l'onorevole Battifoglia ed il seniore Taggi, a sostegno delle tesi del Teodorani. Il seniore Taggi, che comandava il campo "M" di Roma Trastevere, dichiara che la sera del 25 luglio era pronto ad intervenire con oltre 750 legionari "M" ma che arrivò dal generale Conticelli, sottocapo di stato maggiore della Milizia, l'ordine di arrendersi *perché si è già d'accordo con Badoglio*. Il generale Montagna, capo della polizia durante la RSI, a sua volta conferma che non era affatto vero che quella sera mancassero a Galbiati le forze per reagire perché, oltre ai 750 legionari del campo di Trastevere e a numerosi reparti delle Milizie speciali, in quelle ore nella capitale erano presenti una legione di camicie nere e tre battaglioni M.. A Fregene era in attività la scuola allievi ufficiali "M" e a Campagnano era acquartierata la divisione corazzata "M", indubbiamente la grande unità italiana meglio armata della Seconda Guerra Mondiale, formata da personale veterano ed equipaggiata con carri armati tedeschi *PZ IV e III* e *Stug III*.

Si trattava oltretutto di reparti fanaticamente fedeli al Regime, tanto che, dopo l'otto settembre, aderirono immediatamente alla R.S.I. Inoltre il XVI° btg M (Como) da poco rientrato dalla Slovenia e dislocato nei pressi di Roma, al comando del console Marabini si era già messo in marcia verso la città e venendo bloccato da un preciso ordine del comando generale. L'onorevole Battifoglia, capo del servizio disciplina del P.F.R., testimoniò che nell'inverno 1944/45 Galbiati richiese l'iscrizione al Partito Fascista Repubblicano e che Mussolini, di suo pugno, appose sulla domanda *Parere contrario. Ignorarlo*. Il generale Alessandro Lusana, che il 25 luglio 1943 comandava la divisione corazzata M e che già nel settembre del 1944 aveva scritto un memoriale indirizzato al Duce sul mancato intervento della divisione, dichiara infine che la divisione, sebbene ad organici ridotti, ancora in fase di addestramento e formalmente dipendente dal Regio Esercito, era in grado di manovrare in piena efficienza ed in attesa di un ordine di intervento da parte di Galbiati.

L'unico ordine che viceversa pervenne in quelle ore alla divisione "M" dal generale Galbiati fu quello di continuare tranquillamente a sviluppare l'addestramento. Dello stesso tenore furono anche le testimonianze di Albert Kesselring, che accusò Galbiati di una passività in contraddizione con il suo ruolo ed il suo compito, e del colonnello delle SS Eugen Dolmann che, convinto che Galbiati potesse intervenire con successo la sera del 25 luglio, testimoniò che più volte, dal settembre 1943 all'aprile del 1945, Mussolini ebbe a dirgli che Galbiati era *"Un uomo che aspetta ordini, che di sua iniziativa non è ha mai dato e che è preferibile che scompaia nell'ombra"*. Il processo si chiuse il 13 giugno 1956 con una sentenza che assolveva Vanni Teodorani relativamente alla ricostruzione storica dei fatti del 25 luglio 1943, in quanto:

E' assolutamente pacifico e notorio che il generale Galbiati, dopo aver parlato e votato a favore di Mussolini nella seduta notturna del Gran Consiglio del Fascismo, si astenne poi da ogni intervento di forza in suo favore, prendendo atto della decisione del re di sostituire il capo del governo e ad essa uniformandosi.

Il 25 luglio, alla caduta del regime, anche prima che il nuovo governo Badoglio pubblicasse il comunicato col quale la Milizia veniva riconosciuta totalmente parificata alle altre FF.AA. dello Stato, questa Milizia che molti volevano considerare fascista, offrì la più grande prova, oltre le tante già fornite sui campi da battaglia, di non essere truppa di parte, ma truppa che metteva l'amore e la dedizione alla Patria al di sopra ed al di fuori di qualsiasi altro sentimento, al di sopra di qualsiasi opinione politica: non un uomo si allontanò dai reparti in armi, non uno fece la minima resistenza all'ordine di sostituire al bavero dell'uniforme i fascetti con le stellette.

Quando si diffuse la notizia della caduta di Mussolini (e poi del suo arresto), tutti i comandi della Milizia, in Italia e nei territori occupati, rimasero in attesa di ordini dal Comando Generale di Roma. Molti responsabili locali domandarono e sollecitarono ripetutamente l'autorizzazione ad agire. Ma altre furono le disposizioni trasmesse, infine, dalla sede del Comando Generale situata nella grande caserma della Milizia in viale Romania.

In effetti, nella notte tra il 25 ed il 26 luglio – dopo che nella capitale avevano già avuto luogo alcuni occasionali episodi di reazione armata da parte di singole camicie nere e anche di plotoni in servizio d'ordine pubblico nei confronti dei più aggressivi tra i primi manifestanti, subito riversatisi nelle strade – il XVI Battaglione "M" di Como, da poco rientrato dalla Slovenia e dislocato nei pressi di Roma al comando del console Marabini, si mise in marcia per raggiungere la città, ma venne bloccato sia dalla presenza di unità del Regio Esercito sia da un sopravvenuto, preciso ordine emanato dal Capo di S.M. della Milizia stessa.

Mussolini, già Comandante Generale della Milizia venne sostituito con il generale dell'Esercito Quirino Armellini; il Capo di S.M., Generale Galbiati, dimissionario, fu sostituito dal generale Conticelli. Tutti i comandanti delle Milizie Speciali e delle specialità vennero sostituiti con generali dell'Esercito o dei Carabinieri; dopo il 25 luglio vennero destituiti mille tra ufficiali generali e ufficiali superiori, tutti gerarchi e ex-gerarchi, tra cui 18 luogotenenti generali, e con l'abolizione di alcune categorie furono eliminati ben 50 mila ufficiali 80 mila sottufficiali e 200 mila graduati e militi, oltre a 70 mila ufficiali del ruolo GIL: tutti i legionari seguitarono ad obbedire nella più salda disciplina.

Vale la pena, a dimostrazione di quanto vogliamo affermare, di riportare qui alcuni brani della circolare che, immediatamente dopo assunto il Comando, il Generale Armellini diramò ai comandi della Milizia.

Il primo atto col quale il nuovo capo del governo, Maresciallo Badoglio, ha additato alla Nazione la Milizia quale parte integrante delle FF.AA. dello Stato, ha implicitamente e nello stesso tempo riconosciuto la necessità della Milizia ai fini nazionali, i meriti che essa aveva conquistati, la necessità che tante nobili tradizioni non venissero disperse.

Io ho avuto - con l'onore di avere ai miei ordini numerose formazioni della Milizia - la fortuna di seguirla ed apprezzarla nelle sue funzioni, manifestazioni, opere militari». E più avanti, *«Al nemico che incalza dobbiamo opporre i nostri petti e le nostre armi strenuamente combattendo a fianco dell'alleato, dobbiamo soprattutto offrire lo spettacolo di un popolo unito e compatto, animato da un solo pensiero: la Patria, la nostra grande Patria immortale; di un popolo stretto intorno ad una sola persona: quella del Re Imperatore che esce oltre i limiti della caducità umana perché rappresenta la continuità della Patria per l'eternità...*

E ancora:

Chi mai, di fronte a tale tremenda visione, potrà pensare che l'Italia si possa dividere o permettere che possa dividersi per seguire diverse ideologie, per stare attaccati a nostalgie del passato? Non certo la Milizia che è nata con nel cuore l'Italia quando l'Italia era ancora una volta minacciata, che per l'ideale della Patria ha combattuto sulle piazze e sui campi di battaglia, morendo serenamente e purificandosi nella gloria del sacrificio»... E conclude: *«Ancora una volta ripeto: la Patria è in pericolo e richiede l'unione e la concordia di tutti gli italiani; in Italia non vi sono e non vi debbono essere che Italiani.*

I legionari dimostrarono oltre ogni limite di essere veramente italiani. Fino all'8 settembre i volontari delle Camicie Nere seguitarono a fare il loro dovere ed a morire per la difesa della Patria, in combattimento. però degnamente e gloriosamente, nella buona e nell'avversa fortuna, con le altre FF.AA. Italiane.

All'atto dell'armistizio restarono fedeli alla monarchia i reparti della Sardegna (30° Raggruppamento CC.NN.) e della Corsica (due battaglioni «M» da sbarco combatterono anche valorosamente contro i tedeschi fino al 4 ottobre 1943), mentre si sbandarono quelli di Roma, tranne i battaglioni "M" LXIII *Udine* e XVI *Como*, che unitamente alla Scuola AUC "M" (trasferita a Ostia), formarono la 1a Legione *Tagliamento*, la quale restò al fianco dei vecchi alleati tedeschi. Dal 14 settembre al 23 novembre 1943 operò nel Lazio e negli Abruzzi, e fu poi trasferita nel Veneto dove fu sciolta e ricostituita.

Il gruppo carri *Leonessa*, un battaglione controcarri, 6 battaglioni CC.NN. (tra cui due battaglioni «M» e due ciclisti), altri due di formazione (*granatieri* e *paracadutisti*) e alcune compagnie autonome contraeree e costiere prestarono servizio a fianco della Wehrmacht in Italia, e solo nell'agosto 1944 transitarono nella GNR, dove formarono la Divisione controcarri e contraerea *Etna*.

Rimasero a combattere al fianco dei tedeschi quasi tutti i reparti della Milizia di stanza a Tolone, nei Balcani, a Creta e in Egeo. Vi rimasero inquadrati, al servizio della *Wehrmacht*, 6 legioni d'assalto (tra cui quella dell'Egeo: 12 battaglioni, più uno mitraglieri, e un gruppo d'artiglieria), e 10 battaglioni autonomi CC.NN. (tra cui due «M»). Inoltre con 15 mila volontari italiani in buona parte provenienti dalla Milizia i tedeschi cominciarono la costituzione a Münzingen, nel settembre, di quella che sarebbe divenuta la 29a divisione delle Waffen SS.

Quanto ai reparti rimasti nel territorio del regno, il RDL 6 dicembre 1943 n. 16-B dispose lo scioglimento della MVSN, ma il RDL 2 marzo 1944 n. 81 incluse la Milizia Artiglieria Marittima (MILMART) nella Regia Marina, col nome di Corpo Reale Artiglieria Marina (CRAM). Il RDL 29 maggio 1944 n. 139 lasciò in vita le Milizie Stradale e Portuaria, poi trasferite alla polizia[149].

Durante la sua breve vita, la Milizia ha dato alla Patria 14.142. Camicie Nere cadute oltre a circa centomila tra feriti e mutilati.

Ricompense ai Reparti:
20 Ordini Militari di Savoia (ora d'Italia) ai Labari di tutte le Legioni operanti in A.O. nella guerra del 1935-1936.

37 ricompense al Valor Militare a Labari di Legioni CC.NN.

Ricompense al V.M. ai singoli:

20 Ordini Militari di Savoia

90 medaglie d'oro al V.M.

1.232 medaglie d'argento al V.M.

2.421 medaglie di bronzo al V.M.

3.658 croci di guerra al V.M.

---

[149] Ilari, Sema 1984 pp. 333 segg.

14. LE SPECIALITA' DELLA MILIZIA

La Milizia Coloniale.

A fianco delle Milizie speciali e delle legioni territoriali, vennero create già nel 1923 delle legioni destinate a combattere in Libia, che divennero poi le legioni *Oea* e *Misurata* della Milizia Coloniale.
Nel settembre 1923 - al momento degli incidenti italo-greci e dell'occupazione di Corfù - non ritenendosi opportuno inviare in Tripolitania reparti dell'esercito regolare, mentre occorreva procedere contro le tribù ribelli della Cirenaica, furono costituiti in via provvisoria reparti di Milizia coloniale per presidiare località costiere e interne di quella colonia. Al termine della ferma assunta dai militi, e in considerazione della loro buona prova anche in combattimento, furono costituite (maggio 1924) due legioni libiche permanenti alle dipendenze del governatore della Libia, *Oea* e *Misurata*. Per gli ufficiali delle legioni libiche venne tassativamente prescritto ch'essi assumessero il grado corrispondente a quello rivestito nell'esercito; il servizio da essi prestato nelle legioni libiche fu equiparato, a tutti gli effetti, a quello prestato nel Regio Esercito. I militi coloniali furono impiegati con ottimo rendimento anche in lavori di fortificazione e stradali.
Nel settembre del 1923 il Governo decise di inviare in Colonia tre Legioni scelte in diverse regioni italiane, ugualmente prodighe alla Patria di valorosi combattenti: la 176ª *Cacciatori Guide di Sardegna* (Cagliari), la 171ª *Vespri* (Palermo) e la 132ª *Monte Velino* (Avezzano). Esse non avevano nessuna preparazione particolare per la vita coloniale, ma assolsero tuttavia completamente il compito loro assegnato. Dopo tale felice esperimento furono istituite il 1° maggio 1924 due Legioni Libiche Permanenti, ed assegnate rispettivamente: la prima in Tripolitania (sede Tripoli) e la seconda in Cirenaica (sede Bengasi).
Le due Legioni, ordinate come unità di fanteria, erano alle dipendenze disciplinari, amministrative e di impiego del Governatore e del Comando Truppe delle rispettive Colonie.
Al personale di dette Legioni (Ufficiali e truppa) vennero estese le provvidenze che in materia di assegni, premi, rafferme, licenze e pensioni, vigevano per le truppe del R. Esercito nelle Colonie; nei riguardi disciplinari, penali e di servizio, si applicavano pure le disposizioni regolamentari del R. Esercito.
Il servizio prestato nelle Legioni Libiche venne quindi equiparato, a tutti gli effetti, al servizio militare.
Il reclutamento degli Ufficiali era volontario e nazionale e veniva fatto dal Comando Generale tra gli iscritti alla Milizia; essi sono scelti fra gli Ufficiali in A.R.Q. e di complemento del R. Esercito, e dovevano rivestire nelle Legioni Libiche il grado corrispondente a quello rivestito nel R. Esercito.
Il reclutamento del personale sottufficiali e truppa era anch'esso volontario e nazionale, limitatamente agli iscritti alla Milizia che avessero presentato i requisiti richiesti per gli appartenenti ai RR. Corpi Truppe Coloniali della Libia.
Le modalità per il richiamo, l'assegnazione e le rafferme degli Ufficiali e truppa delle Legioni Libiche venivano stabilite d'accordo tra il Ministero delle Colonie, il Ministero della Guerra ed il Comando Generale della Milizia presso cui era in funzione uno speciale Ufficio.
Nelle Colonie esistevano pure reparti di Milizia Ordinaria (cioè non in servizio permanente). Questi reparti, chiamati territoriali, erano negli anni venti e primi anni trenta la Coorte *Tripolina* a Tripoli, la Coorte *Cirenaica* a Bengasi, la Coorte *Somala* a Mogadiscio e la Coorte *Eritrea* ad Asmara.
Riassumendo, gli ordinamenti della Milizia Coloniale (o Milizia Libica), anche in funzione dei cambiamenti che si sono verificati nel tempo, sono i seguenti:

1923-1924
176ª Legione "*Cacciatori Guide di Sardegna*" con sede a Cagliari e composta da 51 Ufficiali e 1067 Camicie Nere
171ª Legione *Vespri* con sede a Palermo e composta da 35 Ufficiali e 679 Camicie Nere
132ª Legione *Monte Velino* con sede ad Avezzano e composta da 52 ufficiali e 977 Camicie Nere

1924-1934

Le due Legioni permanenti della Milizia Coloniale furono create con i reparti che nel 1923-1924 parteciparono alla guerra in Libia. Esse erano:
1ª Legione "*Oea*" dislocata in Tripolitania
2ª Legione "*Berenice*" dislocata in Cirenaica
composte ciascuna di 2 Coorti.

Al termine della riconquista della Cirenaica, furono create anche delle Coorti territoriali di Milizia Ordinaria per la Libia, per i territori dell'AOI e per i possedimenti in Egeo (solo a livello di centuria):

La Coorte *Tripolina* a Tripoli
La Coorte *Cirenaica* a Bengasi
La Coorte *Somala* a Mogadiscio
La Coorte *Eritrea* ad Asmara
La Centuria *Egea* a Rodi.

Il 1° maggio 1935 la Milizia Coloniale venne riorganizzata. Fu infatti formato il Gruppo di Legioni MVSN della Libia composto da:
1 Comando di gruppo e 4 Legioni:

Comandi di Legione	Sede	Btg mobilitati nel 1940
1ª Legione per la Libia	Tripoli	I (1940-1941)
2ª Legione per la Libia	Misurata	II (1940-1941)
3ª Legione per la Libia	Bengasi	III (1940-1941)
4ª Legione per la Libia	Derna	IV (1940-1941)

completavano l'organico
1 distaccamento delle Milizia Controaerea e da Costa
1 Deposito.

Alla fine della campagna d'A.O.I. la Milizia costituì delle Legioni permanenti nell'Impero organizzate in **due Gruppi di Legioni CC.NN.**

1° Gruppo Legioni CC.NN. con sede a Addis Abeba

Comandi di Legione	Sede	Btg mobilitati nel 1940
1ª Legione "*Arnaldo Mussolini*"	Addis Abeba	I, II, III, IV, V, XI, XII
4ª Legione "*Filippo Corridoni*"	Harrar	CLXIV, CLXVI, DII, DIV
5ª Legione "*Luigi Razza*"	Mogadiscio	DV, DVI, DLXXXV, DCXXXI
6ª Legione "*Luigi Valcarenghi*"	Gimma	DCCXXXI, DCCXLV

2° Gruppo di Legioni CC.NN. con sede a Asmara

Comandi di Legione	Sede	Btg mobilitati nel 1940
2ª Legione "*Ivo Oliveti*"	Asmara	XIII, XIV, XVI, CXVI
3ª Legione "*Reginaldo Giuliani*"	Gondar	CXXXI, CXLI, CXLVI, CLI
7ª Legione "*F. Battisti*"	Dessiè	?

L'ordinamento della Milizia Coloniale, dal 1936 al 1941 rimase inalterato rispetto al periodo precedente. Infatti si presentava nel modo seguente:

1 Gruppo di Legioni CC.NN. di Libia
2 Gruppi di Legioni CC.NN. dell'A.O.I.

Gruppo di Legioni MVSN della Libia:
1 Comando di gruppo
1ª Legione con sede a Tripoli
2ª Legione con sede a Misurata
3ª Legione con sede a Bengasi
4ª Legione con sede a Derna
1 distaccamento della Milizia Contraerea e da Costa
1 Deposito.

1° Gruppo Legioni CC.NN. dell'A.O.I.
1ª Legione con sede a Addis Abeba
4ª Legione con sede a Harrar
5ª Legione con sede a Mogadiscio
6ª Legione con sede a Gimma

2° Gruppo Legioni CC.NN. dell'A.O.I.
2ª Legione con sede a Asmara
3ª Legione con sede a Gondar
7ª Legione con sede a Dessiè

Alle Legioni combattenti si devono aggiungere anche 6 Legioni di lavoratori che vennero però rimpatriate nel 1938.

Le Milizie speciali.

A fianco della Milizia s erano presenti le seguenti Milizie speciali:

La **Milizia Ferroviaria** - con compiti di vigilanza sul demanio ferroviario (ist. nel giugno 1923 dopo la Marcia su Roma). Il personale era tratto dai funzionari ed agenti dell'amministrazione delle Ferrovie dello Stato, regolarmente iscritti al Partito Nazionale Fascista e al Sindacato Ferrovieri Fascisti. Il servizio era volontario, ma retribuito ed alla fine del quale si ritornava alle normali mansioni. Erano addetti alla prevenzione e repressione degli abusi nei trasporti delle persone e delle cose; alla sorveglianza al personale; alla perlustrazioni alle linee; al servizio di guardia agli scali merci e nei parchi di materiale mobile; alla scorta ai treni in sostituzione dei Regi Carabinieri; alla polizia politica solo nell'ambito ferroviario.

Armati di moschetto e di pistola, portavano il cappello alpino, gambali neri e la bandoliera di cuoio, su entrambe le maniche della giubba la ruota alata, d'argento per i militi e i capisquadra, d'oro per gli ufficiali. Sui polsi, solamente per i militi, gli alamari neri quale distintivo di agente di polizia giudiziaria. La Milizia Ferroviaria era composta di quattordici legioni, corrispondenti ai tredici compartimenti ed alla Delegazione Sarda delle Ferrovie dello Stato. I comandi di coorte erano quarantatré, i comandi di stazione centoventuno ed i posti fissi centotrentaquattro. In totale si raggiunse nel 1928 oltre i ventitremila.

I Legione Ferroviaria *Ferrea* Torino;
II Legione Ferroviaria Milano;
III Legione Ferroviaria *Emanuele Ferro* Genova;
IV - Legione Ferroviaria *La sentinella* Verona;
V Legione Ferroviaria *Ugo del Fiume* Trieste;
VI Legione Ferroviaria *Luigi Platania* Bologna;
VII Legione Ferroviaria Firenze;
VIII Legione Ferroviaria Ancona;
IX Legione Ferroviaria Roma;
X Legione Ferroviaria *Giuseppe Cirillo* Napoli;
XI Legione Ferroviaria *Enrico Toti* Bari;
XII Legione Ferroviaria Reggio Calabria;
XIII Legione Ferroviaria *Trinacria* Palermo;
XIV Legione Ferroviaria *Guido Callu* Cagliari.

La **Milizia Forestale** - per la tutela del patrimonio boschivo (istituita nel 1926), con compiti di difesa ed incremento del patrimonio boschivo nazionale; di gestione razionale dei beni silvo-pastorali dei comuni e degli altri Enti fra i quali l'ente autonomo Azienda Foreste Demaniali; di maggior progresso dell'economia montana in generale, sorveglianza della caccia, della pesca, custodia dei regi tratturi e delle trazzere101; di concorso nella tutela dell'ordine pubblico, sempre però nell'ambito forestale. I militi inizialmente provenivano dall'ex Corpo Reale delle Foreste e poi gli ufficiali furono reclutati fra i laureati in scienze agrarie o in ingegneria. I sottufficiali e i militi fra coloro che avevano rispettivamente frequentato con buon esito le scuole allievi sottufficiali e allievi militi. Gli ufficiali erano armati di pistola o rivoltella e nella facoltà dell'ufficiale di usare l'arma automatica o a rotazione. I marescialli, armati di pistola a rotazione modello 89 *Bodeo*. I brigadieri, militi ed allievi armati di moschetto per armi a cavallo e di pistola a rotazione sempre modello 89.

La Milizia forestale era costituita da un comando gruppo Legioni dal quale dipendevano direttamente i comandi delle Legioni da una Coorte Autonoma con sede a Cagliari, da un deposito e da due scuole. (sottufficiali e militi).

La Milizia Portuaria con compiti di vigilanza sul demanio portuale e marittimo.

La Milizia Postelegrafica con compiti di servizio postale e polizia amministrativa.

La Milizia Stradale con compiti di polizia stradale. Inoltre, in seno alla Milizia ordinaria erano altresì presenti:
• Milizia Coloniale.
• Milizia Confinaria - compiti di polizia di frontiera in concorso con i RR. Carabinieri e la Guardia di Finanza.
• Milizia Artiglieria Contraerea. •
  Milizia Artiglieria Marittima.
• Milizia ruolo sanitario.

La milizia aveva un proprio corpo di ufficiali medici, che prestavano servizio gratuito a vantaggio delle camicie nere e delle loro famiglie. A titolo di compenso, questi ufficiali medici avevano diritto alla precedenza per occupare quei posti per i quali non sia prescritto regolare concorso. Accanto agli ufficiali medici, vi erano ufficiali chimici-farmacisti, reclutati analogamente. Come organi per il funzionamento del servizio, vi è era una *sezione leggiera di sanità* presso ciascun comando di gruppo di legioni; essa provvedeva al collegamento dei servizi sanitari dei reparti, al trasporto degli infermi ai luoghi di cura, al rifornimento dei materiali sanitari. Presso ogni legione era organizzata una squadra di soccorso per pubbliche calamità.
• Assistenza spirituale della Milizia - ruolo Cappellani.

La **Milizia Universitaria** (ist. nel 1925), nel settembre del 1931 ebbe un proprio ordinamento, su cinque Legioni. Nelle altre città sede di università i reparti ivi esistenti erano considerati autonomi, conservando la formazione su Coorte o Centurie secondo la loro entità. Reparti speciali in ogni sede di Comando Legione ordinaria non sede di Università, inquadrano gli studenti di scuole medie superiori che hanno compiuto il diciottesimo anno di età iscritti al Partito Nazionale Fascista o ai Fasci Giovanili. Legioni, Coorti e Centurie dipendono dai Comandi di gruppo della M.V.S.N. del territorio. Il loro distintivo era un'aquila ad ali spiegate su libro e moschetto, ed il loro motto era: *Libro e moschetto, fascista perfetto*

Attilio Teruzzi scrisse, a proposito degli scopi della Milizia Universitaria e della sua organizzazione:

La Milizia Universitaria può essere considerata come l'aristocrazia spirituale delle Camicie Nere, perché essa dovrà dare al paese le nuove classi dirigenti. Ma il costituire la parte eletta della Milizia non dà ai militi universitari speciali diritti, poiché essi sono uniti in una sola armata dalla stessa divisa, dalla stessa passione ai camerati di altre condizioni sociali. Le loro formazioni sono perciò determinate dalla opportunità di inquadrare una massa che, per ovvie ragioni psicologiche, deve essere trattata con speciale tatto e addestrata in particolari istruzioni. I goliardi della nuova Italia traggono ancora l'incitamento dalle gloriose schiere di Curtatone e Montanara e da quelle dei Martiri giovinetti che uscirono dagli Atenei, per immolarsi sui patiboli o per cadere nelle trincee. Lo studente universitario - dacché è passata la grande ventata purificatrice del fascismo, a spazzar via i detriti del passato - è un legionario fedele, un milite disciplinato, che si perfeziona in silenzio negli studi e nelle armi. L'organico della Milizia Universitaria, secondo il nuovo assetto, è il seguente:

    1 Ispettore Generale dei Reparti Universitari, presso il comando Generale
    5 Legioni
    11 Coorti autonome
    10 Centurie autonome.

Tutti i reparti risiedono in città sedi universitarie.
Gli ufficiali sono scelti di massima tra gli studenti universitari che abbiano già ricoperto il grado di ufficiale nel

R. Esercito.

Le camicie Nere sono tutti studenti universitari. Secondo le facoltà cui sono iscritti, i gregari vengono raggruppati in distinti reparti, il che conferisce particolari caratteristiche al loro inquadramento. I reparti svolgono del resto gli stessi compiti assegnati alla Milizia Ordinaria. Per accordi intervenuti tra il Ministero della Guerra, il Ministero dell'Educazione Nazionale ed il Comando Generale, sono state concesse speciali agevolazioni per l'adempimento degli obblighi militari agli studenti che, iscrivendosi ai Corsi Allievi Ufficiali della Milizia Universitaria, seguono, durante l'anno accademico, speciali istruzioni su materie militari di carattere generale, per poi addestrarsi, nelle vacanze estive, presso le regolari Scuole Allievi Ufficiali di complemento del R. Esercito. Queste istruzioni si svolgono in due anni consecutivi, in analogia a quanto è stabilito per l'istruzione premilitare in genere. Gli studenti che superano l'esame sono riconosciuti idonei al grado di Sottotenente, vengono investiti di tale grado e fanno il servizio di prima nomina presso i corpi[150].

LEGIONI DELLA MILIZIA UNIVERSITARIA

Comandi di Legione	Sede	Btg mobilitati
1 Legione *Principe di Piemonte*	Torino	VI Btg. CC.NN. mitraglieri *Curtatone e Montanara* (1935-1936).
2 Legione *Arnaldo Mussolini*	Milano	
3 Legione *Dante Alighieri*	Firenze	
4 Legione *Benito Mussolini*	Roma	
5 Legione *Guglielmo Marconi*	Bologna	
6 Legione *San Giorgio*	Genova	
7 Legione *Goffredo Mameli*	Napoli	Rgt. *Giovani Fascisti* (poi 8° Rgt. Bersaglieri d'Africa) (1940-1943).
8 Legione *Emilio Ingravalle*	Bari	
9 Legione *Michele Marrone*	Palermo	

Coorti autonome:

Cagliari	Catania	Camerino
Ferrara	Macerata	Messina
Padova	Perugia	Pisa
Sassari	Siena	Trieste
Urbino	Venezia	

A questi reparti vanno aggiunte due centurie autonome, a Tripoli, e, dal 1936, Addis Abeba.

---

150   A. Teruzzi, *La Milizia delle Camicie Nere e le sue specialità"*, Milano 1933, pagg. 65-67.

Sappi che il fascista, e in ispecie il Milite, non deve credere alla pace perpetua.

I giorni di prigione sono sempre meritati.

La Patria si serve anche facendo la sentinella ad un bidone di benzina.

Un compagno deve essere un fratello: I° perché vive con te; II° perché la pensa come te.

Il moschetto, le giberne, ecc. ti sono stati affidati non per sciuparli nell'ozio, ma per conservarli per la guerra.

Non dire mai: – Tanto paga il Governo! –, perché sei tu stesso che paghi, e il Governo è quello che tu hai voluto e per il quale indossi la divisa.

La disciplina è il sole degli Eserciti: senza di essa non si hanno soldati, ma confusione e disfatta.

Mussolini ha sempre ragione!

Il volontario non ha attenuanti quando disobbedisce!

Una cosa dev'esserti cara sopratutto, la vita del DUCE.

15. UNITA' COMBATTENTI DELLE MILIZIE SPECIALI

la Coorte della Milizia Forestale sul Fronte Somalo 1935- 1936.

Sin dall'inizio della pianificazione della campagna di Graziani in Somalia, date le notevolissime difficoltà che la savana spinosa e le macchie dell'Ogaden ponevano ai combattimenti ed agli spostamenti si ritenne opportuno l'utilizzo di personale addestrato a muoversi ed a sopravvivere in ambienti particolarmente difficili, e la scelta era ovviamente caduta sugli uomini della Forestale.

La Coorte della Milizia Forestale, alla cui testa era il Luogotenente generale Augusto Agostini, comandante della Specialità, aveva una buona dotazione di autocarri. Agostini aveva preferito un comando operativo di una singola coorte a quello dell'intera specialità e non aveva mancato di far pesare la propria personalità per ottenere un equipaggiamento al di sopra degli standard dell'epoca.

La Coorte della Forestale si era imbarcata a Napoli l'8 ottobre 1935, e ai primi di dicembre entrò in linea tra Dolo e Malga Rie dopo che i suoi automezzi erano stati traghettati oltre il Giuba.

Le informazioni giunte Graziani davano infatti come imminente l'attacco dell'esercito di Ras Destà, forse il miglior comandante etiopico, che aveva posto una cura speciale nell'addestramento e nell'armamento delle proprie truppe e che intendeva schiacciare le forze italiane, assai inferiori di numero, e di giungere a Mogadiscio; per affrontare la minaccia gli italiani iniziarono l'apprestamento di un campo difensivo, a scavare trincee ed a stendere reticolati.

Una centuria proseguì oltre il Daua Parma[151] per unirsi al 4° reggimento fanteria *Piemonte*, al XIV° battaglione mitraglieri arabo- somalo, a reparti di Dubat, all'artiglieria ed alle sezioni autoblindo e carri CV33 lanciafiamme.

Il comando del raggruppamento venne conferito al Luogotenente generale Agostini; il 28 dicembre, dopo aver visitato il settore Graziani si rese conto della possibilità di colpire le truppe di Destà mentre erano in crisi di trasferimento, ed a tal scopo ordinò ad Agostini di muovere con la Coorte forestale, i Dubat e sezioni di autoblindate su Sadei, dove erano segnalate le truppe del ras.

Come scrisse Giovanni Artieri,

Destà si mosse. Graziani gli mandò incontro la legione Agostini: erano milleduecentocinquanta contro trentamila; ma possedevano centro mitragliatrici e ottimi autocarri[152].

L'avanzata iniziò il 12 gennaio, e la Coorte, trasportata su cinquantasette autocarri (cosa insolita per l'esercito italiano!) passò il Daua Parma in piena a Malga Rie, dove imboccò una pista camionabile preparata da un gruppo di militi e Dubat che avevano passato il fiume nei giorni precedenti a tale scopo. In serata le CC.NN. forestali raggiunsero lo Uadi Iigon, dove sostarono per riprendere la marcia nottetempo per arrivare allo Uadi Boubou all'alba, e, in mattinata a Lebdei, dove erano le retroguardie di ras Destà, travolte dai militi che alle otto del mattino del 15 gennaio occuparono Sadei.

Il giorno dopo la colonna Agostini, con la Forestale in avanguardia incalzarono gli etiopi tentando anche di impadronirsi del bestiame che costituiva la principale fonte di sostentamento dei negussiti. Raggiunte e superate Callegia 1a e Callegia 2a, le Camicie Nere dovettero scendere dai camion, che non riuscivano ad avanzare nella fitta savana composta da cespugli spinosi, per inseguire gli abissini, che vennero agganciati e che subirono forti perdite, da parte dei militi, addestrati ad operare in zone impervie ed all'interno delle macchie. Venne catturato il sultano della tribù dei Dagodia, alleato degli etiopi. Vennero anche annientati nuclei di guerrieri abissini rimasti entro le linee italiane

L'avanzata era stata di 130 chilometri in una zona mai percorsa da europei, ed il 18 la colonna Agostini mosse su Marsa Ghersi.

---

151   Era stato Vittorio Bottego a dare il nome della propria città natale al fiume Daua da lui esplorato nel 1892- 1893, così come aveva ribattezzato Ganale Doria il fiume Ganale, in onore del presidente della Società Geografica Italiana. Vittorio Bottego, *Il Giuba esplorato*, Roma 1895.

152   Artieri 1978, p.484.

La Coorte partecipò anche alle successive operazioni su Neghelli.

Tra il 20 ed 23 gennaio la colonna, vinte le forti resistenze etiopiche con scontri all'arma bianca, con bombe a mano e pugnale[153], nel corso dei quali il vicebrigadiere Panfilo Di Gregorio si guadagnò la Medaglia d'Oro alla memoria, la prima della M.V.S.N. in Africa Orientale[154], raggiunse Malga Libai.

La Coorte creò anche un traghetto sul Daua Parma e terminò la strada camionabile attraverso la savana (6- 7 febbraio).

Verso la fine di marzo la Coorte forestale con una marcia di oltre un migliaio di chilometri raggiunse Uarder, dove si formò la nuova colonna Agostini, di cui facevano parte, oltre alle Camicie Nere, tremila Dubat, unità dei Regi Carabinieri e due batterie.

La colonna avanzò per circa trecento chilometri nel deserto dell'Ogaden sul percorso Gunu Gadu- Bullahe- Dagabur, dove come detto, Nasibù aveva creato un forte campo trincerato.

La colonna, con Dubat e Carabinieri, attaccò il 24 aprile, travolgendo le linee con l'aiuto fondamentale dei carri lanciafiamme che arsero vivi numerosi difensori nelle casematte, seminando il panico tra i superstiti.

Alla colonna si aggiunsero gli universitari del VI° battaglione CC.NN. *Curtatone e Montanara* della divisione *Tevere* e una sezione di autoblindo, e la colonna proseguì sconfiggendo gli etiopici a Sassanebeh ed occupando Dagabur la mattina del 30 aprile.

Il 6 maggio Agostini era a Giggiga, l'8 ad Harar, il 9 il *Curtatone e Montanara* era a Dire Daua, dove si incontrò con le stupitissime truppe giunte dal fronte nord, che credevano di trovare Dire Daua ancora in mano etiope.

Per il suo comportamento, il labaro della Coorte Forestale venne decorato di Medaglia d'Argento al Valor Militare, ed il Luogotenente generale Agostini venne decorato con l'Ordine Militare di Savoia, con la seguente motivazione:

Comandante di una colonna operante in uno dei settori più delicati ed importanti del fronte somalo che richiedeva particolari provvidenze logistiche, in oltre due mesi di operazioni, rivelava magnifiche qualità di comandante, di organizzatore e di combattente. Si inoltrava con le sue truppe in territorio nemico, attraverso notevoli difficoltà di terreno e di clima, aprendosi volta per volta la strada con i propri mezzi sosteneva vittoriosamente numerosi ed accaniti combattimenti, infliggendo all'avversario ingenti perdite di uomini e di materiali e contribuendo validamente al successo delle operazioni in tutto il settore. Fulgida e luminosa figura di capo e soldato.
Dolo- Daua Parma, 7 dicembre 1935- 12 febbraio 1936.
(R.D. n.182 del 15 ottobre 1936).

Le Milizie Speciali in Africa Orientale

Milizia Portuaria-
Un primo nucleo della Milizia Portuaria, composto da un ufficiale, un caposquadra e dodici militi, era arrivato a Massaua con lo scopo di regolare il traffico marittimo e di sorvegliare il movimento di persone e materiali sbarcati sulle banchine.

In seguito arrivarono in Africa Orientale altri nuclei destinati ai porti di Massaua e Mogadiscio, ed in un secondo momento, Assab. Complessivamente, durante il periodo bellico operarono due ufficiali, quattro sottufficiali e circa 120 Camicie Nere.

Milizia della Strada-
La Stradale inviò in Africa Orientale regolando il traffico sulle strade appena aperte, disciplinando le colonne in marcia sia per via ordinaria che autoportate, effettuando servizi di staffetta e di scorta armata. Personale della Milizia Stradale era presente in Eritrea dal marzo del 1935; alle operazioni presero parte quattro ufficiali, dieci sottufficiali ed una trentina di militi. A membri della MVSN della Strada vennero concesse sette Croci di Guerra al Valor Militare.

---

153   De Vecchi, Lucas 1976, p. 110.
154   La decorazione porta la data 20- 21 gennaio 1936; il solo 21 gennaio ben nove membri della M.V.S.N. ottennero la massima decorazione al Valore, tutti alla memoria.

Milizia Postelegrafonica-
La Milizia Postelegrafonica costituì con il proprio personale (70 ufficiali e 40 sottufficiali) gli uffici di Posta Militare delle varie divisioni della Milizia operanti in Africa, venendo coinvolta, come a Passo Uarieu, nei combattimenti.
A Passo Uarieu, nel Fortino dei Leoni, infatti, si trovava l'ufficio postale della *28 Ottobre*, ed anche il personale della Milizia Postelegrafonica partecipò alla difesa del passo.

Milizia Ferroviaria-
Oltre ai volontari destinati alle Unità combattenti della M.V.S.N. subito dopo la conclusione delle operazioni la Milizia Ferroviaria costituì, nell'agosto del 1936, la 15a Legione *Luigi Razza* per la sorveglianza e la difesa delle linee ferroviarie, spesso minacciate dai ribelli, e la scorta convogli.

Milizia Artiglieria Costiera e Difesa Contraerea-
Le due specialità fornirono ufficiali e Camicie Nere della Batterie someggiate, tutte su pezzi da 65/17, presenti in ogni Legione, per un totale di quindici, tutte dislocate sul fronte eritreo, cui vanno aggiunte le quattro dislocate in Marmarica con la 7a divisione CC.NN. *Cirene*.

La M.V.S.N. Stradale sul Fronte Orientale (1941- 1943)

Alla nascita dello C.S.I.R., che ra incentrato su un Corpo d'Armata autotrasportabile, con una presenza di veicoli molto alata per lo standard del Regio Esercito, venne istituita un'Intendenza ad organizzare e dirigere i vati servizi logistici, ed in essa erano presenti elementi destinati a dirigere il traffico, al collegamento tra le varie autocolonne al servizio scorta veicoli, alla ricognizione ed alla segnaletica stradale.
Tali compiti vennero affidato alla 6a Centuria della Milizia della Strada[155], addetta al VI° battaglione Movimento Stradale mobilitato dal 3° reggimento *Savoia Cavalleria* con personale proveniente da quell'Arma.
La Centuria, ovvero la compagnia, era strutturata su un comando, una squadra comando e tre manipoli[156] (plotoni) per un totale di 4 ufficiali, 7 sottufficiali e 98 militi, che avevano a disposizione 1 autovettura, 1 autocarro, 1 camioncino Fiat Dovunque e 91 motociclette Alce Guzzi.
La Centuria fu per ovvi motivi logistici tra i primi reparti a giungere in Ungheria per via ferroviaria il 13 luglio del 1941, entrando in servizio già il giorno successivo dirigendo il traffico delle truppe e dei mezzi diretti in Bessarabia, dov'era il punto di radunata dello C.S.I.R..
Ad agosto, sulla scia dell'avanzata di von Kleist, la Centuria raggiunse Balta, Bikowo ed Alexandra; dopo la battaglia di Petrikowka la Stradale seguì il percorso dell'avanzata delle truppe di Messe oltre il Bug, a Dnjepropetrowsk e nel bacino del Donetz, sino a Stalino e Gorlowka.
Nella fase autunnale ed in quella invernale i militi compirono il loro servizio su centinaia di chilometri di strade spesso rese impraticabili dal fango, la terribile rasputitza, dalla neve, collegando le basi e le città di retrovia con il fronte, regolando il traffico di autocarri, carriaggi, salmerie, ed anche slitte, utilizzate durante l'inverno. Alla Milizia spettava spesso iniziare e sorvegliare la ripulitura delle strade dalla neve, eseguita dalle corvées di civili, e insieme ai carabinieri, la scorta dei prigionieri.
La durezza dei compiti portò al rimpatrio di elementi fisicamente più deboli, che vennero man mano sostituiti così che in primavera la Centuria era di nuovo pienamente efficiente.
Con la nascita dell'ARM.I.R. venne inviato sul fronte anche il II Corpo d'Armata, che doveva radunarsi nella zona di Kharkov- silos di Merefa, in Ucraina, e quindi nella città ucraina venne distaccato un manipolo a disposizione di una nuova Delegazione d'Intendenza di Corpo d'Armata, perché prendesse conoscenza della rete stradale, i militi si spinsero, per quasi tremila chilometri, sino a Troppau (Slesia Orientale) per assumere il pilotaggio delle colonne motorizzate italiane che venivano scaricate in quella lontana testa di scarico, guidandole poi sino in Russia.

---

155   La MVSN della Strada è l'odierna Polizia Stradale.
156   A differenza dei reparti combatenti le Milizie speciali conservarono la vecchia nomenclatura romana risalente agli anni Venti.

Con il II Corpo d'Armata, con l'aumentare del traffico e dei veicoli, giunsero anche un nuovo battaglione Movimento Stradale (XXVI°) e l'6a Centuria della Milizia della Strada.
I compiti tra le due centurie vennero così divisi:
- 6a Centuria: itinerario Grischino- Stalino- Rykowo;
- 8a centuria: itinerario Stalino- Charzysk, con un manipolo assegnato al XXXV Corpo d'Armata (C.S.I.R.);
- pattuglie per il servizio di scorta, pilotaggio e collegamento a disposizione della Direzione Trasporti dell'Intendenza d'Armata;
- nucleo di scorta personale del Comandante d'Armata Gariboldi.

Con lo stabilizzarsi delle linee in vista della stasi invernale anche la Milizia Stradale assunse caratteristiche di stabilità: le due Centurie ebbero i comandi entrambe a Woroshilowgrad a disposizione della Direzione Trasporti, mentre i nuclei operativi erano dislocati presso le retrovie dei tre corpi d'Armata e presso ogni centro e deposito logistico.

Qui continuarono a svolgere i loro fondamentali compiti d'istituto, resi più ardi dalla presenza di nuclei di partigiani ma soprattutto dalla condizione delle strade, dal clima e dalla vastità dell'area coperta dai servizi.

Unità della Milizia Stradale effettuarono servizio scorta di convogli di reparti e materiali sino a Stalingrado, ed alcuni militi vi rimasero intrappolati quando i sovietici accerchiarono la città, combattendovi aggregati alle unità tedesche sino alla capitolazione di Paulus il 31 gennaio del 1943.

Al momento dell'inizio dell'offensiva sovietica del dicembre 1942 la dislocazione della MVSN Stradale era la seguente:
- Woroshilowgrad: 6a ed 8a Centuria, con i comandi ed i nuclei di riserva;
- Wesselaja Gora (ponte sul Donetz): 1 nucleo della 6a Centuria (capomanipolo T. Bellettini);
- Belowdosk: 1 nucleo della 6a Centuria (maresciallo Sorzia);
- Ostrogoshk: 1 nucleo della 6a Centuria (milite scelto A. Bravo);
- Rossosch: 1 nucleo della 6a Centuria (brigadiere G. D'Afflitto);
- Kamensk; 1 nucleo della 6a Centuria (vicebrigadiere Parenti);
- Rykowo: 1 nucleo della 6a Centuria (milite scelto F. Nunzi);
- Millerowo; 1 nucleo della 8a Centuria (brigadiere E. Bernini);
- Mikhajloalexandrowskji: 1 manipolo dell'8a Centuria (capomanipolo G. Baravelli);
- Kantemirowka: 1 manipolo dell'8a Centuria (capomanipolo M. Tacconi);
- Mitrofanowka: 1 manipolo dell'8a Centuria (capomanipolo F. Palmieri);
- Karkhov: 1 nucleo dell'8a Centuria (maresciallo F. Alessandrini)[157].

La Milizia della Strada si prodigò durante la ritirata per assistere le colonne in ritirata, oramai più frequentemente formate da uomini appiedati e demoralizzati, se non addirittura da sbandati italiani, tedeschi, rumeni ed ungheresi che defluivano verso le retrovie, che dai sempre più scarsi autoveicoli, dovendo affrontare anche attacchi di partigiani e di pattuglie sovietiche infiltrate.

Le cifre relative alla presenza della MVSN della Strada sul fronte russo sono molto eloquenti circa l'impegno profuso dai poco più di duecento militi:
- chilometri percorsi: 934.722
- autocolonne pilotate: 372
- ricognizioni stradali: 107
- ricognizioni ferroviarie: 10
- rilievi di polizia stradale e controllo: 5715
- scorte armate: 18.

Le perdite furono di quattro morti[158], un ferito in combattimento, quattordici feriti in servizio, sei dispersi (da considerare morti); vennero decorati al valore 71 militi e tre ufficiali

---

157   Lucas, De Vecchi 1976, p.558. le notizie di questo capitolo sono riprese dal lavoro dei due Consoli (op. cit. pp.555- 559).
158   Il brigadiere D'Afflitto e le CC.NN. Angelini, Messori e Sesenna.

▲ Camicie Nere sul fronte greco albanese, 1940

▶ Il gagliardetto del XLII btg CCNN in partenza per il fronte greco

▼ Camicie Nere del LXII battaglione con tute mimetiche sul fronte albanese, gennaio 1941

▲ Camicie Nere in combattimento sul fronte greco- albanese

◄ Una Camicia Nera lancia una granata, fronte greco- albanese, inverno 1940- 41

▼ Galbiati con le CCNN del suo Raggruppamento, Grecia 1941

▲ Camicie Nere a Samo, estate 1941

▼ Croazia 1942. Un Console Generale ed ufficiali superiori della MVSN con il col. Dutto e il s.ten. Diego Romeo della 2a Compagnia autonoma LiBli del genio Ferrovieri davanti ad una Littorina Blindata Fiat Ansaldo alla partenza di un convoglio scortato dalle Littorine per sbloccare un presidio delle Camicie Nere della 55a Legione assediate dai partigiani.

▲ La 97a Legione CCNN *Siena* in Jugoslavia, 1941

▼ Legionari M in parata, 1942

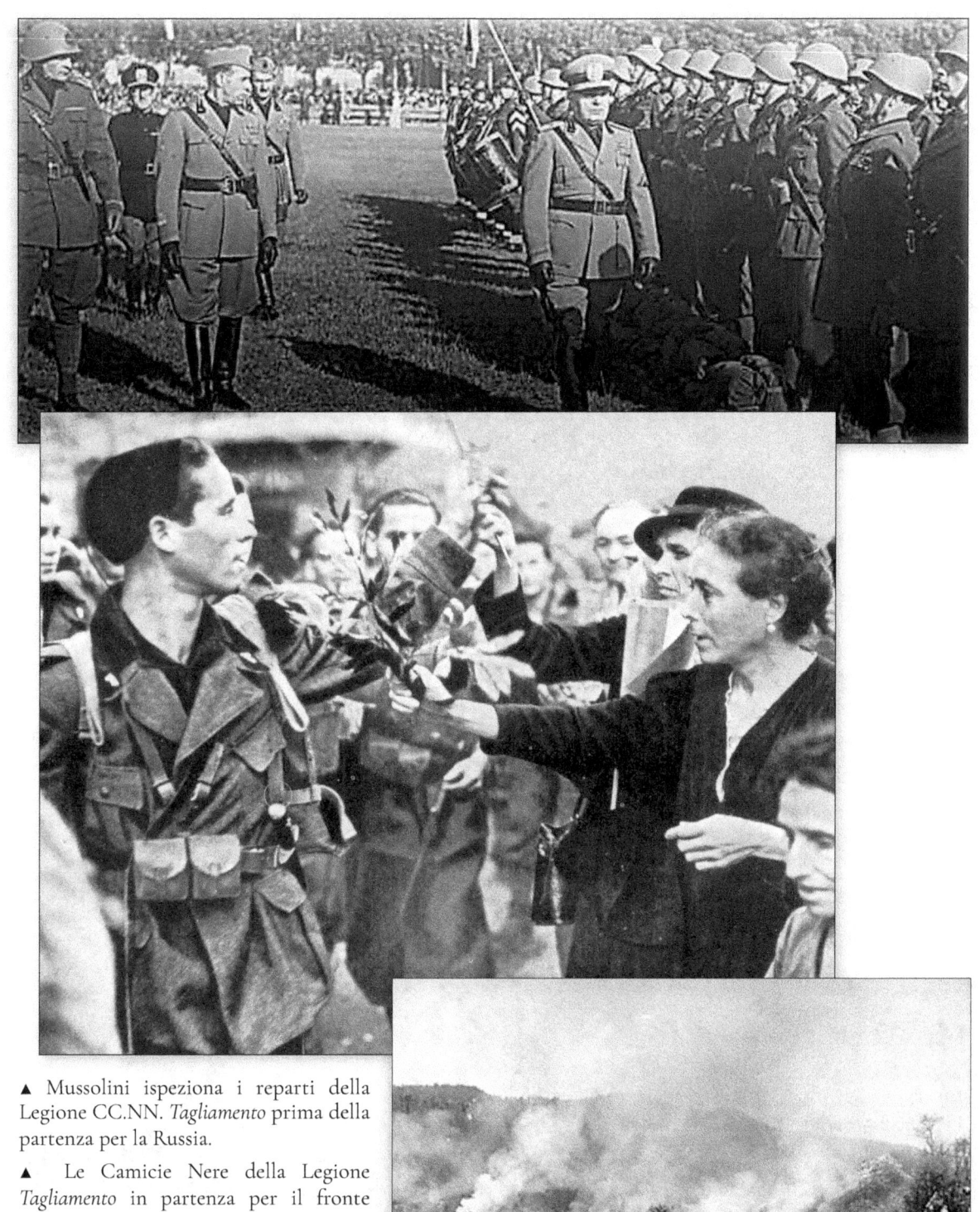

▲ Mussolini ispeziona i reparti della Legione CC.NN. *Tagliamento* prima della partenza per la Russia.

▲ Le Camicie Nere della Legione *Tagliamento* in partenza per il fronte russo, 1941.

▶ Un battaglione Squadristi in rastrellamento esce da un villaggio bruciato per rappresaglia. Croazia 8 giugno 1943

▶ Il generale Messe con le Camicie Nere della *Tagliamento* 1941

▲ Il Capo di Stato Maggiore della MVSN Galbiati con il Labaro della Legione *Tagliamento*, fronte russo 1942

▶ Legionari M in URSS, estate 1942

▲ Camicie Nere del Gruppo *Tagliamento*, fronte russo estate 1942

▼ Legionari del Gruppo *Tagliamento*, fronte russo estate 1942

▲ Il Capo di Stato maggiore dell'8a Armata, generale B. Malaguti, a colloquio con il Console Generale I. Vianini ed altri ufficiali superiori della Milizia sul fronte orientale.

◄ Il labaro della 63a Legione *Tagliamento*, decorato delle Medaglie d'Oro e d'Argento al Valor Militare

▶ Camicie Nere albanesi

▲ Milizia fascista albanese

◀ Un reparto della Milizia Fascista Albanese in parata, 1940

▶ Camicie Nere della Milizia Forestale Albanese

▲ La bandiera e la fiamma di combattimento della Legione Croata

▼ Legionari del Gruppo Tagliamento e Camicie Nere Croate, fronte russo 1942

▶ I battaglioni 'M' eseguono il 'Saluto al Duce' con i pugnali. Roma 1942

▲ I battaglioni M davanti al Tempio cd di Vesta a Roma, 1 ottobre 1942

▶ Il comandante della Legione Croata della MVSN, Egon Zitnik, 1942

▲ Roma 1 ottobre 1942. Mussolini decora le Camicie Nere dei battaglioni M del Gruppo Galbiati distintisi a Marizait e Valle Drino

▶ Camicie Nere del 2 Raggruppamento da Sbarco, creato per l'invasione di Malta e impiegato per l'occupazione della Costa Azzurra e della Corsica.

▲ Carristi della divisione corazzata 'M'

◄ Sturmgeschütz IV (StuG IV) della divisione M

▼ Panzer IV della divisione 'M' in esercitazione, 10 luglio 1943

▲ Semicingolato e pezzo da 88 della divisione corazzata 'M'

◄ Sturmgeschütz IV (StuG IV) della divisione M

▼ Stug IV della divisione M

MAPPE

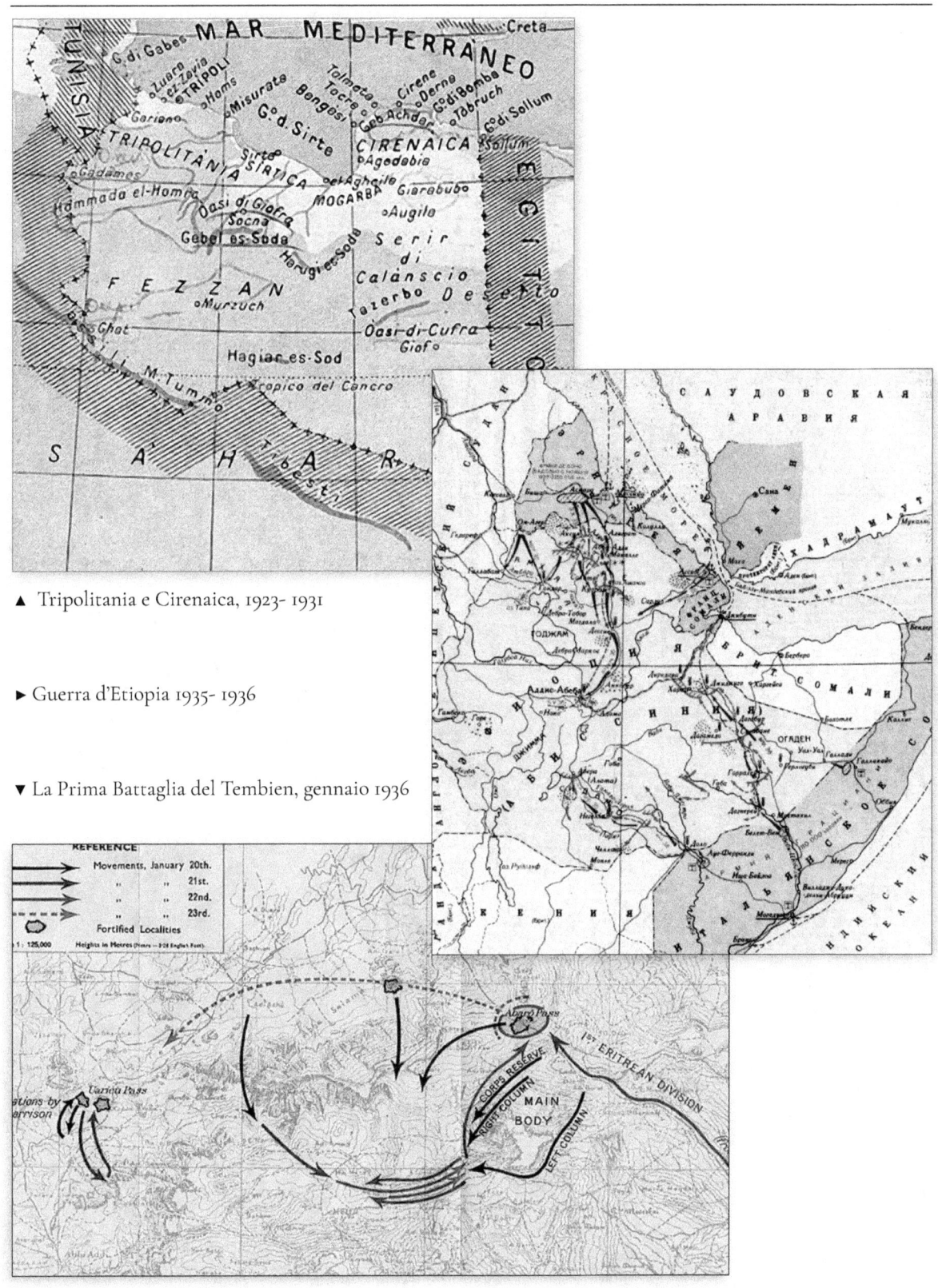

▲ Tripolitania e Cirenaica, 1923-1931

▶ Guerra d'Etiopia 1935-1936

▼ La Prima Battaglia del Tembien, gennaio 1936

▲ La guerra civile spagnola 1936-1939. Situazione iniziale e operazioni militari.

▼ Battaglia di Guadalajara. Prima fase, 8-11 marzo 1937

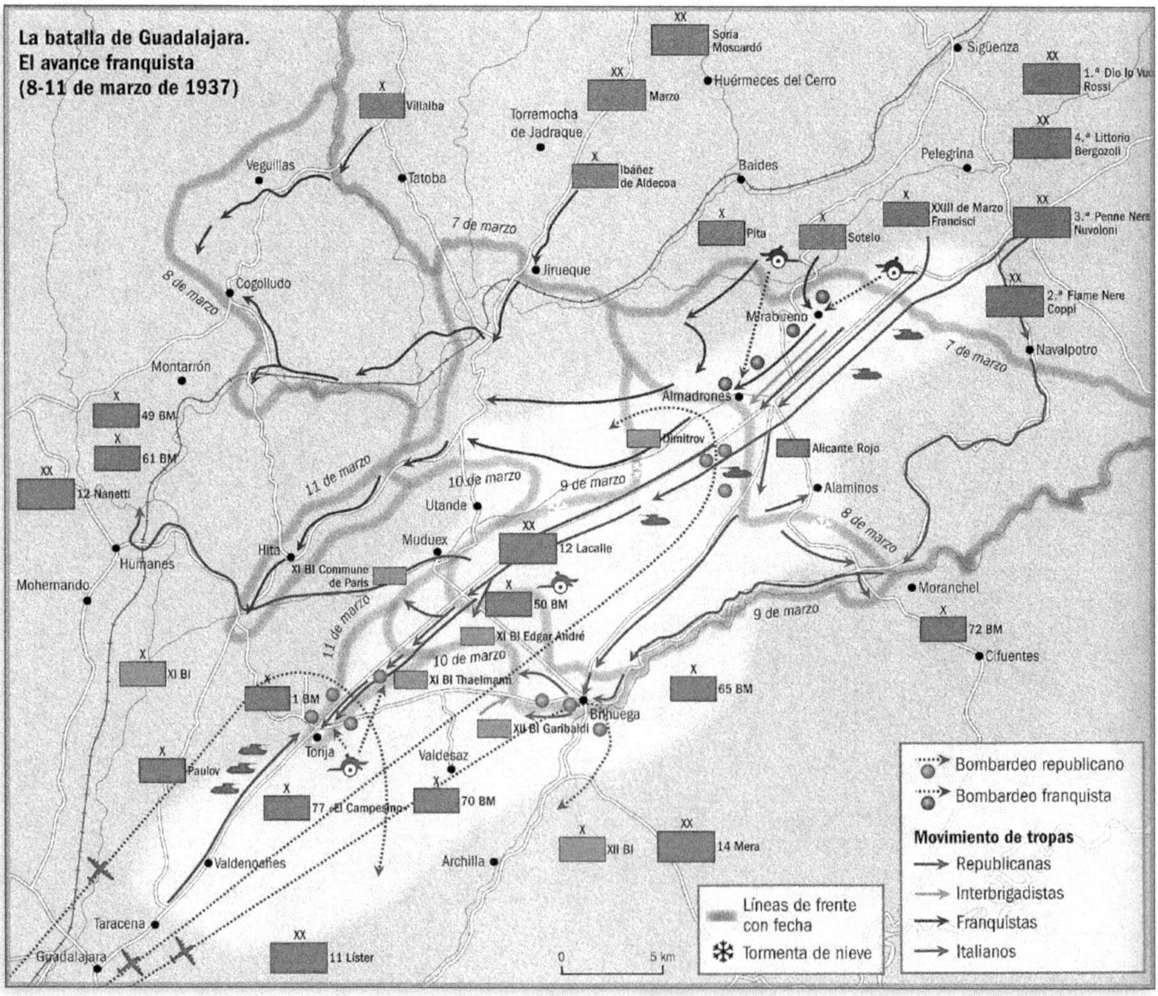

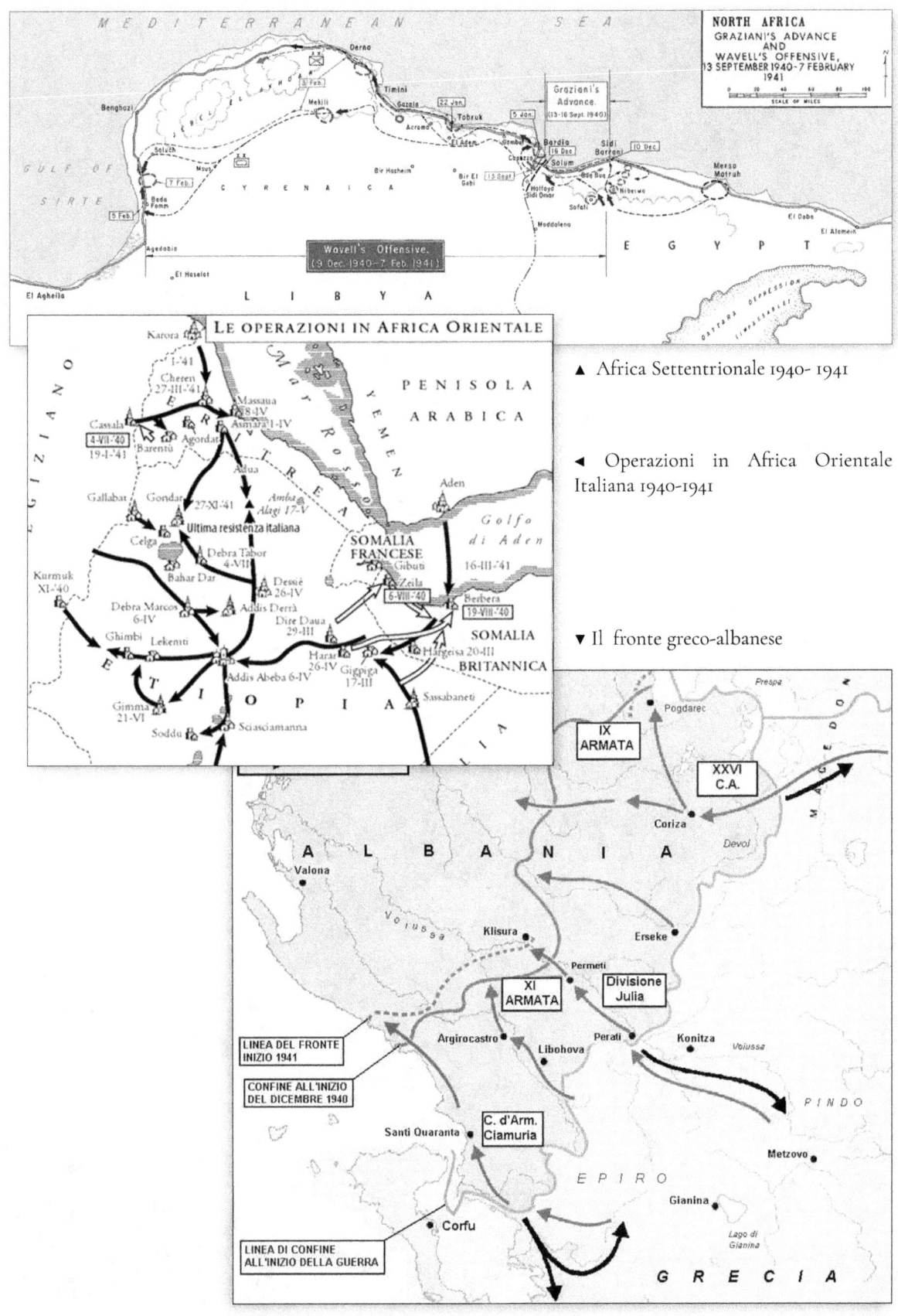

▲ Africa Settentrionale 1940-1941

◄ Operazioni in Africa Orientale Italiana 1940-1941

▼ Il fronte greco-albanese

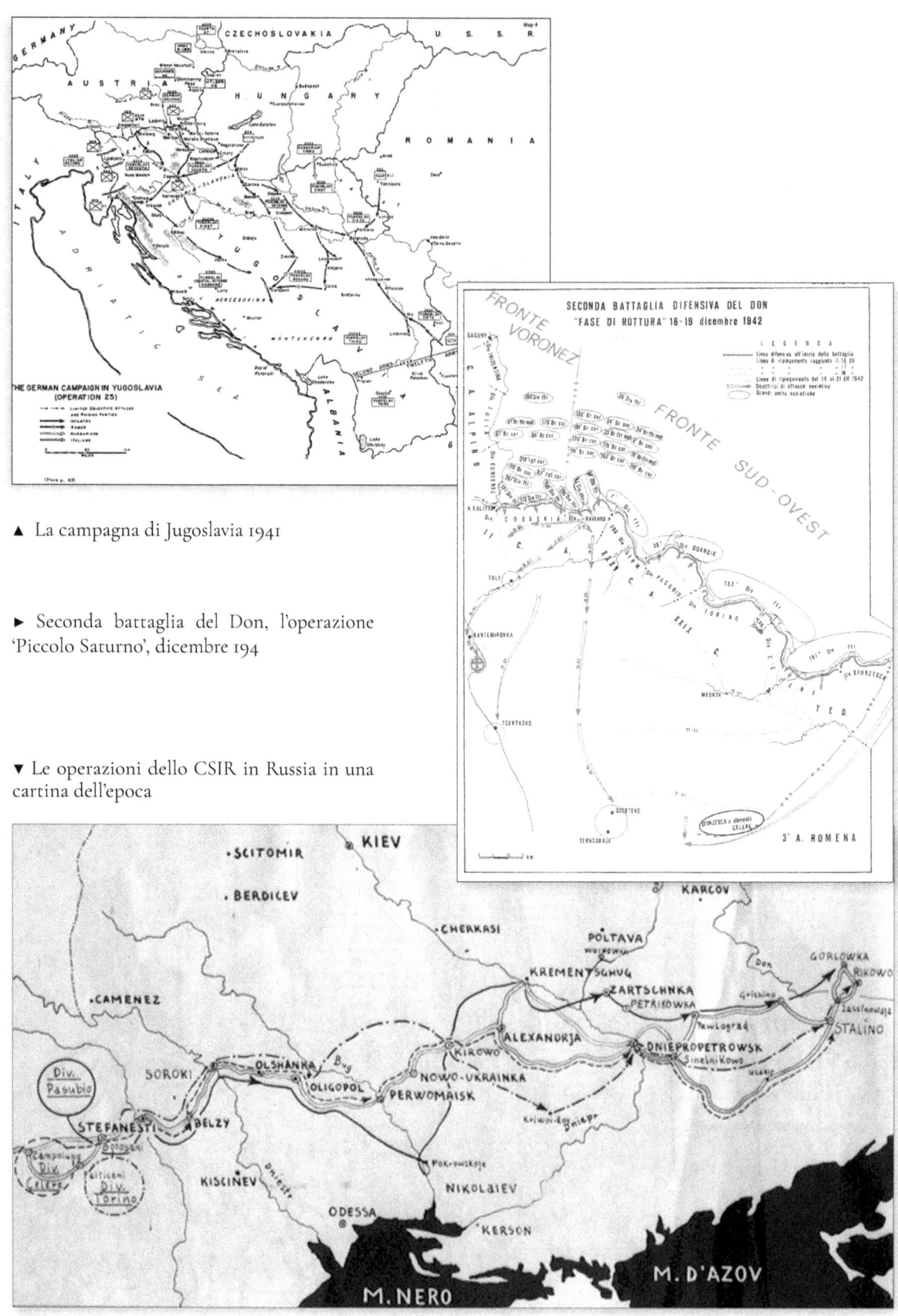

▲ La campagna di Jugoslavia 1941

► Seconda battaglia del Don, l'operazione 'Piccolo Saturno', dicembre 194

▼ Le operazioni dello CSIR in Russia in una cartina dell'epoca

APPENDICI

1. COMANDANTI E CAPI DI STATO MAGGIORE DELLA M.V.S.N.

Comandanti generali della Milizia

Emilio De Bono (1º febbraio 1923-31 ottobre 1924) 1º comandante
Italo Balbo (1º febbraio 1923- fino al 21 novembre 1924)
Cesare Maria De Vecchi (1º febbraio 1923 - fino al 10 luglio 1925)
Asclepia Gandolfo (1º dicembre 1924 - 31 agosto 1925)
Maurizio Ferrante Gonzaga (12 settembre 1925 - 9 ottobre 1926)
Benito Mussolini (12 ottobre 1926 - 25 luglio 1943)
Quirino Armellini (26 luglio 1943- 8 settembre 1943)
Renato Ricci (dal 20 settembre 1943 - fino alla costituzione della GNR l'8 dicembre 1943)

Capi di Stato Maggiore della M.V.S.N.

Francesco Sacco (1º febbraio 1923 - 1º dicembre 1924)
Enrico Bazan (1º dicembre 1924 - 23 dicembre 1928)
Attilio Teruzzi (1929 – 1935)
Luigi Russo (3 ottobre 1935 - 3 novembre 1939)
Achille Starace (3 novembre 1939- 16 maggio 1941)
Enzo Emilio Galbiati (25 maggio 1941 - 26 luglio 1943)
Renzo Montagna *ad interim* (17 settembre 1943 - 20 settembre 1943)

2. CORRISPONDENZA TRA I GRADI DELLA MILIZIA VOLONTARIA SICUREZZA NAZIONALE E QUELLI DEL REGIO ESERCITO.

Milizia Volontaria Sicurezza nazionale	*Regio Esercito*
Primo Caporale d'Onore	Primo Maresciallo dell'Impero
Comandante Generale	Generale di Corpo d'Armata
Luogotenente Generale	Generale di Divisione
Console Generale	Generale di Brigata
Console	Colonnello
Primo Seniore[3]	Tenente Colonnello
Seniore	Maggiore
Centurione	Capitano
Capomanipolo	Tenente
Sottocapo manipolo	Sottotenente
Primo Aiutante	Maresciallo Maggiore
Aiutante Capo	Maresciallo Capo
Aiutante	Maresciallo Ordinario
Primo Caposquadra	Sergente Maggiore
Caposquadra	Sergente
Vicecaposquadra	Caporal Maggiore
Camicia Nera scelta	Caporale
Camicia Nera	Soldato

3. REGIO DECRETO 14/01/1923 N. 31 (ISTITUZIONE DELLA MILIZIA VOLONTARIA SICUREZZA NAZIONALE)

Regio Decreto 14/01/1923 n. 31

(Istituzione di una Milizia Volontaria per la Sicurezza Nazionale)
Convertito in Legge 17/04/1925 n. 473
Pubblicato nella Gazzetta Ufficiale --

Articolo 1
È istituita una milizia volontaria per la sicurezza nazionale.

Articolo 2
La milizia per la sicurezza nazionale è al servizio di Dio e della Patria italiana, ed è agli ordini del Capo del Governo.

Provvede, in concorso coi corpi armati per la sicurezza e con il R. esercito, a mantenere all'interno l'ordine pubblico; prepara e conserva inquadrati i cittadini per la difesa degli interessi dell'Italia nel mondo.

Articolo 3
Il reclutamento è volontario, e viene compiuto fra gli appartenenti alla milizia fascista fra i 17 e i 50 anni che ne facciano domanda e che, a giudizio del Presidente del Consiglio dei Ministri e delle autorità gerarchiche da lui delegate, ne possiedano i requisiti di capacità e moralità.

Articolo 4
Le norme organiche e disciplinari per la costituzione e il funzionamento della milizia saranno stabilite da appositi regolamenti da redigersi, in armonia con le leggi vigenti, dal Presidente del Consiglio e dalle autorità da lui delegate.

Articolo 5
Le nomine degli ufficiali e le loro promozioni vengono compiute con Nostro decreto, su proposta dei Ministri per l'interno e per la guerra.

Articolo 6
La milizia per la sicurezza nazionale presta servizio gratuito. Quando presta servizio fuori del Comune di residenza dei reparti viene mantenuta a spese dello Stato.

Articolo 7
In caso di mobilitazione generale e di richiamo parziale dell'esercito e della marina, la milizia fascista viene assorbita dall'esercito e dalla marina in armi, a seconda degli obblighi e dei gradi militari dei singoli componenti.

Articolo 8
Le spese per la istituzione e il funzionamento della milizia per la sicurezza nazionale sono a carico del bilancio del Ministero dell'interno.

Articolo 9
Dall'entrata in vigore del presente decreto tutte le altre formazioni a carattere o inquadramento militare di qualsiasi tipo non sono permesse. I contravventori cadranno sotto le sanzioni della legge.

Articolo 10
Il presente decreto sarà presentato al Parlamento per la conversione in legge, e andrà in vigore il giorno 1° febbraio 1923.

4. REGIO DECRETO LEGGE 06/12/1943 N. 16 (SCIOGLIMENTO DELLA MILIZIA VOLONTARIA PER LA SICUREZZA NAZIONALE E DELLE MILIZIE SPECIALI)

Regio Decreto Legge 06/12/1943 n. 16

(Scioglimento della Milizia Volontaria per la Sicurezza Nazionale e delle milizie speciali)
Pubblicato nella Gazz. Uff. 8 dicembre 1943, n. 4/B.

TITOLO I
LA MILIZIA VOLONTARIA PER LA SICUREZZA NAZIONALE LEGIONARIA E SUE SPECIALITÀ (CONFINARIA, CONTRAEREA, MARITTIMA).

Articolo 1
La milizia volontaria per la sicurezza nazionale, istituita con R.D. 14 gennaio 1923, n. 31, e ripartita successivamente con altre disposizioni in milizia legionaria e sue specialità (confinaria, contraerea «M.A.C.A.», marittima «Milmart») è sciolta.
Non sono permesse formazioni a carattere e inquadramento militare di qualsiasi partito.

Articolo 2
Il personale non in servizio permanente della milizia volontaria per la sicurezza nazionale e sue specialità delle classi attualmente alle armi - e delle classi per unità di prima linea per gli ufficiali - passa nei ruoli della forza armata con la quale presta attualmente servizio col grado ricoperto nella forza armata di provenienza.
Il rimanente personale non in servizio permanente viene ricollocato in congedo nella forza armata di provenienza col grado in essa ricoperto.

Articolo 3
Gli ufficiali in servizio permanente proveniente dalla eguale categoria degli ufficiali delle forze armate possono chiedere di essere riammessi nella forza armata con la quale prestano attualmente servizio.
Sulla riammissione giudicano insindacabilmente i Ministri interessati che determinano, per i riammessi, grado ed anzianità.
I rimanenti ufficiali in servizio permanente, e quelli che non presentino tale domanda o non la vedano accolta, seguono le sorti degli ufficiali non in servizio permanente, e sono ammessi al trattamento di quiescenza o di pensione loro spettante a norma delle leggi in vigore. In luogo del trattamento di quiescenza può essere concesso, in base a valutazione insindacabile fatta caso per caso dai Ministri competenti, il trattamento di pensione in misura non superiore al minimo in rapporto al grado militare ricoperto dell'ufficiale.
Egualmente si provvede per il personale in servizio permanente non avente grado di ufficiale.

Articolo 4
Armi, equipaggiamenti e materiali di ogni genere della milizia legionaria e sue specialità saranno assunti in carico dagli enti del Regio esercito (della Regia marina per la «Milmart») che saranno stabiliti dagli Stati Maggiori competenti.
Le caserme ed i locali, comunque assegnati alla milizia di cui sopra, saranno presi in consegna dalle autorità militari competenti per territorio.

TITOLO II
LA MILIZIA FERROVIARIA

Articolo 5
I compiti espletati dalla milizia ferroviaria vengono assunti dall'Arma dei carabinieri Reali e dall'autorità di pubblica sicurezza secondo disposizioni particolari da emanarsi con decreto reale sulla proposta dei Ministri per l'interno e per le comunicazioni, d'intesa con il Ministro per la guerra.
Gli appartenenti alla milizia ferroviaria rientrano nei ranghi del personale civile dell'Amministrazione ferroviaria da cui vennero tratti, secondo i gradi e le categorie di spettanza, a giudizio insindacabile dell'Amministrazione competente.
A quelli eventualmente estranei si applicano le disposizioni di cui agli articoli 2 e 3.

Articolo 6

Articolo 7
Le armi e gli equipaggiamenti militari saranno versati agli enti del Regio esercito designati dal compe-

tente Stato Maggiore. I locali attualmente occupati dalla milizia ferroviaria saranno restituiti all'amministrazione ferroviaria insieme con gli arredamenti, materiali e mezzi di trasporto di pertinenza della stessa.

TITOLO III
LA MILIZIA POSTELEGRAFONICA

Articolo 8
La milizia postelegrafonica è sciolta. I compiti dalla stessa espletati vengono restituiti agli organi ai quali già competevano.

Articolo 9
Gli appartenenti alla milizia postelegrafonica rientrano nei ranghi del personale civile dell'Amministrazione postelegrafonica da cui vennero tratti, secondo i gradi e le categorie di spettanza, a giudizio insindacabile dell'Amministrazione competente.
A quelli eventualmente estranei si applicano le disposizioni di cui agli articoli 2 e 3.

Articolo 10
Le armi e gli equipaggiamenti militari saranno versati agli enti del Regio esercito designati dal competente Stato Maggiore. I locali attualmente occupati dalla suddetta milizia saranno restituiti all'Amministrazione postelegrafonica insieme con gli arredamenti, materiali e mezzi di trasporto di pertinenza della stessa.

TITOLO IV
LA MILIZIA STRADALE

Articolo 11
La milizia stradale è sciolta. I compiti dalla stessa espletati vengono restituiti all'Arma dei carabinieri Reali ed agli altri organi ai quali già competevano.

Articolo 12
Il personale della milizia stradale in servizio permanente può chiedere l'ammissione nei ruoli in servizio permanente dell'Arma dei carabinieri Reali.
L'ammissione è indipendente dal requisito del limite di altezza per gli ufficiali.
Il Ministro per la guerra, sentito il Comandante generale dell'Arma dei carabinieri Reali, giudica insindacabilmente sull'ammissione e determina, per ciascuno, grado ed anzianità.
Gli ammessi nell'Arma dei carabinieri Reali saranno impiegati per la costituzione di una specialità, in aumento agli organici previsti per l'Arma.
Al personale non in servizio permanente si applicano le disposizioni di cui all'art. 2.

Articolo 13
I locali attualmente occupati dalla milizia stradale sono restituiti all'Amministrazione che li concedette; in mancanza sono presi in consegna dall'Arma dei carabinieri Reali.
Per il rimanente si applicano le disposizioni di cui all'art. 4.

TITOLO V
LA MILIZIA PORTUARIA

Articolo 14
La milizia portuaria è sciolta. I compiti dalla stessa espletati vengono restituiti all'Arma dei carabinieri Reali ed agli altri organi ai quali già competevano.

Articolo 15
Al personale della milizia portuaria si applicano le disposizioni di cui all'art. 12.

Articolo 16
I locali attualmente occupati dalla milizia portuaria sono restituiti alla Amministrazione che li concedette; in mancanza sono presi in consegna dall'Arma dei carabinieri Reali. Per il rimanente si applicano le disposizioni di cui all'art. 4.

TITOLO VI
LA MILIZIA FORESTALE

Articolo 17
La milizia forestale passa a costituire con i suoi quadri il Real Corpo delle foreste, a cui è affidata anche la custodia dei Regi tratturi e la vigilanza sulla pesca nelle acque interne.

Con decreto Reale sulla proposta del Ministro per l'agricoltura e per le foreste saranno determinate le modalità di attuazione pel ripristino del Real Corpo delle foreste ed i compiti allo stesso assegnati, nonché la foggia delle divise.

NORME TRANSITORIE

Articolo 18

Il personale delle milizie legionaria e speciale che, in applicazione del presente decreto, deve essere collocato in congedo, rientra nella piena disponibilità dei distretti militari di appartenenza e degli altri enti competenti alla tenuta a ruolo della forza in congedo, se questi si trovano in zona già libera. Gli appartenenti a distretti con sede in territorio ancora non libero dalla occupazione tedesca seguono le sorti del personale delle forze armate in analoghe condizioni. Alla temporanea sistemazione sarà provveduto con apposite disposizioni per la esecuzione del presente decreto.

Articolo 19

Tenuto conto delle esigenze belliche attuali, è data facoltà ai Ministri per la guerra e per la marina di provvedere, con appositi decreti, e nei limiti dello stretto indispensabile, a mantenere nel grado attuale, fintanto che non sia possibile la loro sostituzione, gli ufficiali delle disciolte milizie M.A.C.A.» e «Milmart» non aventi grado di ufficiale nelle forze armate di provenienza.

Articolo 20

Il presente decreto entrerà in vigore nel giorno successivo a quello della sua pubblicazione nella Gazzetta Ufficiale del Regno - serie speciale - e sarà presentato alle Assemblee legislative per la conversione in legge.

Il Capo del Governo è autorizzato alla presentazione del relativo disegno di legge.

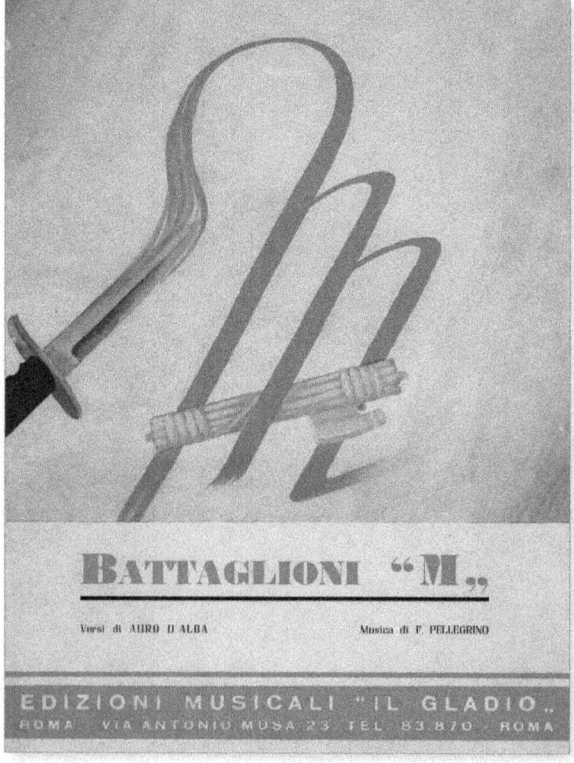

▲ Quattro famose copertine degli spartiti degli inni della MSVN.

5: INNI E CANTI DELLA MVSN.

Presentiamo una selezione di inni e canti della Milizia Volontaria Sicurezza Nazionale, che, sebbene assolutamente non completa, da' un'idea dell'innodica delle Camicie Nere.

Insieme ai testi più noti, come le *Cantate dei Legionari, Battaglioni M, Rusticanella, La Preghiera del Legionario prima della Battaglia*, e così via, sono presenti esempi di inni di specialità (il *Canto del Confinario*), di Legioni territoriali e universitarie, gli inni della Milizia nella Guerra Civile Spagnola e nella Seconda Guerra Mondiale.

Molti inni vennero scritti dal Luogotenente generale Auro d'Alba.

Auro d'Alba (il cui vero nome era Umberto Bottone, Schiavi d'Abruzzo, 1888- Roma 1965), fu inizialmente amico di d'Annunzio, per passare poi al futurismo, collaborando alla rivista *Poesia* di F T. Marinetti, di cui rimase sempre amico e protettore. Fu autore di romanzi e saggi oltre che di numerose raccolte di poesie (all'inizio di ispirazione crepuscolare, *Lumi d'Argento, Corde ai fianchi*, e poi futurista, *Baionette. Versi liberi e parole in libertà*, 1915, *Cosmopolite*, del 1920). Volontario di guerra nei Bersaglieri, poi ufficiale degli Arditi, d'Alba si avvicinò al Fascismo, divenne capo dell'Ufficio Stampa e Propaganda della M.V.S.N. con il grado di Console generale prima, e poi di Luogotenente generale.

D'Alba fu l'autore di molti dei più noti inni del Ventennio, come *Battaglioni M, La Preghiera del Legionario prima della battaglia, Il ritorno del Legionario, Aquila Legionaria*. Dopo l'otto settembre del 1943 aderì alla R.S.I., scrivendo l'inno della Legione SS italiana.

Spesso la conoscenza delle canzoni può illuminare sui sentimenti, le idee, il modo di affrontare la vita e la morte di un soldato più di mille pagine.

Se l'innodia del periodo fascista è abbastanza nota, quella cantata dai volontari della Milizia e soprattutto da quelli che combatterono come parte del C.T.V. rimane ancor oggi oscura, anche per la progressiva scomparsa dei reduci che le cantarono.

Più che quelli in italiano, furono popolari i canti spagnoli, soprattutto *Cara al Sol* e *El Novio de la Muerte*, inno del *Tercio* in cui i primi volontari giunti in Spagna furono inquadrati.

E' una scelta molto limitata, anche perché la gran parte dell'innodica sull'argomento composta in Italia era totalmente ignota ai combattenti di Spagna, che, come ci testimoniarono numerosi reduci, *in primis* il compianto ing. Renzo Lodoli, presidente dell'Associazione Nazionale Combattenti Italiani in Spagna, ne vennero a conoscenza solo al ritorno in Patria. Vennero poi cantate le canzoni degli arditi e quelle fasciste, sembra che le più popolari fossero *Mamma non piangere* e le *Cantate dei Legionari*.

Di alcune poi non conosciamo che pochi versi, ma non la musica, come questi, riportati sempre da Lodoli:

Quando l'ardito del Littorio
Scende in campo a pelear...

Ciò che avviene anche con alcune canzoni dell'Etiopia, come l'inno della divisione 28 Ottobre, di cui si conosce solo il ritornello:

La fede dei nostri cuori è un fuoco che non langue,
te lo proveremo Duce,
versando il nostro sangue

Riportiamo infine alcuni degli inni cantati dalle Camicie Nere in Russia.

Il primo è l'inno ufficiale dei Battaglioni M, probabilmente il più bell'inno italiano della Seconda Guerra Mondiale, nato all'indomani della campagna di Grecia, così come in Grecia nacque l'inno del Raggruppamento *Galbiati*, adattato poi dal Gruppo *23 Marzo* in Russia con nuove strofe- il Gruppo includeva i battaglioni M del vecchio Raggruppamento *Galbiati*, e, dopo l'otto settembre '43 dalla Legione *Tagliamento* della R.S.I. (ciò che porta ad attribuire impropriamente al canto il titolo di "*inno della legione* Tagliamento").

Il vero inno della 63a Legione era invece il *canto della 63a Legione* Tagliamento (*Sessantatré!*) cantato dalle Camicie Nere friulane già nell'anteguerra.

In Russia, probabilmente nell'inverno- primavera del 1942 nacque invece l'inno del LXXIX° battaglione CC.NN. della *Tagliamento*.

Alle *Cantate dei Legionari* della Guerra d'Etiopia si ispirava invece, per le strofe, *Vecchia Pelle*, inno del *Gruppo* Montebello.

Infine alcune strofe di *Mamma non piangere*, canto degli Arditi della Prima Guerra Mondiale popolarissimo tra le camicie Nere, adattate durante la campagna di Russia.

Non compaiono gli inni fascisti come *Giovinezza*, il pucciniano *Inno a Roma* o *All'armi siam Fascisti*, che pur essendo parte integrante del repertorio cantato dalle Camicie Nere non sono esclusivi della Milizia Volontaria Sicurezza Nazionale, e per lo stesso motivo non compaiono gli inni squadristi o canzoni popolarissime come *Faccetta Nera*, la *Marcia delle Legioni* (*Roma rivendica l'Impero*), *Vincere et similia*. Molte delle canzoni seguenti sono tratte dal libretto edito dall'Ufficio Propaganda della MVSN, *Canti Legionari* (IIa ed), Roma 1942.

QUANDO PASSAN LE LEGION (RUSTICANELLA)
INNO- MARCIA DELLA M.V.S.N.
(Cortopassi)

Quando passan le Legion
brillano sguardi d ammirazion
e a ognun s'accende in cor
di giovinezza un lieto ardor!

Con cadenza assai marzial,
l'animo acceso dall' Ideal,
sfilan le ardite schiere
di fiamme nere
che ignoran la viltà!

Balda e prode nostra Legione,
il tuo fiero motto è "Devozione"
giurasti fede al Duce ed al fascismo in cor,
senza timor,
pegno l'onor!

Fisso l'occhio in alto a Mussolini,
le armi al fianco attendi i tuoi destini,
nuovo un sole verrà
che brillar farà
le tue punte d'acciar!

Quando passan le Legion
brillano sguardi d ammirazion
e a ognun s'accende in cor
di giovinezza un lieto ardor!

Con cadenza assai marzial,
l'animo acceso dall' Ideal,
sfilali le ardite schiere
di fiamme nere
che ignoran la viltà!

Oh! se un di la Patria ancor
vorrà che scorra dei figli il sangue miglior,
noi, Legioni, fiere allor
risponderemo "Presente" all'ardir,
pronte a morir
pel nostro Duce ognor!

Quando passan le Legion
nel cielo azzurro va una canzon,
porta lieta in ogni cuor,

dall'Alpi al mare, la fiamma d'amor.
È l'ardita gioventù
che canta fiera la sua passion,
schiera che un giorno segnerà
le nuove glorie
dell'Italia sui confin !

Stretto in pugno il valido moschetto,
sempre in alto, fiero, il gagliardetto
vessillo della gloria e della libertà
che mai cadrà
e mai morrà.
Spinta dalla fede e dall'ardire,
sempre pronta a vincere o morire,
con la fiamma del cuor :
« Pel Duce d'Italia eja, eja, alala ! ».

Quando passan le Legion
nel cielo azzurro va una canzon,
porta lieta in ogni cuor,
dall'Alpi al mare, la fiamma d'amor.
È l'ardita gioventù
che canta fiera la sua passion,
schiera che un giorno segnerà
le nuove glorie
dell'Italia sui confini !

E se la squilla un dì,
come una volta, fremente, ancor sonerà,
le fiamme nere allor
arditamente lassù torneran,
pronte a morir
pel nostro Duce
ognor!

PREGHIERA DEL LEGIONARIO PRIMA DELLA BATTAGLIA.
(Auro d'Alba)

IDDIO,
che accendi ogni fiamma e fermi ogni cuore rinnova ogni giorno la passione mia per l'Italia.

Rendimi sempre più degno dei nostri morti, affinchè loro stessi - i più forti - rispondano ai vivi: PRESENTE!

Nutrisci il mio libro della tua saggezza e il mio moschetto della tua volontà.
Fa più aguzzo il mio sguardo e più sicuro il mio piede sui valichi sacri alla Patria:
Sulle strade, sulle coste, nelle foreste e sulla quarta sponda, che già fu di Roma.

Quando il futuro soldato mi marcia accanto nei ranghi, fa ch'io senta battere il suo cuore fedele.
Quando passano i gagliardetti e le bandiere, fa che tutti i volti si riconoscano in quello della Patria:
la Patria che faremo più grande portando ognuno la sua pietra al cantiere.

O Signore! Fa della Tua Croce l'insegna che precede il Labaro della mia Legione.
E salva l'Italia, l'Italia nel DUCE,
E salva l'Italia, nel DUCE, nel DUCE,
sempre e nell'ora di nostra bella morte.

Così sia.

INNO DELLA MILIZIA NAZIONALE
(Anonimo)

Va per le vie d'Italia - Milizia Nazionale,
verso il destino - va trionfal!
Dal Carso a Monte Grappa - dal San Michele al mar,
di Roma tu riporti - l'alloro immortal.
Va per le vie d'Italia - va benedetta e fiera
con la tua camicia nera - va Milizia nazionale.

Eja, Eja, Alalà! Eja, Eja, Alalà!

Oh stirpe gentil
Pei tuoi morti oggi splende vivo il sol,
s'accende il futuro di gloria,
nel raggio di tua vittoria.
Bel sangue italian,
delle Genti d'Europa il più bel fiore,
profuma il cielo
ove sventola il tricolor!
Va gioventù d'amore - va con le tue fanfare,
veglia i confini - da l'Alpe al Mar!
Nel cielo di smeraldo - guardando ai nostri eroi,
avanzi tu sicura - serena, trionfal!
Va gioventù d'Italia - disperdi ogni nemico:
contro il tristo bolscevico - va Milizia Nazionale!
Eja, Eja, Alalà! Eja, Eja, Alalà!

STORNELLI DELLA MILIZIA

I
Siam come gli squadristi per la maniera forte
chi tocca Mussolini pericolo di morte.
*Duce, Duce, Duce, sempre Duce, Duce ieri ed oggi,
e Duce anche doman!*

II
Le forze prepariamo per la più grande prova
vibrar sentiamo l'anima di una vita nuova
*Duce, Duce, Duce, sempre Duce, Duce ieri ed oggi,
e Duce anche doman!*

III
Siam camicie nere e.., 'sotto a chi tocca
siam qui per Mussolini e guai a chi lo tocca !
*Duce, Duce, Duce, sempre Duce, Duce ieri ed oggi,
e Duce anche doman!*

IV
Abbiam tutti nel cuore della passione il rombo,
chi tocca Mussolini riceverà del piombo !
*Duce, Duce, Duce, sempre Duce, Duce ieri ed oggi,
e Duce anche doman!*

V
Dei giorni tristi, o lieti che importano gli affanni ?
Noi siamo di un esercito che ha tutto vent'anni !

Duce, Duce, Duce, sempre Duce, Duce ieri ed oggi,
e Duce anche doman!

VI
Se siam camicie nere che importa tutto il resto ?
Noi siam con Mussolini e quel che importa è questo !
Duce, Duce, Duce, sempre Duce, Duce ieri ed oggi,
e Duce anche doman!

VII
Siamo figli del popolo e ci stringiam vicini
saremo catapulta se vuole Mussolini.
Duce, Duce, Duce, sempre Duce, Duce ieri ed oggi,
e Duce anche doman!

VIII
E del Fascismo siamo l'ardente giovinezza
verso'l futuro andiamo con cuore in allegrezza.
Duce, Duce, Duce, sempre Duce, Duce ieri ed oggi,
e Duce anche doman!

IX
La nostra vita vale almeno mille vite,
nel giorno della morte sarem di dinamite !
Duce, Duce, Duce, sempre Duce, Duce ieri ed oggi,
e Duce anche doman!

X
E' la corrente elettrica corrente molto forte
chi tocca la Milizia pericolo di morte.
Duce, Duce, Duce, sempre Duce, Duce ieri ed oggi,
e Duce anche doman!

XI
Son camicia nera ed un dovere sento
non viver pel guadagno ma pel combattimento,
Duce, Duce, Duce, sempre Duce, Duce ieri ed oggi,
e Duce anche doman!

XII
Siamo i figli diletti della Rivoluzione
i nostri gagliardetti li guiderà il cannone.
Duce, Duce, Duce, sempre Duce, Duce ieri ed oggi,
e Duce anche doman!

XIII
Cerchiam gli antifascisti noi li cerchiamo invano
siam le camicie nere che sanno dar di mano.
Duce, Duce, Duce, sempre Duce, Duce ieri ed oggi,
e Duce anche doman!

XIV
Con la lanterna Diogene cercava l'uomo antico
cercare antifascisti è un faticar, vi dico !
Duce, Duce, Duce, sempre Duce, Duce ieri ed oggi,
e Duce anche doman!

XV
Siam camicie nere, noi siamo come « allora »
ci han dato una consegna quelli della prim'ora.
Duce, Duce, Duce, sempre Duce, Duce ieri ed oggi,
e Duce anche doman!

XVI
Me ne frego è il più bel motto della vita e dell'ardire
e ancor più me ne strafotto, come sempre, di morire.
Duce, Duce, Duce, sempre Duce, Duce ieri ed oggi,
e Duce anche doman!

XVII
E la camicia nera l'ha fatta mamma mia
nel suo color severa essa è una poesia.
Duce, Duce, Duce, sempre Duce, Duce ieri ed oggi,
e Duce anche doman!

XVIII
Sui neri gagliardetti accanto, all'obbedisco
v'è il comandamento ardisco non ardisco.
Duce, Duce, Duce, sempre Duce, Duce ieri ed oggi,
e Duce anche doman!

XIX
Voi dai balcon, fanciulle gettateci un bel fiore,
che pel Fascismo è bello aver vent'anni in cuore!
Duce, Duce, Duce, sempre Duce, Duce ieri ed oggi,
e Duce anche doman!

XX
Se un giorno il destino ci chiama Mussolini
gli accorrerem vicino e andrem oltre i confini
Duce, Duce, Duce, sempre Duce, Duce ieri ed oggi,
e Duce anche doman!

XXI
Siam camicie nere cresciute all'ardimento
siamo i fanti invitti e balzerem col vento.
Duce, Duce, Duce, sempre Duce, Duce ieri ed oggi,
e Duce anche doman!

XXII
Ci balza in cuor la vita di mille primavere
siam di una gente ardita noi siam camicie nere !
Duce, Duce, Duce, sempre Duce, Duce ieri ed oggi,
e Duce anche doman!

XXIII
M'ha dato un bacio ancora pria di partir la mamma
l'ho messo dentro il core per far tutta una fiamma !
Duce, Duce, Duce, sempre Duce, Duce ieri ed oggi,

e Duce anche doman!
XXIV
Gridiamo ai nostri morti, custodi di avvenire:
«vogliamo ancora vincere vogliam per voi morire!»
Duce, Duce, Duce, sempre Duce, Duce ieri ed oggi,
e Duce anche doman!

XXV
Orsù o veterani con noi tenete duro
serriamoci le mani andiam verso il futuro.
Duce, Duce, Duce, sempre Duce, Duce ieri ed oggi,
e Duce anche doman!

XXVI
Noi siam tutto l'orgoglio di una generazione
abbiam tutti una fede il fascio e una canzone.
Duce, Duce, Duce, sempre Duce, Duce ieri ed oggi,
e Duce anche doman!

LA RAMPANTE
(1a Legione MVSN Universitaria *Principe di Piemonte* di Torino)

I
Siam la "Rampante", siam la Legione,
con doppia scuola "marca leone";
scavalca i monti divora il pian,
"*Principe di Piemonte*" noi ci chiamiam!

II
Nel nome Augusto del Principe amato
noi conquistiamo ogni primato;
giovin soldato degli atenei
tu di Roma Imperiale il milite sei!

III
Scaliam le vette, le nevi sfioriamo,
le fiamme nere sui mari portiamo;
sfida il deserto dell'onda il ciclon:
emula delle antiche Romane Legion!

IV
Dormite o libri! Gli studi lasciati,
fieri i moschetti abbiamo imbracciati,
marciam fidenti nel nostro doman:
dell'Aquile Romane il volo seguiam!

V
Camice Nere di Mussolini,
marciamo verso radiosi destini,
solchiamo il mare e l'alpe varchiam;
fieri "libro e moschetto" sul petto portiam!

ALLA SARTINA
(Anonimo)

Vieni vieni al Pian, della Mussa,
vieni vieni a trovar la Legione,
vieni vieni a trovar la « *Rampante* »
che il campeggio sta a fare quassù.

Che il campeggio sta a fare qua sopra
su pei monti e godere il bel sole,
vieni vieni a portare il sorriso,
vieni vieni a portare l'amor.

Vieni vieni a portare l'amore,
i goliardi non braman che te
tutti quanti ti stringon al core
e ti copron di baci d'amor.

E ti copron di baci d'amore
e ti fan giuramenti e promesse,
ma tu bada alle loro parole
che non danno che sogni e illusion.
Ma se a te dàn soltanto illusioni,
alla Patria ben altro, san dare
sol che chiami son braccia son cuori
che a difenderla van con ardor.

Baionetta, poi fianc'arm!
attenti! Presentat'arm!
volti maschi, saldi petti!
i Fascisti di Boetti!

La rivista del seniore
certamente è un grande onore,
la centuria più ammirata
è la prima *Disperata*.

Se non ci conoscete fermatevi un istante:
Siam le camicie nere, noi siam della « *Rampante* »
Al piano della Mussa chi ci fa passar la sera
È il cinematografo del Conte Montelera.

Dobbiamo ringraziare il Conte Montelera
Dell'ottimo « Champagne » che ci ha fatto ber iersera.
Se andiam di questo passo vedrete domattina
Il Piano della Mussa trasformarsi in piscina.

In piazza d'armi allora, se accade quel che hai detto
Revel ci fa nuotare a colpi di fischietto.

LA LEONESSA
(inno della 15 a Legione CCNN)

Al valor di Tito Speri
La Dea Vittoria sotto i ruderi si svegliò,
Dieci giorniardì
Per conquistare la Libertà.
Breve fu la gran fiammata,
Più dolorosa l'ombra ti penetrò nel cuor,
Vittoria ...

E rimanesti laggiù
Sotto la terra a sospirare il sol! ...

Brescia, ritta in piè, t'aspettò, t'aspettò;
E alfin balzasti, fremendo, dal suol
Mostra a noi quel che scrivesti Tu,
Sul bronzo dello scudo raccolta in Te
"Duce Dux!"
Cosi se 'l giorno verrà,
- E verrà –
La Leonessa risplenderà,
La Leonessa che nessun domò
Duce, per Te si scaglierà!

INNO DELLE CAMICE NERE DELLA 1ª ZONA
(Testo di Vittorio Emanuele Bravetta, Musica di: M. Sberveglieri)

I
A guerra non ci spinse furor di parte.
L'Italia fu difesa dai fratelli.
Salvò L'onor, la fede, la Patria e l'arte
un tempestar di santi manganelli.
Garrivi al vento, insegna di riscossa,
su squadre audaci gagliardetto nero.
Il Fascio sgominò la marmaglia rossa
e fummo le avanguardie dell'Impero.

All'armi! All'Armi!
Noi della prima Zona
siam le Camicie Nere!
Quando il comando suona, si passan le frontiere,
quando il cannone tuona, giustizia si farà!
Eja, alala!

II
A noi! Montagne sacre ci stan di fronte:
tutte saran difese sino a morte.
Chi vuol forzar i passi del mio Piemonte
si spezzerà la testa sulle porte.
Porte di ghiaccio, muraglie di macigno
e sulle vette, nella viva luce,
un Volto si vedrà balenar ferrigno,
il volto che ci esalta; o Duce, o Duce!

All'armi! All'Armi!
Noi della prima Zona
siam le Camicie Nere!
Quando il comando suona, si passan le frontiere,
quando il cannone tuona, giustizia si farà!
Eja, alala!

CAMICIA NERA [VITTORIALE FASCISTA]

I
Giovinezza d'Italia, in cammino !
Diamo al vento le nostre bandiere
che nei giorni di avverso destino
si bagnaron del sangue miglior.

Fascisti, avanti !
Camicia nera
è sacro simbolo
d'invitta schiera.
Italia bella
madre di Eroi
per te lottiamo.
Fascisti a noi!

II
Giovinezza d'Italia esultiamo !...
L'alba nuova già spunta nel ciel,
le armi terse nel sole leviamo :
la vittoria la palma ci diè.

Fascisti, avanti !
Camicia nera
è sacro simbolo
d'invitta schiera.
Italia bella
madre di Eroi
per te lottiamo.
Fascisti a noi!

III
Giovinezza d'Italia, alla terra
e al lavoro di dura fucina
ritorniamo e sia pace, sia guerra
sempre pronti ed in armi restiam.

Fascisti, avanti !
Camicia nera
è sacro simbolo
d'invitta schiera.
Italia bella
madre di Eroi
per te lottiamo.
Fascisti a noi!

DUCE
(Testo di Auro d'Alba, Musica di Giovanni Orsomando)

Sentirsi tutta la storia
d'Italia nel cuore profondo,
dei martiri tutta la gloria
e tutta l'invidia del mondo.
Sfidare ogni nembo o tempesta,
vedere nel buio la luce.
L'Italia per sempre s'è desta
e deve marciare: ecco il DUCE.

CAMICIA NERA ITALIANA
(Testo e musica di: Tommaso Sgambati)

I
Un vento, d'ogni forza più potente,
Ha diradato alfin le nubi in ciclo;
Ridente è il sol, la luna è senza velo,
Tornano ancora pace e libertà.
E il vento, che il miracolo compiva,
Fu il grande eroe, Benito Mussolini;
Egli, che dell' Italia sa i destini,
Un esercito formò di gioventù.
Camicia nera, che porti il lutto,
A chi la patria vuoi rinnegar;
Ma per il popolo sei vita, tutto,
Sei luce vera di libertà !!
Perciò si stringono intorno a te,
Non solo il popolo, ma pure il Re !

II
E quest'esercito chiamò poi Fascio,
Fascio di gente, libera e sincera;
A lor donava una camicia nera,
Che grida : "Morte a chi infamie fa !!"
Ma a chi alla Patria nostra poi vuoi bene,
Per chi è Italian, non è più nera !
E bianca, rossa e verde è la bandiera,
Della più grande Italia : " Alala ! "
Camicia nera, che porti il lutto,
A chi la patria vuoi rinnegar;
Ma per il popolo sei vita, tutto,
Sei luce vera di libertà !!
Perciò si stringono intorno a te,
Non solo il popolo, ma pure il Re !

III
Or sfilano a migliaia le camicie,
E mandano, dai petti, un gran splendore
Quelle medaglie sparse su ogni core,
Ricordi cari della gioventù ! !
E marciano al suon d'ina canzone,
Canzone, ch'ha una storia : " Giovinezza ! "
Ma un nome ancora deve aver : Ricchezza !
Che dell' Italia la ricchezza son ! !
Camicia nera, che porti il lutto,
A chi la patria vuoi rinnegar;
Ma per il popolo sei vita, tutto,
Sei luce vera di libertà !!
Perciò si stringono intorno a te,
Non solo il popolo, ma pure il Re !

INNO DELLA 1a LEGIONE UNIVERSITARIA
"PRINCIPE DI PIEMONTE"

I
Il nostro canto, o Duce, è un giuramento
che si rinnova con novello ardor;
oggi, doman, per sempre, in ogni istante
è pronto il braccio e saldo il nostro cuor.
O Patria sacra, il nome tuo risplende
siccome quel di Roma e ancor di più,
sull'aspre e forti vette dei cimenti
lo porterem con balda gioventù.

Nell'abbagliante sole
d'Italia brillerà
più grande e ancor più bella
Romana Civiltà.
In alto l'orifiamme,
il simbol dell'Imper,
esempio d'ogni ardire,
di forza e di pensier.

II
E, gli Atenei saran fucine sacre
di nuovi e forti ingegni, d'ogni età;
la schiera del martirio e degli Eroi
al primo appello si rinnoverà.
Ed alla fiamma ardente del Fascismo,
che tempra i cuori e insegna a ben soffrir,
noi per il Re, l'Italia e per il Duce
ci batterem per vincere o morir.

Nell'abbagliante sole
d'Italia brillerà
più grande e ancor più bella
Romana Civiltà.
In alto l'orifiamme,
il simbol dell'Imper,
esempio d'ogni ardire,
di forza e di pensier.

CANTATE DEI LEGIONARI
(Auro d'Alba)

Queste strofe nacquero tra i legionari durante la campagna d'Africa, anche se alcune parti appaiono chiaramente rimaneggiate a guerra finita, probabilmente dal Luogotenente generale Auro d'Alba inserendo ad esempio i nomi dei vari comandanti.
Sicuramente "autentiche" sono le prime tre strofe, due delle quali fanno riferimento alla battaglia di passo Uarieu, al sacrificio di padre Giuliani (II) ed alla morte di Fausto Beretta[159] (III).
Le *Cantate dei Legionari* furono molto importanti per il consolidamento della memoria di Passo Uarieu

---

159   I consoli generali Lucas e De Vecchi riferiscono invece la strofa che inizia *ma la mitragliatrice non la lascio!* all'eroica morte della Camicia Nera Scelta Francesco Di Benedetto, M.O.V.M. alla memoria, caduto durante la conquista dell'Amba Uork e rimasto avvinghiato anche dopo morto alla propria mitragliatrice Fiat (Lucas, De Vecchi 1976, p.81).

e per rafforzare nell'immaginario collettivo l'immagine delle Camicie Nere, e dunque vale la pena di riportarle.

I
Ce ne fregammo un dì della galera,
ce ne fregammo della brutta morte,
per preparare questa gente forte
che se ne frega adesso di morir!
Il mondo sa che la camicia nera
s'indossa per combattere e patir!

Duce! Per il Duce e per l'Impero
Eja eja alalà!

II
I morti che lasciammo a Passo Uarieu
sono i pilastri del Romano Impero,
gronda di sangue il gagliardetto nero
che contro l'Amba il barbaro inchiodò.
Sui morti che lasciammo a Passo Uarieu
la croce di Giuliani sfolgorò!

Duce! Per il Duce e per l'Impero
Eja eja alalà!

III
Ma la mitragliatrice non la lascio!
Gridò ferito il legionario al Passo
colava sangue sul conteso sasso
con il costato che a Cristo somigliò.
Ma la mitragliatrice non la lascio!
E l'arma bella a un tratto la lasciò!

Duce! Per il Duce e per l'Impero
Eja eja alalà!

IV
E' bello avere tutto il mondo addosso,
sentirsi in petto quest'orgoglio atroce:
siamo i più lesti a trasformarci in croce,
noi bersaglieri della nuova età!
E' bello avere tutto il mondo addosso,
finché giustizia il Duce non farà.

Duce! Per il Duce e per l'Impero
Eja eja alalà!

V
De Bono salda un conto, uno Graziani
Col barbaro faremo la *burgutta*,
o Marescialli la vogliamo tutta
questa terra di schiavi liberar!
Badoglio salda un conto, uno Graziani,
Starace pianta l'asta su Gondar!

Duce! Per il Duce e per l'Impero
Eja eja alalà!

VI

Riappare sotto il cielo di Galliano
Il teschio bianco della *Disperata*.
Tra Ciano e i Mussolini che pestata
Di negri, che pasticcio di tribù.
Riarde sotto il cielo di Toselli
La fiamma o Duce che accendesti tu!

Duce! Per il Duce e per l'Impero
Eja eja alalà!

VII

I conti vecchi son belli e saldati
Ma la partita non è chiusa ancora,
quella che sorgerà è la nostra aurora,
questa che è sorta non ci piace più.
I conti vecchi son belli e saldati:
ci manca qualche altro Nasibù!

Duce! Per il Duce e per l'Impero
Eja eja alalà!

VIII

Tu Duce hai dato al popolo l'Impero,
noi col lavoro lo feconderemo;
col vecchio mondo diventato scemo
ci sono sempre dei conti da saldar.
Tu Duce hai dato al popolo l'Impero,
siamo pronti per Te a ricominciar!

Duce! Per il Duce e per l'Impero
Eja eja alalà!

LA DIANA DEI LEGIONARI D'AFRICA

I

Nelle valli d'Etiopia
conta il vento una canzone
piena di malinconia :
sacra all'Itala Nazione.
La riecheggiano le rupi,
la rifrange l'oceano :
all'udirla, in piedi balza
tutto il popolo italiano.
Già le navi del destino
van pei mari della Patria :
contro il barbaro abissino,
gioventù, cantando va.
Volontario della gloria
corri alla fatal contrada,
dove il sangue dei tuoi padri
vendicar dovrà tua spada,

Della diana guerriera - udiamo il suon
che a marciare c'invita - a un sol destin.
Folgorante, tremenda - l'udrà qual tuon

chi la voce di Roma - schernire osò.
Su, corriamo, corriamo - risplende già
di vittoria la stella - in tutti i i cuor.
Legionario d'Italia - pel mare va :
sull'etiope barbarie - tua man cadrà.

II
Odi ancora nelle notti
solitarie di Dogàli
un ruggito di leoni
che dà un brivido mortale:
Va pel cielo lo spavento
come grido di tempesta :
s'alzan gli echi desolati
su per le ambe e la foresta.
Non tremar, Camicia Nera,
se il ruggito a te s'appressa
dell'Italia, qui una schiera
celebrò la Santa Messa.
E il miracol s'avverò :
cinquecento eroi caduti,
tutti in fila, l'armi in pugno,
l'indomani il sol trovò.
Della diana guerriera - udiamo il suon
che a marciare c'invita - a un sol destin.
Folgorante, tremenda - l'udrà qual tuon
chi la voce di Roma - schernire osò.
Su, corriamo, corriamo - risplende già
di vittoria la stella - in tutti i i cuor.
Legionario d'Italia - pel mare va :
sull'etiope barbarie - tua man cadrà.

III
Quando al mar d'Italia giunge
la canzone degli Eroi,
un sol fremito ci punge :
Legionari, all'armi! A noi!
I caduti d'Amba Alagi son,
che chiamano a riscossa :
Sono i prodi di Macallè,
che si lean dalla fossa.
E che gridano: Vendetta!
alla santa Madre Roma -
Legienari, su corriamo
con l'arder che nulla doma
Regoliamo i vecchi conti
regoliamo i conti nuovi:
Mussolini questo ha detto.
V'è italian che non l'approvi?

Della diana guerriera - udiamo il suon
che a marciare c'invita - a un sol destin.
Folgorante, tremenda - l'udrà qual tuon
chi la voce di Roma - schernire osò.
Su, corriamo, corriamo - risplende già
di vittoria la stella - in tutti i i cuor.
Legionario d'Italia - pel mare va :
sull'etiope barbarie - tua man cadrà.

LEGIONARI

I
Col nostro sangue
conquistammo l'Impero.
La nostra fede
turberà il mondo intero.
Noi che giustizia
vogliamo, imponiam
la dottrina
che il Duce a noi insegnò.
Roma è maestra
delle genti nel mondo.
Fascismo è gloria,
è trionfo e grandezza:
premia il coraggio,
punisce i codardi,
il Fascismo
la pace a noi darà.
I Legionari d'Italia
si son coperti di gloria,
e di vittoria in vittoria
la loro Marcia
non s'arresterà.
Tutto sarà compiuto
con travolgente ardore,
Roma è il nostro amore,
il fato intier
si compirà.

Nostro è il fato.
Nostra è la gloria.
Legionari d'Italia,
ognor gridate:

Viva il Duce
nostro invitto Condottieri

II
Col nostro sangue
conquistammo l'Impero.
La nostra fede
turberà il mondo intero.
La nostra terra
è coperta di gloria,
la vittoria
ognor ci arriderà.
Le nostre gesta
rimarran nella storia.
Tornerà Roma
al suo antico splendore.
Lauri e fiori

intrecciate, gridate :
Viva il Duce fondatore dell'Imper!
Noi cantando
andiamo alla battaglia,
perché certa
è la vittoria.
Di noi tutti
parlerà la storia.
Nostro è il motto,
vincere o morir.
Avanti è il grido
che ci esalta ognora.

Nostro è il fato.
Nostra è la gloria.
Legionari d'Italia,
ognor gridate:

Viva il Duce
nostro invitto Condottier!

INNO ALL'IMPERO
(Blanc)

Salve o RE Imperator!
Nuova Legge il DUCE diè
al Mondo e a Roma
il nuovo Imper.

Fecondato dal lavor,
Legionario orgoglio avrai
del tuo Imper.
Popolo fedel col Sangue lo creò.

Credere, Obbedir,
Combattere saprà.
Vittoriose spiegherà
fulgide le Insegne della Patria al Sol.

AQUILA LEGIONARIA
(Testo di Auro D'Alba, musica di Francesco Pellegrino)

L'Aquila Legionaria spicca il volo
sul mondo : solo Iddio la fermerà.
Il popolo d'Italia ha un cuore solo,
una lama, una fredda volontà.

La ruota del destino è in mano al DUCE!
genio fede passione verità.
Sul mare nostro sfolgora la luce
di Roma, viva per l'eternità!

CANTO DEL CONFINARIO
(inno della MVSN Confinaria)

I
Sull'Alpi immacolate
che cingono l'Italia
impavida si stende
di militi la schiera.
Nel cuor l'amato DUCE,
la mamma e la casetta,
il confinario veglia
sull'italo confin.

*Il confinario va
sicuro sui monti;
in mezzo alla tormenta
timore non ha.
Con ferma volontà
indomita e fiera,
difende la bandiera
che il DUCE gli donò.*

II
Lassù sui monti,
tra rivi e valli d'or,
tra l'aspre rupi echeggia
un cantico d'amor :
DUCE amatissimo
donar la vita
per te siam pronti
ad ogni destin.

*Il confinario va
sicuro sui monti;
in mezzo alla tormenta
timore non ha.
Con ferma volontà
indomita e fiera,
difende la bandiera
che il DUCE gli donò.*

AL GRIDO DEI FRATELLI DI SPAGNA

Al grido dei fratelli di Spagna
Noi siam corsi compatti e serrati
A legioni di Camicie Nere
Per difender l'iberico suol.
Or squilli l'adunata dell'attacco,
echeggi il grido di battaglia,
con forza leonina e furente
ci scagliamo sul bieco oppressor.

Salve o DUCE,
per te noi pugniamo!
Messaggeri del Fascismo noi siamo!
In alto il pugnale, da forti
noi vogliamo la Spagna liberar.

Mai ci tremi né braccio né cuore,
messaggeri di nuova storia noi siamo!
In alto le insegne, da prodi,
noi vogliamo la Civiltà salvar!

Ognor ci sorregga la Fede
Che ci sprona a tutti i cimenti.
Dell'Eterna Luce di Roma
noi siamo i baldi apportator.
L'Europa Fascista noi vogliamo,
che desti i popoli oppressi,
che doni il sorriso alle genti
martoriate dal rosso insidiator!

Salve o DUCE,
per te noi pugniamo!
Messaggeri del Fascismo noi siamo!
In alto il pugnale, da forti
noi vogliamo la Spagna liberar.
Mai ci tremi né braccio né cuore,
messagger di nuova storia noi siamo!
In alto le insegne, da prodi,
noi vogliamo la Civiltà salvar!

LEGIONARI IN GUADALAJARA.[160].

Alba dell'8 marzo,
nel cielo di Castiglia
fragore di tempeste e di cannon:
"Guadalajara o morte",
in mezzo alla mitraglia
dei legionari è questa la canzon!
Travolta ogni difesa,
avanti ancor si va
e la vittoria incatenata è già!

Legionari in Guadalajara[161],
legionari all'ombra del Tricolor,
giovinezza d'Italia più cara,
ogni morto risorge più vivo ancor.
Dall'Alpi fino al mar
eternamente
il nostro cuor vi griderà:
"Presente!"

---

160   Canzone nata in Spagna nel 1937-1938, e rielaborata a varie riprese. Il testo attuale risale a dopo la campagna di Vizcaya, come prova la menzione di Bermeo.
Riportiamo qui la versione originale, con il ritornello che recita *Legionari in Guadalajara*, mentre quella registrata in Italia recita erroneamente: *Frecce nere del Guadalajara*. Ovviamente a Guadalajara non c'erano le *Frecce Nere*, create solo in seguito, né alcun combattente di Spagna avrebbe mai detto *del Guadalajara*, forma usata per ragioni metriche, ma totalmente errata.
Testimonia Lodoli (Lodoli 1989, p.134) come la canzone fosse nata davvero al fronte, e ne riporta la versione corretta:
Ed i miei ragazzi, sporchi, stracciati, stanchi da cinquanta ore di lotta che hanno cominciato a cantare, un po' stonati, un po' rauchi, la canzone legionaria sorta sulla Strada di Francia tanti mesi or sono:
Legionari in Guadalajara,
giovinezza d'Italia più cara..
161   Var. *Frecce nere del Guadalajara.*

Se la barbarie rossa
sui nostri eroi più belli
con la calunnia infame si avventò,
la gloria di Bermeo,
da tutta la Vizcaya
il fango dell'insulto via spazzò,
e son più vivi i morti,
perché giammai morrà
chi lotta e muore per la Civiltà!

Legionari di Guadalajara,
legionari all'ombra del Tricolor,
giovinezza d'Italia più cara,
ogni morto risorge più vivo ancor.
Dall'Alpi fino al mar
eternamente
il nostro cuor vi griderà:
"Presente!"

Legionari di Guadalajara,
che dormite all'ombra del Tricolor,
giovinezza d'Italia più cara,
ogni morto è più vivo nel nostro cuor.
Dall'Alpi fino al mar
 eternamente
l'Italia grida a voi :
"Presente !"

FRECCE NERE

Nel cielo madrileno
Rintocchi di campane,
la vera Spagna si ridesta già.
Addio mia bella addio,
ti lascio il cuore mio,
un bacio ancora e poi si partirà,
si vincerà, si canterà.

Le Frecce Nere son come il vento,
in fitte schiere sempre marciano cantando:
Italia! Italia! Il legionario vincerà,
non c'è Cintura[162] che resistere potrà!

Canzoni baci e fiori
Ai baldi legionari
Nelle risorte e libere città:
se Malaga fu presa,
Bilbao già s'è arresa,
Guadalajara si vendicherà!
La Civiltà trionferà!

Le Frecce Nere son come il vento,
in fitte schiere sempre marciano cantando:
Italia! Italia! Il legionario vincerà,
non c'è Cintura che resistere potrà!

---

162   Allusione al Cinturon di Hierro ed alla campagna di Vizcaya della primavera- estate del 1937.

Si prende ogni trincera,
s'infrange ogni barriera,
s'avanza sempre
e ancor s'avanzerà!
Tuona il cannone, tuona,
Madrid e Barcellona
Saranno nostre quando si vorrà!

Ma il legionario è ritornato,
perché la Gloria sulla fronte l'ha baciato.
La nostra Fede in tutto il mondo trionferà,
segno di pace, di lavoro e civiltà!

BALDE FRECCE NERE
Inno della Brigata Mista *Frecce nere*.

Votato lo spirto al più puro Ideal
pel trionfo di santa battaglia,
corre ancora l'ardito d'Italia
sull'iberica terra a pugnar.
Colà si minaccia la stirpe latina,
caposaldo di pace e giustizia,
giammai tal ria nequizia
sopra la storia potrà prevaler.
Cantan le balde Frecce Nere,
mentre già fischia la mitraglia:
"Per la fede e per l'onor,
giovinezza avanti, a noi!".
Non c'è ostacol che l'arresti
nell'ardentissima battaglia,
la Vittoria conquider sapran,
per l'umana giustizia e libertà!

Scacciati per sempre i falsi profeti,
ridonato il Signor agli altari,
torneranno quei bei legionari,
con superba fierezza nel cor.
Orgoglio d'Italia col lauro v'aspetta,
del Fascismo l'abbraccio d'amore,
quest'è il più grande onore
che l'esultanza serena darà.

Cantan le balde Frecce Nere
quando rifulge la vittoria:
"Per la fede e per l'onor,
giovinezza avanti ancor!".
Ovunque splende la tua insegna,
splende la face della gloria,
la Vittoria presidio sarà,
d'ogni umana giustizia e libertà!

Non piega la fronte il Leon di Castiglia,
all'ondata di feccia innomata
vigil scolta la nera brigata
che in mille tenzoni imparò.
Col Fiore di Spagna il sangue si fonde,
in un nodo sublime d'amore,
fin che un solo traditore
su questa terra di cercar resterà!

ARRIBA ESPAÑA

All'armi Spagna all'armi per l'Ideal
Sino alla meta trionfal!
Sterminio a chi rinnega la Civiltà,
vinci nel grido Alalà!

*E' il grido del Fascismo redentor
In odio al bolscevismo distruttor.
Segnacol di vittoria e di libertà,
il tuo vessillo garrirà!*

Arriba España! Arriba España!
Tal grido di passion
Rimbomba col cannon!
Milizie di Franco, a voi la gloria:
scrive la Storia: vittoria e redenzion!
*A morte il bolscevismo rinnegator,
sangue latino vinci ancor!
Il vindice vessillo spiega nel sol:
viva il Fascismo e il patrio suol!*

All'or dei senza patria e senza onor
Opponi la tua Fede e il tuo valor
latin gentile sangue
ha scritto immortal:
Viva il Fascismo universal!

*Arriba España! Arriba España!
Tal grido di passion
Rimbomba col cannon!
Milizie di Franco, a voi la gloria:
scrive la Storia: vittoria, alalà!*

FRECCE- FLECHAS

I
Frecce Azzurre, colore del cielo,
Frecce Nere, color della morte,
volontari legati a una sorte:
per la Spagna e per Franco a pugnar!
Contro il mostro di sangue bramoso
che la rabbia di Mosca qui sferra,
siam venuti con gioia alla guerra
con il nome del Duce nel cuor!

Frecce Azzurre, Frecce Nere,
nuovo simbolo di gloria,
scriverà per noi la storia
le sue pagine più fiere!
Sempre primi nel dovere,
sempre fisi alla vittoria,
sarà eterna la memoria
delle Frecce Azzurre e Nere!

II
Forti Frecce che scaglia il destino
con un arco d'acciaio temprato,
è da Dio il cammino segnato
che ci porta al trionfo final!
Per la Patria più grande e gloriosa
il Fascismo ci guida e ci sprona;
noi daremo una nuova corona
all'Impero di Roma immortal!

Frecce Azzurre, Frecce Nere,
nuovo simbolo di gloria,
scriverà per noi la storia
le sue pagine più fiere!
Sempre primi nel dovere,
sempre fisi alla vittoria,
sarà eterna la memoria
delle Frecce Azzurre e Nere!

(versione spagnola)

I
Somo Flechas de color del cielo,
somos Flechas color de la muerte,
voluntarios que tienen la suerte
de luchar por España immortal!
De Moscou vino el monstruo rabioso
y quería invadir nuestra tierra:
vamos todos cantando a la guerra;
para Franco la fé mas leal!

Somos Flechas azul-negras,
nuevo símbolo de gloria;
serán muestras en la historia

todas páginas mas fieras!
En la lucha las primeras,
por madrina la victoria:
será eterna la memoria
de las Flechas azul-negras!

II
Fuertes Flechas que lanza el destino
con su arco de acero templado,
Dios enseña el camino dorado
que nos guía al triunfo final!
Por la Patria mas grande y gloriosa
a vencer o a morir fieramente:
nuestra sangre serà la simiente
del Imperio que vuelve a brillar!
Somos Flechas azul-negras,
nuevo símbolo de gloria;
serán muestras en la historia
todas páginas mas fieras!
En la lucha las primeras,
por madrina la victoria:
será eterna la memoria
de las Flechas azul-negras!

SE FRANCO VOGLIAMO SEGUIRE
(Stornelli legionari)

Queste strofe nacquero spontaneamente tra i reparti italiani in Spagna, il che spiega la metrica zoppicante e l'italiano a volte curioso. Come molti canti nati nelle trincee fu più cantato degli inni ufficiali.

Coraggio e Fede Iddio ci mandi,
moriremo o andremo avanti.
Pugneremo ben feroci
Contro gli ateisti atroci.

Combatteremo da leoni,
con bombe mitraglie e cannoni,
se Franco vogliamo seguire,
per la Spagna pronti a morire!
Morte al vile Caballero[163]!
Viva Franco il condottiero!
Su avanti alla riscossa,
brucerem bandiera rossa!

Alla gogna i paladini [?]
Infedeli ed assassini!
E vittoria noi avremo
Se uniti combatteremo.

Spagnoli, l'ora è suonata:

---

163   Francisco Largo Caballero, esponente del Partito Socialista Spagnolo, presidente del Consiglio repubblicano dal settembre 1936.

sporchi rossi in ritirata!
E c'è un'aquila imperiale
dei [sic!] *squadristi sul pugnale.*

*I suoi colori son di Roma,
un messaggio alato ci dona:
a Franco gli auguri fascisti
di vittoria sui comunisti!*

*Morte al vile Caballero!
Viva Franco il condottiero!
Su avanti alla riscossa,
brucerem bandiera rossa!*

AVANTI FALANGISTI!

Avanti della Spagna falangisti,
risplende l'ideale della Fede,
di quella fe' che pure a noi squadristi
le più belle vittorie ci diede.

*Non temete il comunista,
egli è vile, fuggirà!
Basta l'arma del fascista
e la canaglia sparirà!*

Avanti nella lotta, avanti, avanti!
Il Capo José Antonio de Rivera
guida le vostre armi trionfanti
a giunger presto nella luce vera.

*Non temete il comunista,
egli è vile, fuggirà!
Basta l'arma del fascista
e la canaglia sparirà!*

Le loro stolte e false mediazioni
di dubbia pace, no!, non accettate,
e delle interessate nazioni
ve ne infischiate, su, perseverate!

*Mussolini, Hitler e Franco
Nella steppa cacceran
Il malefico orso bianco
Ed i fascisti trionferan!*

LEGIONI
(Testo di G. Paolieri, musica di Nino Piccinelli)

I
Splende in fondo all'orizzonte
l'infuocato, conteso suol ...
Romba intanto cupamente
il cannone mentre muore il sol.
Per la terra del dolor, retaggio d'ogni cuor
l'eroica stirpe è già in cammin...
Va l'intrepida Legione
al richiamo del suo destin.

PASSANO!
Coi bruni volti che risplendono
di quella fiamma sempre vivida
che mai si spegnerà...
CANTANO!
con quell'ardore e quell'anelito
che consegnò la storia ai secoli
e Roma alla vita immortal!
MUOIONO!
ma nel cammino non si arrestano
si da la vita per raggiungere
la mèta che rifulgerà - domani
VINCONO!
Perché le insegne ch'essi innalzano
son per il mondo eterno simbolo
di Gloria e di Civiltà.

II
Della notte scende il manto
della guerra copre l'orror.
Ma nell'aria il fiero canto
Si confonde di mitraglia al suon.
Dagli sparsi casolar ardente sale e va
il grido della libertà:
passa un fremito d'argento
di motori noi buio ciel.

PASSANO!
Coi bruni volti che risplendono
di quella fiamma sempre vivida
che mai si spegnerà...
CANTANO!
con quell'ardore e quell'anelito
che consegnò la storia ai secoli
e Roma alla vita immortal!
MUOIONO!
ma nel cammino non si arrestano
si da la vita per raggiungere
la mèta che rifulgerà - domani
VINCONO!
Perché le insegne ch'essi innalzano
son per il mondo eterno simbolo
di Gloria e di Civiltà.

STORNELLI DEL VII BATTAGLIONE SQUADRISTI *MILANO*

Fra poco tocca a noi, squadristi di Milano
E sfonderemo il fronte, pugnale e bombe a mano.

Il DUCE ha garantito che adesso viene il bello:
e i Greci assaggeranno il nostro manganello!

Perché *nastrino rosso*[164] depone sul passato,
in questa guerra è meglio se vien ritinteggiato!

---

164   Il nastrino rosso, cucito al paramano della giubba, insieme ai fascetti smaltati di rosso indicava gli squadristi

INNO DEL RAGGRUPPAMENTO CCNN D'ASSALTO *GALBIATI* (1941)

Per voi ragazze belle della via,
che avete il volto della primavera,
per voi che siete tutta poesia
e sorridete alla Camicia Nera,
per voi noi canteremo le canzoni
dei nostri vittoriosi battaglioni!

A noi camerati
Del Gruppo di Galbiati,
lerai!
Di gloria battezzati,
a noi!

Precede il nostro Gruppo idealmente
La schiera degli Eroi del Paradiso,
se son chiamati al grido di *Presente!*
Noi rispondiam guardandoci nel viso:
in terra d'Albania quegli eroi
sono caduti ma son qui con noi!

A noi camerati
Del Gruppo di Galbiati,
lerai!
Di gloria battezzati,
a noi!

CANTATA SQUADRISTA
(Testo di Auro D'Alba, musica di Francesco Pellegrino)

Siamo i venduti
all'Italia che paga i degni figli
con l'azzurro del suo ciclo divino.
Le mani ancora sporche di trincea
ci ritrovammo in pochi a San Sepolcro.

Col Capitano si affrontò l'agguato odio
combattimento fango morte,
ma ci seguì la giovinezza bella
coi sitibondi suoi vent'anni.

Quanti
rimasero aggrappati
all'autocarro della «*Disperata*»!
Ma per ogni caduto, cento mille
s'alzavano e ogni fossa
splendeva come un sole.
Col capitano s'affrontò l'agguato
la morte a grinta dura,
quella che fa per noi
che non ci fa paura.
Le andammo incontro con due bombe e un fiore.

Vent'anni son passati, ma i garretti
son dello stesso acciaio : lo temprammo
nel deserto sulle ambe su passi e «*carretere*»,
alimentò la nostra fede il fuoco
di acerbe primavere.

Vecchie pellacce della spedizione,
maniche rimboccate,
il bello è sempre quello da venire:
ancor non è finita.
Se il Capitano ci promette, vita.

BATTAGLIONI M
(Testo di Auro D'Alba, musica di Francesco Pellegrino)

Battaglioni del DUCE, battaglioni
della morte creati per la vita,
a primavera s'apre la partita,
i continenti fanno fiamme e fior!
Per vincere ci vogliono i leoni
Di Mussolini, armati di valor!

Battaglioni della morte,
battaglioni della vita,
ricomincia la partita,
senza l'odio non c'è amor!
Emme rossa, uguale sorte,
fiocco nero alla squadrista,
noi la morte l'abbiam vista
tra due bombe e in bocca un fior!

Contro l'odio c'è il sangue e fa la storia,
contro i ghetti profumano i giardini,
sul mondo batte il cuor di Mussolini,
a Marizai[165] il buon seme germogliò!
Nel clima di battaglia e di vittoria
La Fiamma nera a ottobre divampò!

1.   *Contro Giuda, contro l'oro*
Sarà il sangue a far la storia!
Ti daremo la vittoria, DUCE,
o l'ultimo respir!
Battaglioni del lavoro,
battaglioni della fede,
vince sempre chi più crede,
chi più a lungo sa patir!

CAMICIA NERA
(Testo di A. Alimenti, A. Cristini, musica di Mario Ruccione. 1941)

I
Legionario di stirpe Romana
tu lasciasti la casa e la terra
per venire a combatter la guerra,
che più grande l'Italia farà.
Tu sai bene che sfidi la sorte
quando affronti la rabbia nemica,

---

165   Sic per Maritzait, il fiume dell'Albania presso il quale nel 1941 le CC.NN. di Galbiati e le truppe di Messe annientarono la divisione scelta *Kritai* (*Creta*), arrestando l'avanzata greca.

ma che importa al tuo cuor della morte,
se la morte Vittoria sarà ?

Camicia nera
camicia ardente
tu sei la fede della nostra gente,
sei la bandiera
che arditamente
ovunque sventola si vincerà !
Camicia nera
di Mussolini,
cantando innalzati, combatti e va
DUCE! DUCE!
Chi mai ci fermerà ?
Nel Tuo nome vinceremo
Eja, Eja, Alala !

II
Legionario che al vivere fiacco,
preferisci la dura battaglia :
bombe a mano, moschetti e mitraglia
sori la sola ricchezza per te.
Obbedire e combatter cantando,
quest'è il credo dell'anima tua,
è la fede, la forza, il comando,
che solenne la Patria ti die'.

Camicia nera
camicia ardente
tu sei la fede della nostra gente,
sei la bandiera
che arditamente
ovunque sventola si vincerà !
Camicia nera
di Mussolini,
cantando innalzati, combatti e va
DUCE! DUCE!
Chi mai ci fermerà ?
Nel Tuo nome vinceremo
Eja, Eja, Alala !

INNO DELLA 63 LEGIONE CCNN *TAGLIAMENTO*

Sessantatré! Sessantatré!
Legione squadrista che sprezza la vita,
legione d'arditi che sfidan la morte,
più vigile e pronta, più fiera e più ardita
fra l'altre Legioni tu sei la più forte.

Tu presso i confini dell'Itala terra
La Fede rinsaldi guardando lontano
Tu vivi soltanto d'un sogno di guerra,
tu sogni rifatto l'Impero Romano!

Tagliamento! Tagliamento!
Quando passa la Legione
Sale al vento una canzone
D'ardimento e fedeltà.

Tagliamento! Tagliamento!
Siam tremila ed un sol cuore,
una fede e un sentimento,
Tagliamento, eja alalà!

Sessantatré! Sessantatré!
Da Roma, l'Eterna, risplende una luce
Che infiamma e ritempra nel core la Fede,
a Roma tu guardi, aspettando che il DUCE
ti additi la meta che gloria concede.

Al cielo i tuoi canti soleva, o Legione!
Non canti la gloria ma canti l'ardore:
la Fede che nutri ha una bella canzone
che l'anima detta e riecheggia nel core.

Tagliamento! Tagliamento!
Quando passa la Legione
Sale al vento una canzone
D'ardimento e fedeltà.
Tagliamento! Tagliamento!
Siam tremila ed un sol cuore,
una fede e un sentimento,
Tagliamento, eja alalà!

INNO DEL LXXIX° BATTAGLIONE CCNN
(musica di G. Prati, parole di A. Bellini)

Falange invitta
d'una Fede e d'un cor,
fedele scolta
del patrio onor,
tu passi, e il popolo
ritrova in Te
la fiamma di sua fe'.
La russa pianura gelida
Sentì la tua maschia forza,
le barbare torme vinse
il fiero tuo valor!

Sul Nipro ed oltre
l'ali fulve serrò
E rostro e artigli
fiera avventò;
poi assurse, per te,
l'aquila al sol
con rapido vol.
Tua Fiamma è promessa:
si vince o si muor!

VECCHIA PELLE
(inno del Gruppo Battaglioni CC.NN. M Montebello)

Ci siamo fatti ormai la pelle dura,
su tutti i fronti, sotto ignoti cieli,
son già fioriti tante volte i meli
e il Legionario è ancora a guerreggiar!
Ci siamo fatta la pellaccia dura
Coi bolscevichi e i giuda d'oltremar!

Vecchia pelle, cieli ignoti
Fiamme Nere dappertutto,
nascerà da tanto lutto una nuova umanità!

Per i figli, pei nipoti
Ci battiam su tutti i fronti
Solo agli ultimi orizzonti
La vittoria in armi sta.

Da un continente all'altro detta Roma
L'eterna legge dell'antica razza
Col mitra col pugnale e la ramazza
L'Ordine nuovo noi vogliam dar!
Ce ne fregammo un dì della galera,
ce ne freghiamo adesso di cantar!

Legionario tieni duro
Che il tallone è quel degli avi
Quando il mondo dominavi
Con romanica virtù.

Metteremo Giuda al muro,
con il DUCE in testa a noi
diventiamo tutti eroi
e la morte a tu per tu!

INNO DEL RAGGRUPPAMENTO CC.NN. M D'ASSALTO 23 MARZO

Si tratta della versione creata sul fronte orientale dell'inno del Raggruppamento CCNN d'Assalto Galbiati, canto nato sul fronte greco l'anno precedente, cui vennero aggiunte nuove strofe e modificato il ritornello, sostituendo la menzione del Gruppo Galbiati con il riferimento alle M rosse dei Battaglioni "M".

Per voi ragazze belle della via,
che avete il volto della primavera,
per voi che siete tutta poesia
e sorridete alla Camicia Nera,
per voi noi canteremo le canzoni
dei nostri vittoriosi battaglioni!

A noi camerati
Degli emme siam fregiati
lerai!
Il Don ci ha battezzati,
a noi!

Partiti un dì da Roma madre antica
Per continuar la marcia redentrice,
andammo nella Russia bolscevica
portando in cor la Fede innovatrice.

Ci precedette un'epica Legione[166],
ci accolse il rombo cupo del cannone.

A noi camerati
Degli emme siam fregiati,
lerai!
Il Don ci ha battezzati,
a noi!

Poi venne il dì dell'algido squallore[167]
In riva al grande fiume dei cosacchi,
allor rifulse indomito il valore
che invermigliò la lotta negli attacchi:
la nostra *M* ormai dal tempo stinta
col sangue degli Eroi venne ritinta!

A noi camerati
Degli emme siam fregiati,
lerai!
Il Don ci ha battezzati,
a noi!

Verranno l'armi poi ringuainate,
a quando a Roma noi ritorneremo
le nostre insegne tutte insanguinate
innanzi al nostri DUCE inchineremo:
su di esse inciso v'è come nel quarzo
tutto il valor della *23 Marzo*!

A noi camerati
Degli emme siam fregiati,
lerai!
Il Don ci ha battezzati,
a noi!

E quando alfine a Roma sfileremo,
innanzi al nostri DUCE vincitore,
 a tutti gli italiani mostreremo
che vince sol chi Fede porta in cuore
chi crede sa combattere e ubbidire,
e per il DUCE è pronto anche a morire!

MAMMA NON PIANGERE SE VADO IN RUSSIA

Mamma non piangere
se vado in Russia
Vado a trovar
quel porco di Stalin,
E se lo trovo in camicia rossa
Tutto di nero lo farò vestir!
L'ardito e bello, l'ardito è forte,
ama le donne, beve il buon vin
con la camicia color di morte
trema il cosacco quand'è vicin!

---

166   La *Tagliamento*.
167   L'offensiva sovietica del 1942 (operazione *Piccolo Saturno*), dagli italiani chiamata Seconda battaglia difensiva del Don.

BIBLIOGRAFIA

AAVV 1962, *Milizia Armata di Popolo*, Roma.
AAVV 1988, *The Third Reich. Iron Fists*, New York.
P. Abbot, N. Thomas 1982, *Germany's Eastern Front Allies*, Oxford
G. Artieri, 1995, *Le guerre dimenticate di Mussolini. Etiopia e Spagna*, Milano.
P. Badoglio, 1936, *La Guerra d'Etiopia*, Milano.
F. Bandini, 1980, *Gli Italiani in Africa*, Milano.
F. Bandini, F. 1983, *Alla conquista dell'impero*, Milano.
J. Baudin (ed.) 1973, *La Legione Tagliamento*, in *Vita e morte del soldato italiano nella guerra senza fortuna*, IV, Ginevra.
G. Bottai, 1989, *Diario 1935- 1944* (a cura di G. B. Guerri), Milano.
O. Bovio1999, *In alto la bandiera. Storia del Regio Esercito*, Foggia
G. Bucciante 1987, *I generali della dittatura*, Milano.
P. Cappellari 2013, *La Guardia della Rivoluzione. La Milizia fascista nel 1943: crisi militare – 25 Luglio – 8 Settembre – Repubblica Sociale*, Roma
U. Cavallero 1984, *Diario 1940- 1943* (a cura di G. Bucciante), Roma.
G. Ciano 1990, *Diario 1937- 1943* (a cura di R. De Felice), Milano.
F. Coverdale 1973, *I Fascisti italiani alla Guerra di Spagna*, Roma- Bari.
Com. Divisione Sassari, *Il LXIII° battaglione Sassari della Legione Tagliamento*, s.a.i.
S. Corvaja 1982, *Mussolini nella tana del lupo*, Milano.
P. Crociani, P.P. Battistelli, 2010, *Italian Blackshirt 1935- 1945*, Oxford.
F.W. Deakin 1962, *The Brutal Friendship. Mussolini, Hitler and the Fall of Italian Fascism*, London (tr. it. in 2 voll., Torino 1990).
De Biase 1966, *L'impero di Faccetta Nera*, Roma.
R. De Felice 1981, *Mussolini il duce. II Lo Stato totalitario 1936- 1940*, Torino.
R. De Felice 1990, *Mussolini l'alleato. 1. L'Italia in guerra 1940-43. 1. Dalla guerra "breve" alla guerra lunga*, Torino. R. De Felice 1990b, *Mussolini l'alleato. 1. L'Italia in guerra 1940-43.2 Crisi e agonia del regime*, Torino.
Del Giudice 2003, *"L'85° Battaglione Camicie Nere. Storia ed impiego dal 1937 al 1945"*, Storia e battaglie 22.
S. Foderaro 1939, *La Milizia volontaria e le sue specialità*, Padova.
E. Galbiati 1942a, *La Milizia al vaglio della guerra*, Milano.
E. Galbiati 1942b, *Battaglioni M*, Roma.
E. Galbiati 1950, *Il 25 luglio e la MVSN*, Milano.
R. Graziani 1932, *Cirenaica pacificata*, Milano.
V. Ilari, A. Sema 1988, *Marte in orbace*, Ancona
Istituto di Propaganda Fascista 1942 XX, *Commento alla Milizia*, Roma
J. Greene, A. Massignani 1994, *Rommel's North Africa Campaign*, New York (tr.it. Milano 1996)
S. Jowett 2000, *The Italian Army 1940- 1945 [1] Europe 1940- 43*, Oxford.
S. Jowett 2000, *The Italian Army 1940- 1945 [2] Africa 1940- 43*, Oxford.
S. Jowett 2002, *The Italian Army 1940- 1945 [3] Italy 1943- 45*, Oxford.
L. Lenzi 1968, *Dal Dnjeper al Don. Storia della 63ª Legione CC.NN. Tagliamento nella camp. di Russia*, Roma.
R. Lodoli 1989, *I Volontari. Spagna 1936- 1939*, Roma.
F. Lombardi, A. Galazzetti 2009, *Studio bibliografico sulla Milizia Volontaria per la Sicurezza Nazionale: 735 voci bibliografiche su un esercito dimenticato*, Pavia
L. E. Longo 1991, *I "Reparti speciali" italiani nella Seconda Guerra Mondiale 1940-1943*, Milano.
L. E. Longo,. 2005, *La campagna italo- etiopica (1935- 1936)*, Roma.
E. Lucas, G. De Vecchi 1976, *Storia delle unità combattenti della M.V.S.N.*, Roma.
D. Mack Smith 1976, *Le guerre del Duce*, tr. it. Roma- Bari.

F. T. Marinetti 2013, *Poema Africano della Divisione 28 Ottobre*, nuova ed. con un saggio storico di P. Romeo di Colloredo, Genova.

M. Mazzetti 1974, *La politica militare italiana fra le due guerre mondiali (1918- 1940)*, Salerno.

Ministero della Guerra, Comando del Corpo di S. M., Ufficio Storico 1939, *La campagna del 1935- 36 in Africa Orientale*, Roma.

G. Messe 1963, *La guerra al fronte russo. Il Corpo di Spedizione Italiano in Russia (C.S.I.R.)*, Va ed, Milano.

A Mollo 1981, *The Armed Forces of World War II*, London (tr. it. Novara 1982).

Montanari 1985, *Le operazioni in Africa Settentrionale. I. Sidi el Barrani (Giugno 1940- Febbraio 1941)*, Roma.

G. Oliva 2006, *Si ammazza troppo poco. I crimini di guerra italiani 1940- 1943*, Milano.

B. Pace 2011, *Tembien. Note di un Legionario della "28 Ottobre" in Africa Orientale*, nuova ed. a cura di P. Romeo di Colloredo, Genova

Partito Nazionale Fascista 1929, *La Dottrina Fascista per le reclute della III leva fascista*, Roma.

A. Petacco 2003, *Faccetta nera. Storia della conquista dell'impero*, Milano.

G. Pini, D. Susmel 1973, *Mussolini l'uomo e l'opera*, 4 voll, IV^a ed. Firenze.

C. Rastrelli 2016, *L'ultimo comandande delle camicie nere: Enzo Emilio Galbiati*, Milano.

O. Ricchi, L. Striuli 2007, *Fronte Russo. C.S.I.R. Operations 1941- 1942*, Virginia Beach.

E. von Rintelen 1947, *Mussolini l'alleato*, Roma.

P. Romeo di Colloredo 2008, *Passo Uarieu. Le Termopili delle Camicie Nere in Etiopia*, Genova.

P. Romeo di Colloredo 2008a, *Emme rossa! Le Camicie Nere in Russia 1941- 1943*, Genova.

P. Romeo di Colloredo 2009, *I Pretoriani di Mussolini. Storia militare della Milizia Volontaria per la Sicurezza Nazionale*, Roma.

P. Romeo di Colloredo 2009, *I Pilastri del Romano Impero. Le Camicie Nere in Africa Orientale 1935- 1936*, Genova.

P. Romeo di Colloredo 2010, *Croce di ghiaccio. CSIR e ARMIR in Russia*, Genova.

P. Romeo di Colloredo 2010, *Talianskij karashoi. La Campagna di Russia tra mito e rimozione*, Genova.

P. Romeo di Colloredo 2012, *Frecce Nere! Le camicie nere in Spagna 1936- 1939*, 2a ed. Genova

P. Romeo di Colloredo 2017, *Guadalajara 1937. La disfatta che non ci fu*, 2a ed. Genova Genova. G. Rosignoli 1995, *M.V.S.N.. Storia, organizzazione, uniformi e distintivi*, Parma.

G. Rochat 2006, *Le guerre italiane 1935-1943. Dall'impero d'Etiopia alla disfatta*, Torino.

A. Rossi 2004, *La guerra delle camicie nere. La milizia fascista dalla Guerra mondiale alla guerra civile*, Pisa.

Rovighi, F. Stefani 1992, *La partecipazione Italiana alla guerra civile spagnola (1936- 1939)*, I, Roma.

A. Teruzzi 1933, *La Milizia delle Camicie Nere e le sue specialità"*, Milano

N. Thomas 1993, *Partisan Warfare 1941-45*, Oxford.

Tomaselli 1943, *Battaglia sul Don*, Milano-Roma.

Ufficio Propaganda della MVSN 1942, *Canti Legionari* (IIa ed), Roma

Ufficio Storico dello Stato Maggiore dell'Esercito 1946, *L'8^a Armata italiana nella Seconda battaglia difensiva del Don (11 gennaio 1942- 31 gennaio 1943)*, Roma.

Ufficio Storico dello Stato Maggiore dell'Esercito 1948, *Le operazioni del C.S.I.R. e dell'Armir dal giugno 1941 all'ottobre 1942*, Roma.

Ufficio Storico dello Stato Maggiore dell'Esercito 2000, *Le operazioni delle Unità italiane al Fronte russo*, IV^a ed, Roma.

F. Valori 1967, *Gli italiani in Russia. La Campagna del C.S.I.R. e dell'ARMIR*, Milano.

B. Vandano 1964, *I disperati del Don. La battaglia del Don 1942- 1943*, Milano.

J. Whittam 1977, *The Politics of the Italian Army*, London (tr.it. Milano 1979).

I diari e le relazioni delle unità combattenti della MVSN esclusi quelli perduti per eventi bellici, sono conservati negli Archivi dell'Ufficio Storico dello Stato Maggiore dell'Esercito.

www.ingramcontent.com/pod-product-compliance
Lightning Source LLC
LaVergne TN
LVHW081540070526
838199LV00057B/3730